Hermann Mühlpfordt
(um 1480/86–1534)

*Gewidmet meinem Sohn Julius Max Robert Weißmann
und meinen Nichten Sina und Sara,
Nachkommen Hermann Mühlpfordts
in der 19. Generation.*

Robert Weißmann, geb. 1979, Gymnasiallehrer für Geschichte, Ethik und Philosophie. Ab 2001 Studium der Restaurierung an der FH Potsdam; anschließend Studium der Geschichte und Philosophie an der Humboldt-Universität Berlin. Seit 2008 mehrere Veröffentlichungen zur Musikgeschichte Anhalt-Dessaus und Russlands des 18. und 19. Jahrhunderts. Weitere Publikationen thematisieren die Jenaer Wissenschaftsgeschichte des 16. Jahrhunderts, den Schmalkaldischen Krieg und die Rezeptionsgeschichte städtischer Eliten im spätmittelalterlichen Sachsen.

Robert Weißmann

Hermann Mühlpfordt
(um 1480/86–1534)

Zwickaus Reformationsbürgermeister

mitteldeutscher verlag

Gedruckt mit freundlicher Unterstützung von Dr. Werner Mühlpfordt und Walburga Mühlpfordt (Ellerstadt).

Umschlagfoto: Hermann Mühlpfordt (um 1480/86–1534), Ausschnitt aus dem Epitaph im Dom St. Marien (Foto: Robert Weißmann; Abdruck mit freundlicher Genehmigung der Evangelisch-Lutherischen Stadtkirchgemeinde Zwickau)

Bibliografische Information der Deutschen Nationalbibliothek
Die Deutsche Nationalbibliothek verzeichnet diese Publikation in der Deutschen Nationalbibliografie; detaillierte bibliografische Daten sind im Internet über http://dnb.dnb.de abrufbar.

Alle Rechte vorbehalten.
Das Werk ist urheberrechtlich geschützt. Jede Verwertung außerhalb der Freigrenzen des Urheberrechts ist ohne Zustimmung des Verlages unzulässig und strafbar. Das gilt insbesondere für Vervielfältigungen, Übersetzungen, Mikroverfilmungen und die Einspeicherung und Verarbeitung in elektronischen Systemen.

1. Auflage
© 2022 mdv Mitteldeutscher Verlag GmbH, Halle (Saale)
www.mitteldeutscherverlag.de

Gesamtherstellung: Mitteldeutscher Verlag, Halle (Saale)

ISBN 978-3-96311-632-2

Printed in the EU

INHALTSVERZEICHNIS

Prolog: Fragestellung und Forschungslage 7

1 Annotationen zur Biografie und Genealogie 13
   1.1 Eltern – Ehe – Nachkommen 13
   1.2 Die Mühlpfordts in Zwickau 28

2 Ratskarriere, Reformation und Freiheitsschrift 35
   2.1 Erster Lutheraner in Zwickau 35
   2.2 Früher städtischer Reformator 48

3 Luther und Mühlpfordt – Fakten und Fiktionen 65
   3.1 Enge Freundschaft mit Luther 65
   3.2 Zwischen Luther und Erasmus 76

4 Humanistische Tradition und geistige Prägungen 87
   4.1 Bildungsnähe und -förderung 87
   4.2 Befriedung und Aushandlung 96

5 Gewaltanwendung in der Politik – eine Verortung 103
   5.1 Gewaltgegner im Bauernkrieg 103
   5.2 Legitime und illegitime Gewalt 108

6 Kommunikation: Funktion im politischen Prozess 115
   6.1 Begabter Redner und Diplomat 115
   6.2 Gestalten mittels Überzeugung 119

7 Religionspolitik und Autonomiestreben Zwickaus 129
   7.1 Zentraler Akteur in Konflikten 129
   7.2 Selbstbild und Grenzauslotung 136

8	Religionspolitik und innerstädtische Hegemonien	144
	8.1 Personelle Entscheidungsgewalt	144
	8.2 Führungsrolle im Gemeinwesen	151
9	Ökonomische Superiorität und politischer Status	157
	9.1 Zugriff auf städtische Finanzen	157
	9.2 Verzögerte Kommunalisierung	163
10	Die Ernestiner und kommunalpolitisches Wirken	175
	10.1 Vertrauter seiner Landesherren	175
	10.2 Territorialpolitik als Ressource	180
11	Personennetzwerke: Genese und Bedeutung	191
	11.1 Stadtpolitische und geistliche Netzwerke	191
	11.2 Territorialpolitisch-höfische Netzwerke	199
12	Hermann Mühlpfordts Wirken als Zwickaus Reformationsbürgermeister – ein Resümee	209
13	Siglen und Abkürzungen	222
	13.1 Siglen	222
	13.2 Abkürzungen	222
14	Quellen- und Literaturverzeichnis	225
	14.1 Ungedruckte Quellen	225
	14.2 Gedruckte Quellen und Literatur	227

Anhang: Stammtafel Mühlpfordt 256

Danksagung 258

Orts- und Personenregister 260
    Ortsregister 260
    Personenregister 263

PROLOG: FRAGESTELLUNG UND FORSCHUNGSLAGE[1]

Martin Luther hat 1520 die deutsche Fassung seiner dritten Reformationsschrift „Von der Freiheit eines Christenmenschen" dem damaligen Zwickauer Stadtvogt „Hieronymo" – eigentlich Hermann – Mühlpfordt zugeeignet.[2] Luthers in Wittenberg publiziertes „tractatell unnd Sermon" war ein äußerlich eher unscheinbares, etwa 20 mal 15 Zentimeter großes Heftchen aus zwölf doppelseitig bedruckten Seiten. Es avancierte aber im 16. Jahrhundert, weil allein bis 1525 sechsunddreißig deutsche und lateinische Ausgaben in Umlauf gelangten, insgesamt etwa 50.000 Exemplare verkauft worden sein dürften, und nicht zuletzt aufgrund der Erschwinglichkeit für weniger bemittelte Bevölkerungsschichten, zum Buch mit der größten Verbreitung. Entscheidend trug hierzu bei, dass binnen weniger Dezennien Übersetzungen ins Tschechische, Französische, Englische, Niederländische, Spanische und Italienische vorlagen.[3] Zumindest deutschsprachige Editionen enthielten oftmals die Widmung des Autors. Dadurch – trotz falschen Vorna-

---

1 Zur geplanten „Einleitung" Günter Mühlpfordts für diese Studie s. Margarete Wein: Nachruf: Günter Mühlpfordt – der Wahrheit verpflichtet, in: Campus Halensis. Das Onlinemagazin der Martin-Luther-Universität Halle-Wittenberg, 09.05.2017, https://www.campus-halensis.de/artikel/nachruf-guenter-muehlpfordt-der-wahrheit-verpflichtet/ (03.05.2022).
2 Zit. n. WA 7, S. 20–38, hier S. 20. Zur schwankenden Schreibung des Nachnamens vgl. Stefan Oehmig: Hermann Mühlpfordt der Ältere (1486–1534). Reichtum, Nachlaß und Erbe des Zwickauer Bürgermeisters der Reformationszeit, in: Erich Donnert (Hg.): Europa in der Frühen Neuzeit. Festschrift für Günter Mühlpfordt, Bd. 1: Vormoderne, Weimar u. a. 1997, S. 161–187, hier S. 161, Anm. 5. Zur mutmaßlichen Herkunft des Namens vgl. Bernhard Koerner (Hg.): Deutsches Geschlechterhandbuch. Genealogisches Handbuch Bürgerlicher Familien, Bd. 68, Görlitz 1930 (= Ostpreußisches Geschlechterbuch 2), S. 198.
3 Zit. n. WA 7, S. 20–38, hier S. 20. Zur Einordnung der Termini „tractatel" beziehungsweise „Sermon" in Luthers Schrift vgl. Berndt Hamm: Der frühe Luther. Etappen reformatorischer Neuorientierung, Tübingen 2010, S. 183, Anm. 5. Zur Verbreitung der Schrift vgl. Ruth Slenczka: Einleitung, in: Martin Luther: Von der Freiheit eines Christenmenschen, kommentiert und hg. von Jan Kingreen, Tübingen 2017, S. VII–IX, hier S. VIII.

mens – untrennbar mit Luthers „Freiheitsschrift" verbunden, wurde der ab 1521 bis 1534 wiederholt als Zwickauer Bürgermeister amtierende Adressat gleichsam zu einem Erinnerungsort der Reformation, das heißt zu einem Generationen überdauernden Kristallisationspunkt kollektiver Erinnerung und Identität.[4] Vor allem wirkte sich das natürlich in der Muldestadt, dem Geburtsort des Geehrten, aus: So bewogen Luthers Zeilen 1766 den dortigen Diakon und Historiker Johann Gottfried Weller, „Herrmann Mühlpfort" dem Kreis der „merkwürdigen Männer zu Zwickau" zuzurechnen,[5] wo man dem des Merkens würdigen Kommunalpolitiker zuletzt im Zuge der Lutherdekade ab 2008 beziehungsweise des 500. Jubiläums der Reformation im Jahre 2017 aufs neue intensiv gedachte.[6]

---

4 Zur Theorie der materiellen und immateriellen Erinnerungsorte vgl. die Ausführungen bei Étienne François/Hagen Schulze: Einleitung, in: dies. (Hg.): Deutsche Erinnerungsorte, Bd. 1, München 2001, S. 9–26, bes. S. 16–18.

5 Johann Gottfried Weller: Altes aus allen Theilen der Geschichte, oder alte Urkunden, alte Briefe, und Nachrichten von alten Büchern, mit Anmerkungen, Bd. 2, Chemnitz 1766, S. 691.

6 Zur Einweihung der restaurierten Zwickauer „Priesterhäuser" wurde erstmalig 2003 ein Gespräch des Reformationsförderers Mühlpfordt mit dem katholischen Bildhauer Peter Breuer nachgestellt, dazu vgl. Gert Friedrich: Gebaut für das kirchliche Personal. Zwickau ist mit den Priesterhäusern um eine Attraktion reicher. Kirchengeschichte erleben, in: Tag des Herrn, 25.05.2003, S. 14. Im Zusammenhang mit der Lutherdekade (2008–2017) gab es zahlreiche Bezugnahmen auf Mühlpfordt in Zwickau. Zu einem vom Stifterverband für die deutsche Wissenschaft geförderten Projekt der Schülerinnen und Schüler der 10. und 11. Klasse des Zwickauer Clara-Wieck-Gymnasiums im Jahre 2010 mit dem Arbeitstitel „Hermann Mühlpfordt und die Reformation in Zwickau" vgl. http://www.sfb747.uni-bremen.de/mikromal/presse/veroeffentlichungen/wettbewerb_geistesblitze_gefoerderte_projekte.pdf (01.04.2016). Vgl. dazu auch Andreas Wohland: Schüler beleuchten Mühlpforts Rolle. Ergebnisse des Projektes in Lutherdekade vorgestellt – Ausstellung im Dom wird vorbereitet, in: Freie Presse, 24.08.2010, S. 11. In der „1. Zwickauer Schlossweihnacht" kredenzte man 2010 den Besuchern einen „Mühlpfordt-Trunk", s. http://www.weihnachtsmarkt-deutschland.de/2010/zwickau-schloss-weihnachtsmarkt.html (05.03.2021). Im neuen Glanz erstrahlt seit 2011 die im Rahmen der 1885 bis 1891 erfolgten Umgestaltung von St. Marien entstandene Ganzfigur Hermann Mühlpfordts an der Nordseite der Turmfassade, vgl. Hans Peter-Kuppe: Sandiger Mikrostrahl bürstet Mühlpforts Gewand, in: Freie Presse, 11.06.2011, S. 11. Vgl. zum Denkmal selbst Otto Kammer: Reformationsdenkmäler des 19. und 20. Jahrhunderts. Eine Bestandsaufnahme, Leipzig 2004 (= Schriften der Stiftung Luthergedenkstätten in Sachsen-Anhalt 9), S. 225, 256. Anlässlich der Rathaussanierung von 2009 bis 2011 beschlossen die Stadtoberen, einem der Beratungsräume den Namen „Hermann-Mühlpfort-Raum" zu verleihen, vgl. dazu frdl. Mitteilung Mathias Merz (Leiter Presse- und Oberbürgermeisterbüro Zwickau), 03.02.2015. Zum „Mühlpforthaus"

Erst im 20. Jahrhundert jedoch richtete sich das Interesse auf die Biografie des Widmungsträgers: „Der Name Hermann Mühlpfort", stellte Otto Clemen 1922 fest, „strahlt [...] auch in eigenem Glanze", und näherte sich unserem Protagonisten in einer essayistische Skizze.[7] Clemen bereitete das Feld für die bis dato geleistete, gleichwohl überschaubare Forschung, die dem Zwickauer in disparaten Fragestellungen nachging: Erich Weller wandte sich 1959 dem im Bauernkrieg artikulierten Sozialempfinden zu.[8] Auf die Entrepreneurship und den daraus erwachsenden Wohlstand legte die 1997 erschienene und auf umfangreichen Archivrecherchen basierende Arbeit Stefan Oehmigs den Fokus; sie schnitt überdies Mühlpfordts reformatorisches Wirken an.[9] Explizit hingegen haben sich mit letzterem Aspekt in der Lutherdekade 2010 Werner Mühlpfordts quellennaher Beitrag[10] sowie Helmut Bräuers überblicksartige Einordnung 2017 beschäftigt.[11] Hier möchte diese Studie anschließen und Hermann Mühlpfordt als Reformationsbürgermeister seiner Vaterstadt in den Blick nehmen. Seit den 1970er Jahren in die Geschichtswissenschaft eingeführt, verweist der Terminus des Reformationsbürgermeisters[12] auf ein religionspolitisches

---

als Bestandteil des „Lutherweg[s] in Zwickau" s. https://kirchenbezirk-zwickau.de/pilgerwege/ (05.03.2021). In dem am 31. Oktober 2017 aufgeführten Reformationsspiel „Luther in Zwigge" schließlich kam Hermann Mühlpfordt eine tragende Rolle zu, vgl. Ludmila Thiele: „Luther in Zwigge" – Spannung vor der Uraufführung, in: Freie Presse, 11.10.2017, S. 10.

7 Otto Clemen: Hermann Mühlpfort, Teil 1, in: Alt-Zwickau 5 (1922), S. 20, und Teil 2, in: ebd., 12 (1922), S. 46–48, hier S. 20; ND in: Clemen: Kleine Schriften, Bd. 8, Leipzig 1987, S. 61–64, hier S. 61.

8 Vgl. Erich Weller: Der Zwickauer Bürgermeister Hermann Mühlpfort schildert soziale Mißstände um 1525, in: Pulsschlag 7 (1959), S. 7–11.

9 Vgl. Oehmig: Mühlpfordt (wie Anm. 2).

10 Vgl. Werner Mühlpfordt: Hermann Mühlpfort (* um 1486, † 25.8.1534) und die Reformationszeit in Zwickau, in: Informationshefte Dom St. Marien 15 (2011), S. 17–25.

11 Helmut Bräuer: Hermann Mühlpfordt – Bürgermeister und Förderer der Reformation, in: Chronik Zwickau, Bd. 1: Von den Anfängen bis zum 18. Jahrhundert, hg. vom Kulturamt der Stadt Zwickau, Dresden 2018, S. 118 f.

12 Zum Terminus „Reformationsbürgermeister" vgl. exemplarisch Gerd Wunder: Jos Weiß. Reutlingens Reformations-Bürgermeister, in: Reutlinger Geschichtsblätter, Neue Folge 18 (1979), S. 49–64. Vgl. dazu auch Moritz von Rauch: Johann Riesser. Heilbronns Reformationsbürgermeister, in: Christhard Schrenk/Hubert Weckbach (Hg.): Aus der Heilbronner Stadtgeschichtsschreibung. Ausgewählte Aufsätze zur Geschichte der Stadt Heilbronn aus

Spannungsfeld von weltlichem Amt und lutherischer Bewegung.[13] Primär ist damit verknüpft, dass sich 1525 die Wittenberger Reformation in Zwickau durchsetzte, was das Gemeinwesen zur „zweite[n] Reformationsstadt der Welt" machte.[14] Kaum Zweifel gibt es seitens der jüngeren Geschichtsschreibung, dies als hauptsächliches Verdienst Mühlpfordts zu werten,[15] den man innerhalb der Mauern als einzigen Politiker im „Zentrum" der aus Angehörigen des Rates und der lutherischen Geistlichkeit bestehenden „reformatorischen Front" wähnt.[16] Mit dem Einzug von Luthers Lehre erlangte der Magistrat zudem partielle Autonomie auf dem religionspolitischen Sektor. Das Erreichte wiederum trachteten unser Protagonist und seine Kollegen dann ab Ende der 1520er Jahre, letzten Endes vergeblich, nach Kräften abzusichern.[17]

---

den Bänden 1–16 des Jahrbuches des Historischen Vereins Heilbronn. Festschrift für Helmut Schmolz, Weinsberg 1988, S. 187–197.

13 Zu Reformation und Religionspolitik vgl. Thomas Kaufmann: Der Anfang der Reformation. Studien zur Kontextualität der Theologie, Publizistik und Inszenierung Luthers und der reformatorischen Bewegung, Tübingen 2012 (= Spätmittelalter, Humanismus, Reformation/Studies in the Late Middle Ages, Humanism, and the Reformation 67) sowie Anselm Doering-Manteuffel/Kurt Nowak (Hg.): Religionspolitik in Deutschland. Von der Frühen Neuzeit bis zur Gegenwart. Martin Greschat zum 65. Geburtstag, Stuttgart 1999.

14 Matthias Merz: Zwickau – die zweite Reformationsstadt der Welt, in: Martin Luther auf der Spur. Beilage zum Leipziger Seenland Journal 4 (2011), S. 7. Vgl. dazu bereits Susan C. Karant-Nunn: Zwickau in Transition, 1500–1547. The Reformation as an Agent of Change, Columbus/Ohio 1987, S. 6.

15 So wird Hermann Mühlpfordt in Zusammenarbeit mit Pfarrer Nikolaus Hausmann „die Initiative" bei der „Durchsetzung kirchlicher und städtischer Reformen" zugesprochen, s. Matteo Rebeggiani: Zur Umsetzung der Reformation in Zwickau in den Jahren 1521–1525, in: Erneuerung & Eigensinn. Zwickaus Weg durch die Reformation, hg. von der Stadtverwaltung Zwickau, Zwickau 2017, S. 33–37, hier S. 33. Noch bestimmter fällt das Urteil aus, Hermann Mühlpfordt sei „es zu verdanken, dass die Stadt an der Mulde eine der ersten nach Wittenberg war, in der die lutherischen Ideen in vollem Umfang umgesetzt werden konnten", s. Geschichte und Geschichten. 900 Jahre Zwickau. Ausstellungsführer zur Sonderausstellung vom 18. Februar bis 21. Oktober 2018, hg. von der Stadtverwaltung Zwickau, Zwickau 2018, S. 19.

16 Helmut Bräuer: Zwickau vom Ausgang des Spätmittelalters bis zum Beginn des 17. Jahrhunderts, in: Chronik (wie Anm. 11), S. 85–117, hier S. 100.

17 Dazu vgl. jüngst Silva Teichert: Der Bruch Luthers mit den Zwickauern – Der Kampf um die kirchenpolitische Vorherrschaft, in: Erneuerung (wie Anm. 15), S. 67–73.

Folglich begegnen uns in der Durchsetzung städtischer Reformation und der Sicherung städtischer Autonomie zwei eng miteinander verwobene Aspekte. Beide sind deshalb in das Vorhaben einer „Beurteilung der Gesamtpersönlichkeit" Mühlpfordts, wie sie Stefan Oehmig bereits 1997 forderte,[18] zwingend einzubeziehen. Insofern bietet die vorliegende Abhandlung zum „Reformationsbürgermeister" also mehr, als ihr Titel zunächst verheißt, nämlich eine Untersuchung des *individuellen* Anteils Hermann Mühlpfordts an den religionspolitischen Entwicklungen in der Muldestadt bis 1534. Es gilt diesen Beitrag – bei ungleich stärkerer Gewichtung der 1525 abgeschlossenen Phase – aus neuen Perspektiven und unter Einbindung der Rezeptionsgeschichte zu beleuchten. Genealogie, Herkunft und Karrierebeginn erhellt ein Exkurs zu den Mühlpfordts in Zwickau. Schwerpunkte der Betrachtung bilden unter anderem das Agieren vor der erstmaligen Wahl zum Stadtoberhaupt 1521 und in den anschließenden sieben Amtsperioden. Gleichermaßen werden die für Mühlpfordt handlungsleitenden Prägungen eruiert und deren politische Realisierungen hinterfragt. Erasmus von Rotterdam und Luther gebührt hierbei besondere Aufmerksamkeit, ebenso wie seinem Konnex zu Ratsgremium, Stadtgemeinde, Landesherrschaft, bürgerlichen und adeligen kursächsischen Eliten sowie lutherischer Geistlichkeit Zwickaus, namentlich Thomas Müntzers. Berücksichtigung erfahren ferner jene materiellen und nicht materiellen Ressourcen, die Mühlpfordt dazu verhalfen, in der Muldestadt eine führende Rolle zu erlangen und diese bis zu seinem Lebensende 1534 beizubehalten. Weiterhin fließen schon früher thematisierte Facetten, beispielsweise das Unternehmertum und das

---

18 Oehmig: Mühlpfordt (wie Anm. 2), S. 166. Hinsichtlich erster Überlegungen vgl. Robert Weißmann: Religionspolitik als Kunst des Möglichen. Hermann Mühlpfordt und die Einführung der Reformation in Zwickau, 2 Teile, Teil 1, in: Cygnea. Schriftenreihe des Stadtarchivs Zwickau 15 (2017), S. 81–96; Teil 2 in: ebd. 17 (2019), S. 120–123. Vgl. dazu auch den vom Verfasser in den Räumen der Kunstsammlungen Zwickau/Max-Pechstein-Museum im Rahmen der Ausstellung „Erneuerung & Eigensinn – Zwickaus Weg durch die Reformation" (18. Februar bis 28. Mai 2017) am 2. April 2017 gehaltenen Vortrag „Religionspolitik als Kunst des Möglichen. Hermann Mühlpfordt und die Einführung der Reformation in Zwickau". In Bezug auf jenes Bismarck zugeschriebene Zitat, Politik sei die Kunst des Möglichen, vgl. Hermann Oncken: Ansprache zum Gedächtnis Bismarcks, gehalten am zehnjährigen Todestage Bismarcks vor der Heidelberger Studentenschaft, Heidelberg 1908, S. 15.

Sozialempfinden, mit ein. Der Mehrgewinn des hier gewählten mikrohistorischen Ansatzes besteht darin, Hermann Mühlpfordt nicht nur um seiner selbst willen, sondern zugleich als Brennpunkt darüber hinausweisender Komplexitäten zu begreifen – oder, wie es der Zwickauer Stadtarchivdirektor Karl Steinmüller in Worte fasste, „damit nicht zuletzt die Zustände, die sozialen und wirtschaftlichen Zusammenhänge seiner Zeit richtiger, klarer gesehen werden können".[19]

---

[19] Schreiben Karl Steinmüller an Hans Heinrich Leopoldi, 3. Dezember 1969, HStA Dresden, 12790, Personennachlass Dr. Karl Steinmüller (1901–1975), Nr. 212. Zu den diesbezüglichen Chancen des mikrohistorischen Ansatzes vgl. Ewald Hiebl/Ernst Langthaler: Einleitung, in: dies. (Hg.): Im Kleinen das Große suchen. Mikrogeschichte in Theorie und Praxis, Innsbruck 2012 (= Jahrbuch für Geschichte des ländlichen Raumes 9), S. 7–21, hier S. 11.

1 ANNOTATIONEN ZU BIOGRAFIE UND GENEALOGIE

1.1 Eltern – Ehe – Nachkommen

Wer war Hermann Mühlpfordt (im Folgenden mit der Ordnungszahl IV gekennzeichnet; vergleiche dazu die Stammtafel Mühlpfordt im Anhang), der 1520 durch Luthers Widmung schlaglichtartig einer breiten Öffentlichkeit bekannt und im Jahr darauf erstmals Stadtoberhaupt Zwickaus wurde, bevor er endlich wegen seines Eintretens für die Lehre des Reformators als „Reformationsbürgermeister" in die Geschichte der Muldestadt einging? Beginnen wir mit den – allem Anschein nach um 1536/37 – vom Arzt Georg Pylander (eigentlich Thormann beziehungsweise Thurm), einem mutmaßlichen einstigen Protegé Hermann Mühlpfordts, zu Papier gebrachten Informationen: Jener sei, führte Pylander aus, von schlechten Lüften übermannt, Epileptiker geworden („Aëre deinde alieno obrutus epilepticus deinde fiebat").[20] Denkbarerweise seit Beginn der 1530er Jahre

---

[20] David Passeck: Chronik von Zwickau bis 1600 (Klassik Stiftung Weimar, Herzogin-Anna-Amalia-Bibliothek, Fol. 156, Bl. 286). Für die entscheidende Hilfestellung zum Auffinden dieser schon von der Geschichtswissenschaft genutzten, aber nicht korrekt nachgewiesenen Aufzeichnungen des Georg Pylander – „Historica quaedam a Doctore Pylandro annotata" – danke ich herzlich Helmut Bräuer. Die genaue Datierung der Aufzeichnungen gestaltet sich schwierig. Vermutlich entstanden sie nach dem 23. Juni 1536 und vor dem 5. Juli 1537. Pylander bezog sich offenbar auf eine nach dem 23. Juni 1536 erfolgte Aussöhnung Stephan Roths mit Luther (vgl. zum Kontext hier in Anm. 296), denn er erwähnte Roth, der Reue vorgab, aber nicht wirklich geleistet habe („Stephanum Rodt, qui fingit poenitentiam, sed nondum praestitit"), zit. n. ebd. Dafür, dass Pylander seine Aufzeichnungen noch vor dem 5. Juli 1537 anfertigte, spricht, dass er von diesem Datum an bis zum 2. Februar 1538 in Dänemark weilte. Nur kurzzeitig hielt er sich dann – eventuell – in Zwickau auf; am 26. April 1538 befand er sich bereits in Marburg und kehrte von dort nicht wieder in die Muldestadt zurück, vgl. dazu Otto Clemen: Georg Pylander, in: NASG 30 (1909), S. 335–348, hier S. 342 f. ND in: Clemen: Kleine Schriften, Bd. 3, Leipzig 1983, S. 261–275, hier S. 273. Die Aufzeichnungen Pylanders wiederum sind

tatsächlich in angeschlagenem Gesundheitszustand, wozu er selber seinen Teil beigetragen haben mag, übernahm Mühlpfordt letztmalig am 16. September 1533 das Amt des Zwickauer Bürgermeisters.[21] Und er befand sich bereits nicht mehr unter den Lebenden, als Pylander ihm das epileptische Leiden – im Verständnis der Epoche eine Gottesstrafe – zuschrieb.[22] „Ein

---

jedoch lediglich in der oben erwähnten Zwickauer Chronik des David Passeck überliefert, der sie „im Jahrzehnt um 1600" zu Papier brachte, s. Helmut Bräuer: Stadtchronistik und städtische Gesellschaft. Über die Widerspiegelung sozialer Strukturen in der obersächsisch-lausitzischen Stadtchronistik der frühen Neuzeit, Leipzig 2009, S. 237. Aufgrund der Tätigkeit Passecks als „Cantzley diener" in der Zwickauer Stadtschreiberei ab dem Jahre 1593 (zit. n. ebd.) ist die Übernahme der Notizen Pylanders glaubhaft, berichtet doch Passeck selbst, dass er seine Chronik auf der Grundlage von Quellen, „laut der brieffe vfn Rhathaues alhie", verfasst habe, zit. n. ebd., S. 42. In diesem Zusammenhang lassen sich die Angaben von Passeck bestätigen, denn tatsächlich enthält Passeck: Chronik (wie oben) Abschriften einiger Briefe von Martin Luther, Conrad Cordatus und Stephan Roth, vgl. ebd., Bl. 6v–30v. Zur Glaubwürdigkeit der Überlieferungen Pylanders vgl. auch hier in Anm. 26 und 828. Pylanders Bezugnahme auf eine von Roth geheuchelte Reue stimmt im Übrigen beinahe wörtlich mit einer mutmaßlich nach dem 13. August 1536 entstandenen Aussage Luthers überein, vgl. dazu detailliert Regine Metzler: Stephan Roth 1492–1546. Stadtschreiber in Zwickau und Bildungsbürger der Reformationszeit. Biographie. Edition der Briefe seiner Freunde Franz Pehem, Altenburg, und Nicolaus Günther, Torgau, Stuttgart 2008 (= Quellen und Forschungen zur sächsischen Geschichte 32), S. 162; vgl. auch ebd., Anm. 860.

21 In einem Schreiben vom 3. Juli 1531 beispielsweise klagt Mühlpfordt gegenüber Roth, er sei „warlich ganz schwach [in Grimma] einkhomen, das weis gott, und wollt danken, das Ich kente ane verhindernis meins Leibs des handels auswarten", zit. n. Ernst Fabian: Der Streit Luthers mit dem Zwickauer Rate im Jahre 1531, in: MAVZ 8 (1905), S. 71–176, hier S. 165 f. (zu Nr. 17: Mühlpfordt an Roth, 3. Juli 1531). Für Mühlpfordt wird vermutet, „daß er alles andere als ein Asket und Spielverderber war, daß er vielmehr das Festefeiern und reichliches und gutes Essen und Trinken liebte", s. Clemen: Mühlpfort (wie Anm. 7), S. 48. ND in: Clemen: Kleine Schriften, Bd. 8, Leipzig 1987, S. 61–64, hier S. 64. Auch im 21. Jahrhundert wurde Mühlpfordts Aufgeschlossenheit gegenüber „weltlichen Tafelfreuden" hervorgehoben, s. Bräuer: Mühlpfordt (wie Anm. 11), S. 118. Mühlpfordt selbst untermauerte die Annahme der Chronisten mit eindrücklichen Schilderungen seines Konsumverhaltens. So äußerte in einem Schreiben aus Torgau an Roth vom März 1531, er sei „heut dato warlich ganz ungeschickt, das kompt vom großen tunke. ---- Jch bin fast alle abent zu gast geladen worden, do ist nichts anders dan fressen und saufen. Jch werde von Meines genedigsten Herrn rethen forderlich, auch von stetten fast uberflissigk gehalden", zit n. Fabian: Streit (wie oben), S. 152 f. (zu Nr. 7: Mühlpfordt an Roth, 16. März 1531), hier S. 152. Zur letzten Amtszeit vgl. Ratsbestätigungen durch den Landesherrn 1527–1549, Stadtarchiv Zwickau A*A I 25, Nr. 4, Bl. 6 r.

22 Zur Epilepsie als Gottesstrafe vgl. Robert Jütte: Krankheit und Gesundheit in der Frühen Neuzeit, Stuttgart 2013, S. 85–94. Vgl. in Bezug auf das reformatorische Umfeld auch Hans-

Vorzeichen seines Todes", notierte Paul Greff, der damalige Kirchner (Kirchendiener oder Küster) an St. Marien, in seinen Zwickauer Annalen, „war der in der größeren Ratsstube hängende Leuchter, denn am 20. August am hellen lichten Tage bei einer Ratssitzung klirrte er, wie immer, wenn eins der Ratsmitglieder sterben soll – ein untrügliches Vorzeichen"[23] („Mortio eius praesignum fuit candelabrum pendens in maiori stuba Senatorum 5 feria ante Barthol: luce clara in concessu totius magistratus nam tinnitum fecit, quemadmodum solet quando aliquis Senatorum debet obire morte, signum hoc est infallibile").[24] Greff, der Kirchner, scheidet als Augenzeuge des Geschehens in der Ratsstube aus, und es lässt sich außerdem keine Aussage dazu treffen, ob diese Ratssitzung wirklich stattfand und ob Mühlpfordt an ihr teilnahm.[25] Jedoch verstarb er, „nach kurzer Krankheit",[26]

Joachim Schwager: „Epilepsie" bei Luther und in der evangelischen Theologie und Diakonie. Ein Beitrag zur Vorurteilsforschung, in: Zeitschrift für Epileptologie 17 (2004), S. 43–54.

23 Clemen: Mühlpfort (wie Anm. 7), S. 20. ND in: Clemen: Kleine Schriften, Bd. 8, Leipzig 1987, S. 61–64, hier S. 61.

24 Zit. n. Petrus Albinus: Excerpta ex Annalibus Pauli Grefii Cygnaei [11. Jh.–1535], Sächsische Landesbibliothek – Staats- und Universitätsbibliothek Dresden, Msc. d 3, Bl. 109. Hier nach der Abschrift von Curt Vogel (1926/27), Ratsschulbibliothek Zwickau, MS. 149, Bl. 191.

25 Es klafft eine von Michaelis 1529 bis Mauritii 1534 währende Lücke in der Reihe der überlieferten Beschlussbücher (Ratsprotokolle 1528–1529, Stadtarchiv Zwickau, III x, Nr. 63 und Ratsprotokolle 1534–1536, Stadtarchiv Zwickau, III x, Nr. 64). Letztmalig genannt findet sich Mühlpfordt in dieser Quelle unter dem Datum Sonnabend nach Bartholomaei (28. August 1529), vgl. Ratsprotokolle 1528–1529 (wie oben), Bl. 115 r.

26 Oehmig: Mühlpfordt (wie Anm. 2), S. 175. Für ein Siechtum des Verstorbenen spricht der angebliche Bericht Georg Pylanders: Der aus der Stadt gewiesene Sohn Paul „habe nicht wagen dürfen, an das Sterbebett des Vaters zurückzukehren, obgleich dieser sehr oft den innigen Wunsch geäußert hätte, vor seinem Ende ihn noch einmal zu sehen", s. Clemen: Mühlpfort (wie Anm. 7), S. 20. ND in: Clemen: Kleine Schriften, Bd. 8, Leipzig 1987, S. 61–64, hier S. 61. Allerdings findet sich der betreffende Passus in dieser Form eben nicht in der von Clemen als Quelle erwähnten „in Weimar liegenden Passeckschen Chronik sowie in den Collectanea Zwiccaviensia Joh. Gottfried Wellers, die unsre Ratsschulbibliothek verwahrt", s. ebd. In Passeck: Chronik (wie Anm. 20) wird auf Bl. 285 v sowie Bl. 286 im obigen Kontext lediglich überliefert, dass zwei Söhne als meineidige Bürger der Stadt verwiesen, ins Unglück geraten und ihr Leben verloren hätten, wohingegen der zeitliche Zusammenhang mit dem Tod des Vaters fehlt („Duo filii cives periceri facti avitate expulsi sunt. Quidam praecipites delapsi expirarunt animas"). In Johann Gottfried Wellers „Collectanea Zwiccaviensia", wobei es sich um eine mit handschriftlichen Kommentaren Wellers versehene Ausgabe von Tobias Schmidt: Chronica Cygnea, Oder Beschreibung Der sehr alten/ Löblichen/ und Churfürstlichen Stadt Zwickaw: Von der-

Annotationen zu Biografie und Genealogie

am 25. August 1534 in Zwickau,[27] wo er am folgenden Tag beigesetzt wurde.[28] Im Gegensatz zum Sterbedatum herrscht über sein Geburtsdatum nach wie vor Unklarheit. Übereinstimmend findet sich in den unveröffentlichten genealogischen Forschungergebnissen des 20. Jahrhunderts[29] und in den bis

---

selben Lager/ Erbauung/ Gebäuden [...]; Ingleichen was sich Schrifftwürdiges/ zu Kriegs und Frieds-Zeiten/ allda und in derselben Nachtbarschafft begeben/ und zugetragen [...] / Alles aus glaubwürdigen [...] Schrifften/ und Büchern/ theils auch aus eigener Erfahrung zusammen gebracht/ und zum Druck verfertiget [...], Zwickau 1656 handelt (Ratsschulbibliothek Zwickau, Fl.4.2.78) findet sich auf S. 316v nur die kurze Notiz, dass Paul Mühlpfordt zum Zeitpunkt des Ablebens des Vaters wegen Ungehorsams gegenüber dem Rat aus der Stadt verwiesen worden sei. Beim Tod seines Vaters indes konnte sich der besagte Sohn Paul, was den Angaben des Chronisten widerspricht, unbehelligt in Zwickau aufhalten, denn zum kurzzeitigen Verweis aus der Stadt kam es erst im Mai/Juni 1537, vgl. Oehmig: Mühlpfordt (wie Anm. 2), S. 175, Anm. 143.

27 Das Sterbedatum ist durch zeitgenössische Quellen mehrfach abgesichert, vgl. dazu ausführlich Oehmig: Mühlpfordt (wie Anm. 2), S. 175, Anm. 141. Die Sterbestunde wird zeitnah mit mittags zwölf Uhr („Hora pomeridiana sexta") angegeben, zit. n. ebd. Einer zeitlich späteren Quelle zufolge sei Mühlpfordt „2 stund nach mittag" verschieden, zit. n. Rudolf Falk (Hg.): Zwickauer Chroniken des 16. Jahrhunderts, in: Alt-Zwickau 8 (1923), S. 31 f., hier S. 32.

28 Vgl. Oehmig: Mühlpfordt (wie Anm. 2), S. 175.

29 Zur Familie Hermann Mühlpfordts vgl. Staatsarchiv Leipzig, Signatur: 22179 Genealogische Mappenstücke, Ma 28304 (Rundschreiben des Familienverbandes Mühlpfordt sowie ergänzende Stammfolgen und Geschichtliches zu einzelnen Mühlpfordt-Familien). Weiterhin liegt ein handschriftliches Manuskript des Wirtschafts- und Sozialwissenschaftlers Gerhard Kessler – bis 1933 Inhaber des Lehrstuhls für Nationalökonomie an der Universität Leipzig und Nachfahre des Reformationsbürgermeisters – vor, vgl. dazu Gerhard Kessler: Eltern und Ahnen. Ostpreußische und schlesische Familiengeschichten, III. Teil: Die Vorfahren der ostpreußischen Familie Richter (Ahnen des Gutsbesitzers Julius Richter auf Amalienau), Istanbul 1941, S. 306–422, hier S. 370f., Ms. handschr., gegenwärtig im Besitz von Gerd Scholz (Aachen). Wenngleich das Manuskript ohne Quellenbelege auskommt, so ist doch im Einzelnen erkennbar und nachweisbar, dass es wesentlich auf Informationen aus dem Zwickauer Stadtarchiv ab 1931 fußt, da Kessler 1941 darauf verwies, „Forschungsergebnisse aus den letzten zehn Jahren" dargelegt zu haben, s. Kessler: Ahnen (wie oben), S. 366f. Dass es sich dabei um eigene Recherchen handelte, machen Kesslers Formulierungen („im Archiv von Weimar habe ich") deutlich, ebd., S. 377. Spätestens 1932 waren die Arbeiten im Wesentlichen abgeschlossen, dazu vgl. Staatsarchiv Leipzig, Signatur: 22179 Genealogische Mappenstücke, Ma 23641: Die Familien Mühlpfordt in Jena und Insterburg. Ab dem Jahr 1933 wurden die Erkenntnisse teilweise publiziert, vgl. Gerhard Kessler: Die Familie Mühlpfordt in Jena, in: Familiengeschichtliche Blätter 3 (1932), Sp. 49–62, sowie ders.: Die Anfänge der Familie Günderrode, in: Familiengeschichtliche Blätter 35 (1937), Sp. 217–228. Nach dem 1963 erfolgten Ableben Kesslers geriet das Manuskript in den Besitz der Tochter Addi Scholz geb. Kessler. Deren Ehemann Siegfried

in das 21. Jahrhundert erschienenen Publikationen das Jahr 1486. Diese Angabe meint sicherlich den Terminus ante quem, also das spätmöglichste Geburtsjahr, ausgehend von einem Quellenbeleg, wonach er sich schon nach dem 9. Februar 1505 und vor dem 13. Juni 1506 verehelichte.[30] Vielleicht errechnete sich die besagte Jahreszahl 1486 aus einem zeitgenössisch aufgezeichneten Sterbealter. Auf die geringe Zuverlässigkeit derartiger Informationen haben neuere Arbeiten bereits hingewiesen. Für Hermann Mühlpfordt dürfte deshalb, wie im Folgenden dargelegt werden soll, 1480 als Terminus post quem, als frühestmögliches Geburtsjahr, anzunehmen sein. Somit lässt sich der Zeitraum, in dem der spätere Bürgermeister in Zwickau das Licht

---

Scholz (Aachen) überließ Ablichtungen des die Familie Mühlpfordt betreffenden Abschnitts (Band/Teil 3) im Jahre 1971 Werner Mühlpfordt (Ellerstadt), der davon eine maschinenschriftliche Abschrift erstellte, die er mit nach 1963 erschienener Forschungsliteratur in dem von ihm hinzugefügten Anmerkungsapparat ergänzte und mit einem auf September 1971 datierten Vorwort versah. Diese Fassung befindet sich im Sächsischen Staatsarchiv, vgl. Gerhard Kessler. Die Familie Mühlpfor(d)t (entnommen aus: Gerhard Kessler: Eltern und Ahnen, III. Teil: Die Vorfahren der ostpreußischen Familie Richter. Untertitel: Ahnen des Gutsbesitzers Julius Richter auf Amalienau), Seite 366 bis 411 Originalmanuskript, hg. von Werner Mühlpfordt, Ludwigshafen 1971, Ms. mschr, Staatsarchiv Leipzig, Signatur: 22179 Genealogische Mappenstücke, Ma 15537, eine Kopie davon – allerdings ohne Vorwort – im Stadtarchiv Zwickau, vgl. Stadtarchiv Zwickau, I M 74. Mit Einverständnis Werner Mühlpfordts übergab Robert Weißmann im Sommer 2021 dem Stadtarchiv Zwickau die Ablichtungen des Manuskripts von 1941. Das Originalmanuskript ist seit dem Tod von Addi Scholz 2015 in den Händen von Gerd Scholz (Aachen), dem Enkelsohn des Verfassers, wohingegen die Vorarbeiten dazu in der Familie nicht erhalten geblieben sind; frdl. Mitteilung Gerd Scholz, 16.06.2021. Das Geheime Staatsarchiv Preußischer Kulturbesitz verwahrt den Nachlass Gerhard Kesslers, vgl. dazu GStA PK, XX. HA, Nl Kessler, G. Hieraus geht hervor, dass Kessler seit nachweisbar Mitte der 1930er Jahre mit Johannes Hohlfeld von der „Zentralstelle für Deutsche Personen- und Familiengeschichte" – heute „Deutschen Zentralstelle für Genealogie" – korrespondierte, vgl. ebd., Nr. 66. An dieser Leipziger Institution arbeitete von 1930 bis 1932 Karl Steinmüller als Assistent, der ab 1950 das Zwickauer Stadtarchiv leitete. Genealogisches Material zu Hermann Mühlpfordt, welches bis ins Detail mit Kesslers Manuskript übereinstimmt, enthält ebenso der Nachlass Karl Steinmüllers, heute im Hauptstaatsarchiv Dresden, dazu vgl. den Personennachlass Steinmüller (wie Anm. 19), Nr. 212, Nr. 706 sowie Nr. 772.

30 Zur Heirat nach dem 9. Februar 1505 vgl. Steinmüller (wie Anm. 19), Nr. 772. Vgl. zur am 13. Juni 1506 bereits erfolgten Verehelichung Herbert Helbig (Hg.): Quellen zur älteren Wirtschaftsgeschichte Mitteldeutschlands, Bd. 3, Weimar 1953, S. 30 (zu Nr. 216).

der Welt erblickte, mit einiger Sicherheit auf ungefähr 1480 bis 1486 eingrenzen.[31]

Moritz, Anna und Clara sind als Hermanns vor 1492 geborene Geschwister bekannt. Wer von diesen 1496 außer ihm, Anna und Clara noch lebte, ist ungewiss, jedenfalls waren sie im letztgenannten Jahr allesamt unmündig.[32] Ihr

---

[31] Das Geburtsjahr „1486" scheint zurückzugehen auf Clemen: Mühlpfort (wie Anm. 7), S. 20. ND in: Clemen: Kleine Schriften, Bd. 8, Leipzig 1987, S. 61–64, hier S. 61. Die Quelle hierfür blieb Clemen leider schuldig. Karl Steinmüller, der in seiner genealogischen Materialsammlung gleichfalls auf das Jahr 1486 verwies, fügte hinzu „alt 48 Jahre", s. den Personennachlass Steinmüller (wie Anm. 19), Nr. 772. Womöglich erschlossen Clemen und Steinmüller das Geburtsjahr 1486 anhand des 1502 angelegten „Toten-Buch[es] der Kirche zu St. Marien zu Zwickau von dem Jahre 1502 an bis zu dem Jahre 1582", zit. n. Franz Blanckmeister: Die Kirchenbücher im Königreich Sachsen, in: Beiträge zur sächsischen Kirchengeschichte 15 (1901), S. 27–210, hier S. 39. In dem Kirchenbuch wurden zumeist nur die Honoratioren verzeichnet, und für das Jahr 1534 habe es dreiundzwanzig Einträge gegeben. Die Formulierung der Altersangaben in den Sterbeeinträgen des ersten Jahrgangs (1502), die Blanckmeister im Wortlaut überlieferte – vgl. ebd., S. 41 ff. –, ähnelte derjenigen Steinmüllers für Mühlpfordt. Zudem wies Steinmüller in einer Notiz darauf hin, dass „Sterbe- [und] Begräbnistage […] gewöhnlich den Kirchenbüchern (KB) entnommen" worden seien und er „die eingeklammerten" – wie das Jahr 1486 – unter anderem „errechnet" habe, s. den Personennachlass Steinmüller (wie Anm. 19), Nr. 772. Dieser Vermutung nachzugehen ist allerdings nicht möglich, denn im Zweiten Weltkrieg ist das Kirchenbuch vernichtet worden, vgl. Karl Weber: Das älteste Kirchenbuch Deutschlands, in: Archiv für Sippenforschung und alle verwandten Gebiete 25 (1967), S. 64. Dazu vgl. auch die frdl. Mitteilung Daniel Sommer (Landeskirchenarchiv der Evangelisch-Lutherischen Landeskirche Sachsens), 04.08.2021. Zu den Altersangaben in der Frühen Neuzeit vgl. Ralf-Peter Fuchs: Erinnerungsgeschichte. Zur Bedeutung der Vergangenheit für den „gemeinen Mann" in der Frühen Neuzeit, in: ders./Winfried Schulze (Hg.): Wahrheit, Wissen, Erinnerung. Zeugenverhörprotokolle als Quellen für soziale Wissensbestände in der Frühen Neuzeit, Münster u. a. 2002 (= Wirklichkeit und Wahrnehmung in der Frühen Neuzeit 1), S. 89–154, hier S. 120 f. – Aufgegriffen wurde das Geburtsjahr 1486 offenbar durch Koerner: Geschlechterhandbuch (wie Anm. 2), S. 202, wo als Quelle das „Grabmal in der Marien-Kirche" zu Zwickau genannt wird, s. ebd., Anm. 14. Dieses gibt allerdings kein Geburtsdatum für Hermann Mühlpfordt an, vgl. Lorenz Wilhelm: Descriptio Urbis Cycneæ […] Das ist Warhafftige […] Beschreibung/ der vhralten Stadt Zwickaw, Zwickau 1633, S. 78 f. Ebenfalls auf das Jahr 1486 beziehen sich: Hans Prescher (Hg.): Georgius Agricola. Ausgewählte Werke. Gedenkausgabe des Staatlichen Museums für Mineralogie und Geologie zu Dresden, Bd. 2: Georg Agricola. Bermannus oder über den Bergbau. Ein Dialog, übers. und bearb. von Helmut Wilsdorf, Berlin 1955, S. 304, und Weller: Mühlpfort (wie Anm. 8), S. 10, Anm. 1, desgleichen Oehmig: Mühlpfordt (wie Anm. 2) und Mühlpfordt: Mühlpfort (wie Anm. 10), bei denen es bereits im Titel erscheint.

[32] Die Namen werden im Zwickauer Stadtbuch 1486–1492, Stadtarchiv Zwickau, III X¹, fol. 298ᵇ, aufgelistet. Im Weimarer Original (Landesarchiv Thüringen – Hauptstaatsarchiv Wei-

Vater Hermann Mühlpfordt (im Folgenden mit der Ordnungszahl III) kam vermutlich nach 1455, aber vor 1464 zur Welt,[33] wobei ein Geburtszeitraum um 1457 bis 1460 am wahrscheinlichsten ist.[34] Sein Ableben fällt fraglos in den Zeitraum vor dem 11. Januar 1492, da für diesem Tag die Teilung seines

---

mar, Ernestinisches Gesamtarchiv, Pp 368, 1, Steuerregister Zwickau, 14. Februar 1496) und in der Zwickauer Abschrift des Steuerregisters tauchen Balthasar Erings „vnmundige stiffkinder" weder dem Namen noch der Zahl nach auf, zit. n. Steuerregister der Stadt Zwickau 1496, Stadtarchiv Zwickau, A*A II 17, Nr. 23, Bl. 58. Zur Biografie der „um 1490" geborenen und „nach 1528" verstorbenen Tochter Clara Mühlpfordt, die „um 1509" den am 27. März 1524 verstorbenen Wolf Römer auf Obersteinpleiß und Weißenbrunn ehelichte sowie zur zweiten Ehe von Clara mit „Assmann von der Jan" s. den Personennachlass Steinmüller (wie Anm. 19), Nr. 772. Zu den aus der Ehe mit Wolf Römer hervorgegangene Nachkommen Martin, Hans Georg und Benedict vgl. C[urt] von Raab: Zur Geschichte der Familie Römer in Sachsen, in: Vierteljahrsschrift für Heraldik, Sphragistik und Genealogie 16 (1888), S. 369–390, hier S. 384.

33 Für eine Geburt Hermann Mühlpfordts (III) vor 1464 spricht, dass er laut einer Urkunde vom 22. September 1484 – vgl. Zwickauer Urkundenbuch, Nr. 1–859 (Typoskript in 4 Bänden), bearb. von Kunz von Brunn gen. von Kauffungen, Stadtarchiv Zwickau, Bd. IV (1476–1574), 1958, Nr. 699 – offenbar bereits mündig war. Kurz vor dem 27. Januar 1455 vermutlich war dessen Vater Hermann Mühlpfordt (im Folgenden II) seine erste Ehe eingegangen, vgl. dazu hier in Anm. 80. Dies ist bedeutsam, da der Vater des Reformationsbürgermeisters Hermann Mühlpfordt (IV), Hermann Mühlpfordt (III), wie auch dessen Geschwister Heinrich und Margarethe, offenkundig der zweiten Ehe von Hermann Mühlpfordt (II) entstammten, denn Katharina Stange, die zweite Ehefrau, wird als „mutter" der Geschwister angegeben, zit. n. Bestätigungsurkunde des Bischofs Dietrich von Naumburg über die Stiftung des Helenenaltars durch Hermann Mühlpfordt vom 5. Dezember 1483, Brunn: Urkundenbuch (wie oben), Nr. 692. Für eine Abstammung Hermanns von Katharina Mühlpfordt geb. Stange, spricht auch die oben erwähnte Urkunde vom 22. September 1484. Als Mutter der Margarethe, die Peter Jacoff aus Zwickau ehelichte, wird auch in einer weiteren Quelle „Catharina" angegeben, zit. n. Ernst Fabian: Die Zwickauer Schulbrüderschaft, in: MAVZ 3 (1891), S. 50–81, hier S. 64. Andere Quellen sind weniger eindeutig, so eine Urkunde vom 12. Mai 1472, in der ohne nähere namentliche Erläuterung die „erben" Erwähnung finden, für die Hermann und Katharina Mühlpfordt finanziell vorsorgen, zit. n. Henning Steinführer (Hg.): Die Leipziger Ratsbücher 1466–1500. Forschung und Edition, Bd. 1/2, Leipzig 2003 (= Quellen und Materialien zur Geschichte der Stadt Leipzig 1), hier Bd. 1: 1466–1489, S. 379 (zu Nr. 884).

34 Da Hermann Mühlpfordts Immatrikulation zum Sommersemester 1474 in Leipzig erfolgte – worauf bereits Oehmig: Mühlpfordt (wie Anm. 2), hier S. 168, verwiesen hat –, ist ein Geburtsjahr um 1460 naheliegend, denn ein Studium wurde im 15. Jahrhundert zumeist 14- bis 15-jährig begonnen, vgl. Rainer C. Schwinges: Der Student in der Universität, in: Walter Rüegg (Hg.): Geschichte der Universität in Europa, Bd. 1: Mittelalter, München 1993, S. 181–223, bes. 182. Indes schrieben die Leipziger Statuten, was für das Geburtsjahr 1457 spricht, ein Alter von

Nachlasses dokumentiert ist;[35] der 11. November 1488 wird als Sterbedatum angegeben.[36] Noch eine jüngere Arbeit verweist auf eine „Clara" als Ehegattin des Hermann (III).[37] Diese den unveröffentlichten genealogischen Forschungen entnommene Angabe und die Information, dass Clara eine Tochter des 1509 abgesetzten Zwickauer Bürgermeisters Urban Thiemer gewesen sei, ist allerdings mit Skepsis zu betrachten.[38] Noch relativ jung, verehelichte sich die Witwe Hermanns (III) indes (möglicherweise kurz) vor dem 11. Januar 1492 mit dem Zwickauer Bürger Balthasar Ering, da der unter diesem Datum, „von wegen seynes eheweybs", deren „dretteyl", also das Drittel des Nachlasses ihres verstorbenen Ehemannes, beanspruchte, das rechtlich dem neuen Gatten zustand.[39] Freilich hieß die Erbberechtigte nicht „Clara", sondern „Katharina", wie eine Urkunde vom 27. August 1498 verrät, in der von Letzterer als „Ehefrau des Balthasar Eyringk" die Rede ist.[40] Dass jene 1498 genannte „Katharina" Ering wiederum mit des „Burgermeisters Mulpforts mutter" identisch ist, ergibt sich aus einem Visitationsprotokoll vom 26. No-

---

mindestens 17 Jahren bei Aufnahme des Studiums vor, vgl. Enno Bünz: Die Universität Leipzig um 1500, in: ders./Franz Fuchs (Hg.): Der Humanismus an der Universität Leipzig, Wiesbaden 2008 (= Pirckheimer Jahrbuch für Renaissance- und Humanismusforschung 23), S. 9–40, hier S. 30.

35 Zur Erbteilung Hermann Mühlpfordt vgl. Oehmig: Mühlpfordt (wie Anm. 2), S. 168.

36 Zum Todesdatum als dem 11. November 1488 vgl. Koerner: Geschlechterhandbuch (wie Anm. 2), S. 201.

37 Vgl. Oehmig: Mühlpfordt (wie Anm. 2), S. 168.

38 Im Fall Urban Thiemers als vermeintlicher Großvater Hermann Mühlpfordts ist zu berücksichtigen, dass Thiemer, der 1517 verstarb, erstmals 1494 im Zwickauer Rat genannt worden ist, zu ihm vgl. Karl Steinmüller: Agricola in Zwickau. Die Zwickauer Lateinschule am Ausgang des Mittelalters, in: Agricola-Studien, Berlin 1957 (= Freiberger Forschungshefte. Kultur und Technik D 18), S. 20–44, hier S. 38. Dazu vgl. auch den Personennachlass Steinmüller (wie Anm. 19), Nr. 212, Nr. 706 sowie Nr. 772. Dieser Urban Thiemer ist vermutlich mit einem Namensträger identisch, dessen Tochter sich erst am 14. Februar 1522 verehelichte, vgl. Falk: Chroniken (wie Anm. 27), 1 (1923), S. 2–4, hier S. 3. Mehrere Indizien sprechen also dafür, dass Thiemer nicht Mühlpfordts Großelterngeneration zuzurechnen zu sein dürfte, was es jedoch durch eingehendere Forschungen noch zu eruieren gilt.

39 Zit. n. Zwickauer Stadtbuch 1486–1492 (wie Anm. 31). Zu den Zwickauer Verhältnissen vgl. Adrian Schmidt-Recla: Kalte oder warme Hand? Verfügungen von Todes wegen in mittelalterlichen Rechtsreferenzquellen, Köln u. a. 2011 (= Forschungen zur Deutschen Rechtsgeschichte 29), S. 453 f.

40 Brunn: Urkundenbuch (wie Anm. 33), Nr. 760.

vember 1533.⁴¹ Katharina Mühlpfordt, die nachmalige Frau Ering, dürfte in beiden Ehen zehn Kinder zur Welt gebracht haben.⁴² Offenbar zwischen dem 1. März 1526 und dem 26. November 1533, aber noch nach ihrem gleichfalls innerhalb dieser Daten verstorbenen zweiten Ehemann, segnete sie in ihrer Geburtsstadt das Zeitliche.⁴³
Väterlicherseits war unser Protagonist durch den Onkel Heinrich Mühlpfordt, verstorben 1516, seit 1493 Ratsherr und mehrfach Kämmerer der Muldestadt, mit dem Zwickauer Führungsgremium vernetzt.⁴⁴ Weitere

---

41 Zit. n. Ernst Fabian: Die Protokolle der zweiten Kirchenvisitation zu Zwickau, Crimmitschau, Werdau und Schneeberg 1533 und 1534, in: MAVZ 7 (1902), S. 33–147, hier S. 121 f.

42 Hermann Mühlpfordt gibt 1533 an, „jr drei", was nicht anders verstanden werden kann, als dass er sich sowie seine Mutter und Balthasar Ering mit einbezog, „hetten in die zwei und zweinzig kinder" hinterlassen, zit. n. Fabian: Kirchenvisitation (wie Anm. 41), S. 122. Da Hermann Mühlpfordts Grabinschrift zufolge für ihn und seine Ehefrau Anna Römer zwölf Kinder überliefert sind, „huic sololes bis sena fuit de conjuge nata", zit. n. Wilhelm: Descriptio (wie Anm. 30), S. 79, dürfen für die beiden Ehen der Catharina mit Hermann Mühlpfordt (II) und Balthasar Ering zehn Kinder vermutet werden, die sicherlich bis in das erste Jahrzehnt des 16. Jahrhunderts geboren wurden. So feierte beispielsweise „Jobsth schalreitter von Gera mit baltzer Eirichs tochter" am 27. Februar 1525 Hochzeit, zit. n. Falk: Chroniken (wie Anm. 27), 2 (1923), S. 5–8, hier S. 8. Zu Jobst/Jodocus Schalreuter (1486/87–1550) vgl. Martin Just: Art. Schalreuter, Familie, in: Musik in Geschichte und Gegenwart, Personenteil, Bd. 14, Kassel u. a. 2005, Sp. 1183–1185.

43 Der Priester Paul Ering, bei dem es sich um einen – allerdings nicht namentlich genannten – „leiplichen bruder" Balthasar Erings handelte, habe diesem laut Protokoll der Kirchenvisitation vom 26. November 1533 testamentarisch „sein behausung", also das zum St.-Helenen-Altar gehörige Haus, „beschiden", und „dornach", nach Ableben Balthasar Erings, sollte es „an Burgermeisters Mulpforts mutter" fallen, zit. n. Fabian: Kirchenvisitation (wie Anm. 41), S. 122. Hermann Mühlpfordts Mutter Katharina verschied erst nach dem 1. März 1526, denn „Paul Eyrich" wurde am 1. März 1526 beigesetzt, zit. n. Falk: Chroniken (wie Anm. 27), 5 (1923), S. 19 f., hier S. 19. Da Hermann Mühlpfordt jedoch laut Protokoll der Kirchenvisitation schon vor dem 26. November 1533 über das Haus verfügte, muss Katharina Ering zu diesem Zeitpunkt bereits verstorben gewesen sein, vgl. Fabian: Kirchenvisitation (wie Anm. 41), S. 122.

44 Heinrich Mühlpfordt war 1483 bereits mündig, vgl. Ernst Koch: Neue Beiträge zur Geschichte des sächsischen Prinzenraubes und seiner Wirkungen, in: NASG 20 (1899), S. 246–285, hier S. 253. Verheiratet sei er mit Elisabeth Behrenwald gewesen, vgl. Koerner: Geschlechterhandbuch (wie Anm. 2), S. 201. Tatsächlich war Elisabeth die Tochter des Peter Bernwald – sofern die Angaben zur Eheschließung zutreffend sind –, der zuletzt 1498 als Bürgermeister Zwickaus fungiert hatte, dazu vgl. Helmut Bräuer: Wider den Rat. Der Zwickauer Konflikt 1516/17, Leipzig 1999 (= Zwickauer Arbeits- und Forschungsberichte 8), S. 131. Karl Steinmüller nennt hingegen als Ehefrau Walpurga Thürschmidt, vgl. Personennachlass Stein-

Möglichkeiten eröffneten sich durch die Eheschließung mit Anna Römer, die „etwa 1480/90", so ist gemutmaßt worden,[45] als Tochter des Zwickauer Bürgers Johann Römer und der Barbara Kratzbeer das Licht der Welt erblickte, am 30. August 1550 in Zwickau verstarb und dort tags darauf beigesetzt wurde.[46] Anna Römers Großvater Nikolaus Römer vererbte bei seinem Ableben 1493 rund 30.000 fl., das mit Abstand größte Privatvermögen Zwickaus; ihr Großonkel, der kinderlose Martin Römer, entdeckte 1470 die Schneeberger Silberadern und erwarb dadurch beträchtlichen Reichtum.[47] Katharina Römer, Martin Römers allem Anschein nach bis 1516[48] leben-

---

müller (wie Anm. 19), Nr. 772. Zur Dauer der Ratszugehörigkeit Heinrich Mühlpfordts vgl. Koerner: Geschlechterhandbuch (wie Anm. 2), S. 201. Zu den ausgeübten Ratsämtern detailliert vgl. Oehmig: Mühlpfordt (wie Anm. 2), S. 168 f., sowie Bräuer: Rat (wie oben), S. 86 f. Zum Wirken Heinrich Mühlpfordts im Rat vgl. Julia Kahleyß: Die Bürger von Zwickau und ihre Kirche. Kirchliche Institutionen und städtische Frömmigkeit im späten Mittelalter, Leipzig 2013 (= Schriften zur sächsischen Geschichte und Volkskunde 45), S. 80. Zum rechtstheoretischen Werk vgl. Bräuer: Rat (wie oben), S. 87. Zur Verortung des rechtstheoretischen Werkes in der historischen Linguistik vgl. Erich Ludwig Schmitt: Untersuchungen zur Entstehung und Struktur der „Neuhochdeutschen Schriftsprache", Bd. 1: Sprachgeschichte des Thüringisch-obersächsischen im Spätmittelalter. Die Geschäftssprache von 1300 bis 1500, Köln 1966 (= Mitteldeutsche Forschungen 36, 1), S. 382, und zuletzt Bräuer: Rat (wie oben), S. 86. Hinsichtlich der wirtschaftlichen Verhältnisse Heinrich Mühlpfordts vgl. Oehmig: Mühlpfordt (wie Anm. 2), S. 169. Heinrich Mühlpfordt starb am 27. Juni 1516 in Zwickau, vgl. ebd., S. 168, Anm. 77.

45 Kessler: Ahnen (wie Anm. 29), S. 376. Vgl. auch den Personennachlass Steinmüller (wie Anm. 19), Nr. 772.

46 Vgl. Ratsschulbibliothek Zwickau, Ms. 147, Hans Tretweins Annalen [der Stadt Zwickau, 1502–1565/66], Bl. 95.

47 Vgl. dazu Bräuer: Rat (wie Anm. 44), S. 45. Zu Martin Römer vgl. Emil Herzog: Martin Römer. Ein biographischer Beitrag zur sächsischen Culturgeschichte, in: Mitteilungen des Kgl. Sächsischen Vereins für Erforschung und Erhaltung vaterländischer Geschichts- und Kunstdenkmale 14 (1865), S. 52. Vgl. auch Karl Hahn: Martin Römer der Reiche, in: Ewald Dost (Hg.): Zwickauer Kulturbilder aus acht Jahrhunderten, Zwickau 1939, S. 48–53, sowie Robert Weißmann: Martin Römer († 1483) in Vergangenheit und Gegenwart. Überlegungen zur Rezeptionsgeschichte, in: Cygnea (wie Anm. 18) 11 (2013), S. 5–33, und Julia Kahleyß: Der wirtschaftliche Aufstieg des Martin Römer. Soziale Mobilität im westerzgebirgischen Silberbergbau des 15. Jahrhunderts, in: Vierteljahrschrift für Sozial- und Wirtschaftsgeschichte 100 (2013), Heft 2, S. 154–177.

48 Vgl. Raab: Römer (wie Anm. 32), S. 376. Nachzuweisen, irrtümlich mit dem Vornamen „Gutten", ist Katharina Römer noch am 1. Mai 1512, zit. n. ders.: Regesten zur Orts- und Familiengeschichte des Vogtlandes (1350–1563), Bd. 2 (1485–1563), Plauen 1898, S. 77 (zu Nr. 270).

de Witwe, ging eine zweite Ehe mit dem mutmaßlich im Frühjahr 1510[49] verstorbenen Kunz von Hermannsgrün auf Treuen ein.[50] Dieser lieh 1498 Herzog Georg von Sachsen 3.500 fl. und fungierte darüber hinaus, laut einer Erwähnung von 1502, als Johanns des Beständigen „herzoglicher Rath zu Zwickau".[51] Bei Kunz' Brüdern[52] handelte es sich zum einen um den circa 1518/20 verstorbenen Humanisten Johann (Hans) Wolfgang von Hermannsgrün, der Kurfürst Friedrich dem Weisen 1495 im Rahmen der Reichspolitik eine Denkschrift widmete, als er, damals Rat des Erzbischofs Ernst von Magdeburg, an dem Reichstag zu Worms teilnahm,[53] zum anderen um den Ritter Lippold (Leupold) von Hermannsgrün, der Kurfürst Friedrich 1493 auf dessen Pilgerreise ins Heilige Land begleitete.[54] Anna Römers Stiefvater, Magister Laurentius Bärensprung, seit 1510 alle zwei Jahre regierender Bürgermeister,[55] verfügte über Rückhalt bei der Landesherrschaft.[56] Von ihm erwarb unser Protagonist 1511 ein Gebäude im Oberen Steinweg

---

49 Am 26. April 1510 wird Georg von Hermannsgrün als Erbe des Kunz von Hermannsgrün erwähnt, vgl. dazu Raab: Regesten (wie Anm. 48), S. 73 (zu Nr. 254).
50 Vgl. Raab: Römer (wie Anm. 32), S. 376.
51 Clemens von Hausen: Vasallen-Geschlechter der Markgrafen zu Meißen, Landgrafen zu Thüringen und Herzoge zu Sachsen bis zum Beginn des 17. Jahrhunderts, Berlin 1892, S. 155.
52 Das Verwandtschaftsverhältnis zwischen den Brüdern Hans, Fabian, Tyme, Leupold und Kuntz von Hermannsgrün belegen Urkunden vom 14. Mai 1493, vgl. Raab: Regesten (wie Anm. 48), S. 23 (zu Nr. 76) und vom 28. Februar 1503, ebd., S. 63 (zu Nr. 217).
53 Zu seiner Biografie vgl. Heinrich Koller: Art. Hermansgrün, Hans, in: NDB, Bd. 8, München 1969, S. 665 f. Zur Denkschrift vgl. Der Traum des Hans von Hermansgrün, 23. März 1495, in: Lorenz Weinrich (Hg.): Quellen zur Reichsreform im Spätmittelalter, Darmstadt 2001, S. 380–411. Zur Einordnung vgl. Claudia Märtl: Zum „Traum" des Hans von Hermansgrün, in: Zeitschrift für historische Forschung 3 (1987), S. 257–264.
54 Dazu vgl. Reinhold Röhricht: Deutsche Pilgerreisen nach dem Heiligen Lande, Gotha 1889, S. 190.
55 Zu ihm vgl. Bräuer: Stadtchronistik (wie Anm. 20), S. 217 f. Bärensprung gehörte dem Rat seit 1504 an, war 1510, 1512, 1514, 1516, 1518, 1520, 1522, 1524, 1526, 1528, 1530 und 1532 regierender Zwickauer Bürgermeister, vgl. ebd., S. 218.
56 Beispielsweise war Bärensprung 1512 Teilnehmer der Hochzeitsfeierlichkeiten Herzog Heinrichs des Frommen in Freiberg, vgl. ebd., S. 129, Anm. 364. Im Jahre 1518 verwandte sich Herzog Johann für den damals regierenden Bürgermeister Bärensprung in einer Familienangelegenheit beim Nürnberger Rat; für den entsprechenden Beleg vgl. Sina Westphal: Die Korrespondenz zwischen Kurfürst Friedrich dem Weisen von Sachsen und der Reichsstadt Nürnberg. Analyse und Edition, Frankfurt am Main 2011, S. 482 (zu Nr. 301).

(heute Hauptstraße), bevor er 1517 das gegenwärtig noch stark überformt erhaltene „Mühlpfort-Haus" am Niederen Steinweg (heute Alter Steinweg) kaufte und dorthin verzog.[57]

Zwölf Kinder habe das Ehepaar Hermann Mühlpfordt und Anna Römer angeblich, wie bereits erwähnt, hinterlassen, wenngleich diese Zahl mit einiger Skepsis zu betrachten ist. Namentlich bekannt ist als „eldiste[r] sohn" – zumindest als der älteste der 1539 noch lebenden Söhne – Hermann (im Folgenden mit der Ordnungszahl V.).[58] Hermanns Geburt ist, von der des Vaters ausgehend, auf die Jahre nach 1500 respektive 1506 und vor 1509 anzusetzen; mutmaßlich am 30. Dezember 1555 verschied er in Böhmen.[59]

---

57 Dazu vgl. die frdl. Mitteilung Benny Dressel (Stadtarchiv Zwickau), 02.07.2014. Bezüglich einer historischen Aufnahme des Gebäudes vgl. Stadtarchiv Zwickau, Fotosammlung, Foto kl. Nr. 499_16. Zur Bezeichnung als „Mühlpfort-Haus" s. Matteo Rebeggiani: 1520–1523: Luther und Müntzer in Zwickau, in: Erneuerung (wie Anm. 15), S. 21–31, hier S. 31.

58 Zit. n. Oehmig: Mühlpfordt (wie Anm. 2), S. 180. Er sei auch „Mühlpfordt zum Weghoff" genannt worden, s. Koerner: Geschlechterhandbuch (wie Anm. 2), S. 203. Vgl. zu diesem Namenszusatz auch die noch am 27. November 1667 an der Universität Wien erfolgte Immatrikulation der Brüder „Joannes Carolus Milpfordt a Begghoff nob. Vienn. princ." und „Joannes Ernestus Milpfort a Begghoff Austr. Vienn.", zit. n. Die Matrikel der Universität Wien, Bd. 5: 1659/60–1688/89, bearb. von Franz Gall (Text) und Marta Szaivert (Register), Wien 1975 (= Publikationen des Instituts für Österreichische Geschichtsforschung 6,1), S. 41.

59 Vgl. Clemen: Mühlpfort (wie Anm. 7), S. 20. ND in: Clemen: Kleine Schriften, Bd. 8, Leipzig 1987, S. 61–64, hier S. 61. Laut Clemen ist nicht mit Sicherheit feststellbar, ob der am 30. Dezember 1555 verstorbene Hermann Mühlpfordt „der Vetter des Bürgermeisters oder dessen ältester Sohn" gewesen sei, s. ebd. Problematisch ist diese aus den Namensgleichheiten von Sohn und Vetter resultierende Frage jedoch nur bedingt. Unsicherheit besteht lediglich hinsichtlich eines Hermann Mühlpfordt, der zum Sommersemester 1518 in Leipzig als „Hermannus Milphorth" immatrikuliert wurde, zit. n. Georg Erler (Hg.): Die Matrikel der Universität Leipzig, Bd. 1: Die Immatrikulationen von 1409 bis 1559, Leipzig 1895 (= Codex Diplomaticus Saxoniae Regiae II, XVI), S. 562. Dabei könnte es sich um den Sohn des Bürgermeisters, aber auch um dessen Vetter handeln. Im letzteren Fall wäre der in Leipzig immatrikulierte Hermann Mühlpfordt demzufolge identisch mit einem „Hermannus Mülpfordt", der zum Sommersemester 1521 in Wittenberg eingeschrieben wurde, zit. n. K[arl] E[duard] Förstemann (Hg.): Album Akademiae Vitebergensis ab a Ch. MDII usque a MDLX, Bd. 1, Leipzig 1841, S. 98. Denn dieser 1521 in Wittenberg immatrikulierte Namensträger ist nicht, wie die jüngere Forschung noch angibt, der „Vater" des Bürgermeisters, s. Kaarlo Arffman: Revolution des Helfens. Der Versuch des Luthertums, die Probleme der Armut zu lösen, Zürich 2019 (= Nordic Studies in Religion and Cultures 5), S. 59, Anm. 207. Vielmehr lässt er sich eindeutig als Sohn Heinrich Mühlpfordts und „vetter" des Zwickauer Bürgermeisters identifizieren, an den er sich am 10. Dezember 1521 brieflich wandte, zit. n. Ernst Fabian: Zwei gleichzeitige Berichte von

Über ihn existieren nur wenige gesicherte biografische Nachrichten.[60] Kaspar Güttel, den wir seit 1509 als Prediger und Messpriester an der Zwickauer

---

Zwickauern über die Wittenberger Unruhen 1521 und 1522, in: MAVZ 11 (1914), S. 25–30, hier S. 26. Jener in Wittenberg studierende Hermann Mühlpfordt, Sohn des bei weitem nicht mittellosen Heinrich Mühlpfordt, der 1495/96 immerhin 1.830 fl. versteuert hatte, vgl. Oehmig: Mühlpfordt (wie Anm. 2), S. 169, erhielt nachweislich ab 22. September 1522 bis 22. September 1528 als einer von anfänglich fünf, später drei Zwickauern alljährlich zwischen 10 und 20 fl. vom Zwickauer Rat als Stipendium, dazu vgl. Bernhard Schmidt: Symbolae ad vitam Gregorii Haloandri, in: Programm der Leipziger Juristenfakultät zum fünfzigsten Doktorjubiläum von Gustav Friedrich Haenel, Leipzig 1866, S. 7–20, hier S. 16 f. Der Ratsstipendiat wurde sicherlich vor 1502 geboren, denn ein Mindestalter von zwanzig Jahren war die Voraussetzung für das Stipendium, vgl. ebd., S. 15. Vermutlich ist dieser Namensträger identisch mit einem, der 1537 in einer Wittenberger Quelle als „Magister Mulpfortenn" Erwähnung findet, zit. n. Stefan Oehmig: Der Wittenberger Gemeine Kasten in den ersten zweieinhalb Jahrzehnten seines Bestehens (1522/23–1547). Seine Ausgaben und seine sozialen Nutznießer, in: Jahrbuch für Geschichte des Feudalismus 13 (1989), S. 133–180, hier S. 149, Anm. 113. Bei Letzterem wiederum scheint es sich um den 1541/42 durch Quellen belegten „Hermann Mulphorte", Hausbesitzer in Wittenberg, zu handeln, zit. n. Monika Lücke: Versuch einer Vermögenstopographie für die Stadt Wittenberg in der ersten Hälfte des 16. Jahrhunderts, in: Matthias Meinhardt/Andreas Ranft (Hg.): Die Sozialstruktur und Sozialtopographie vorindustrieller Städte, Berlin 2005 (= Hallische Beiträge zur Geschichte des Mittelalters und der Frühen Neuzeit 1), S. 247–262, hier S. 255. Der Wittenberger Einwohner „M[agister] Hermannus Mulpfort" verstarb dort am 9. März 1545, s. Scriptorum Publice Propositorum a Professoribus in Academia Witebergensi, ab anno 1540 usque ad annum 1553, Tomus 1, Wittenberg 1560, S. 114 (VD 16 W 3752). Dazu vgl. auch Christiane Domtera-Schleichardt: Die Wittenberger „Scripta publice proposita" (1540–1569). Universitätsbekanntmachungen im Umfeld des späten Melanchthon, Leipzig 2021, S. 282. Vor seinem Ableben hatte er eine „Erscheinung" Philipp Melanchthons, „der ihn tröstete und ihm den Tag seines Todes voraussagte", s. Schreiben Philipp Melanchthons an Georg Buchholzer vom 25. März 1559, in: Heinz Scheible (Hg.): Melanchthons Briefwechsel, Bd. 8: Regesten 8072–9301 (1557–1560), bearb. von dems. und Walter Thüringer, Stuttgart/Bad Cannstatt 1995, S. 332 (zu Nr. 8902). Erst ein Schreiben des gleichnamigen Sohnes des „Reformationsbürgermeisters" vom 25. Mai 1552 an die Stadt Zwickau beantwortet die durch Clemen aufgeworfene Frage und belegt eindeutig, dass der in Wittenberg bereits 1545 verstorbene Namensträger nur der dort 1521 immatrikulierte Vetter und mithin kein Nachkomme unseres Protagonisten gewesen sein kann, dazu vgl. Stadtarchiv Zwickau, A*A I 20, Nr. 25, Briefe und Erklärungen, die 260 fl., die die verstorbene Anna Mühlpfort in Zwickau den Kindern ihres Sohnes Hermann Mühlpfort (jun.) vermacht hat, betreffend, Mai–Juni 1552, Bl. 1 r–2 v.

60 Hermann Mühlpfordt ehelichte am 17. Dezember 1526 in Zwickau „Clara des nicol heindels tochter", zit. n. Falk: Chroniken (wie Anm. 27), 5 (1923), S. 19 f., hier S. 20. In Anbetracht des Sterbedatums (vgl. hier in Anm. 59) ist einer Überlieferung kein Glauben zu schenken, derzufolge Hermann Mühlpfordt „bey dem Ertzhertzog zu Österreich, Carln [Karl II. Franz von Innerösterreich], ob beygehaltener Römisch-Catholischer Religion in großen Gnaden [ge]

Marienkirche finden,[61] pflegte frühzeitig Kontakte zu Mühlpfordt, wie man seit längerem annahm.[62] Für die Datierung der Geburt des jüngeren Sohnes Paul Mühlpfordt, der in Diensten der Ernestiner stand, auf deren Seite in der Schlacht bei Mühlberg focht und sein Dasein 1558 als Amtsverweser von Ichtershausen beschloss, ist dies wiederum entscheidend.[63] Denn Kaspar Güttel bezeichnete Hermann Mühlpfordt öfters als „früntlichen lieben gevattern"[64] und dessen Sohn Paul („Paulo") Mühlpfordt als seinen „bathen", also Paten.[65] Mit der Anrede „Gevatter" wird der damals noch unverheiratete und kinderlose Geistliche[66] in diesem Fall mit einiger Wahrscheinlichkeit auf die – aus der Patenschaft resultierenden – Beziehungen zwischen Tauf-

---

standen" und noch 1583 als „Forstmeister des Erzherzogs Carl in Ennsthal, im Feldzuge ‚wider die Crabaten'" [Kroaten] teilgenommen habe, zit. n. Koerner: Geschlechterhandbuch (wie Anm. 2), S. 203.

61 Dazu vgl. jüngst Kahleyß: Zwickau (wie Anm. 44), S. 348.

62 Vgl. Bernd Moeller/Karl Stackmann: Städtische Predigt in der Frühzeit der Reformation. Eine Untersuchung deutscher Flugschriften der Jahre 1522 bis 1529, Göttingen 1996 (= Abhandlungen der Akademie der Wissenschaften in Göttingen, Philologisch-Historische Klasse, Folge 3, Nr. 206), S. 87, Anm. 3.

63 Zur Biografie vgl. Robert Weißmann: Neue Quellen zum Schmalkaldischen Krieg: Paul Mühlpfordt (1507–1558), Gefolgsmann des Kurfürsten Johann Friedrich von Sachsen, in: Donnert: Europa (wie Anm. 1), Bd. 7: Unbekannte Quellen – Aufsätze – Personenregister der Bände 1–7, Weimar u. a. 2008, S. 113–136.

64 Zit. n. Gustav Kawerau: Caspar Güttel. Ein Lebensbild aus Luthers Freundeskreise, in: Zeitschrift des Harz-Vereins für Geschichte und Altertumskunde 14 (1882), S. 33–132, hier S. 89 (zu Nr. 13: Güttel an Mühlpfordt, 15. September 1523); vgl. auch ebd., S. 94 (zu Nr. 18: Güttel an Roth, 19. August 1528). Vgl. auch die Bezeichnung „freündtlicher lieber gevatter" in Kaspar Güttel: Eyn Christlich=||er/ ym~ wort Gottes ge=||gründter außzug/ etz=||licher Predig/ war auff sich || der Christenmensch mag || sicher stewren vnd verlas=||sen ym leben/ vnd auch || ym̃ sterben/ Zu Zwi=||ckaw/ durch D. Ca||spar Güetell ge=||predigt||, Zwickau 1523 (VD16 G 3977).

65 Zit. n. Kawerau: Güttel (wie Anm. 64), S. 95 (zu Nr. 20: Güttel an Roth, 7. November 1528). Bereits Kawerau vermutete Güttels Patenschaft für Paul Mühlpfordt, vgl. ebd., S. 95, Anm. 2. Zum Terminus „Pate" vgl. Jacob Grimm/Wilhelm Grimm: Deutsches Wörterbuch, Lfg. 8 (1886), Bd. VII (1889), Sp. 1499–1501 (1499).

66 Kaspar Güttel verehelichte sich erst 1529, vgl. Enno Bünz: Kaspar Güttel. Geistlicher an der Zeitenwende von Spätmittelalter und Reformation, in: Michael Beyer/Jonas Flöter (Hg.): Christlicher Glaube und weltliche Herrschaft. Zum Gedenken an Günther Wartenberg, Leipzig 2008 (= Arbeiten zur Kirchen- und Theologiegeschichte 24), S. 167–178, hier S. 176.

zeugen und Taufeltern abgezielt haben.[67] Es spricht also zusammenfassend einiges dafür, 1509 als Terminus ante quem für das Geburtsjahr Paul Mühlpfordts anzusetzen und angesichts der Verehelichung 1528[68] seinen Geburtszeitraum auf 1509/10 einzugrenzen.[69] Als weitere Kinder lassen sich der um 1515 geborene Wolfgang, über ein Jahrzehnt Bürgermeister Zwickaus,[70] der 1534 noch unmündige David,[71] Anna[72] sowie die 1539 ebenfalls unmündige Marie ausmachen.[73]

---

67 Vgl. Deutsches Wörterbuch (wie Anm. 65), Lfg. 2 (1899), Bd. IV/I/3 (1911), Sp. 4660–4465 (4643 f.).
68 Zum Datum der Eheschließung vgl. Falk: Chroniken (wie Anm. 27), 6 (1923), S. 22–24, hier S. 24.
69 Zum Geburtsjahr 1509 vgl. Wilsdorf: Bermannus (wie Anm. 30), S. 304. Ebenso Helmar Junghans: Georgius Agricola zwischen Papsttreuen, Humanisten und Evangelischen, in: Herbergen der Christenheit 19 (1995), S. 117–144, hier S. 137, Anm. 122. Insofern ist das bisherige Geburtsdatum 1507 – vgl. dazu Weißmann: Mühlpfordt (wie Anm. 63) – zu korrigieren.
70 Wolfgang Mühlpfordts 1539 in Wittenberg begonnenes Studium, die Ratsangehörigkeit in Zwickau seit 1556 sowie die Übernahme des Bürgermeisteramtes ab 1563, welches er bis zu seinem Tod am 19. April 1574 alle zwei Jahre innehatte, wurden bereits gewürdigt, vgl. Oehmig: Mühlpfordt (wie Anm. 2), S. 179. Zu ergänzen wäre, dass Wolfgang Mühlpfordt 1549 in Jena als Hauptmann in ernestinischen Diensten nachweisbar ist, vgl. Hans Apel: Jenas Einwohner aus der Zeit von 1250 bis 1600. Quellenbuch zur Jenaer Sippengeschichte, Görlitz 1937, S. 186. Zwischen 1565 bis 1570 ist er als Zwickauer Ratsherr an der Rettung des Wolgemut-Altars in der Zwickauer St.-Marien-Kirche beteiligt, vgl. Otto Langer: Der Kampf des Pfarrers Joh. Petrejus gegen den Wohlgemuthschen Altar in der Marienkirche, in: MAVZ 11 (1914), S. 31–49, insb. S. 35, Anm. 10, S. 38–40. Verehelicht war „der Hinkende Wolff Mulpfortt" seit dem 14. August 1545 mit der Zwickauerin Christine Fuchs, zit. n. Falk: Chroniken (wie Anm. 27), 2 (1924), S. 5–8, hier S. 6. Dazu vgl. auch Koerner: Geschlechterhandbuch (wie Anm. 2), S. 219. Bezüglich der Nachkommen vgl. den Personennachlass Steinmüller (wie Anm. 19), Nr. 772.
71 Dazu und zur letztmaligen Erwähnung am 9. August 1539 vgl. Oehmig: Mühlpfordt (wie Anm. 2), S. 175 ff.
72 Anna Mühlpfordt ehelichte am 21. Oktober 1532 in Zwickau Franz Funkel, vgl. Koerner: Geschlechterhandbuch (wie Anm. 2), S. 203. Dazu vgl. auch den Personennachlass Steinmüller (wie Anm. 19), Nr. 772. Noch am 12. September 1552 wird das Ehepaar Funkel erwähnt, vgl. Oehmig: Mühlpfordt (wie Anm. 2), S. 177.
73 Zu ihrer Eheschließung mit Hans Winkler vgl. Koerner: Geschlechterhandbuch (wie Anm. 2), S. 203, und Oehmig: Mühlpfordt (wie Anm. 2), S. 175. Vgl. auch den Personennachlass Steinmüller (wie Anm. 19), Nr. 772.

1.2 Die Mühlpfordts in Zwickau

Heinrich Mühlpfordt (* 10. August 1511, Zwickau, † 3. Januar 1562, Breslau), Sohn des Ratsherrn Heinrich Mühlpfordt und Cousin des Reformationsbürgermeisters, trug sowohl den Vornamen seines Vaters wie auch den seines Bruders, der nach 1507 verstarb und in sämtlichen Arbeiten über die Zwickauer Mühlpfordts fehlt.[74] Sein Beispiel verdeutlicht einmal mehr, wie sehr die Genealogie der Familie einer Korrektur zahlreicher Irrtümer im bisherigen Forschungsstand bedarf. Nachfolgend soll sie deshalb skizziert werden. Balthasar Ering, der Stiefvater unseres Protagonisten, hatte sich vor dem 22. September 1484 schon einmal mit einer Katharina Mühlpfordt verheiratet, und zwar der verwitweten (und bereits vor dem 11. Januar 1492 verstorbenen) Großmutter des künftigen Reformationsbürgermeisters.[75]

---

74 Zu den Lebensdaten Heinrich Mühlpfordts vgl. Koerner: Geschlechterhandbuch (wie Anm. 2), S. 202. Zu dessen Eheschließung mit Magdalene Uthmann von Schmolz aus dem gleichnamigen Breslauer Patriziergeschlecht vgl. Oskar Pusch: Die Breslauer Rats- und Stadtgeschlechter in der Zeit von 1241 bis 1741, Bd. 4, Dortmund 1990 (= Veröffentlichungen der Forschungsstelle Ostmitteleuropa an der Universität Dortmund, Reihe B. 39), S. 234. Ein „Hinricus" Mühlpfordt, zum Sommersemester 1502 in Leipzig immatrikuliert – zit. n. Erler: Matrikel (wie Anm. 59), S. 446 –, ist sicherlich in der zweiten Hälfte der 1480er Jahre geboren worden und als der Sohn des aus diesem Grund 1507 als „Heinrich Mülpfort der elter[e]" bezeichneten Zwickauer Ratsherrn und mithin als Cousin des späteren Reformationsbürgermeisters anzusehen, zit. n. Hildegard Berthold u. a. (Hg.): Die Zwickauer Stadtrechtsreformation 1539/69, Leipzig 1935 (= Quellen zur Geschichte der Rezeption 3), S. 14. Denn einerseits hatte Hermann Mühlpfordt (III), der Vater unseres Protagonisten, bis zu seinem vor 1492 erfolgten Lebensende keinen ihn überlebenden Sohn dieses Namens gezeugt, wie sich aus der 1492 angefertigten Auflistung der Nachkommen ergibt, andererseits war neben ihm Heinrich Mühlpfordt ausgangs des 15. Jahrhunderts der einzige weitere Namensträger in der Muldestadt, für den Nachkömmlinge nachgewiesen sind; in deren Generation „passt" der 1502 Immatrikulierte, von dem die Forschung noch keine Notiz nahm, vgl. exemplarisch den Personennachlass Steinmüller (wie Anm. 19), Nr. 772.

75 Katharina Mühlpfordt geb. Stange war am 5. Dezember 1483 anscheinend noch unverheiratet, wie sich der Bestätigungsurkunde des Bischofs Dietrich von Naumburg über die Stiftung des Helenenaltars durch Hermann Mühlpfordt (II) vom 5. Dezember 1483 entnehmen lässt, in der von Balthasar Ering als einem etwaigen ehelichen Vormund nicht die Rede ist, vgl. Brunn: Urkundenbuch (wie Anm. 33), Nr. 692. Bereits vor dem 22. September 1484 indes hatte Balthasar Ering sie geehelicht, vgl. ebd., Nr. 699. Zur Stiftung selbst vgl. Das Bistum Naumburg, Bd. 1, 2: Die Diözese, bearb. von Heinz Wiessner, Berlin u. a. 1997 (= Germania sacra, Neue Folge 35), S. 935.

Deren erster Ehemann und Großvater des Reformationsbürgermeisters, der gleichfalls Hermann Mühlpfordt (im Folgenden mit der Ordnungszahl II) hieß, verschied angeblich am 1. November 1481 in Zwickau, wobei als der korrekte Sterbezeitraum die Spanne zwischen Michaelis 1481 und (kurz) vor Michaelis 1483 in Betracht gezogen werden muss.[76] Hermann (II) habe dem Zwickauer Rat, so die bisherige Erkenntnis, „über vier Jahrzehnte in verschiedenen Funktionen", nämlich von 1440 bis 1481, angehört.[77] In Wirklichkeit jedoch könnte es sich um zwei Personen handeln, von denen Hermann (II) sich nur in den Jahren von 1451 bis 1483 – abgesehen von 1451 bis 1455, was womöglich am Fehlen von Quellen liegt – im Kreis der Stadtoberen befand. Das stellt eine nur durch Indizien gestützte Annahme des Verfassers dar, die im Wesentlichen darauf basiert, dass von 1447 bis 1451 – und hier besteht eine Lücke in den Ratskonfirmationen nicht – kein Namensträger in der Stadtspitze nachweisbar ist.[78]

---

[76] Auf das Sterbedatum 1. November 1481, das Emil Herzog: Chronik der Kreisstadt Zwickau, Bd. 2: Jahresgeschichte, Zwickau 1845, S. 856, angibt, verweisen auch Oehmig: Mühlpfordt (wie Anm. 2), S. 168, Anm. 72, sowie Kahleyß: Zwickau (wie Anm. 44), S. 603. Tatsächlich war Mühlpfordt letztmalig ab Michaelis 1481 im Rat vertreten, vgl. frdl. Mitteilung Benny Dressel (Stadtarchiv Zwickau), 25.05.2009. Zweifelhaft erscheint ein bereits im November 1481 erfolgtes Ableben, da es in der Bestätigungsurkunde vom 5. Dezember 1483 heißt, der Stifter sei „neulichen […] vorschiden", zit. n. Brunn: Urkundenbuch (wie Anm. 33), Nr. 692. „Neulichen" ist demnach hier im Sinne von „jüngst" zu verstehen, s. Deutsches Wörterbuch (wie Anm. 65), Lfg. 4 (1883), Bd. VII (1889), Sp. 674–678, hier Sp. 674f. Zum anderen stützen folgende Überlegungen die Annahme, dass Mühlpfordt weit nach Michaelis 1481 noch lebte und vielleicht erst kurz vor Michaelis 1483 verstorben ist: Nachdem Mühlpfordt ab Michaelis 1481 dem regierenden Rat angehörte, rückte er ab Michaelis 1482 in den ruhenden Rat und wäre erst Michaelis 1483 wieder im regierenden Rat genannt worden, denn die Ratsbestätigungen erwähnen die Ratsmitglieder nur alle zwei Jahre, also beim Wechsel in den regierenden Rat. Insofern ist es möglich – jedoch nach heutigem Stand der Forschung nicht nachweisbar – dass Mühlpfordt noch lebte, obwohl er 1482/83 nicht als Ratsherr aufgeführt wurde, dazu vgl. auch frdl. Mitteilung Benny Dressel (Stadtarchiv Zwickau), 25.05.2009.
[77] Dies konstatierte zuletzt Oehmig: Mühlpfordt (wie Anm. 2), S. 166, auf Grundlage der „Ratskonfirmationen", konkret der „Urkunden der Jahre 1442 bis 1481", s. ebd., Anm. 55. Mühlpfordt sei 1463/64 und 1475/76 Stadtvogt gewesen, vgl. ebd., S. 166.
[78] Zu den Nennungen im Rat vgl. frdl. Mitteilung Benny Dressel (Stadtarchiv Zwickau), 25.05.2009. Die vor dem 27. Januar 1455 erfolgte Eheschließung des bis 1481 nachweisbaren Hermann Mühlpfordt (vgl. hier in Anm. 80), aber auch die offensichtlich sämtlich der Ehe mit Catharina Stange entstammenden Nachkommen, die für ihn bekannt sind (vgl. hier in

Seitens der jüngeren Forschung zu Hermann Mühlpfordt (II) erfolgte die wenig präzise Angabe einer „Margarethe oder Katharina" als Gattin.[79] Tatsächlich ist das *oder* durch ein *und* zu ersetzen, denn Hermann war zweimal verheiratet: In relativ jungen Jahren, Ende 1454 oder Anfang 1455,[80] schloss der spätestens im dritten Dezennium des 15. Jahrhunderts Geborene seine erste Ehe mit der 1453 verwitweten[81] und augenscheinlich beträchtlich älteren Zwickauerin Margarethe Kuchler geb. Erlicher.[82] Nach ihrem Ableben

---

Anm. 33), stärken die Hypothese des Verfassers. Hingegen können, ihr widerstreitend, die Lücken in der Ratsmitgliedschaft von Michaelis 1447 bis Michaelis 1451 und von Michaelis 1452 bis Michaelis 1455 womöglich auch lediglich durch fehlende Quellen bedingt sein, vgl. frdl. Mitteilung Benny Dressel (Stadtarchiv Zwickau), 07.07.2017. Zudem war das zeitweise Ausscheiden aus den Führungsgremien frühneuzeitlicher Städte, beispielsweise infolge von Vermögensverlusten, durchaus gängige Praxis, vgl. Michael North: Von der Atlantischen Handelsexpansion bis zu den Agrarreformen (1450–1815), in: ders. (Hg.): Deutsche Wirtschaftsgeschichte. Ein Jahrtausend im Überblick, München 2000, S. 112–193, hier S. 97.

79 Oehmig: Mühlpfordt (wie Anm. 2), S. 168. Hierzu vgl. auch Kessler: Ahnen (wie Anm. 29), S. 370, sowie den Personennachlass Steinmüller (wie Anm. 19), Nr. 772.

80 Vor dem 27. Januar 1455 war die Eheschließung Kuchler/Mühlpfordt erfolgt, denn unter diesem Datum hatte Hermann Mühlpfordt vom Zwickauer Magistrat „mit rathe des wirdigen und weiszen ern Johannes Erlicher, pfarrer czu Nedmansdorff", die Vormundschaft für seine „stiftochter" Barbara Kuchler übernommen, die sich damals bereits in der Adoleszenz befand, also eine „jungfrauwen", war, zit. n. Urkundenbuch der Stadt Zwickau, Teil 2: Das älteste Stadtbuch 1375–1481, bearb. durch Jens Kunze, Hannover 2012 (= Codex Diplomaticus Saxoniae Regiae, II, XX), S. 408 f. (zu Nr. 1002), hier S. 408.

81 Vor dem 9. Mai 1453 war Margarethe Kuchler geb. Erlicher und später verehelichte Mühlpfordt verwitwet, denn ihrer Tochter Barbara wurde unter diesem Datum ihr „erbe" zugeteilt, zit. n. Kunze: Stadtbuch (wie Anm. 80), S. 398 (zu Nr. 980).

82 Der – in den Einträgen von 1453 und 1455 nicht genannte – Vorname der Witwe Kuchler ergibt sich über die Person des Geistlichen Johannes Erlicher, welcher sich als Onkel mütterlicherseits der Barbara Kuchler (vgl. zu ihr hier in Anm. 80) identifizieren lässt: Unter dem Datum vom 3. Oktober 1433 berichtet das Stadtbuch von einem „Census Johannis Erlichers, [...] Elizabeth Erlichern synir muter und Margarethen, synir swester", zit. n. Kunze: Stadtbuch (wie Anm. 80), S. 301 f. (zu Nr. 731). Dass Johannes Erlicher und sein Bruder Theodor Erlicher bereits zum Sommersemester 1419 beziehungsweise 1420 an der Universität Leipzig immatrikuliert wurden – vgl. Erler: Matrikel (wie Anm. 59), S. 60 bzw. S. 64 –, lässt ein Alter von 14 bis 17 Jahren erwarten, dazu vgl. auch hier in Anm. 34. Insofern dürfte auch deren Schwester Margarete Kuchler im ersten oder zweiten Dezennium des 15. Jahrhunderts geboren worden sein. Als ihr verstorbener Vater wird der „Zwickauer Bürger Apetz Erlocher" angegeben, s. Oehmig: Mühlpfordt (wie Anm. 2), S. 168, hier mit Verweis auf die Bestätigungsurkunde zum Helenenaltar vom 5. Dezember 1483, vgl. ebd., Anm. 72. Tatsächlich geht dies nicht auf die Urkunde des Jahres 1483, sondern auf Kessler: Ahnen (wie Anm. 29), S. 370,

ging er, noch in der zweiten Hälfte der 1450er Jahre, seine zweite Ehe mit Catharina Stange, einer Leipziger Ratsherrentochter, ein.[83] Dieser Verbindung entstammten die Kinder Hermann (III), Heinrich und Margarethe sowie Katharina und Nikolaus, die beide früh verstarben.[84] Breit gefächerte unternehmerische Aktivitäten Hermanns (II) in der „Tuchmacherei" und im „Handel mit Wein und Bier, Vieh und Fleisch, Salz und Getreide, das von ihm vor allem ins Erzgebirge geliefert wurde", beleuchtete Stefan Oehmig näher.[85] Eventuell tätigte Hermann (II) vor 1462 Zinsgeschäfte mit Privatpersonen in Freiberg und Leipzig,[86] ganz sicher solche mit dem Leipziger Rat in den 1460er und 1470er Jahren über insgesamt mindestens 4.200 fl.,[87]

---

sowie den Personennachlass Steinmüller (wie Anm. 19), Nr. 772, zurück. Indes ist Apetz Erlocher als Zwickauer Bürger nicht feststellbar, wie auch die Immatrikulationen von Johannes und Theodor Erlicher ihre Herkunft aus der Herrschaft Sorau („de Soravia") belegen, zit. n. Erler: Matrikel (wie Anm. 59), S. 60. Hier ist die Familie schon ausgangs des 14. Jahrhunderts nachweisbar, vgl. Johannes Schultze (Hg.): Das Landregister der Herrschaft Sorau von 1381, Berlin 1936 (= Veröffentlichungen der Historischen Kommission für die Provinz Brandenburg und die Hauptstadt Berlin 8,1), S. 17, 45. Die Brüder Johannes und Theodor Erlicher wirkten auch nicht in Zwickau, sondern in der Diözese Meißen. Für Johannes Erlicher vgl. Konrad Wutke (Hg.): Die Inventare der Nichtstaatlichen Archive Schlesiens, Bd. II.: Kreis und Stadt Glogau, Breslau 1915, S. 233. Für Theodor Erlicher vgl. Repertorium Germanicum. Verzeichnis der in den päpstlichen Registern und Kameralakten vorkommenden Personen, Kirchen und Orte des Deutschen Reiches, seiner Diözesen und Territorien vom Beginn des Schismas bis zur Reformation, Bd. IV (Martin V. 1417–1431), 3. Tbd. (L–Z), bearb. von Karl August Fink, Berlin 1958, S. 3482.

83 Zu Catharina Stange und zu einer Leipziger Urkunde aus dem Jahre 1472 als Nachweis für die eheliche Verbindung mit Hermann Mühlpfordt (II) vgl. hier in Anm. 33.

84 Vgl. den Personennachlass Steinmüller (wie Anm. 19), Nr. 772. Ein „Nicolaus Mölpfort de Zcwickavia" wurde zum Sommersemester 1474 zusammen mit Hermann Mühlpfordt (III.) – vgl. dazu hier in Anm. 34 – in Leipzig immatrikuliert, zit. n. Erler: Matrikel (wie Anm. 59), S. 294. Vermutlich war er bereits vor dem 22. September 1484 verstorben, da er in einer Urkunde dieses Datums nicht unter den hinterlassenen „sonen" Mühlpfordts (II) genannt wird, zit. n. Brunn: Urkundenbuch (wie Anm. 33), Nr. 699.

85 Oehmig: Mühlpfordt (wie Anm. 2), S. 167 f.

86 Vgl. Otto Langer: Eine Schuldentilgung in Zwickau im Jahre 1462, in: MAVZ 8 (1905), S. 1–21; hier wird, aber ohne Vornamensnennung, „Mulpharten" erwähnt, zit. n. ebd., S. 14. Ebenso ohne Vornamen wird „Mulpfart" genannt, zit. n. ebd., S. 14, Anm. 30.

87 Zu einem Darlehen über 1.000 fl. vgl. Oehmig: Mühlpfordt (wie Anm. 2), S. 167, Anm. 68. Zu einer Urkunde vom 24. April 1475 bezüglich eines Darlehens über 3.200 fl. vgl. Steinführer: Ratsbücher (wie Anm. 33), S. 393 (zu Nr. 905).

Annotationen zu Biografie und Genealogie

die bislang nicht im Kontext der Ehe mit Catharina Stange, sondern lediglich als Beleg für „rege Geschäftsbeziehungen" gewertet worden sind.[88] Bezüglich einer Beteiligung des Zwickauers am erzgebirgischen Silberbergbau ging man davon aus, dass er „nur einige wenige Kuxe" besessen habe;[89] weiterhin sei der „Ertrag" der ihm gehörenden Kuxe ebenso ungeklärt wie das Wissen darüber, „ob sie zu jenen Gruben gehörten, die ausgangs des 15. Jahrhunderts besonders reiche Ausbeute lieferten".[90] Hierzu können mittlerweile genauere Aussagen getroffen werden.[91]

Mit dem bis 1481 im Gremium vertretenen Hermann (II) war ein vorher erwähnter, ab Michaelis 1440 im Rat der Muldestadt sitzender Hermann Mühlpfordt – der hier aufgestellten Hypothese nach – nicht identisch und gehörte einer früheren Generation an. Letzteren Hermann Mühlpfordt (im Folgenden mit der Ordnungszahl I), der noch vor Michaelis (29. September) 1448 verstarb, nachdem ihn zuletzt die Ratsbestätigung von Michaelis (29. September) 1446 im Zwickauer Gremium verzeichnete,[92] dürfen wir wohl als den 1412 erstmalig genannten Urgroßvater des späteren Reformationsbürgermeisters ansehen.[93] Hermann (I) scheint einer der beiden „haupt-

---

88 Oehmig: Mühlpfordt (wie Anm. 2), S. 167, Anm. 68.
89 Ebd., S. 167, Anm. 65. Zum vagen Hinweis, dass die Familie Mühlpfort „dem Schneeberger Bergsegen ihren Reichthum" verdankte, s. Herzog: Römer (wie Anm. 47).
90 Oehmig: Mühlpfordt (wie Anm. 2), S. 167.
91 Hermann Mühlpfordt veräußerte 1474 einen Kux in der Grube „Gottesgnade" auf dem Schneeberg für 50 fl., vgl. Hubert Ermisch (Hg.): Urkundenbuch der Stadt Freiberg in Sachsen, Bd. 2: Bergbau, Bergrecht, Münze, Leipzig 1886 (= Codex Diplomaticus Saxoniae Regiae II, XIII), S. 325 (zu Nr. 42). Zeitgenossen rechneten „Gottesgnade" zu den „ergiebige[n] Gruben", s. Oswald Hoppe: Der Silberbergbau zu Schneeberg bis zum Jahre 1500, Freiberg 1908, S. 111.
92 Dazu vgl. frdl. Mitteilung Benny Dressel (Stadtarchiv Zwickau), 25.05.2009. Im Zeitraum von Michaelis 1442 bis Michaelis 1443, von Michaelis 1444 bis Michaelis 1445 sowie von Michaelis 1446 bis Michaelis 1447 saß Mühlpfordt zudem im Schultheißengericht, vgl. ebd.
93 Falls Hermann Mühlpfordt (I) mit einem am 2. Mai 1412 genannten „Herman Mulpfort" identisch ist, zit. n. Kunze: Stadtbuch (wie Anm. 80), S. 289 (zu Nr. 702), dürfte er vor 1392 geboren worden sein. Hermann Mühlpfordt (I) erscheint 1433 („Herman mölphort") und 1436 („Herman Mölphorte") als Zwickauer Händler auf dem Leipziger Tuchmarkt, zit. n. Georg Buchwald: Auf dem Leipziger Tuchmarkt im Jahre 1436, in: Schriften des Vereins für die Geschichte Leipzigs 13 (1926), S. 115–136, hier S. 124, 133. Die Ehegattin des Hermann Mühlpfordt (I) ist vermutlich jene „Herman Mulpfortin", die am 3. Oktober 1434 im Zusammenhang mit Geldgeschäften namhaft wird, zit. n. Kunze: Stadtbuch (wie Anm. 80), S. 298 f. (zu Nr. 723), hier S. 299.

leuthe" des Zwickauer Bürgeraufgebotes 1440/41 in den Hussitenkriegen[94] und überdies „in wirtschaftlicher Hinsicht [...] überaus regsam und erfolgreich" gewesen zu sein; er vermochte gar „Reichtum" zu erwerben, was „vor allem" auf der Tuchmacherei beruht habe.[95] Jedoch ist Hermann (I) im Grunde nur einer von mehreren Inhabern dieses Namens, die in der ersten Hälfte des 15. Jahrhunderts in Zwickau feststellbar und somit als Ahnen in Betracht zu ziehen sind.[96] Insofern ist bei Hermann (II), dem Großvater des Reformationsbürgermeisters, die Genealogie der Familie, wie Stefan Oehmig berechtigterweise konstatierte, „nicht eindeutig festzulegen".[97] Dieser Befund gilt des Weiteren für die ausgearbeiteten Ahnenlinien[98] bis hin zum mutmaßlichen Stammvater der Familie, einem am 18. April 1303 als „Wertherus de Porta" beziehungsweise am 5. Januar 1307 oder 1308 als „Wertherus de Porta molendini" aufgeführten Zwickauer Ratsherrn.[99] Noch jüngst

---

94 Zit. n. Curt Vogel: Zwickau im Hussitenkriege, in: Alt-Zwickau 3 (1924), S. 9–12, hier S. 10.
95 Oehmig: Mühlpfordt (wie Anm. 2), S. 167.
96 Hermann Mühlpfordts (I) geschäftlich mit ihm verbundener Bruder (?) war anscheinend ein Moritz Mühlpfordt („Mauricius molphorte"), der 1433 als Zwickauer Händler auf dem Leipziger Tuchmarkt nachweisbar ist, zit. n. Buchwald: Tuchmarkt (wie Anm. 93), S. 133. Dieser ist mutmaßlich identisch mit einem am 3. Oktober 1433 in Zwickau namhaft gewordenen „Moricio Mulpforten", zit. n. Kunze: Stadtbuch (wie Anm. 80), S. 298 f. (zu Nr. 723), hier S. 298. Gleichfalls identisch sind die 1433 erwähnten Namensträger aller Wahrscheinlichkeit nach mit einem „Moricio Mulpfort", der am 9. März 1410 in Zwickau genannt wird, zit. n. ebd., S. 279 (zu Nr. 677). Demzufolge dürfte Moritz Mühlpfordt vor 1390 geboren worden sein. Seine Ehegattin („Moricio Mulpfortin") erscheint am 28. April 1436 in Zwickau im Kontext mit einem Grundstückskauf, zit. n. ebd., S. 346 (zu Nr. 843). Im Jahre 1438 tätigte sie in Zwickau Geldgeschäfte, zit. n. ebd., S. 312 f. zu Nr. 753), hier S. 312. Weiterhin ist ein wirtschaftlich weniger erfolgreicher Hans Mühlpfordt nachweisbar, der am 22. April 1445 erwähnt wird, vgl. ebd., S. 371 (zu Nr. 906). Vgl. auch ebd., S. 393 (zu Nr. 965). „Niclasz Mulpforte" ist der vierte erwähnte Zwickauer Namensträger (am 20. August 1426), zit. n. ebd., S. 147 f. (zu Nr. 404), hier S. 147. An der Universität Leipzig ist der zum Wintersemester 1435 unter dem Namen Mühlpfordt inskribierte Zwickauer „Nicolaus" nachweisbar, zit. n. Erler: Matrikel (wie Anm. 59), S. 117.
97 Oehmig: Mühlpfordt (wie Anm. 2), S. 168, Anm. 73.
98 Zu Versuchen einer Ahnenlinie vgl. Koerner: Geschlechterhandbuch (wie Anm. 2), S. 199 f. Vgl. auch Kessler: Ahnen (wie Anm. 29), S. 367 ff., und den Personennachlass Steinmüller (wie Anm. 19), Nr. 772.
99 Erstes Zitat zit. n. Urkundenbuch der Stadt Zwickau, Teil 1: Die urkundliche Überlieferung 1118–1485, bearb. durch Jens Kunze und Henning Steinführer, Hannover 2014 (= Codex Diplomaticus Saxoniae Regiae II, XXI), S. 32 (zu Nr. 35). Zweites Zitat zit. n. ebd., S. 37 f. (zu Nr. 42), hier S. 37. Zur davon abweichenden Zitierung vgl. bei Oehmig: Mühlpfordt (wie

hat man in dem Letztgenannten den Urgroßvater oder gar den Ururgroßvater des ab 1440 dem Zwickauer Rat angehörenden Hermann (I) vermutet.¹⁰⁰ Ungeachtet offener genealogischer Fragen schwang in der positiven Bewertung unseres Protagonisten jedoch bereits spätestens seit dem Ausgang des 19. Jahrhunderts der Umstand mit, „einem alten Zwickauer Patriziergeschlecht" zugerechnet zu werden. Wenn man ihn als „eine durchaus edle Gestalt" würdigte, verdankte er dies zwar hauptsächlich seinem Wirken als Bürgermeister, gewiss aber spielte dabei eine Rolle, dass die „Mühlpforte im Rat" der Muldestadt „schon seit dem Jahre 1303" nachweisbar waren.¹⁰¹

Anm. 2), S. 166. Bei Herzog wurde der Name 1845 fälschlich mit „wernherus" wiedergegeben, zit. n. Herzog: Chronik (wie Anm. 76), S. 874. Vgl. auch ebd., S. 53, 55. Dem folgten beispielsweise Clemen 1922 – Clemen: Mühlpfort (wie Anm. 7), S. 61 – und Koerner 1930 – Koerner: Geschlechterhandbuch (wie Anm. 2), S. 199.

100 So sieht Oehmig: Mühlpfordt (wie Anm. 2), S. 166, den ab 1440 genannten Hermann Mühlpfordt (III) als dessen „Urenkel"; er folgt darin Clemen: Mühlpfort (wie Anm. 7), S. 20. ND in Clemen: Kleine Schriften, Bd. 8, Leipzig 1987, S. 61–64, hier S. 61. Kessler und Steinmüller identifizierten Hermann Mühlpfordt (III) bereits als den Ururenkel, vgl. Kessler: Ahnen (wie Anm. 29), S. 367 ff., sowie den Personennachlass Steinmüller (wie Anm. 19), Nr. 772.

101 Festschrift zur Einweihung der erneuerten Marienkirche zu Zwickau, Zwickau 1891, S. 7. Seitdem ließ keine der wesentlichen Arbeiten zu Mühlpfordt aus den Jahren 1922, 1997 und 2017 einen Hinweis auf die Ratszugehörigkeit der Vorfahren missen, exemplarisch vgl. dazu Clemen: Mühlpfort (wie Anm. 7), S. 20. ND in Clemen: Kleine Schriften, Bd. 8, Leipzig 1987, S. 61–64, hier S. 61; Oehmig: Mühlpfordt (wie Anm. 2), S. 166, sowie Bräuer: Mühlpfordt (wie Anm. 11), S. 118.

2 RATSKARRIERE, REFORMATION UND FREIHEITSSCHRIFT

2.1 Erster Lutheraner in Zwickau

Wie kam es dazu, dass Martin Luther Hermann Mühlpfordt die Ende Oktober, Anfang November 1520 fertiggestellte deutsche Fassung der „Freiheit eines Christenmenschen" zueignete,[102] seinen, Thomas Kaufmann zufolge, „meistgelesene[n] Text", der „eine besonders kompakte, gleichwohl theologisch sehr anspruchsvolle Zusammenfassung seiner doktrinalen und ethischen Einsichten" darstellt?[103] Nicht die eingehend untersuchte Entstehungs- und Publikationsgeschichte der „Freiheitsschrift" ist hier von Interesse,[104] sondern vielmehr die Widmung an den Stadtvogt aus Zwickau. Dazu trugen, Luther zufolge, die Äußerungen des dort wirkenden Geistlichen Johannes Wild(e)nauer aus Eger – genannt Johannes Sylvius Egranus – bei. Entweder brieflich oder mündlich während eines Besuchs in Wittenberg, der anscheinend in das erste Drittel des Oktobers 1520 fiel, hatte Egranus die „lieb und lust", die unser Protagonist „zu der heyligen schrifft" empfinde, welche er „emßlich" bekenne „und fur den menschen zu preyßen nit nachlasset", gegenüber dem Reformator „hoch gepreysset".[105] Dieser korrespondierte seit März 1518 mit Egranus und seit März 1519 mit dem Rat.[106]

---

102 Zur Datierung vgl. Thomas Kaufmann: Luthers Traktat über die christliche Freiheit als publizistisches und theologisches Problem, in: Ruth Slenczka (Hg.): Reformation und Freiheit. Luther und die Folgen für Preußen und Brandenburg, Petersberg 2017, S. 43–60, bes. S. 44–48.
103 Thomas Kaufmann/Albrecht Beutel (Hg.): Martin Luther. Schriften, Bd. I: Aufbruch der Reformation, hg. v. Thomas Kaufmann, Berlin 2014, S. 573.
104 Vgl. zur Entstehungsgeschichte zuletzt Kaufmann: Traktat (wie Anm. 102).
105 Zit. n. WA 7, S. 20–38, hier S. 20. Dazu vgl. WA Br. 2, S. 198 (zu Nr. 344): Luther an Mühlpfordt, Mitte Oktober (?) 1520.
106 Vgl. WA Br. 1, S. 156–159 (zu Nr. 65: Luther an Egranus, 24. März 1518). Dazu vgl. auch ebd., S. 163 (zu Nr. 68: ders. an dens., Ende März 1518) sowie S. 313 f. (zu Nr. 140: ders. an

Einerseits dürfen wir daher davon ausgehen, dass ihm Mühlpfordt, Stadtvogt einer der bedeutendsten Städte im kursächsischen Territorium, nicht gänzlich unbekannt war. Ferner gehörte das Personal des kursächsischen Hofs, zu dem dienstliche Kontakte des Zwickauer Ratsherrn 1516 und 1520 mehrfach dokumentiert sind,[107] auch zum Alltag des seit 1511 mit Georg Spalatin (eigentlich Burkhardt) – Präzeptor des Kurprinzen und seit 1516 kursächsischer Rat – eng verbundenen Wittenberger Professors.[108] Zudem stand Kaspar Güttel, zu dem Mühlpfordt enge Beziehungen pflegte, Luther seit längerem nahe.[109] Andererseits ist es bezeichnend, dass der Reformator noch über den Brief oder den Besuch des Predigers hinaus im Vornamen des Mannes irrte, dessen Liebe und Lust zur Heiligen Schrift ihm angepriesen worden war, und den er – wie eingangs angemerkt – fälschlich „Hieronymo" nannte.[110] Erst danach eignete er seine Entgegnung auf die „Exsurge Domine", die im Dezember 1520 ausgearbeitete und im Januar 1521 gedruckt vorliegende „Assertio omnium articulorum M. Lutheri per bullam Leonis X. novissimam damnatorum",[111] nunmehr mit korrektem Vornamen und eigener Hand, „Hermanno Molphordt" zu.[112] Weil sich das Originalmanuskript der „Freiheitsschrift" offenbar nicht erhalten hat,[113] eröffnet sich

---

dens., 2. Februar 1519). Als die Ratsmitglieder am 12. März 1519 beschlossen, sich an Luther (oder den Reformator Kaspar Güttel) zu wenden, um einen neuen Prediger vermittelt zu bekommen, ist Mühlpfordt als Mitglied des Gremiums zwar „darunter" gewesen, jedoch lässt sich eben nicht nachvollziehen, wie er sich persönlich positionierte, s. Oehmig: Mühlpfordt (wie Anm. 2), S. 164. Zum betreffenden Ratsprotokoll vgl. die umfangreichen Zitate bei Kahleyß: Zwickau (wie Anm. 44), S. 349.
107 Beispielsweise allein im Jahre 1516 mehrmals in Weimar, so am 8. März – vgl. Bräuer: Rat (wie Anm. 44), S. 85 –, am 10. März – vgl. ebd., S. 83 – und am 23. August – vgl. ebd., S. 85. Für das Jahr 1520 vgl. Helmar Junghans/Achim Kohnle (Hg.): Thomas-Müntzer-Ausgabe, im Auftrag der sächsischen Akademie der Wissenschaften, Bd. 2: Briefwechsel, bearb. von Siegfried Bräuer und Manfred Kobuch, Leipzig 2010, S. 45, Anm. 1.
108 Dazu vgl. Heinz Schilling: Martin Luther. Rebell in einer Zeit des Umbruchs. Eine Biographie, 4., aktual. Aufl., München 2016, S. 132.
109 Dazu vgl. Bünz: Güttel (wie Anm. 66), S. 174.
110 Zit. n. WA 7, S. 20–38, hier S. 20.
111 Dazu vgl. ebd., S. 94–151.
112 Zit. n. Otto Clemen: Ein Sammelband aus Hermann Mühlpforts Besitz, in: Alt Zwickau (wie Anm. 6) 9 (1922), S. 36. ND in: Clemen: Kleine Schriften, Bd. 8, Leipzig 1987, S. 66.
113 Vgl. WA 7, S. 12–15. Dazu vgl. auch Thomas Kaufmann: Die Mitte der Reformation. Eine

angesichts des fehlerhaften Vornamens das Feld der Spekulation dahingehend, ob dieser Irrtum auf Egranus beruhte, gegebenenfalls auf das Zusammenwirken von Autor und Drucker zurückzuführen ist[114] oder die Gründe in Luthers Biografie, in seinen vielfachen Berührungspunkten mit dem Namen „Hieronymus" zu suchen sind.[115] Kurfürst Friedrich der Weise, der seit 1486 zusammen mit seinem Bruder Herzog Johann dem Beständigen die ernestinischen Lande regierte, installierte Hermann Mühlpfordt 1510 im städtischen Führungsgremium („proprio motu electoris").[116] Zwickaus neuer Ratsherr, dem der Landesherrschaft nahestehenden Geschlecht derer von Hermannsgrün familiär verbunden, gehörte zum vielfach miteinander versippten Zwickauer Patriziat.[117] Hermanns Onkel Heinrich Mühlpfordt, wie vorher thematisiert, bekleidete seit Ende des 15. Jahrhunderts im Magistrat einflussreiche Funktionen, und der Stiefschwiegervater Laurentius Bärensprung amtierte seit 1510 als Bürgermeister. Kurfürst Friedrich, so nimmt Helmut Bräuer an, habe alsbald Hermann Mühlpfordts Fähigkeiten erkannt, der ihm „als ‚Führungspersönlichkeit' und geschickter Taktiker aufgefallen oder empfohlen worden" sein muss; die Aufnahme in die Riege der Stadtoberen durch den Landesherrn, die beileibe keinen Einzelfall dar-

---

Studie zu Buchdruck und Publizistik im deutschen Sprachgebiet, zu ihren Akteuren und deren Strategien, Inszenierungs- und Ausdrucksformen, Tübingen 2019 (= Beiträge zur historischen Theologie 187), S. 99, Anm. 279.

114 Zu Luthers Zusammenspiel mit dem Drucker Melchior Lotter vgl. ebd., S. 99–124, bes. S. 123 ff.

115 Dazu vgl. Günter Mühlpfordt: Magdeburg, die Rechtswissenschaft und die mitteldeutsche Frühneuzeitkultur von Luther bis Goethe, in: Donnert: Europa (wie Anm. 1), Bd. 6: Mittel-, Nord- und Osteuropa, Weimar u. a. 2002, S. 61–64, bes. S. 64, Anm. 149. Zum ähnlich gelagerten Fall eines Schreibens von Luther an den Zwickauer Pfarrer Nikolaus Hausmann vom 30. Juni 1522, dem er einen falschen Vornamen gab, vgl. WA Br. 2, S. 572 (zu Nr. 514). Zur Diskussion darüber, ob es sich dabei um ein Versehen oder bewusstes Mittel Luthers handelte, vgl. ebd., Anm. 1.

116 Zit. n. Steinmüller: Agricola (wie Anm. 38), S. 44, Anm. 89. Dazu vgl. auch Oehmig: Mühlpfordt (wie Anm. 2), S. 161.

117 Zu den zahlreichen verwandtschaftlichen Verbindungen zwischen den Zwickauer Ratsherren am Ende des 15. und zu Beginn des 16. Jahrhunderts vgl. Bräuer: Rat (wie Anm. 44), S. 130 f.

stellte,[118] fand dann statt, „ohne dass der Rat eine ‚Einrede' gewagt hätte".[119] Im Übrigen war dieser Vorgang „nit one treffliche vrsachen geschehen", da er sich vielleicht keineswegs zufällig nach der Absetzung des Zwickauer Bürgermeisters Urban Thiemer, Mühlpfordts vermeintlichem Großvater, 1509 vollzog.[120] Geordnete Verhältnisse in Zwickau, der 1118 erstmals urkundlich gesicherten Ansiedlung in Westsachsen am Eingang zu Westerzgebirge und Vogtland, die 1307 an die Wettiner kam, 1348 den Status als Reichsstadt verlor und bis 1806 kurfürstliche (Land-)Stadt blieb, lagen der Landesherrschaft besonders am Herzen. Für diese im Rahmen der Teilung von 1485 den Ernestinern zugefallenen Stadt begann seit 1469/70 eine ökonomische und kulturelle Blütezeit, gepaart mit anwachsendem politischem Einfluss. Silberbergbau und Tuchmacherhandwerk stellten wichtige Standbeine dar, und bis um 1500 erhöhte sich die Einwohnerzahl von etwa 4.000 auf rund 7.500. Damit handelte es sich bei Zwickau um die bevölkerungsreichste Stadt im ernestinischen Kurfürstentum.[121] Mühlpfordt widmete sich mit wachsendem Erfolg seiner kommunalen Betätigung, wie die Ratsprotokolle verdeutlichen: „Zunächst wurde sein Name als letzter in der jeweiligen personalen Aufreihung der Sitzungsprotokolle genannt, doch rückte er rasch in den Kreis der Einflussreichen."[122] In jenem Zeitraum existierte in Zwickau das Zwei-Räte-System mit einem sich alljährlich abwechselnden regierenden und ruhenden Rat, aus je zwölf Herren zusammengesetzt, wobei die Mitglieder des ruhenden Rats im Stadt- oder Schultheißengericht

---

118 In einem ähnlich gelagerten Fall installierte Kurfürst Friedrich der Weise 1501 den Mediziner Erasmus Stella im Rat, gegen den Willen des Gremiums und obwohl er den Rat für das Geschäftsjahr 1501/02 bereits bestätigt hatte, mit dieser Begründung („dissem vnserm gescheft"), zit. n. Bräuer: Rat (wie Anm. 44), S. 80.
119 Bräuer: Mühlpfordt (wie Anm. 11), S. 118.
120 Zit. n. Falk: Chroniken (wie Anm. 27), 2 (1925), S. 7 f., hier S. 8. Zur erheblichen Misswirtschaft und privaten Bereicherung als Grund für Thiemers Entfernung vgl. Bräuer: Rat (wie Anm. 44), S. 81. Eine andere Vermutung geht dahin, dass die Absetzung Thiemers mit einem für die Stadt Zwickau finanziell ungünstig verlaufenen Prozess um einen Bergwerksunternehmer zusammenhing, vgl. Steinmüller: Agricola (wie Anm. 38), S. 38.
121 Überblicksartig vgl. hierzu Reiner Groß: Zwickaus Platz in der sächsischen Geschichte, in: Sächsische Heimatblätter 46 (2000), S. 192–195.
122 Bräuer: Mühlpfordt (wie Anm. 11), S. 118; im „ersten Dienstjahr" nahm Mühlpfordt an 37 Ratssitzungen (= 75 Prozent) teil, s. ebd.

agierten.¹²³ Demzufolge fungierte Mühlpfordt 1513/14 und dann in den Jahren 1515/16, 1517/18 und 1519/20 als einer der sechs Schöffen am Stadtgericht.¹²⁴ Als Schöffe am Schultheißengericht, das die richterliche Gewalt in den Ratsdörfern, den Vorstädten und Stadtgütern ausübte, finden wir ihn 1516/17; als Kämmerer verwaltete er 1515/16 und 1516/17 die Finanzen der Stadt. Bedeutsam war der „Zwickauer Konflikt" von 1516/17, als die Bürgerschaft 1516 dem Rat die Huldigung verweigerte. In diesem Zusammenhang zeigte sich, dass unser Protagonist, der in den Jahren 1518/19 und 1520/21 als Stadtvogt, das heißt als Richter, im Weichbild der Stadt vorstand und damit den bedeutendsten und einflussreichsten Posten neben dem des Bürgermeisters bekleidete,¹²⁵ gleich anderen Ratskollegen, stark polarisierte: So hatte, „jme zu schimpf vnd vordriß", ein Auswärtiger 1517 ein „schendlidt [...] vnter dy leute bracht vnd abzuschreiben gegeben", und 1517 wurde er seitens eines Zwickauers des Raubes von Almosen verdächtigt.¹²⁶

Die an Mühlpfordt gerichteten Worte des Reformators in der „Freiheitsschrift" lassen erkennen, dass Egranus, laut Luther, den Bewidmeten auf der ideellen und auf der handlungspraktischen Ebene würdigte: Ideell in Bezug auf die „lieb und lust", die er „zu der heyligen schrifft" empfinde, das heißt als Anhänger der reformatorischen Bewegung; handlungspraktisch, indem man ihm attestierte, deren aktiver Befürworter in Zwickau zu sein, die Heilige Schrift öffentlich „emßlich" zu bekennen „und fur den menschen" zu preisen. Beide Ebenen erfahren im Folgenden nähere Betrachtung. Zunächst wird die ideelle Ebene der Dedikation unter Einbeziehung des Resümees Robert W. Scribners, der Geehrte habe „close contact with Lutheran ideas as early as 1519" gehabt,¹²⁷ in den Blick genommen. Hierzu bieten sich zwei 1525 entstandene Sammelbände mit reformatorischen Schriften ab

---

123 Vgl. dazu Helmut Bräuer: Rat, Verfassung und Bürgerschaft Zwickaus in der 1. Hälfte des 16. Jahrhunderts, in: „Martinus halbenn ..." Zwickau und der reformatorische Umbruch, hg. von der Stadtverwaltung Zwickau, Zwickau 2016, S. 81–90, hier S. 82.
124 Dazu vgl. detailliert Oehmig: Mühlpfordt (wie Anm. 2), S. 161 f.
125 Vgl. ebd., S. 162.
126 Zit. n. Steinmüller: Agricola (wie Anm. 38), S. 44, Anm. 91.
127 Robert W. Scribner: The Reformation as a Social Movement, in: Wolfgang W. Mommsen (Hg.): Stadtbürgertum und Adel in der Reformation. Studien zur Sozialgeschichte der Reformation in England und Deutschland, Stuttgart 1979, S. 49–79, hier S. 55.

dem Jahr 1517 an,[128] die einstmals Mühlpfordt gehörten.[129] Sie enthalten vornehmlich Arbeiten Luthers aus dem Zeitraum vor 1520. Davon stammen drei aus dem Jahr 1518 und sieben aus dem Jahr 1519. Von nachgewiesenen 45 Titeln aus der Feder des Reformators bis Ende 1519[130] besaß der Zwickauer zehn. Aus dem Jahr 1520 datieren ebenfalls zehn – aber immerhin brach-

---

128 Je ein Sammelband befindet sich in der Ratsschulbibliothek Zwickau (20.8.35) und in der Forschungsbibliothek Gotha der Universität Erfurt, Theol 4° 322 c-g. Zum Inhalt und zur Beschreibung des Zwickauer Sammelbandes vgl. Clemen: Sammelband (wie Anm. 112), S. 36. ND in: Clemen: Kleine Schriften, Bd. 8, Leipzig 1987, S. 66; zum Gothaer Sammelband vgl. Stefan Michel: Die Kanonisierung der Werke Martin Luthers im 16. Jahrhundert, Tübingen 2016 (= Spätmittelalter, Humanismus, Reformation 92), S. 174, sowie zur Beschreibung und Inhalt ebd., S. 324–328.

129 Dass der Zwickauer Sammelband aus Hermann Mühlpfordts Besitz stammt, wurde seit dem 20. Jahrhundert vermutet, da sich unter anderem unter den 25 enthaltenen Drucken auch das ihm von Luther handschriftlich gewidmete Exemplar der „Assertio" (wie Anm. 111) befindet, vgl. Clemen: Sammelband (wie Anm. 112), S. 36. ND in: Clemen: Kleine Schriften, Bd. 8, Leipzig 1987, S. 66. Zur Abbildung des Bucheinbands vgl. Karl Haebler: Ein Beitrag zur Geschichte des Bucheinbands im 16. Jahrhundert. Die Buchbinder von Zwickau, in: Martin Breslauer/Kurt Koehler (Hg.): Werden und Wirken. Ein Festgruß Karl W. Hiersemann zugesandt am 3. September 1924 zum siebzigsten Geburtstag und vierzigjährigem Bestehen seiner Firma, Leipzig 1924, S. 99–122, hier S. 110, Abb. 4 (zu Tafel 22). Auf eine Herkunft aus Mühlpfordts Besitz schienen zudem die Initialen „H M" auf dem Sammelband, wenn auch nicht zweifelsfrei, hinzudeuten, s. Clemen: Sammelband (wie Anm. 112), S. 36. ND in: Clemen: Kleine Schriften, Bd. 8, Leipzig 1987, S. 66. Dem gegenüber wurde das „M" auch als ein „W" identifiziert, das „nicht eben sonderlich deutlich" sei und, „auf den Kopf gestellt, zweifellos mit vollem Recht als ein M. gelesen werden" könnte, s. Haebler: Buchbinder (wie oben), S. 110. Die bisherige Vermutung, dem Widmungsempfänger habe einst dieser Sammelband gehört, wird durch einen beinahe identischen aus der Forschungsbibliothek Gotha untermauert, der ebenfalls Lutherdrucke enthält sowie mit der Initialen „H M" und der Jahreszahl „1525" versehen ist; denn hier hat Paul Mühlpfordt, der bereits erwähnte Sohn, seinen Namen nicht nur auf dem Titelblatt des ersten Drucks eingetragen („Paull Mülpfortth"), sondern auch seine Initialen „PM" auf dem vorderen Spiegel hinterlassen und mit dem Anlegen eines Inhaltsverzeichnisses begonnen, zit. n. Michel: Kanonisierung (wie Anm. 128), S. 324. Digitalisate des Inhaltsverzeichnisses (Forschungsbibliothek Gotha der Universität Erfurt, Theol 4° 322 c-g, Bl. 328) konnten mit diversen, nachweislich von Paul Mühlpfordt verfassten Schriftstücken abgeglichen werden, vgl. dazu Landesarchiv Thüringen – Hauptstaatsarchiv Weimar, Ernestinisches Gesamtarchiv, Reg. Rr (Dienerbestallungen) pag 1–316, Nr. 1236, Bl. 1 r–6 r, 7 r–9 r, 10 r–18 r, 19 r–20 r, 22 r–23 r, 26 r–26 v. Der Schriftabgleich erhärtet die Annahme, dass das Register im Sammelband von der Hand Paul Mühlpfordts angelegt wurde.

130 Dazu vgl. Bernd Moeller: Die frühe Reformation als Kommunikationsprozeß, in: Hartmut Brookmann (Hg.): Kirche und Gesellschaft im Heiligen Römischen Reich des 15. und

te der Wittenberger Professor allein in diesem Jahr 27 neue heraus.[131] Zu erkennen ist, dass die zunehmende Zahl der Drucke aus den Jahren 1518 bis 1520 insofern weitgehend mit der schnell anwachsenden Menge an Werken und mit deren Auflagenhöhen korrelierte.[132] Ein zu unterstellendes gesteigertes Interesse wird dadurch relativiert. Dennoch lässt es sich aus dem Umstand ableiten, dass Mühlpfordt, nachdem er über circa zwanzig Prozent der 1518 und 1519 erschienenen Publikationen verfügte, demgegenüber dann knapp vierzig Prozent der 1520 verlegten in seinen Besitz brachte. Ins Auge fällt, dass neben Abhandlungen, die er nachweislich rezipierte, auch die drei großen Reformationsschriften Luthers aus dem Jahr 1520 fehlen; sogar die Mühlpfordt gewidmete „Freiheitsschrift", ebenso wie die ihm zwischen 1523 und 1525 zugeeigneten und sicherlich jeweils zugegangenen Veröffentlichungen von Stephan Roth, Kaspar Güttel, Wenzeslaus Linck und Johann Locher-Rott sind nicht enthalten.[133] Als Erklärung bietet sich an, dass unser

---

16. Jahrhunderts, Göttingen 1994 (= Abhandlungen der Akademie der Wissenschaften in Göttingen. Philologisch-Historische Klasse 3,206), S. 148–164, bes. S. 150–153.

131 Bernd Moeller: Das Berühmtwerden Luthers, in: Johannes Schilling (Hg.): Bernd Moeller. Luther-Rezeption. Kirchenhistorische Aufsätze zur Reformationsgeschichte, Göttingen 2001, S. 15–41, hier S. 37.

132 Bis Ende 1519 waren 45 Titel in 259 Auflagen mit insgesamt mehr als 200.000 Exemplaren erschienen; bis Ende 1522 waren es über 150 Titel in ca. 1.100 Auflagen mit einer Stückzahl von vermutlich mehr als einer Million, vgl. dazu ebd., S. 150–153.

133 Ungewiss ist, ob das in der Ratsschulbibliothek Zwickau befindliche Exemplar der „Freiheit eines Christenmenschen" – vgl. 16.7.12.(5) – aus Mühlpfordts Besitz stammt. Nicht enthalten sind zudem Luthers Schriften „Eyn Schrecklich geschicht vnd gericht Gotes vber Thomas Muntzer / darynn Gott offentlich desselbigen geyst lugenstrafft vnd verdamnet", Wittenberg 1525 (WA 18, S. 367–377) und „Wider die Mordischen und Reubischen Rotten der Bawren", Wittenberg 1525 (WA 18, S. 357–361). Von beiden hatte Mühlpfordt Kenntnis erlangt und sie auch rezipiert, dazu vgl. Walther Peter Fuchs (Hg.): Akten zur Geschichte des Bauernkrieges in Mitteldeutschland, Bd. 2, Jena 1942, S. 437–440 (zu Nr. 1628: Mühlpfordt an Roth, vom 4. Juni 1525), hier S. 438. Überdies fehlt die mit der Erlaubnis des Reformators durch Roth vorgenommene Übersetzung des 5. Psalms aus den „Operationes in Psalmos" – Der Funffte Psalm David, Widder die heuchler vnd falsche Propheten. Von hoffnung vnd verzweyffelung, Wittenberg 1525 (VD16 L 5556) – welche Luther Mühlpfordt am 1. April 1525 zueignete, vgl. Metzler: Roth (wie Anm. 20), S. 108. Zu den weiteren Mühlpfordt gewidmeten Schriften von Roth, Güttel, Linck und Locher-Rott vgl. Stephan Roth: Eyn gesprech zwayer Ehelicher weyber/ die eyne der andern vber den man klagt/ von Erasmo Roterodamo lateynisch beschrieben/ allen eheleutten/ zu mercklichem nutz vnd frommen/ gedeutscht, Wittenberg 1524 (VD16 E 2450); Güttel:

Protagonist 1525 mehrere Sammelbände mit Drucken erstellen ließ, die aber bis auf die zwei bekannten nicht mehr existieren beziehungsweise die man noch nicht auffand oder dem Besitz des Zwickauers zuordnete. Gegebenenfalls könnte ein solcher Fund das sich bisher bietende Bild stark verändern. Zwar sprechen die zwei Sammelbände zugleich gegen das Vorhandensein weiterer;[134] womöglich stellen die beiden Mühlpfordt eindeutig zuzuordnenden Folianten[135] jedoch tatsächlich, wie schon länger angenom-

---

Christenmensch (wie Anm. 64); Wenzeslaus Lick: Eyn Christlich || bedenckenn/ Wentzeslai || Lincken Ecclesiasten zů Alden=||burgk. Von den Testamenten || der sterbenden Menschen/|| Wie die geschehen vnnd || voltzogen werden sollen || noch goetlichen gesetz [...], Zwickau 1524 (VD16 L 1803); Johann Locher-Rott: Müglichen bericht an die z(u) Zwickaw: von wegen yrer wunderbarlichen vnd vnerhorten handlung: mit dysen angetzeygt werden. Die gůtten vnd p(oe)sen Christen. wie sie sich gegen Gottes wort halten, Zwickau 1524 (VD16 R 3386) und ders.: Ein Gnadenreichs Priuilegium/ Christlicher freyheyt/ Von Gott verlyhen: Allerley speyß: allwegen/ Vnd mit gůter gewissen zůgeniessen: wider alten gebrauch der Trutzigen Romanisten, Zwickau 1524 (VD16 R 3382).

134 Deutlich wird, dass die Sammelbände thematisch und zeitlich sortiert sind und weitere Schriften zur reformatorischen Bewegung enthalten, die nicht von Luther stammen, also mutmaßlich den Gesamtbestand der in Mühlpfordts Besitz befindlichen Schriften zur reformatorischen Bewegung (einschließlich Luthers) repräsentieren; Schriften, die nicht von Luther stammen, sind: Hieronymus Emser: Wyder die anfechttung des Thodes. Wider die anfechtung des todes vnnd das der nit tzuforchten sey ein schon gedicht getzogen aus dem Edeln Poeten Baptista Mantuano, Leipzig 1517 (VD16 S 7237), Hieronymus Emser: An den schtyr zu Wyttenbergk, Leipzig 1520 (VD16 E 1082); Andreas Karlstadt: Gloßa das hochgelartten Irleuchten andechtigtenn vnd barmhertzygenn ablas, Wittenberg 1521 (VD16 S 9797); Heinrich von Kettenbach: Vergleychung des allerheyligisten herren vnd vatter des Bapsts gegen dem seltzamen frembden gast ynn der Christenheyt gnant Jesus, Wittenberg 1523 (VD16 K 835); Georg Schönichen: Ein Sendebrif an recttor vnd Doctor Camiciano zu Leypzigk, Eilenburg 1523 (VD16 S 3738); Hieronymus Dungersheim: Antwort Jheronimos Tungersheym, Leipzig 1523 (VD16 D 2944); Eine kurtze Antwort Aynner orden Schwester Irem Nattürlichen brüdern, Nürnberg 1523 (VD16 K 2610).

135 Es gibt die Vermutung, dass Paul Mühlpfordt an Georg Rörer nicht nur die zwei „Sammelbände" mit Lutherdrucken, sondern einen weiteren, ebenfalls in der Forschungsbibliothek Gotha der Universität Erfurt befindlichen (Theol 4° 322 h-k Rara) gegeben habe, s. Michel: Kanonisierung (wie Anm. 128), S. 174, Anm. 375. Dem ist entgegenzuhalten, dass sich der letztgenannte Sammelband von dem erstgenannten und mit dem Zwickauer identischen Sammelband optisch unterscheidet, vgl. dazu ebd., S. 329. Überdies enthält er teilweise identische Drucke, so Martin Luther: Ein Sentbrif M. Lutter vber die frage Ob jemandt on gelauben vorstorben seyllig werden müge, Wittenberg 1522 (WA 10, S. 318–326); ders: Antwortt deutsch Mart. Luthers auff K(oe)nig Henrichs von Engelland buch, Wittenberg 1522 (WA 10 II, S. 180–222, 227–262); ders.: An die hern Deutschs Ordens das sie falsche keyscheyt Meyden, Wittenberg 1523

men, den „Rest" einer „größeren Bibliothek" unseres Protagonisten dar,[136] von der sich darüber hinaus in der Muldestadt nichts erhalten hat.[137] Eine nähere Beschäftigung mit ihnen offenbart: Von darin eingebundenen Schriften Luthers aus dem Jahr 1518 thematisieren zwei den Ablass und die Gnade,[138] vier auf 1519 datierte betreffen die Taufe, die Buße, den Tod, die Gebete und Prozessionen sowie die Ehe,[139] und drei 1520 herausgebrachte widmen sich der Messe, dem Ehestand und der Beichte.[140] Mit Blick auf die anderen Erzeugnisse der Jahre 1518 bis 1520 aus dem Nachlass Mühlpfordts scheint sich ein überwiegend politisch interessierter Rezipient der mittlerweile längst zum „Medienereignis"[141] gewordenen Reformation zu konturieren. Genauer wird auf diese Passion für das Geschehen im Territorium und im Reich andernorts noch einzugehen sein. Es finden sich die Gespräche des Reformators mit Kardinal Thomas Cajetan (Jacopo de Vio) auf dem Reichstag zu Augsburg im Oktober 1518,[142] eine Apologie aus dem Jahre 1519[143]

(WA 12, S. 232–244); ders.: Das taufbüchlein vordeutzscht, Wittenberg 1523 (WA 12, S. 42–46); ders.: Ein geschicht wie gott Einer Erbarn Closter Jungfrauen außgeholffen, Wittenberg 1524 (WA 15, S. 86–94); ders.: Welche person forpotten sindt zu Ehelichen in der heyligen Schrifft, Augsburg 1522 (WA 10 II, S. 263–266) sowie Kettenbach: Vergleychung (wie Anm. 134), vgl. Michel: Kanonisierung (wie Anm. 128), S. 329–332.

136 Oehmig: Mühlpfordt (wie Anm. 2), S. 179, Anm. 157.

137 Dazu vgl. Gregor Hermann: „liberia ecclesiae" – „bibliotheca gymnasii" – „bibliotheca publica" – Genese und Funktion der Ratsschulbibliothek Zwickau im Spiegel bürgerlicher Bildungsvorsorge um 1500, in: Christoph Fasbender/Gesine Mierke (Hg.): Bürgers Bücher. Laien als Anreger und Adressaten in Sachsens Literatur um 1500, Würzburg 2017 (= EUROS. Chemnitzer Arbeiten zur Literaturwissenschaft 6), S. 26–59, hier S. 49, Anm. 72.

138 Vgl. Marin Luther: Ein Sermon von ablas vnd gnade, Leipzig 1518 (WA 1, S. 243–246) sowie ders.: Ein freyheytt des Sermons bebstlich ablas, Leipzig 1518 (WA 1, S. 380 f.).

139 Vgl. Martin Luther: Ein Sermon von bereyttung zum Sterben, Leipzig 1519 (WA 2, S. 685–686); ders.: Ein Sermon von dem heyligen Sacrament, Wittenberg 1519 (WA 2, S. 727–737); ders.: Ein Sermon von dem Sacrament der pus, Wittenberg 1519 (WA 2, S. 713–723) sowie ders.: Ein Sermon von dem Ehelichen Stande, Wittenberg 1520 (WA 6, S. 250–265).

140 Vgl. Martin Luther: Vorclerung Doctoris Martinus Lutther, Leipzig 1520 (WA 6, S. 78–83), ders.: Ein latteynisch puchlein, Wittenberg 1519 (WA 6, S. 157–169) sowie ders.: Ein Sermon von dem Neuyen destament, Wittenberg 1520 (WA 6, S. 353–378).

141 Schilling: Luther (wie Anm. 108), S. 194.

142 Vgl. Martin Luther: Acta Fratris M. Lutheri Augustiniani apud Legatum Apostolicum Augustae, Wittenberg 1518 (WA 2, S. 6–26).

143 Vgl. Martin Luther: Doctor Martinus Luther Augustiners Vnterricht auff etlich artickel

und drei der zwischen Luther und Emser 1520/21 gewechselten Traktate.[144] Lediglich eine Publikation stammt aus der ersten Jahreshälfte 1520.[145] Sechs weitere aus der zweiten Jahreshälfte 1520 hängen mit der Bannandrohungsbulle und der Bannbulle zusammen.[146] Augenscheinlich ermangelte es dem Zwickauer an einer umfassenden Kunde über die Positionen der Gegenseite, die er bis auf ein Pamphlet Emsers nicht sein Eigen nannte. Bemerkenswerterweise entsprach diese ungleiche quantitative Gewichtung einem „dramatischen Missverhältnis", das Thomas Kaufmann „zwischen den altgläubigen Kontroverstheologen und den reformatorischen Flugschriftenpublizisten" ausgemacht hat.[147] Wie sich Mühlpfordt die Ausgaben mit auswärtigen Erscheinungsorten[148] verschaffen konnte, ist nicht immer nachvollziehbar. Denkbar ist, dass er an sie, wie 1523 im Flugschriftenstreit zwischen dem Eilenburger Schuhmacher Georg Schönichen und dem altgläubigen Leipziger Theologieprofessor Hieronymus Dungersheim, über Personen gelangte, mit denen er im Kontakt stand. Im angeführten Fall gaben ihm Leipziger Bekannte – Andreas Frank (nach seinem Geburtsort Kamenz auch Camitianus genannt) und Heinrich Stromer – während seines Besuchs in der Messe-

---

die im von seynen abgunnern auff gelegth vnd tzu gemessen Werden, Leipzig 1519 (WA 2, S. 69–93).
144 Vgl. Emser: An den schtyr (wie Anm. 134); Martin Luther: An den Bock zu Leyptzck, Wittenberg 1521 (WA 7, S. 262–265) sowie ders.: Auff das vbir christlich vbirgeystlich vnd vbirkunstlich buch Bocks Emszers zu Leypczick Antwortt, Wittenberg 1521 (WA 7, S. 621–688).
145 Vgl. Martin Luther: Doctor Martinus Luthers antwort auff die tzedel/ szo vnter des Officials tzu Stolpen sigel ist ausgangen, Leipzig 1520 (WA 6, S. 137–141).
146 Vgl. Martin Luther: Von den newen Eckischenn Bullen vnd lugen, Wittenberg 1520 (WA 6, S. 579–594); ders.: Adversus execrabilem Antichristi bullam, Wittenber 1520 (WA 6, S. 597–612) – deutsche Fassung: Widder die bullen des Endchrists, Wittenberg 1520 (WA 6, S. 614–629); ders.: Ein sendbrief an den Bapst Leo den zehenden, Wittenberg 1520 (WA 7, S. 1–11); ders.: Appellation oder Berufung an ein frei Concilium von dem Bapst Leo und seinem unrechten Frevel verneuert und repetirt, Wittenberg 1520 (WA 7, S. 85–90); ders.: Assertio (wie Anm. 111); ders.: Underrichtung warumb des Bapsts vnd seiner jünger bücher von Doctor Martino Luther verprent seind, Wittenberg 1520 (WA 7, S. 161–182).
147 Thomas Kaufmann: „Ohne Buchdruck keine Reformation"?, in: Stefan Oehmig (Hg.): Buchdruck und Buchkultur im Wittenberg der Reformationszeit, Leipzig 2015 (= Schriften der Stiftung Luthergedenkstätten in Sachsen-Anhalt 21), S. 13–34, hier S. 27.
148 Zu den Erscheinungsorten Augsburg Erfurt, Leipzig, Eilenburg und Grimma vgl. Michel: Kanonisierung (wie Anm. 128), S. 324–328, und Clemen: Sammelband (wie Anm. 112), S. 36. ND in: Clemen: Kleine Schriften, Bd. 8, Leipzig 1987, S. 66.

stadt ab dem 9. Juni 1523 zwei Exemplare, wie er Roth am 12. Juni mitteilte.[149] Obendrein mag der Disput die Aufmerksamkeit des Zwickauers erweckt haben, da Dungersheim im ersten Dezennium des 16. Jahrhunderts kurzzeitig als Prediger an St. Marien in der Muldestadt wirkte.[150] Die „Assertio omnium articulorum M. Lutheri per bullam Leonis X. novissimam damnatorum" erhielt unser Protagonist, wie erwähnt, mit handschriftlicher Dedikation mutmaßlich von Luther selbst; möglicherweise fand ein weiterer Druck – „Welche person forpotten sindt zu Ehelichen in der heyligen Schrifft" – über den Zwickauer Pfarrer Nikolaus Hausmann, dem der Reformator bekanntlich am 3. August 1522 ein Exemplar brieflich zusandte, den Weg zu Mühlpfordt.[151] Sechs in Nürnberg 1522 und 1523 herausgebrachte Werke[152] dürften mit Hilfe des dortigen Predigers Dominik Schleupner, des Nürnberger Reformators, in Mühlpfordts Hände geraten sein. Dieser war unter Umständen seit Schleupners Aufenthalten in Wittenberg ab 1519 res-

---

149 „Wyst", schrieb Mühlpfordt an Roth, „das Ich Iczund piss an dritten tog byn zu Leipzigk gewesen. [...] Des Ich durch doctor auerbach [d. i. Heinrich Stromer] vnd camicianum den fromen herren Eyn Copia vberkhomen hab", zit. n. Otto Clemen: Zur Lebensgeschichte Heinrich Stromers von Auerbach, in: NASG 24 (1903), S. 100–110, hier S. 106, Anm. 15. ND in: Clemen: Kleine Schriften, Bd. 1, Leipzig 1982, S. 522–533, hier S. 528, Anm. 15. Vgl. dazu auch, aber mit falscher Datierung, Georg Buchwald: Zur Wittenberger Stadt- und Universitätsgeschichte in der Reformationszeit. Briefe aus Wittenberg an M. Stephan Roth in Zwickau, Leipzig 1893 (= Archiv für Geschichte des Deutschen Buchhandels 16), S. 26 (zu Nr. 17). Der auf der Seite der Reformation stehende Schönichen hatte die Predigten des katholischen Dungersheim, der kurze Zeit in Zwickau an St. Marien wirkte, mit seiner Schrift vom 4. Juni 1523 angegriffen und diese dem damaligen Leipziger Universitätsdirektor Petrus Mosellanus sowie dessen Vorgänger, dem Humanisten Andreas Frank, zugeeignet. Zum Konflikt vgl. Siegfried Bräuer: „ich begere lauttern vnd reinen wein / So vormischt er mirn mith wasser". Der Flugschriftenstreit zwischen dem Eilenburger Schuhmacher Georg Schönichen und dem Leipziger Theologen Hieronymus Dungersheim, in: Jörg Haustein/Harry Oelke (Hg.): Reformation und Katholizismus. Beiträge zu Geschichte, Leben und Verhältnis der Konfessionen, Hannover 2003, S. 97–140. Vgl. dazu auch Georg Schönichen: Den achtbarn vnd hochgelerten zu Leypßck/Petro Mosellano Rectori/Ochßenfart prediger zu S. Nicolao/Andree Camiciano/meynen gunstigen herrn und lieben brüdernn ynn Christo Jhesu etc, Grimma 1523 (VD16 S 3738).
150 Dazu vgl. jüngst Kahleyß: Zwickau (wie Anm. 44), S. 346 f.
151 Dem Schreiben an Hausmann vom 3. August 1522 – vgl. WA Br. 2, S. 584 f. (zu Nr. 527) – hatte Luther die Schrift beigelegt, vgl. in Anm. 135.
152 Dazu vgl. Michel: Kanonisierung (wie Anm. 128), S. 325, 326 und 328, sowie Clemen: Sammelband (wie Anm. 112), S. 36. ND in: Clemen: Kleine Schriften, Bd. 8, Leipzig 1987, S. 66.

pektive in Leipzig seit 1520 mit jenem bekannt,[153] ganz sicher jedoch, seitdem der Prediger im Oktober 1521 in der Muldestadt geweilt hatte.[154] Nach dem Weggang Schleupners gen Nürnberg in der Jahresmitte 1522[155] hatten sich beide nicht aus den Augen verloren, was ein 1529 von der fränkischen Metropole aus nach Zwickau gesandter Brief beweist.[156] Zu Luthers Entgegnung „Auff das vbir christlich vbirgeystlich vnd vbirkunstlich buch Bocks Emszers zu Leypczick" aus dem Jahre 1521[157] kam Mühlpfordt vielleicht durch Egranus, dessen Provenienz man vermutete.[158] Vereinzelte „Randbemerkungen" des Predigers[159] illustrieren zugleich, was bei sämtlichen Drucken fehlt, die 1525 in den Sammelbänden ihren Platz fanden: Spuren einer intensiven inhaltlichen Auseinandersetzung ihres Eigentümers mit den Werken. Freilich kann aus diesem Befund nicht zwingend auf ein Unvermögen geschlossen werden, lateinische Schriften zu rezipieren.[160] Hiergegen

---

153 Franz Machilek: Dominikus Schleupner aus Neisse (um 1483–1547). Vom Kanzler des Bischofs Jakob von Salza und Domkapitular in Breslau zum evangelischen Prediger und Ratstheologen in Nürnberg, in: Joachim Bahlcke u. a. (Hg.): Konfessionelle Pluralität als Herausforderung. Koexistenz und Konflikt in Spätmittelalter und Früher Neuzeit. Winfried Eberhard zum 65. Geburtstag, Leipzig 2006, S. 235–262, hier S. 240.
154 Schleupner hatte in Mühlpfordts erster Amtszeit Ende Oktober 1521 den neuen Schulmeister Leonhard Nather nach Zwickau begleitet und in der Stadt gepredigt, dazu vgl. Steinmüller: Agricola (wie Anm. 38), S. 31.
155 Vgl. dazu Machilek: Schleupner (wie Anm. 153), S. 242.
156 Vgl. Otto Clemen: Ein Brief von Dominikus Sleupner, Pfarrer zu St. Sebald in Nürnberg, 19. September 1529, in: Beiträge zur bayerischen Kirchengeschichte 9 (1903), S. 70–72, hier S. 70. ND in: Clemen: Kleine Schriften, Bd. 1, Leipzig 1982, S. 510–512.
157 Vgl. Luther: Emszers (wie Anm. 144).
158 Dies wurde verschieden interpretiert. Zum einen dahingehend, dass der Prediger den Druck „in Händen gehabt haben muß", s. Clemen: Sammelband (wie Anm. 112), S. 36. ND in: Clemen: Kleine Schriften, Bd. 8, Leipzig 1987, S. 66. Zum anderen, dass ihm „diese Druckschrift ursprünglich zu eigen gewesen sein" dürfte, s. Otto Clemen: Handschriftliche Einträge in Büchern der Zwickauer Ratsschulbibliothek, in: Zentralblatt für Bibliothekswesen 39 (1922), S. 435–444, 499–524, hier S. 507. ND in: Clemen: Kleine Schriften, Bd. 5, Leipzig 1984, S. 13–51, hier S. 31.
159 Clemen: Sammelband (wie Anm. 112), S. 36. ND in: Clemen: Kleine Schriften, Bd. 8, Leipzig 1987, S. 66.
160 Auch Stephan Roth arbeitete zwar oftmals in den Drucken selbst, beispielsweise jedoch auch vielfach mithilfe von Exzerpten, die er den Drucken beifügte, vgl. Metzler: Roth (wie Anm. 20), S. 49.

sprechen wahrscheinlich vorhandene Grundfertigkeiten im Lateinischen,[161] obwohl zum Teil deutsche Übersetzungen enthalten sind.[162] Ungewissheit bleibt in der Frage danach bestehen, seit wann Mühlpfordt über die erst 1525 eingebundenen Schriften verfügte. Einerseits darf angenommen werden, dass er die oben aufgeführten Werke von 1518 bis 1520 recht zeitnah zu ihrem jeweiligen Erscheinen erwarb. Denn es handelte sich um keine Nachdrucke, beispielsweise aus dem süddeutschen Raum; es sind durchweg in Leipzig und Wittenberg erschienene Ausgaben. Andererseits ist mit gleicher Berechtigung anzunehmen, dass er sich die Abhandlungen erst in der Folge von Luthers Widmung in den Jahren ab 1520 zulegte. Sie könnten, aufgrund ihrer Thematiken, als Orientierungshilfe bei den reformatorischen Maßnahmen in Zwickau in den Jahren nach 1521 gedient haben.[163] Ob der Zwickauer vor den ihm gewidmeten Zeilen Luthers oder gar vor 1519 in (enge) Be-

---

161 In seinem Brief an Roth vom 11. März 1524 gab er einen Hinweis auf seine diesbezüglichen Fertigkeiten („verbum domini manet in eternum"), zit. n. Anne-Rose Fröhlich: Die Einführung der Reformation in Zwickau, in: MAVZ 12 (1919), S. 1–74, hier S. 50, Anm. 9. Wenzeslaus Linck zitierte in einem Brief an Georg Spalatin vom 21. Februar 1525 die humanistische Wendung aus einem Brief Mühlpfordts an Linck, Wasser ins Meer zu gießen („mari aquam addere"), zit. n. Jürgen Lorz: Das reformatorische Wirken Dr. Wenzeslaus Lincks in Altenburg und Nürnberg (1523–1547), Nürnberg 1978 (= Nürnberger Werkstücke zur Stadt- und Landesgeschichte 25), S. 286. Dominikus Schleupner griff in einem Brief an Mühlpfordt ohne nähere Erläuterung auf ein Augustinuszitat zurück („Desyderium Impiorum peribit"), zit. n. Clemen: Sleupner (wie Anm. 156), hier S. 71. ND in: Clemen: Kleine Schriften, Bd. 1, Leipzig 1982, S. 510–512, hier S. 511.
162 So Luther: Adversus (wie Anm. 146); ders.: Endchrists (wie Anm. 146).
163 In den Sammelbänden enthalten sind unter anderem Schriften zur Problematik der Eheschließung Geistlicher beziehungsweise ehemaliger Mönche und Nonnen, denn mit dieser Thematik auf das engste verbunden war natürlich der bis 1525 andauernde Konflikt mit den Zwickauer Franziskanern, in dem Mühlpfordt, wie wir noch sehen werden, persönlich involviert war, vgl. dazu Martin Luther: Ein Sermon von dem elichen standt Doctoris Martini Lutter Augustiner zu wittenburgk, Leipzig 1519 (WA 2, S. 162–171); ders.: Doctoris Mar. Lutther kurtz schluszrede von den gelobdten vnnd geystlichen leben der closter, Erfurt 1521; ders.: Ein Büchlein wider den Sermon Augustini Alefeld vom ehelichen Stand, Erfurt 1522; ders.: Ordens (wie Anm. 135); ders.: Closter (wie Anm. 135) sowie ders.: Eyn Christliche schrifft an herrn Wolfgang Reissenbusch, der Rechte Doctor und Preceptor zu Liechtemberg Sant Antonius Ordens, sich ynn den Ehelichen stand zubegeben, Wittenberg 1525 (WA 18, S. 275–278).

rührung mit der Lehre des Reformators geraten war, wie Robert W. Scribner annahm, darüber vermögen die Folianten letzten Endes keinen Aufschluss zu geben. Ebenso scheiden sie als Beleg für die einzig durch Luther überlieferte Aussage des Egranus aus, die Mühlpfordts frühzeitige innere Hinwendung zur reformatorischen Bewegung bezeugt.

2.2 Früher städtischer Reformator

Nach der ideellen steht im Folgenden die durch Egranus unserem Protagonisten zugeschriebene handlungspraktische Ebene bei der Verbreitung der reformatorischen Lehre in der Muldestadt im Mittelpunkt. Wenngleich zeitgenössische Schriften aus dem Umfeld Luthers – die noch eingehender abgehandelt werden – auf besagten Konnex verwiesen, so fehlte dieser doch in den stadtgeschichtlichen Werken des 17. bis 19. Jahrhunderts.[164] Erst mit zunehmender Bewertung der Reformation als nationales Ereignis beziehungsweise einer sich verstärkenden Rückbesinnung auf Sachsen als „Mutterland der Reformation" im Nachgang des Reformationsjubiläums von 1817[165] stellte das 19. Jahrhundert sukzessive diese Verbindung her. Traugott Hildebrand, der Zwickauer Archidiakon, machte, was das betraf, offenbar den Anfang: In seiner im Jubiläumsjahr erschienenen Schrift hob er drei „Rathsmitglieder" als die „bedeutendsten Beförderer der Reformation" in der Stadt namentlich hervor, darunter Mühlpfordt.[166] Die 1891 veröffentlichte Festschrift zur Einweihung der erneuerten Zwickauer Marienkirche sprach dem Stadtvogt dann das Verdienst zu, „dem Evangelium die Thore Zwickaus" geöffnet zu haben.[167] Konsequenterweise fand dieser im Zuge der

---

164 Dazu vgl. Wilhelm: Descriptio (wie Anm. 30); Schmidt: Chronica (wie Anm. 26); Herzog: Chronik (wie Anm. 76).
165 Enno Bünz: Sachsens Ruf als „Mutterland der Reformation" – eine Problemskizze, in: ders. u. a. (Hg.): Reformationen vor Ort. Christlicher Glaube und konfessionelle Kultur in Brandenburg und Sachsen im 16. Jahrhundert, Berlin 2017, S. 78–92, bes. S. 87 f.
166 T[raugott] Hildebrand: Das Verhältniss der Stadt Zwickau zur Kirchen-Reformation. Bey Gelegenheit des 3ten Jubiläums im Jahre 1817 dargestellt, Zwickau 1817, S. 23.
167 Festschrift (wie Anm. 101), S. 89.

1885 bis 1891 erfolgten Umgestaltung von St. Marien an der Nordseite der Turmfassade, vom Dresdner Bildhauer Hermann Hultzsch in Sandstein verewigt, seinen Platz und wurde publizistisch 1889 durch Bernhard Moritz von Süßmilch als einer der „Helden und Männer der Reformation" und in dem 1891 uraufgeführten „Zwickauer Reformationsspiel" von Eduard Müller als zentraler Akteur der städtischen Reformation auf der Bühne gewürdigt; die Stadtväter ehrten Mühlpfordt am 20. März 1896 mit der Namensgebung für die zwischen der heutigen Franz-Mehring- und Leipziger verlaufenden Straße.[168] Anlässlich des Stadtjubiläums 1935 entwarf der Studienrat Karl Hahn, dem man 1938 die direktorale Leitung des von ihm bis dahin nebenamtlich betreuten Stadtarchivs übertrug, eine Analogie von Besuchen Hitlers 1922 und Luthers 1522 in der Muldestadt; Hahn wollte damit die „Fortschrittlichkeit" des Gemeinwesens bei der Unterstützung „großer geistiger Bewegungen",[169] hier der Reformation und des Nationalsozialismus, herausstreichen. Das veranschaulichte im „Festzug" der Feierlichkeiten unter anderem „Luthers Einholung durch den Stadtvogt Hermann Mühlpfordt am 29. April 1522", weil der dort „als erster Luthers ‚Freiheitsruf' vernommen haben und daraufhin Führer der Protestanten geworden sein" soll.[170] Haben wir in dem Ratsherrn wirklich den, laut Dietrich Nagel, zum Zeitpunkt der Widmung „führende[n] Verfechter reformatorischen Gedankengutes in Zwickau" vor uns?[171] Für Anne-Rose Fröhlichs Feststellung, dass Mühlpfordt bereits

---

168 Zur Statue Mühlpfordts vgl. Kammer: Reformationsdenkmäler (wie Anm. 6), S. 332. Zur Abbildung vgl. Weißmann: Religionspolitik (wie Anm. 19), S. 81. Hinsichtlich der Rolle Mühlpfordts im „Zwickauer Reformationsspiel" vgl. Gregor Hermann: Luther als Theaterheld. Zwickauer Reformationsfestspiele in der Zeit des deutschen Kaiserreichs (1871–1918), in: Cygnea (wie Anm. 18), S. 62–73, hier S. 65f. Im Zusammenhang der publizistischen Würdigung s. Moritz von Süßmilch gen. Hörnig: Das Erzgebirge in Vorzeit, Vergangenheit und Gegenwart, 2., wohlfeile Volks-Ausg., Annaberg 1894, S. 553. Bezüglich der Namensgebung vgl. frdl. Mitteilung Silva Teichert (Leiterin Stadtarchiv Zwickau), 16.06.2014.
169 Zit. n. Lu Seegers: Die Inszenierung Zwickaus als Vorreiterstadt. Stadtjubiläen im Nationalsozialismus und in der DDR (1935 und 1968), in: Adelheid von Saldern (Hg.): Inszenierter Stolz. Stadtrepräsentationen in drei deutschen Gesellschaften (1935–1975), Stuttgart 2005 (= Beiträge zur Stadtgeschichte und Urbanisierungsforschung 2), S. 185–240, hier S. 198.
170 Ebd., S. 198.
171 Dietrich Nagel (Hg.): Historisch wertvolle Drucke und Handschriften aus dem Bestand der Ratsschulbibliothek Zwickau, Dortmund 1995, S. 28.

„verhältnismäßig früh [...] der katholischen Kirche entfremdet" gewesen sei,[172] gibt es keine Grundlage, zumal er seit 1514 bis 1517 oder von 1515 bis 1517, damals Kämmerer im Rat, die Funktion eines Kirchenvaters oder Kirchenvorstehers an St. Marien ausübte; dadurch demonstrierte er ganz im Gegenteil – gleich seinem Großvater – eine enge persönliche Verbundenheit wie auch die des Rates mit dem Gotteshaus.[173] Um nun eine etwaige religionspolitische Betätigung unseres Protagonisten in der Frühphase städtischer Reformation in Zwickau eingehender zu untersuchen, bietet sich das Wirken Thomas Müntzers in der Muldestadt 1520/21 an. Eine Vermutung, die noch die einschlägigen kirchen- und stadtgeschichtlichen Arbeiten des beginnenden 20. Jahrhunderts nicht enthielten,[174] formulierte – in der politisch unruhigen Phase nach Ende des Ersten Weltkriegs – der 1935 seine Sympathien für den Nationalsozialismus nicht verbergende Zwickauer Ratsarchivar Hahn 1922: „Wohl unter Mühlpforts Einfluß" habe der Prediger die Muldestadt im April 1521 verlassen. Damit sei „dem Terror Münzers" und seinen „kommunistische[n] Ziele[n]", konkret allen „Hoffnungen auf Gütergemeinschaft und Beseitigung aller Standesunterschiede und sonsti-

---

172 So das Resümee von Fröhlich: Einführung (wie Anm. 161), S. 47.
173 Zum Zeitraum 1514 bis 1517 vgl. Kahleyß: Zwickau (wie Anm. 44), S. 476; zum Zeitraum 1515 bis 1517 vgl. Karant-Nunn: Zwickau (wie Anm. 16), S. 37. Zum Aufgabenbereich des aus den Reihen der Gemeinde kommenden Kirchenvaters oder Kirchenvorstandes gehörte unter anderem die Verwaltung des Kirchenvermögens und die bauliche Instandhaltung der Kirche; im Fall von St. Marien handelte es sich jeweils um bereits länger im Rat sitzende Mitglieder, vgl. Julia Kahleyß: Die Kirchenrechnungen der Zwickauer Kirche St. Marien (1441–1534): Edition und Analyse ausgewählter Rechnungen, Dresden 2016 (= Bausteine aus dem Institut für Sächsische Geschichte und Volkskunde 34), S. 13–19. Hermann Mühlpfordts gleichnamiger Großvater hatte nicht nur 1483 den Helenenaltar in der Zwickauer St.-Marien-Kirche gestiftet – vgl. dazu hier in Anm. 75 –, sondern 1474 für seine Ehefrau einen Beichtbrief erworben, vgl. Repertorium Poenitentiariae Germanicum. Bd. 6: Verzeichnis der in den Supplikenregistern der Pönitentiarie Sixtus IV. vorkommenden Personen, Kirchen und Orte des Deutschen Reiches 1471–1484, bearb. von Ludwig Schmugge u.a., Tübingen 2005, S. 915 (zu Nr. 6937). Mit dem Erwerb stellte Mühlpfordt im letzten Viertel des 15. Jahrhunderts einen Ausnahmefall unter seinen Zwickauer Zeitgenossen dar, dazu vgl. Kahleyß: Zwickau (wie Anm. 44), S. 100.
174 Noch Paul Wappler: Thomas Müntzer in Zwickau und die „Zwickauer Propheten", Zwickau 1908, Reprint Gütersloh 1966 (= Schriften des Vereins für Reformationsgeschichte 182) ging darauf nicht ein; ebenso wenig 1922 Clemen: Mühlpfort (wie Anm. 7).

ger Bindungen",[175] Einhalt geboten worden. Zugleich machte der Historiker den „willensstarken Stadtvogt und späteren Bürgermeister" – aufgrund der Widmung der „Freiheitsschrift" – als „Führer der Lutherpartei" aus; so prägnant hatte das vorher niemand herausgestellt.[176] Müntzer ist in seiner Zwickauer Zeit lediglich die Beschäftigung mit Glaubensfragen und nicht mit den retrospektiv als sozialrevolutionär wahrgenommenen Elementen seiner Theologie nachzuweisen, auf denen Hahns Annahme fußte; dennoch vereinnahmten einflussreiche Vertreter der politischen Linken wie Friedrich Engels 1850 und Karl Kautsky 1895 Müntzer für ihre Ideale, den Ernst Bloch 1921 gar als Wegbereiter der deutschen und russischen Revolutionen des 20. Jahrhunderts einstufte. Jedoch schrieb keiner dieser Autoren den Fortzug des Predigers aus Zwickau Mühlpfordt zu.[177] Für die beinahe als Reflex auf Bloch anmutende Hypothese des Ratsarchivars sind tatsächlich plausibel klingende Argumente vorzubringen. Sie stehen weniger mit radikalen Umtrieben als vielmehr mit dem am 2. April 1521 verstorbenen langjährigen Zwickauer Bürgermeister Erasmus Studler genannt Stella in enger Verbindung. Während einer Ratssitzung am 12. Dezember 1520 geriet dieser mit dem Stadtvogt heftig aneinander. Der vorherige Ratsbeschluss hielt die

---

175 Karl Hahn: Luther in Zwickau, in: Alt-Zwickau 5 (1922), S. 17–19, hier S. 18.
176 Ebd., S. 17; hier verweist der Autor darauf, dass man in Mühlpfordts Verortung „nicht fehl" gehe, „denn ihm wurde von Luther die deutsche Bearbeitung der Schrift ‚Von der Freiheit eines Christenmenschen' gewidmet". Zwar hatte bereits Ludwig Keller im Jahre 1900 Mühlpfordt den „hervorragendsten Führer der Reformpartei seit Stellas Tode" genannt, doch blieb diese Titulierung ohne expliziten Bezug zur Wittenberger Reformation, s. Ludwig Keller: Über die Anfänge der Reformation in Zwickau, in: Monatshefte der Comenius-Gesellschaft für Kultur und Geistesleben 9 (1900), S. 174–181, hier S. 177.
177 Dazu vgl. Siegfried Bräuer/Günter Vogler: Thomas Müntzer. Neu Ordnung machen in der Welt. Eine Biographie, Gütersloh 2016, S. 261, 297. Zu den Darstellungen von Engels, Kautsky und Bloch vgl. Friedrich Engels: Der Deutsche Bauernkrieg, in: Karl Marx/Friedrich Engels: Werke, Bd. 7, Berlin 1960, S. 327–413, hier S. 351 f.; Karl Kautsky: Die Vorläufer des neueren Sozialismus, Bd. 1, T. 1: Die deutsche Reformation und Thomas Müntzer, Stuttgart 1895, S. 204 f., sowie Ernst Bloch: Thomas Münzer als Theologe der Revolution, München·1921, S. 23 f. Dazu vgl. Günter Vogler: Ernst Bloch und Thomas Müntzer. Historie und Gegenwart in der Müntzer-Interpretation eines Philosophen, in: Norbert Fischer/Marion Kobelt-Groch (Hg.): Außenseiter zwischen Mittelalter und Neuzeit. Festschrift für Hans-Jürgen Goertz zum 60. Geburtstag, Leiden 1997 (= Studies in medieval and reformation thought 61), S. 243–267, bes. S. 261.

ablehnende Haltung des Rats betreffend Magister Wolfgang Löhner, dem durch den altgläubigen (katholischen) Pfarrer Donat Groß nach Zwickau entsandten Pfarrverweser, fest.[178] Im November oder Dezember 1520 in die Muldestadt gelangt, musste Löhner das Feld bereits am 19. Januar 1521 wieder räumen.[179] Auf jeden Fall schien der Zusammenstoß des Bürgermeisters und des Stadtvogts zu suggerieren, dass Spannungen zwischen ihnen in Bezug auf die Personalie Löhner bestanden. Eine Begründung dafür, weshalb sich die zwei einflussreichen Männer auf religionspolitischem Terrain und in puncto Müntzer tatsächlich uneins geworden sein könnten, lieferte der Historiker und Schriftsteller Joachim Zimmermann ansatzweise in seiner Müntzerbiografie im Jahre 1925. Zimmermann ging davon aus, dass Egranus, Prediger an St. Marien und 1520 derjenige, dem Mühlpfordt die Widmung der „Freiheitsschrift" verdankte, mutmaßlich die Protektion des Stadtvogts genoss. Hiermit untermauerte er zudem Hahns Schlussfolgerungen in einem innovativen und überzeugenden Kontext.[180] Beistand aus der städtischen Führungsebene benötigte Egranus damals dringend, da ihn theologische Differenzen ab dem Beginn des Jahres 1521 in eine bis April immer heftiger und unter Einbeziehung der Öffentlichkeit ausgetragene Fehde mit Müntzer, dem Prediger an St. Katharinen, verstrickten.[181] Letzterer wiederum besaß im obersten Zwickauer Gremium mit Bürgermeis-

---

178 Dazu vgl. Thomas-Müntzer-Ausgabe, Bd. 2 (wie Anm. 107), S. 65, Anm. 13, sowie S. 97, Anm. 10. Zu Hahns möglicher Bezugnahme auf Bloch ist der Verweis auf „die neueste Forschung" zu Müntzer, die jenem eine „bestimmende Einwirkung auf die Ideen der modernen Welt zuschreiben möchte", ein Indiz, s. Hahn: Luther (wie Anm. 175), S. 18. Zum Terminus „altgläubig" vgl. grundlegend Bent Jörgensen: Konfessionelle Selbst- und Fremdbezeichnungen. Zur Terminologie der Religionsparteien im 16. Jahrhundert, Berlin 2014 (= Colloquia Augustana 32).
179 Dass Löhner im November 1520 nach Zwickau gekommen sei, dazu vgl. Bräuer/Günter Vogler: Müntzer (wie Anm. 177), S. 109. Zu Löhners Entsendung nach Zwickau im Dezember 1520 vgl. Thomas-Müntzer-Ausgabe (wie Anm. 108), Bd. 3: Quellen zu Thomas Müntzer, bearb. von Wieland Held und Siegfried Hoyer, Leipzig 2004, S. 44–55 (zu Nr. 21), hier S. 52, Anm. 46 (S. 53). Zum Datum des Weggang Löhners vgl. Thomas-Müntzer-Ausgabe, Bd. 2 (wie Anm. 107), S. 65, Anm. 13.
180 Vgl. Joachim Zimmermann: Thomas Müntzer. Ein deutsches Schicksal, Berlin 1925, S. 37.
181 Zusammenfassend vgl. Kahleyß: Zwickau (wie Anm. 44), S. 360 f. Vgl. auch Bräuer/Vogler: Müntzer (wie Anm. 177), S. 109–118.

ter Stella vermeintlich eine „wichtige Stütze".[182] Als entscheidendes Indiz für diese Auffassung zählt bis in die jüngste Vergangenheit in erster Linie ein Schreiben des Zwickauer Bürgers Hans Sommerschuh, eines Schwagers Stellas, vom 31. Juli 1521: Wenn dieser „lebende blibenn", versicherte der Absender dem sich inzwischen in Prag befindlichen Müntzer, „waltt wir euch noch wol zu Zwickaw behaldenn haben". Stellas enge Bindung zum Adressaten jener Zeilen resultierte offensichtlich vor allem daraus, dass er – wofür dieser Brief die einzige Quelle darstellt – Müntzers „beich[t]kint" gewesen sein soll.[183] Demnach favorisierten die zwei Mächtigen Zwickaus jeweils einen der miteinander verfeindeten Geistlichen, und nach Stellas Ableben vermochte sich der durch den Verstorbenen geförderte Müntzer in der Muldestadt nicht mehr halten, aus der er, nach der Entlassung durch den Rat am 16. April 1521, endgültig schied.

Die 1922 von Karl Hahn aufgestellte Hypothese gewann in der DDR in ihrer ursprünglichen sozialrevolutionären Stoßrichtung erneut stark an Bedeutung. Zunächst ging der marxistische Historiker Olaf Badstübner, der 1953 im „Neuen Deutschland" einen Artikel über „Thomas Münzer in Zwickau" veröffentlichte und im Untertitel zur Sprache brachte, dass „die Stadt […] im 16. Jahrhundert ein Zentrum der revolutionären Bewegung" war, zwar auf Mühlpfordts etwaige Beteiligung an gegen Müntzer gerichtete Aktivitäten nicht ein.[184] Schon 1955 aber hob der an der Bergakademie Freiberg lehrende Pädagoge und Montanethnograf Helmut Wilsdorf in der von ihm bearbeiteten Gedenkausgabe des „Bermannus" von Georg Agricola die „Stellungnahme" des Stadtvogts und künftigen Bürgermeisters „gegen Thomas Müntzer" hervor.[185] Ein Ende der 1950er Jahre in der DDR entwickeltes und die marxistische Geschichtswissenschaft alsbald beherrschendes Konzept, das der „frühbürgerlichen Revolution", verortete den Bauernkrieg und den „Proto-Kommunist[en]" Müntzer schließlich als bedeutsam und posi-

---

182 Bräuer: Zwickau (wie Anm. 16), S. 100.
183 Zit. n. Thomas-Müntzer-Ausgabe, Bd. 2 (wie Anm. 107), S. 94–100 (zu Nr. 40), hier S. 97. Vgl. auch ebd., Anm. 10.
184 Neues Deutschland, vom 27. Mai 1953, S. 3.
185 Wilsdorf: Bermannus (wie Anm. 30), S. 304.

tiv, bevor ihm der anfänglich verfemte Luther sukzessive den Rang ablief;[186] im Gegensatz dazu galten Patrizier und Unternehmer wie Mühlpfordt den reaktionären Kräften verbunden.[187] Unter Berücksichtigung des obigen Konzepts der „frühbürgerlichen Revolution" und wiederum unter Verweis auf die Würdigung durch den Reformator 1520 kamen marxistische Historiker zu ähnlichen Resultaten wie zuvor der bürgerliche Ratsarchivar: „Politisch", befand 1983 Helmut Bräuer (Direktor des Stadtarchivs Karl-Marx-Stadt), habe Mühlpfordt das „lutherisch-gemäßigte […] Lager" in der Muldestadt dominiert[188] und wäre darüber hinaus, so Ludwig Rommel (wissenschaftlicher Sekretär an der Karl-Marx-Universität Leipzig, Sektion Geschichte), als

---

186 Zur Rezeption Müntzers in der DDR vgl. umfassend Alexander Fleischauer: „Die Enkel fechten's besser aus". Thomas Müntzer und die Frühbürgerliche Revolution – Geschichtspolitik und Erinnerungskultur in der DDR, Münster 2010; zum Zitat s. ebd., S. 360. Zur Rezeption Luthers vgl. Hartmut Lehmann: Das marxistische Lutherbild von Engels bis Honecker, in: Hans Medick/Peer Schmidt (Hg.): Luther zwischen den Kulturen. Zeitgenossenschaft – Weltwirkung, Göttingen 2004, S. 500–514. Zum Konzept der „frühbürgerlichen Revolution" vgl. Max Steinmetz: Die frühbürgerliche Revolution in Deutschland (1476–1535). Thesen, in: Gerhard Brendler (Hg.): Die frühbürgerliche Revolution in Deutschland, Berlin 1961, S. 7–16; ders. (Hg.): Die frühbürgerliche Revolution in Deutschland, Berlin 1985 (= Studienbibliothek DDR-Geschichtswissenschaft 5).
187 Zur Einordnung von Patriziern und Unternehmern im Konzept vgl. insbesondere Max Steinmetz: Deutschland 1476–1648. Von der frühbürgerlichen Revolution bis zum Westfälischen Frieden, Berlin 1965 (= Lehrbuch der Deutschen Geschichte 3), S. 31.
188 Helmut Bräuer: Zwickau und Martinus Luther. Die gesellschaftlichen Auseinandersetzungen um die städtische Kirchenpolitik in Zwickau (1527–1531), Karl-Marx-Stadt 1983, S. 35. Bräuer hat an anderer Stelle das „lutherisch-gemäßigte" Lager als „bürgerlich-gemäßigten (lutherischen) Flügel der Reformation in Zwickau" gefasst, s. ebd., S. 3. Auch in weiteren Veröffentlichungen ab den frühen 1970er Jahren bis 1989 findet sich diese Bezugnahme, vgl. ders.: Zur frühen bürgerlichen Geschichtsschreibung in Zwickau im 16. Jahrhundert, in: Zeitschrift für Geschichtswissenschaft 20 (1972), S. 565–576, hier S. 566, sowie ders.: Bürgerliche Oberschicht und Reformation – Betrachtungen am Beispiel sächsischer Städte, in: Rainer Postel/Franklin Kopitzsch (Hg.): Reformation und Revolution: Beiträge zum politischen Wandel und den sozialen Kräften am Beginn der Neuzeit. Festschrift für Rainer Wohlfeil zum 60. Geburtstag, Stuttgart 1989, S. 33–47, hier S. 40. Zum „bürgerlich-gemäßigte[n] lutherische[n] Lager" im Konzept der „frühbürgerlichen Revolution", dem die „besitzenden Elemente" angehörten, s. Steinmetz: Revolution (wie Anm. 186), S. 14. Bereits 1983 hatte Helmut Bräuer die Widmung der „Freiheitsschrift" an Mühlpfordt und dessen in der Folge angeblich enge Verbindung mit Luther betont, vgl. Bräuer: Luther (wie oben), S. 3.

„Wortführer der lutherisch gesinnten Ratsfraktion" aufgetreten.[189] Insofern lag in der DDR noch bis zuletzt für die SED und die Geschichtswissenschaft vielfach die bereits 1922 vorgebrachte These von Mühlpfordts Mitverantwortung daran auf der Hand, dass man dem „revolutionären Wirken" des Geistlichen, wie es der Zwickauer Oberbürgermeister Heiner Fischer 1988 formulierte, „ein Ende bereitete".[190] Helmut Bräuer gelangte ein Jahr später sogar zu dem Schluss, dass die „Gegner" des Predigers durch den Stadtvogt „geführt" worden seien.[191] Diese – nunmehr ins Negative gewendete – Lesart spiegelte sich frühzeitig in der Belletristik des sozialistischen Staates wider: Hans Fischer erklärte Mühlpfordt in seinem 1964 in Schwerin veröffentlichten Roman über Agricola zum Führer des gegen Müntzer gerichteten Ratsflügels, dem die „unbedingten Lutheraner" angehörten,[192] und wies ihm die Schuld dafür zu, dass der Prediger der Gemeinde den Rücken kehrte.[193] In Hans Pfeiffers Theaterstück zum Bauernkriegsjubiläum 1975 wurde Mühlpfordt als eher kraftloser, von Egranus manipulierter Zauderer gestaltet.[194] Zugleich trat unser Protagonist in Pfeiffers 1975 publiziertem und anlässlich des Müntzerjubiläums 1989 zum siebenten Mal aufgelegten Müntzerroman, der „den Forschungsergebnissen der marxistisch-leninistischen

---

189 Ludwig Rommel: Reisen zu Müntzer. Erinnerungsstätten in der DDR, Berlin/Leipzig 1989, S. 191.
190 Heiner Fischer: Uns verbindet mit Müntzer ein tiefer, mobilisierender Stolz, in: Konstituierung des Thomas-Müntzer-Komitees der Deutschen Demokratischen Republik am 11. März 1988 aus Anlaß des 500. Geburtstages Thomas Müntzers 1989, Berlin 1988, S. 55–59, hier S. 58 f. In diesem Zusammenhang vgl. auch Heiner Fischers gleichnamigen Artikel in: Neues Deutschland, vom 12. März 1988, S. 6. Der Historiker Ludwig Rommel nannte Mühlpfordt „mitverantwortlich für Müntzers Entlassung", s. Rommel: Müntzer (wie Anm. 189), S. 191. Als Beispiel dafür, dass dieser Zusammenhang nicht hergestellt und demgegenüber der Amtmann Wolf von Weißenbach für Müntzers Ausweisung verantwortlich gemacht wurde, vgl. Historien von Thomas Müntzer, hg., transkribiert und mit einem Nachwort versehen von Siegfried Bräuer, Berlin/Weinheim 1989.
191 Helmut Bräuer: Thomas Müntzer & die Zwickauer. Zum Wirken Thomas Müntzers in Zwickau 1520–1521, Karl-Marx-Stadt 1989, S. 52.
192 Hans Fischer: Georgius Agricola. Bilder aus dem Leben eines großen deutschen Humanisten, Schwerin 1964, S. 108.
193 Vgl. ebd., S. 113.
194 Vgl. Erika Stephan: Regenbogenfahne überm Harz. Zur Uraufführung „Thomas Müntzer" im Bergtheater Thale, in: Theater der Zeit 7 (1975), S. 48–65, bes. S. 54

Geschichtswissenschaften" entsprach,[195] als Antagonist des Geistlichen in Erscheinung. Pfeiffer zog den historisch verbürgten Ratsbeschluss heran, zwischen Egranus und Müntzer zu schlichten;[196] auf diesem aufbauend entwarf er ein in das Frühjahr 1521 zu datierendes Versöhnungsgespräch zwischen den beiden im Beisein von Mühlpfordt. Nachdem keine Einigung erzielt werden konnte, habe dieser Müntzer mitgeteilt, dass ihm der Rat die Stelle aufkündigen werde,[197] und im Verein mit dem Zwickauer Amtshauptmann Wolf von Weißenbach durchgesetzt, dass der unliebsame Mann die Stadt verließ.[198] Das Kapitel des Zwickauer Wirkens Müntzers beschloss der Autor mit einem Albtraum des künftigen Bürgermeisters, der die vom gekündigten Prediger für die Obrigkeit ausgehende Revolutionsgefahr in düsteren Farben ausmalte.[199] Indes tradierte der Roman nicht nur Hahns These, sondern – beide zusammenführend – auch die stark ausgebaute Zimmermanns. Gleichfalls nämlich thematisierte Pfeiffers Werk die „Privilegien", die Mühlpfordt Egranus verschafft habe, so den „freien Mittagstisch", den „langdauernden bezahlten Urlaub", die „ungewöhnlich hohe Besoldung, oft auch einen erklecklichen Vorschuß und nicht gerade in Kupfermünze".[200] Materielle Unterstützung nahm im Rahmen der Querelen zwischen Egranus und Müntzer eine wichtige Stellung ein, indem Pfeiffer Müntzer in seinem Schmähgedicht gegen Egranus formulieren ließ, dieser äße „Mühlpfordts Weißbrot mitsamt dem Tisch" und tränke „Mühlpfordts Wein […] kannenweis".[201] Zwangsläufig stellt sich die Frage nach den historischen Berührungspunkten von Egranus und Hermann Mühlpfordt. Egranus stand mit ihm, wie Helmut Bräuer anmerkte, seit längerem „ohnehin […] in Kontakt";[202]

---

195 Fleischauer: Müntzer (wie Anm. 186), S. 206. Zu Pfeiffers Roman vgl. insbesondere ebd., S. 204–207.
196 Zum Ratsbeschluss vom 16. Februar 1521 vgl. Thomas-Müntzer-Ausgabe, Bd. 3 (wie Anm. 179), S. 79 (zu Nr. 40). Auf dieser Grundlage ist weder zu belegen, „dass die beiden Prediger im Rathaus waren, noch, welches Resultat die Unterredung brachte", s. ebd., Anm. 4.
197 Vgl. Hans Pfeiffer: Thomas Müntzer. Ein biographischer Roman, Berlin 1975, S. 133–139.
198 Vgl. ebd., S. 145–147.
199 Vgl. ebd., S. 155 f.
200 Ebd., S. 116.
201 Ebd., S. 130.
202 Bräuer: Müntzer (wie Anm. 191), S. 36.

dies legt die vom Stadtvogt bis 1517 ausgeübte Funktion eines Kirchenvaters an St. Marien nahe, wo wir Egranus seit Dezember 1515 oder spätestens Mai 1517 als Prediger finden.[203] Aufgrund solcher Erwägungen betraute der Rat womöglich ausgerechnet Mühlpfordt am 24. Januar 1519 mit der Aufgabe, Egranus zum Bleiben zu überreden, als dieser ein „Urlaubsgesuch" einreichte, also Zwickau zu verlassen trachtete. Unter Umständen ist das eigentlich als ein „Manöver" des Geistlichen zu werten, „mit dem er auf den Rat einen Druck ausüben wollte, sein Gehalt zu erhöhen".[204]

Im Mai 1520 kehrte Egranus Zwickau tatsächlich für ein halbes Jahr den Rücken. Eventuell auf seine Initiative hin gelangte Müntzer auf die Stelle an St. Marien, um ihn während seiner Abwesenheit zu vertreten.[205] Ob Mühlpfordt, wie man spekulierte, nach dem 9. Mai 1520 den neuen Prediger, der sich in Beuditz aufhielt, „aufgesucht" habe, um ihn nach Zwickau zu holen, bleibt unklar.[206] Zwischen dem 5. September und 1. Oktober 1520 brachte Egranus sein „ansuchen vnd beger" ob einer Verbesserung der bereits genehmigten Bedingungen für seine Rückkehr durch den Stadtvogt beim Rat ein. Hierbei ging es um beträchtliche finanzielle Zusicherungen, und Mühlpfordt beauftragte seine Kollegen am 1. Oktober, die Zusage für das Gewünschte mitzuteilen.[207] Inwieweit es dem Überbringer der Nachricht an Egranus außerdem ein persönliches Anliegen war, das vom Magistrat erstrebte Verbleiben des Geistlichen in Zwickau als „Gegengewicht"

---

203 Vgl. Kahleyß: Zwickau (wie Anm. 44), S. 353.
204 Vgl. Otto Clemen: Johannes Sylvius Egranus, Teil 1, in: MAVZ 6 (1899), S. 1–39, hier S. 14 f., Zit. S. 15. Zu Mühlpfordt vgl. S. 14, Anm. 37. ND in: Clemen: Kleine Schriften, Bd. 1, Leipzig 1982, S. 125–197, hier S. 138 f.
205 Vgl. Clemen: Egranus (wie Anm. 204), S. 16. ND in: Clemen: Kleine Schriften, Bd. 1, Leipzig 1982, S. 125–197, hier S. 140.
206 Thomas-Müntzer-Ausgabe, Bd. 2 (wie Anm. 107), S. 45, Anm. 1. Die Vermutung beruht offenbar darauf, dass Mühlpfordt sich vor dem 9. Mai „in gescheffton gen Weymar" begeben habe, zit. n. ebd. Tatsächlich wurde Mühlpfordt beispielsweise, als er sich 1520 – geschäftlich, ist zu vermuten – in Leipzig aufhielt, durch das Gremium mit „erforschunge vmb eynen phisicus" beauftragt, zit. n. Carl Brod: Rat und Beamte der kurfürstlichen Stadt Zwickau 1485–1547, Zwickau 1927, S. 28 f.
207 Zit. n. Clemen: Egranus (wie Anm. 204), S. 17, Anm. 43 (Zit. S. 18). ND in: Clemen: Kleine Schriften, Bd. 1, Leipzig 1982, S. 125–197, hier S. 141.

zu Müntzer zu erreichen, bedarf weiterer Verifizierung.[208] Gegen eine besondere Wertschätzung des Egranus und wesentlich dagegen, diesen – wie Paul Wappler – gar als einen „Freund" Mühlpfordts zu bezeichnen, sprechen Nachrichten aus der Folgezeit.[209] Dessen Beitrag am Zustandekommen der (materiellen) Gunstbezeugungen für den Prediger, der ab 1518 aufgrund seines humanistisch motivierten Einschreitens gegen den St.-Annen-Kult in immer stärkeren Gegensatz zu den Franziskanern in Zwickau und zum Franziskanerorden geriet, kam unbestreitbar hohe Symbolkraft zu.[210] Herausgearbeitet worden ist, dass vornehmlich der Zwickauer Rat zu Beginn den Kampf gegen die Franziskaner geführt habe,[211] was man als Ausdruck einer seit dem Ausgang des 15. Jahrhunderts zunehmenden „Entfremdung" zwischen den Ordensbrüdern und der Zwickauer Elite verstand.[212] Religionspolitisch forcierte man unter dem nachmaligen Bürgermeister Mühlpfordt gegenüber den Franziskanern, worauf an anderer Stelle zurückzukommen ist, den beharrlichen Ausbau von „städtischen Machtpositionen".[213] Bemerkenswert erscheint aber, dass die Unterstützung des Egranus zeitlich positiven Äußerungen vorausging, die dieser kurz danach über den Vermittler vor Luther tätigte. Ein mögliches zweimaliges Tätigwerden im Frühjahr und Herbst 1520, das jeweils auf einer Beauftragung durch die Ratskollegen basierte, wäre jedoch ein singulär historischer Fakt, der eine

---

208 Hubert Kirchner: Johannes Sylvius Egranus. Ein Beitrag zum Verhältnis von Reformation und Humanismus, Berlin 1960, S. 50.
209 Wappler: Müntzer (wie Anm. 174), S. 49, Anm. 213. Auch an anderer Stelle erwähnt Wappler Mühlpfordt als den mit Egranus „befreundeten" Stadtvogt, s. ebd., S. 27. In der zweiten Amtszeit Mühlpfordts als Bürgermeister wurde Egranus, der zwischenzeitlich Zwickau den Rücken gekehrt hatte, am 16. April 1524 durch einen Boten davon in Kenntnis gesetzt, dass ihm „die Zinse zureichen verbotten", das heißt, die ihm zustehenden Zahlungen aus einem Zwickauer Altarlehen vorenthalten wurden, zit. n. Günter Zorn (Hg.): Akten der Kirchen- und Schulvisitationen in Zwickau und Umgebung 1529 bis 1556, Langenweißbach 2008, S. 4. Man begründete das damit, dass Egranus nicht in Zwickau residiere, vgl. Karant-Nunn: Zwickau (wie Anm. 16), S. 132. Dies ist insbesondere im Hinblick auf das Engagement Mühlpfordts im Fall des Geistlichen Wolfgang Zeuner bemerkenswert, vgl. dazu hier in Anm. 675.
210 Zum Konflikt überblicksartig vgl. Kahleyß: Zwickau (wie Anm. 44), S. 154–158.
211 Vgl. dazu Fröhlich: Einführung (wie Anm. 161), S. 60.
212 Zu diesem Resümee s. Kahleyß: Zwickau (wie Anm. 44), S. 154.
213 Oehmig: Mühlpfordt (wie Anm. 2), S. 178.

Protektion des Geistlichen durch Mühlpfordt stützt. Hiervon scheint Müntzer allerdings nicht ausgegangen zu sein, da der Name des Stadtvogtes im historisch überlieferten Schmähgedicht fehlte, in dem lediglich davon die Rede war, dass der Prediger als „der dicken Pfenning knecht" anzusehen sei.[214] Auch für den hier schon angesprochenen Streit in der Ratssitzung vom 12. Dezember 1520 zwischen Mühlpfordt und Stella – gleichwohl sich ein Beschluss der nächsten Ratssitzung vom 15. Dezember 1520 mit der Nachfolge des Egranus befasste, der um seine Entlassung angesucht hatte – ist weder gesichert, ob er tatsächlich den Pfarrverweser betraf, noch, ob es hier überhaupt einen Anlass für Uneinigkeit gab.[215] Geschuldet ist das den bis zur Mitte des 16. Jahrhunderts bloß in Form von Beschlussprotokollen vorliegenden wichtigsten Zwickauer Quellen, den Ratsprotokollen, weshalb „die Herren als Subjekte […] nur in Einzelfällen sichtbar" werden.[216] Die Ablehnung Löhners seitens des Stadtvogts berührt womöglich den Fall Müntzer und die Spekulation, es habe ein „Kreis um [den künftigen] Bürgermeister Hermann Mühlpfordt" existiert, der „Kontakte" zum Schneeberger Geistlichen Nikolaus Hausmann knüpfte, um ihn als Pfarrer nach Zwickau zu holen.[217] Ein diesbezügliches „Drängen" unseres Protagonisten

---

214 Zit. n. Thomas-Müntzer-Ausgabe, Bd. 2 (wie Anm. 179), S. 81–90 (zu Nr. 43), hier S. 89.
215 „Ob der Grund private Querelen waren oder ob ihre unterschiedliche Parteinahme für die Prediger Anlass zu diesem Zwist gaben, ist nicht auszumachen", s. Bräuer/Vogler: Müntzer (wie Anm. 177), S. 106. Zu diesem Resümee vgl. auch Thomas-Müntzer-Ausgabe, Bd. 2 (wie Anm. 107), S. 97, Anm. 10.
216 Vgl. dazu Bräuer: Rat (wie Anm. 44), S. 128. An anderer Stelle hat Helmut Bräuer, der Nestor der Zwickauer Stadtgeschichtsforschung, unlängst nochmals betont, „dass […] Einzelhaltungen stets Ratsgeheimnis blieben", s. Bräuer: Mühlpfordt (wie Anm. 11), S. 118. Beispielhaft lässt sich das anhand eines Schreibens von Müntzer an Luther vom 13. Juli 1520 nachvollziehen, worin unter anderem die Zusage des Rates thematisiert wurde, den Absender gegen die Franziskaner zu unterstützen, vgl. Thomas-Müntzer-Ausgabe, Bd. 2 (wie Anm. 107), S. 44–46 (zu Nr. 21). Wir können in diesem Zusammenhang Mühlpfordts Positionierung nicht belegen, sondern nur die Tatsache, dass er am Beschluss der Zusage durch den Rat in der Sitzung vom 11. Juli 1520 „beteiligt" gewesen sei, s. ebd., S. 45, Anm. 4.
217 Bräuer: Zwickau (wie Anm. 16), S. 100. Die Vermutung, dass Löhner „bald ganz auf Müntzers Seite" gestanden habe, ergibt sich wohl aus dem Umstand, dass „die Gegner Müntzers" später „behaupteten", Müntzer „habe geschworen, die Entlassung seines Freundes Löhner zu rächen", s. Thomas-Müntzer-Ausgabe, Bd. 2 (wie Anm. 107), S. 89–94 (zu Nr. 39), hier S. 89, Anm. 2 (hier S. 90). Quelle hierfür sind die „Historien von Thomas Müntzer", über deren Ent-

konstatierte Silva Teichert.[218] Insofern erschien es „wahrscheinlich", dass er, als er sich vor dem 10. November 1520 nach Schneeberg begab, „bereits zu diesem Zeitpunkt" dort „über die Anstellung" mit dem Luther-Vertrauten Hausmann „verhandelte".[219] Ob die Verhandlungen wirklich den gesicherten „kirchen-/personalpolitischen Aktivitäten" des Ratsherrn zuzurechnen sind[220] und Hausmann schlussendlich, wie eine weiter verbreitete Annahme lautet, „auf vorrangiges Wirken Mühlpfordts 1521 Zwickauer Pfarrer geworden" ist, stellt mit Blick auf die mehr als dürftige Quellenlage eine weiterhin ungeklärte Frage dar.[221]

Hingegen greift das einzige zeitgenössische Dokument, das eine Verbindung zwischen der Entfernung Müntzers und dem Ableben Stellas herstellt, eine Aversion seitens Mühlpfordts nicht auf. Sommerschuh ging in seinem erwähnten Schreiben an den auswärts Weilenden zwar auf „dy" aus Zwickau ein, die den Adressaten „stettes vorfolgtt" hätten, nannte letzten Endes niemanden namentlich, insbesondere nicht den Stadtvogt.[222] Nicht einmal sicher ist, dass der von Sommerschuh als bedrängt Bezeichnete im Zusammenhang mit dem Versuch, ihn im Januar 1521 bei Luther in Miss-

---

stehungszeitpunkt sich lediglich feststellen lässt, dass sie im „16. Jahrhundert" verfasst wurden, wobei die erste verfügbare Handschrift eine „nach 1545" erfolgte „Abschrift" ist, s. Thomas-Müntzer-Ausgabe, Bd. 3 (wie Anm. 179), S. 81–90 (zu Nr. 43), hier S. 81. Vgl. dazu auch ebd., S. 83, Z. 11–23. Die in den „Historien" gemachten Angaben werden im Detail zudem als „nicht zuverlässig" eingestuft, s. exemplarisch Thomas-Müntzer-Ausgabe, Bd. 2 (wie Anm. 107), S. 44–55 (zu Nr. 21), hier S. 45, Anm. 1. Dass laut den aus lutherischer Perspektive verfassten „Historien" der von Luthers Lehre abtrünnig gewordene Müntzer vom altgläubigen Pfarrverweser Löhner Unterstützung erfahren haben soll – also die altgläubige und die aus lutherischer Sicht deviante Partei ein Bündnis eingingen –, ist ein Zusammenhang, der in Bezug auf die Glaubwürdigkeit der „Historien" deutlich hervorgehoben zu werden verdient.
218 Silva Teichert: Die Bürgerreformation in Zwickau, in: „Martinus halbenn ..." (wie Anm. 123), S. 21–34, hier S. 28.
219 Thomas-Müntzer-Ausgabe, Bd. 2 (wie Anm. 107), S. 89, Anm. 2 (hier S. 90). Mühlpfordt sei, so ist der dafür herangezogenen Quelle nur zu entnehmen, im November 1520 in – nicht weiter spezifizierten – „radts sachen uffin Schnepergk geritten", zit. n. ebd., S. 89, Anm. 2 (hier S. 90).
220 Zu diesem Resümee s. Bräuer: Mühlpfordt (wie Anm. 11), S. 119.
221 Bräuer: Verfassung (wie Anm. 123), S. 81–90, hier S. 85. In diesem Sinne äußert sich auch Hans-Jürgen Goertz: Thomas Müntzer. Revolutionär am Ende der Zeiten. Eine Biographie, München 2015, S. 73.
222 Zit. n. Thomas-Müntzer-Ausgabe, Bd. 2 (wie Anm. 107), S. 94–100 (zu Nr. 40), hier S. 98.

kredit zu bringen, von einer Beteiligung des baldigen Bürgermeisters in dieser Sache ausging. Deshalb vielleicht sucht man in einem entsprechenden Schreiben Johann Agricolas respektive der darauf abhebenden Antwort Müntzers Mühlpfordts Namen vergeblich.[223] Falls er Müntzers Hauptkontrahent gewesen wäre,[224] würden sich in den Quellen sicherlich eindeutigere Anhaltspunkte dafür identifizieren lassen, trotz der Möglichkeit, dass die Korrespondenzpartner auf die namentliche Nennung des Stadtvogtes bewusst verzichteten, gegebenenfalls für ihre Kommunikation nicht benötigten. Bis heute findet sich vereinzelt die sicherlich berechtigte Behauptung, dass Mühlpfordt Müntzers innerstädtische Widersacher führte. Sie kann letzten Endes nicht hinreichend abgesichert werden und ist daher nicht in den neuesten biografischen Veröffentlichungen enthalten.[225] Eine erste nachweisbare und negative Einlassung unseres Protagonisten zu Müntzer datierte auf den 11. März 1524, mehr als drei Jahre nach Entpflichtung des Geistlichen durch die Zwickauer. Somit titulierte der Bürgermeister schon vor Beginn des Bauernkriegs den sich ab Herbst des Jahres 1523 radikaler gebärdenden Prediger als einen „vnuerschampten mane". Mit der Lehre des Geschmähten – „schwirmerei" – habe er *„alwege"*, das heißt immer, seine „ßorg" gehabt.[226] Wohl deshalb forderte er für Müntzers Schriften, die er als „gifft" bezeichnete, ein Druckverbot in Zwickau.[227] Der von ihm ver-

---

223 Die Quelle selbst, das Antwortscheiben Agricolas vom Januar/Februar 1521, verweist lediglich auf namentlich nicht näher genannte „Leute" aus Zwickau, die für Müntzer abträgliche Informationen nach Wittenberg sandten, s. ebd., S. 72–75 (zu Nr. 30), hier S. 75.
224 So ist spekuliert worden, Müntzer habe als Informanten „möglicherweise" an Mühlpfordt gedacht; ein Motiv für Mühlpfordt wird darin gesehen, dass dieser „seinen Dank" an Egranus für die Widmung der „Freiheitsschrift" demnach „materiell abgestattet und die Besorgnis eines Teils des Rates über die Entwicklung der reformatorischen Bewegung in Zwickau nach Wittenberg mitgeteilt haben" könnte, s. ebd., S. 73, Anm. 6.
225 Dazu, dass Mühlpfordt der Gegner Müntzers gewesen sei, vgl. zuletzt noch Silva Teichert: „Woher wissen die denn das?". Schriftliche Quellen zur Reformation im Stadtarchiv Zwickau, in: Cygnea (wie Anm. 18) 15 (2017), S. 50–61, hier S. 57. Demgegenüber wird in der im Jahr zuvor erschienenen Müntzerbiografie dieser Zusammenhang schon nicht mehr erwähnt, vgl. Bräuer/Vogler: Müntzer (wie Anm. 177), bes. S. 92–124.
226 Zit. n. Wappler: Müntzer (wie Anm. 174), S. 92, Anm. 353 (Herv. d. Verf.).
227 Zit. n. Rebeggiani: Reformation (wie Anm. 15), S. 33–37, hier S. 35. Weshalb Mühlpfordt bereits im März 1524, noch bevor Müntzer im weiteren Verlauf des Jahres ernsthaft in Konfrontation mit den Ernestinern und Luther geriet, dem Prediger offensichtlich heftige Ableh-

wendete Terminus „schwirmerei" – sprich „Schwärmerei" – charakterisierte zeitgenössisch „religiöses und theologisches Fehlverhalten". Gemeint waren hiermit von Luther Lehre abweichende reformatorische Strömungen, die im Weiteren als religiöse Devianz gefasst werden sollen.[228] Mühlpfordt konstruierte, dem Reformator folgend und rückblickend, eine Kausalkette zwischen

---

nung entgegenbrachte, hängt sicherlich mit dessen Aktivitäten seit Herbst 1523 zusammen: Am 4. Oktober 1523 hatte Müntzer aus Allstedt an Kurfürst Friedrich geschrieben, er als Knecht Gottes sei berufen, dessen Willen ohne Einschränkungen zu verkünden und für den Aufbau einer Gemeinde von wahrhaft Gläubigen und Auserwählten zu sorgen sowie die Gemeinschaft auf den Tag vorzubereiten, an dem Gott laut der Prophezeiung des Propheten Daniel die Herrschaft an die Gemeinde der Auserwählten übergeben werde – damit sei dann der göttliche Auftrag der weltlichen Obrigkeit erfüllt. Bis dahin trage allerdings sie die Verantwortung, diejenigen zu schützen, die nach Gottes Willen leben. Dann sei ihre Zeit abgelaufen. Wenn sie sich bis dahin gottgefällig verhalte und die wahrhaft Gläubigen vor den Gottlosen schütze, werde Gott ihre Macht gnädig und friedlich an diesem Tag beenden. Würden die Fürsten dem aber nicht gerecht und die Gläubigen bedrohen, werde Gott ihre Macht zerbrechen und das Schwert werde ihnen genommen und dem Volke gegeben zum Untergang der Gottlosen, vgl. Siegfried Bräuer: Thomas Müntzer von Stolberg: neue Forschungen zur Biographie und zum familiären Umfeld, Mühlhausen 2003 (= Veröffentlichungen der Thomas-Müntzer-Gesellschaft 5), S. 21. Zum Schreiben vgl. auch Thomas-Müntzer-Ausgabe, Bd. 2 (wie Anm. 107), S. 199–207 (zu Nr. 64). Zwei Schriften Müntzers, „Von dem getichten glawben/ auff nechst Protestation / außgangē Tome Müntzers Selwerters zu Alstet" (VD16 6754) und „Protestation odder empietung Tome / Müntzers võ Stolberg am Hartzs sellwarters zu / Alstedt seine lere betreffende / vnnd tzum anfang von dem / rechten Christen glawben / vnnd der tawffe" (VD16 M 6748), in denen der Prediger seine von der Lehre Luthers abweichenden Positionen darlegte, waren Anfang des Jahres 1524 im Druck erschienen, dazu vgl. ausführlich Bräuer/Vogler: Müntzer (wie Anm. 177), S. 208–217. Womöglich beruhte diese negative Wertung Müntzers überdies auf einem kurz zuvor, im „Februar oder Anfang März 1524", erfolgten Gespräch auf dem Allstedter Schloss zwischen Müntzer, Justus Jonas, Simon Haferitz, Johannes Lang und Günther von Bünau, von dem Mühlpfordt aufgrund seiner anzunehmenden – dienstlichen und privaten – Beziehungen zum Kreis der Gesprächsteilnehmer sicherlich erfahren haben wird, dazu s. Thomas-Müntzer-Ausgabe, Bd. 3 (wie Anm. 179), S. 133 (zu Nr. 85).
228 Thomas Kaufmann: Nahe Fremde – Aspekte der Wahrnehmung der „Schwärmer" im frühneuzeitlichen Luthertum, in: Kaspar von Greyerz u. a. (Hg.): Interkonfessionalität – Transkonfessionalität – binnenkonfessionelle Pluralität. Neue Forschungen zur Konfessionalisierungsthese, Heidelberg 2003 (= Schriften des Vereins für Reformationsgeschichte 201), S. 179–241, hier S. 240. Zur religiösen Devianz als Akt sozialer Zuschreibung zum Zweck gegenseitiger Diffamierung und Stigmatisierung vgl. den Überblick bei Eric Piltz/Gerd Schwerhoff: Religiöse Devianz im konfessionellen Zeitalter – Dimensionen eines Forschungsfeldes, in: dies. (Hg.): Gottlosigkeit und Eigensinn. Religiöse Devianz im konfessionellen Zeitalter, Berlin 2015 (= Zeitschrift für Historische Forschung. Beihefte 51), S. 9–50.

Müntzer und den „Schwärmern", hier den „Zwickauer Propheten". Diese, ein „im Ganzen kurzlebiges religionskulturelles Phänomen", traten allerdings in der Muldestadt erst ab Dezember 1521 nachdrücklich in Erscheinung, nachdem der Prediger das Gemeinwesen verlassen hatte.[229] Verlautbarungen Müntzers kannte unser Protagonist anscheinend nicht aus erster Hand, er zeigte sich über sie lediglich aus Luthers Perspektive informiert.[230] Durch den Reformator waren beispielsweise in seiner Schrift „Eyn Schrecklich geschicht vnd gericht Gotes vber Thomas Müntzer", die am 21. oder 22. Mai 1525 in Wittenberg erschien, „Muntzer wriff" wiedergegeben und überdies „beschriben", also kommentiert, worden.[231] Luther zog hierzu mehrere unmittelbar vor der Katastrophe in Frankenhausen verfasste Briefe mit drohenden Prophetien an die Grafen von Mansfeld heran. Weil Mühlpfordt die besagte Schrift am 4. Juni 1525 im Schreiben an Stephan Roth anführte, ist ziemlich sicher, dass er sie zuvor eingesehen haben muss. In welchem Maße die vernichtende „Müntzerlegende lutherischer Prägung"[232] bei ihm verfing, illustrieren die obigen Zeilen des Jahres 1524 wie auch die späteren negativen Bemerkungen zum inzwischen Getöteten. Müntzer – dem er 1527 die Schuld am „außbrechen" von „neydt vnd haß" zuschrieb – war für den Lutheranhänger Mühlpfordt aus theologischer und politischer Perspektive untragbar.[233] Kaum nachzuvollziehen indes ist, ob sich dieses erst

---

229 Zu den Zwickauer Propheten vgl. zuletzt Thomas Kaufmann: Die Zwickauer Propheten, in: „Martinus halbenn ..." (wie Anm. 123), S. 53–62, hier S. 60. Dass Mühlpfordts Bemerkung auf die „Müntzer-Storchische Bewegung" gemünzt war, dazu s. Wappler: Müntzer (wie Anm. 174), S. 92.
230 In den erwähnten Sammelbänden Mühlpfordts hat sich beispielsweise kein Werk Müntzers erhalten, wohl aber Luthers von unserem Protagonisten vermutlich rezipierte Entgegnung auf Müntzers Allstedter „Fürstenpredigt" von 1524 – „Eyn brieff an die Fürsten zu Sachsen von dem auffrurischen geyst", Wittenberg 1524 (WA 15, S. 210–221), vgl. Clemen: Sammelband (wie Anm. 112), S. 36. ND in: Clemen: Kleine Schriften, Bd. 8, Leipzig 1987, S. 66.
231 Zit. n. Fuchs: Akten (wie Anm. 133), S. 438. Zur Schrift Luthers vgl. WA 18, S. 367–374.
232 Bräuer: Luther (wie Anm. 188), S. 79, Anm. 236.
233 Im Konflikt mit dem Prediger Paul Lindenau im Jahre 1527 verglich Mühlpfordt die möglichen Auswirkungen auf Zwickau mit „eyn spill", dem damaligen „thomas muntzers nicht vnnlich", zit. n. WA Br. 4, S. 180–184 (zu Nr. 1091: Schreiben Luther an Hausmann, vom 29. März 1527, Beilage: Schreiben Mühlpfordt an Roth vom 15. März 1527, S. 181–183), hier S. 183.

lange nach dem Weggang des Geistlichen aus der Muldestadt manifest werdende Müntzerbild des Stadtvogts und künftigen Bürgermeisters bereits formte, als der Verfemte in Zwickau wirkte. Ähnlich verhält es sich mit dem historischen Hintergrund einer im 19. Jahrhundert aufkommenden und langlebigen Rezeption, die Hermann Mühlpfordt als Türöffner der Zwickauer Reformation und deren zentrale Gestalt versteht. Im Hinblick auf die ihm gewidmete „Freiheitsschrift" und seiner vorgeblichen, aber andernorts noch zu betrachtenden und seit dem 16. Jahrhundert herausgestellten Nähe zu Luther schien dies plausibel. Hier schloss eine in der ersten Hälfte des 20. Jahrhunderts entstandene Auffassung an, wonach der Stadtvogt im Zentrum derjenigen Kräfte zu verorten sei, die den Luthergegner und Umstürzler Müntzer bekämpften. Voraus ging dem eine seit dem 19. Jahrhundert nachzuweisende Vereinnahmung des Predigers durch die Linke für die eigenen politischen Überzeugungen. Insofern stellte Müntzers Entlassung aus der Perspektive bürgerlicher Historiker der 1920er Jahre einen positiv konnotierten Vorgang dar. Diesen griff die marxistische Geschichtsschreibung der DDR schließlich wieder auf und bewertete ihn negativ. Ebenso wenig wie für diese These liegt jedoch eine gesicherte Quellenbasis für eine andere und bis heute vertretene Vermutung mit Ursprung gleichfalls in den 1920er Jahren vor, nach der man Müntzer die Stellung kündigte, da sein Kontrahent Egranus von Mühlpfordt protegiert wurde. Anders als im Fall des Bürgermeisters Laurentius Bärensprung – der 1520/21 entschieden auf die Kontrolle des Rats über die örtliche Kirche hingearbeitet habe[234] – ließen sich bislang etwaige vergleichbare Aktivitäten des künftigen „Reformationsbürgermeisters" im fraglichen Zeitraum nicht ermitteln. Über dessen *individuelle* Anteile an der frühen Zwickauer Reformation können keine Aussagen getroffen werden. Demzufolge scheint es hinsichtlich des religionspolitischen Wirkens unseres Protagonisten 1520/21 nicht angebracht, über ein Resümee Helmut Bräuers in Bezug auf den Konflikt um Müntzer, dass der Stadtvogt darin „wahrscheinlich eine Rolle" gespielt hat, weiter hinauszugehen.[235]

---

234 Dazu vgl. die Einschätzung bei Karant-Nunn: Zwickau (wie Anm. 14), S. 122.
235 Bräuer: Mühlpfordt (wie Anm. 11), S. 119.

3 LUTHER UND MÜHLPFORDT – FAKTEN UND FIKTIONEN

3.1 Enge Freundschaft mit Luther

Um zu hinterfragen, weshalb Luther die „Freiheitsschrift" ausgerechnet Hermann Mühlpfordt zueignete, bietet sich die Eruierung weiterer denkbarer, von der religionspolitischen Stellung in Zwickau unabhängiger Motive des Reformators an: Wollte er den Bewidmeten dazu bewegen, Egranus im Vorgehen gegen die Franziskaner (verstärkt) beizustehen? Egranus' Aussagen aufgreifend und in eigenem Interesse nutzend, könnte der Wittenberger Mühlpfordts Vermitteln materieller Vergünstigungen stark überhöht oder in die Unterstützung der reformatorischen Bewegung umgemünzt und als „theologie-politisches Instrument" verwertet haben.[236] Ziel mag es gewesen sein, durch Mühlpfordt, einen Angehörigen der Zwickauer Ratselite, vielmehr den zunächst ganz im Sinne Luthers tätigen Müntzer zu stützen, der sich im Herbst 1520 mit dem Humanisten Egranus zunehmend entzweite. Denn Letzterer begann Leipzig mit Johannes Eck zu paktieren, und Anfang November zeichnete sich mit aller Deutlichkeit ab, dass er Luthers Rechtfertigung allein aus dem Glauben theologisch nicht folgte. Auf Egranus bezog sich anscheinend deshalb die Warnung in der Widmung vor denjenigen,[237] die sich „yhres titels auffwerffen und mit aller gewalt und list dem widderstreben". Nicht genügend beleuchtete man eine vermeintliche Nähe unseres Protagonisten zu demjenigen, der sich 1520 zwecks „kundschafft vnd freuntschafft", das heißt einer Bekanntschaft und Freundschaft, an seinen „besondern günstigen freund und Patron", seinen Freund und Beschützer wandte – nämlich Martin Luther.[238] In dieser Formulierung kristallisiert sich

---

236 Kaufmann: Traktat (wie Anm. 102), S. 47.
237 Dazu vgl. ebd., S. 46 ff.
238 Zit. n. WA 7, S. 20–38, hier S. 20.

eine Verknüpfung der „gleichgewichtige[n] Freundschaft mit horizontaler Solidarität" und der „ungleichgewichtige[n] Patron-Klient-Beziehung mit vertikaler Solidarität" heraus.[239] Hingegen liegt einer persönlichen *amicitia* in traditioneller Konzeption die Reziprozität ihrer Beziehungen auf der Basis immaterieller *benevolentia* (Wohlwollen) und nicht materieller *beneficia* (Güter) zugrunde.[240] Luthers Zeilen sind insofern, obschon die Kopplung der Freundschaft mit ihrem Synonym Bekanntschaft zunächst die Absicht einer persönlichen *amicitia* unterstreicht,[241] zuallererst ein Hinweis auf eine angestrebte klientelistische *amicitia*. Stets verlangte diese eine reziproke Zusicherung ihrer Bindung(en) durch verbale Ergebenheitsbekundungen, und symbolische Gaben, so durch das Medium des Briefwechsels,[242] womit der Reformator durch seine Dedikation den Anfang machte. Er dachte sein Werk – eine symbolische Gabe – Mühlpfordt „darumb" zu, um eine Bekanntschaft und Freundschaft mit dem ihm persönlich unbekannten Zwickauer Stadtvogt „an zu heben". Zudem bezeugte er dem Widmungsempfänger – diesem „willige dienst unnd allis guttis" entbietend – seine Ergebenheit.[243] Luthers Lob legte die Nachwelt als ein „gutes Zeugniß" für den Stadtvogt aus, wie das sogar die Stadtchronisten des 17. Jahrhunderts herausstrichen.[244] Und das wiederum ist bedeutsam, da in einer klientelistischen *amicitia* die größere Gabe in der Regel vonseiten des Patrons stammt, und der in einem Abhängigkeitsverhältnis stehende Klient seine Schuld in Form

---

239 Wolfgang Reinhard: Freunde und Kreaturen. Historische Anthropologie von Patronage-Klientel-Beziehungen, in: Freiburger Universitätsblätter 37 (1998), S. 127–141, hier S. 133.
240 Vgl. Verena Epp: Amicitia: Zur Geschichte personaler, sozialer, politischer und geistlicher Beziehungen im frühen Mittelalter, Stuttgart 1999 (= Monographien zur Geschichte des Mittelalters 44), S. 33.
241 Vgl. Johannes Erben: Freundschaft – Bekanntschaft – Verwandtschaft. Zur Bezeichnungsgeschichte der Ausdrucksformen menschlicher Verbundenheit im frühen Neuhochdeutschen, in: Klaus Mattheier u. a. (Hg.): Vielfalt des Deutschen. Festschrift für Werner Besch, Frankfurt am Main 1993, S. 111–122, hier S. 112.
242 Vgl. Ronald G. Asch: Freundschaft und Patronage zwischen alteuropäischer Tradition und Moderne: Frühneuzeitliche Fragestellungen und Befunde, in: Bernadette Descharmes u. a. (Hg.): Varieties of friendship. Interdisciplinary perspectives on social relationships, Göttingen 2011, S. 265–285, hier S. 274.
243 Zit. n. WA 7, S. 20–38, hier S. 20.
244 Schmidt: Chronica (wie Anm. 26), S. 457.

von Loyalität und Unterstützungsleistungen zeitversetzt zurückzahlt.[245] Bei genauerer Betrachtung kehrte das Oberhaupt der Reformation die Patron-Klient-Beziehung um, das tatsächliche Abhängigkeitsverhältnis zwischen ihm und dem Adressaten zugleich verschleiernd: Durch die Zueignung der „Freiheitsschrift", wiewohl der Verfasser das als Gegenleistung für angeblich vorhergegangene reformatorische Bemühungen des Geehrten deklarierte, ein durch diesen praktiziertes öffentliches und „emßlich[es] [...] preysen" der Heiligen Schrift,[246] verpflichtete er in Wirklichkeit Mühlpfordt für sich und seine Lehre. Treue Unterstützer benötigte Luther, da man damals die Bannandrohungsbulle in den mitteldeutschen Bistümern formell veröffentlichte, tatsächlich dringend.[247] Vor allem da es ihm darauf ankam, die „Freiheitsschrift" gleich „fur yderman" zu konzipieren[248] – Heinz Schilling zufolge für die „deutsche Öffentlichkeit" –,[249] war es sinnvoll, sie mit einem Angehörigen der städtischen Führungselite zu verknüpfen. Namentlich auf den Stadtvogt der bedeutenden Muldestadt als überzeugten Protektor des reformatorischen Gedankens machte Egranus kurz vorher aufmerksam. Ob er Luther tatsächlich „empfahl", wie Siegfried Bräuer des Öfteren bekräftigte, dem Angepriesenen die „Freiheitsschrift" zu widmen,[250] bleibt zwar fraglich. Auf jeden Fall aber demonstrierte der vom Bann Bedrohte hierdurch für die Öffentlichkeit klar ersichtlich den Schulterschluss „mit den maßgeblichen städtischen Personen und Gruppen im Zeitalter der Glaubensspaltung".[251] Insbesondere vor dem Eindruck einer Romferne oder „allgemeinen Romfeindschaft", die Helmut Bräuer und andere in diesem Zeit-

---

245 Vgl. Guido O. Kirner: Politik, Patronage und Gabentausch. Zur Archäologie vormoderner Sozialbeziehungen in der Politik der modernen Gesellschaft, in: Berliner Debatte Initial 14 (2003), Heft 4/5, S. 168–183, hier S. 170.
246 Zit. n. WA 7, S. 20–38, hier S. 20.
247 Vgl. Schilling: Luther (wie Anm. 108), S. 197.
248 Zit. n. WA 7, S. 20–38, hier S. 20.
249 Schilling: Luther (wie Anm. 108), S. 198.
250 Bräuer/Vogler: Müntzer (wie Anm. 177), S. 105. Dieser Zusammenhang wurde offensichtlich bereits 1989 von Siegfried Bräuer hergestellt, vgl. Bräuer: Historien (wie Anm. 190), S. 5.
251 Christoph Fasbender: Bürgers Bücher. Literatur in mitteldeutschen Städten um 1500, in: ders./Mierke: Bücher (wie Anm. 137), S. 1–25, hier S. 15.

raum für Zwickau konstatieren, erscheint die Wahl naheliegend.[252] Bislang gänzlich unbeachtet blieb, dass, als die „Freiheitsschrift" Mühlpfordts „Liebe zur Heiligen Schrift" hervorhob, dieses Lob unter Umständen gar nicht die konkreten Leistungen des Geehrten meinte. Statt seiner könnte Luther den in der Person des Stadtvogts verkörperten Idealtypus eines Laien gewürdigt haben, der das Lesen der Bibel, die „gottlich warheyt", wie es weiter hieß, ins Zentrum stellte und dadurch der humanistisch geprägten Forderung des Reformators nach Erneuerung der Kirche durch Hinwendung zu den Quellen der Christenheit *(ad fontes)* beispielhaft Rechnung trug.[253]

Über die Frage nach den Motiven zur Widmung der „Freiheitsschrift" hinaus stellt sich jene nach den Beziehungen zwischen Luther und Mühlpfordt. Gemeinhin galten die Zeilen aus dem Jahr 1520 als Indiz für das, worauf sie zuvorderst hindeuteten – eine persönliche *amicitia*.[254] Obwohl der Prominentere, wurde der Reformator um das Herantreten keinesfalls von unserem Protagonisten „gebeten", wie man im 19. Jahrhundert zu wissen glaubte.[255]

---

252 Bräuer: Müntzer (wie Anm. 191), S. 35. Zur „‚Romferne' Zwickaus" s. Kahleyß: Zwickau (wie Anm. 44), S. 100.
253 Alle vorhergehenden Zitate zit. n. WA 7, S. 20–38, hier S. 20. Dazu vgl. insbesondere Schilling: Luther (wie Anm. 108), S. 97–99. Bereits im Herbst 1519 hatte Luther seine drei Sakramentssermone der Herzoginwitwe Margareta von Braunschweig-Lüneburg zugeeignet: „Er begründete seine Bereitschaft zur Dedikation [...] mit der ‚andacht', die die Fürstin ‚zu der heyligen schrift' habe. [...] Insofern nutzte er einen Widmungsbrief an eine ihm unbekannte Fürstin, um für seine eigenen theologischen Anliegen", unter anderem die „Bibellektüre der Laien" – wie Thomas Kaufmann herausgestellt hat – „in frommer, ganz unkonfrontativer Form zu werben", s. Kaufmann: Reformation (wie Anm. 113), S. 141.
254 Noch jüngst wurde hervorgehoben, dass Mühlpfordt „frühzeitig in enger Freundschaft zu Martin Luther stand", s. den Faltplan: Lutherweg. Ein Rundgang durch Zwickau, hg. von den Städtischen Museen Zwickau, Zwickau 2018. Aus der Vielzahl von Belegen für eine „Freundschaft" in der Forschung des 20. Jahrhunderts s. exemplarisch Gerhard Ebeling u. a. (Hg.): D. Martin Luther, Operationes in Psalmos 1519–1521, Teil 1: Historisch-theologische Einleitung, hg. von Gerhard Hammer, Köln 1991 (= Archiv der Weimarer Ausgabe der Werke Martin Luthers. Texte und Untersuchungen 1), S. 344. Luther galt in der Reformationsgeschichtsschreibung des 19. Jahrhunderts als ein „Freunde und Gevatter" des Zwickauers, s. Beschreibung der Feierlichkeiten, welche am 3. Jubelfeste der Augsburger Confession den 25., 26. und 27. Juni 1830 im Königreich Sachsen stattgefunden haben, Leipzig 1830, S. 81. Mühlpfordt seinerseits lebte im 20. Jahrhundert im Genre des Romans als ein „Freund des großen Wittenbergers" fort, s. Fischer: Agricola (wie Anm. 192), S. 86.
255 Festschrift (wie Anm. 101), S. 7.

Luther seinerseits hatte, dem Vernehmen nach auf Wunsch des Egranus hin („er begeret / mich mit euch bekennet zu machen"),²⁵⁶ *angekündigt*, dass er sein Werk als den ersten Schritt betrachtete. Dementsprechend gilt es zu untersuchen, was über diese Absichtserklärung hinaus für die erfolgreiche Realisierung einer klientelistischen *amicitia* in Anschlag zu bringen ist. Vorwiegend da es bereits Mitte 1525 zu ersten Animositäten kam, wodurch sich, wie eine Schlussfolgerung der jüngeren Forschung lautet, beider Verbundenheit „nachhaltig getrübt" hätte,²⁵⁷ beschränkt sich der fragliche Zeitraum auf fünf Jahre. Eine wiederholt konstruierte Nähe Luthers zur Familie Mühlpfordt ist so wenig glaubwürdig²⁵⁸ wie die seit der zweiten Hälfte des 16. Jahrhunderts kolportierte Überlieferung, dass der Reformator bei seinem Aufenthalt in Zwickau im April 1522 bei Mühlpfordt „zur herberge gelegen" habe. Tatsächlich quartierte sich der bekannte Besucher am Hauptmarkt Nummer 23 in einer Wirtschaft ein.²⁵⁹ Diese avancierte im Verständnis der Nachwelt irrtümlich zum Domizil des Bürgermeisters, das vorgeblich „Luthers Stube" enthielt, weswegen man es anlässlich der Dreihundertjahrfeier zur Augsburger Konfession 1830 „sehr schön illuminirt[e] und mit passenden Inschriften" und zum Lutherjubiläum 1883 mit einer von der Gemeinde St. Marien in Auftrag gegebenen Gedenktafel schmückte.²⁶⁰ Sie ist von einem wohl in Terrakotta ausgeführten und auf die Mitte

---

256 Zit. n. WA 7, S. 20–38, hier S. 20.
257 Oehmig: Mühlpfordt (wie Anm. 2), S. 165.
258 Die Notiz von Johannes Schlaginhaufen aus dem Zeitraum zwischen dem 14. und 28. Dezember 1531, Luther habe an Mühlpfordts Hochzeit („fuit in nuptiis Milphordii") – sicherlich meinte er die des Reformationsbürgermeisters – teilgenommen, wurde noch zu Beginn des 20. Jahrhunderts problematisiert, zit. n. WA Tr. 2, S. 17 (zu Nr. 1268); vgl. auch ebd., Anm. 4. Über die etwa 1545 geschlossene Ehe zwischen Walpurg Lindner, einer Enkeltochter Heinrich Mühlpfordts des Älteren, und dem Wittenberger Kaufmann Magnus Person ist gemutmaßt worden, „daß Luther diese Ehe gestiftet hat", s. Annemarie Seeberg-Elverfeldt: Unsere Ahnen zur Reformationszeit, in: Archiv für Sippenforschung 91/92 (1983), S. 153–191, hier S. 167; vgl. auch ebd., S. 187 f.
259 Zit. n. Falk: Chroniken (wie Anm. 27), 1 (1923), S. 2–4, hier S. 4. Zum Forschungsstand vgl. zuletzt Michael Löffler: Martin Luthers Aufenthalt in Zwickau, in: „Martinus halbenn …" (wie Anm. 123), S. 63–70, bes. S. 70.
260 Beschreibung (wie Anm. 254), S. 81. Zur Tradierung im Zusammenhang mit dem Lutherjubiläum 1883 vgl. Joh. Scheussler: Wohlauf, Psalter und Harfen! Wachet auf, Psalter und Harfen! Ruf an unser lutherisches Sachsenland zum 10. Nov. 1883, 2 Teile; Teil 1 in: Sächsisches

des 16. Jahrhunderts zu datierenden „Rundbildniss" Luthers zu unterscheiden, welches sich schon vor 1872 und bis mindestens 1889 an der Fassade befand.[261] Ungeachtet der seit den 1920er Jahren herausgebrachten korrigierenden Darstellungen zur Frage, wo Luther beim Aufenthalt in der Muldestadt im April 1522 logierte, bestehen dahingehend – der historischen Nachricht halber – bis heute „Unsicherheiten", weshalb die 1883 angebrachte Gedenktafel für den Reformator 1947 zum nachgewiesenen Wohnplatz der Familie unseres Protagonisten am Niederen Steinweg (heute Alter Steinweg) Nummer 5, wechselte, dort zwischenzeitlich abgenommen und 1989 wieder platziert wurde, bevor sie – anscheinend endgültig – zum Hauptmarkt Nr. 23 zurückkehrte.[262] Wir haben keine Kenntnis darüber, ob Mühlpfordt den angesehenen Gottesmann in seine „behausung" lud, wo am 3. Juli 1525, am Vorabend des Gerichtstages über Anführer des Bauernkrieges, immerhin einige Regenten „zum abentmal" zu Gast waren, sofern wir den Jahrzehnte danach notierten Angaben des Chronisten Peter Schumann vertrauen dürfen;[263] mit einiger Bestimmtheit aber kann als gewiss gelten, dass der

---

Kirchen- und Schulblatt, Nr. 45, vom 9. November 1883, Sp. 385–389, Teil 2 in: ebd., Nr. 46, vom 16. November 1883, Sp. 393–398, hier Sp. 394. Noch die Festschrift (wie Anm. 101), S. 19f., nahm im Jahre 1891 darauf Bezug. Zur Stiftung der Gedenktafel 1883 vgl. Lutherweg (wie Anm. 254).
261 Beschreibende Darstellung der älteren Bau- und Kunstdenkmäler des Königreichs Sachsen, Heft 12: Amtshauptmannschaft Zwickau, bearb. von Richard Steche, Dresden 1889, S. 147. In der jüngsten Forschungsliteratur wird die Stiftung des Jahres 1883 unterschlagen, und das „Rundbildniss", mutmaßlich „um 1550" entstanden (s. ebd., S. 111), firmiert als „Gedenktafel" oder „Medaillon", was suggeriert, dass die schon 1872 und bis mindestens 1889 an der Fassade befestigte „[Luther-]Tafel" mit der gegenwärtig am Gebäude befindlichen identisch sei, s. Löffler: Aufenthalt (wie Anm. 259), S. 65.
262 Lutherweg (wie Anm. 254). Zum Standortwechsel der Gedenktafel vgl. Löffler: Aufenthalt (wie Anm. 259), S. 65. Die Frage der Übernachtung haben im 20. Jahrhundert bereits Hahn: Luther (wie Anm. 175), S. 18, und Wolf-Dieter Röber: Martin Luthers Aufenthalt in Zwickau im Jahre 1522, in: Zwickauer Heimatjournal 1 (1993), S. 58–60, geklärt. Dennoch tradieren Publikationen aus jüngster Zeit sogar noch den zweifachen Irrtum einer Übernachtung Luthers in dem vermeintlich am Markt gelegenen Haus Mühlpfordts, vgl. exemplarisch Roland M. Lehmann: Reformation auf der Kanzel. Luther als Reiseprediger, Tübingen 2021 (= Beiträge zur historischen Theologie 199), S. 127f.
263 Zit. n. Falk: Chroniken (wie Anm. 27), 4 (1923), S. 15f., hier S. 16. Neben „hertzog Johann friedrichen von Sachsen", also Johann dem Beständigen (1468–1532), waren demnach im Hause Mühlpfordts „hertzog philip von braunschweigk [Philipp I., Herzog zu Braunschweig-

Reformator, entgegen den Mitteilungen jüngerer Publikationen, *nicht* im Niederen Steinweg (heute Alter Steinweg) Nr. 5 nächtigte. Letzteres ist unter Berücksichtigung zeitgenössischer Differenzierungen von Gastfreundschaft ebenfalls eher ein Argument gegen einen bestehenden privaten Umgang mit dem Stadtoberhaupt.[264] Mehrmals fanden die brieflichen, über Hausmann dem Bürgermeister ausgerichteten Grüße des Wittenbergers Würdigung, die keineswegs, wie die ältere Forschung resümierte, „fast regelmäßig" vorkamen.[265] Unter den zahlreichen Briefen an den Zwickauer Pfarrer finden sich zwei (von 1522 und 1524), in denen der Reformator namentlich unseren Protagonisten nannte.[266] Beide Schreiben stellen die einzigen überlieferten Grüße Luthers an Mühlpfordt vor 1525 dar, wohingegen in allen anderen von der Forschung in dieser Sache aufgeführten Archivalien Grüße an das Zwickauer Ratskollegium und nicht an den Bürgermeister gingen.[267] Dieser

---

Grubenhagen (1476–1551)], hertzog otto vnd frantz von Luneburgk [Franz, Herzog zu Braunschweig-Lüneburg (1508–1549) und Otto I., Herzog zu Braunschweig-Lüneburg (1495–1549)], Furst wolff von anhalt [Wolfgang, Fürst von Anhalt-Köthen (1492–1566)] vnd andere hern mehr" versammelt, zit. n. ebd. Peter Schumann, der Zwickauer Chronist, auf den diese Überlieferung offenbar zurückging, war 1525 allerdings erst etwa zehnjährig. Dessen um 1538 geborener und gleichnamiger Sohn brachte dann in der zweiten Hälfte des 16. Jahrhunderts die Aufzeichnungen seines Vaters in die vorliegende Form, dazu vgl. Bräuer: Stadtchronistik (wie Anm. 20), S. 243.

264 Zu der anlässlich des Reformationsjubiläums 2017 vielfach vertretenen Annahme, Luther habe im Haus Mühlpfordts im Alten Steinweg übernachtet, vgl. exemplarisch Hans-Peter Kuppe: Reformator lädt zum Spazieren und Speisen ein. Thematischer Luther-Rundgang durch Zwickaus Innenstadt soll im Mai 2011 Premiere erleben – mindestens 7 Stätten werden eingebunden, in: Freie Presse, vom 25. März 2010, S. 11. Am Beispiel des Erasmus vgl. Gabriele Jancke: Gastfreundschaft in der frühneuzeitlichen Gesellschaft. Praktiken, Normen und Perspektiven von Gelehrten, Göttingen 2013 (= Berliner Mittelalter- und Frühneuzeitforschung 15), S. 61 f.

265 Fabian: Streit (wie Anm. 21), S. 75, Anm. 3.

266 Dazu vgl. WA Br. 2, S. 482 f. (zu Nr. 465: Luther an Hausmann, 26. März 1522), hier S. 483: „Molphordium" sowie WA Br. 3, S. 304 (zu Nr. 751: Luther an Hausmann, 15. Juni 1524): „D. Hermannum Molpfordt." Dazu und zur Zusammenstellung der Grüße vgl. bereits Oehmig: Mühlpfordt (wie Anm. 2), S. 164; vgl. auch ebd., Anm. 38.

267 Dazu vgl. WA Br. 2, S. 536 (zu Nr. 494: Luther an den Zwickauer Rat, 19. Mai 1522); ebd., S. 572 (zu Nr. 514: ebenso, 30. Juni 1522), ebd., S. 585 (zu Nr. 528: ebenso, 6. August 1522); ebd., S. 603 (zu Nr. 539: ebenso, 6. August 1522). Dazu und zur Zusammenstellung der Grüße vgl. bereits Oehmig: Mühlpfordt (wie Anm. 2), S. 164; vgl. auch ebd., Anm. 38.

hat seinerseits schon vor der inneren Entfremdung ab Mitte der 1520er Jahre statt mit „innigen Worten"[268] schlichtweg „freundlich grüßen" lassen; exemplarisch sei hier ein Schreiben an Roth vom 12. Juni 1523 genannt.[269] Gleichwohl es, außer der Widmung von 1520, keinen Anhaltspunkt für einen direkten schriftlichen Austausch gibt, geht man weiterhin von einem gar seit „1519" gepflegten „Briefwechsel" zwischen Stadtvogt und Reformator aus.[270] Zumindest ein dienstlicher „Schriftverkehr" zwischen Mühlpfordt als Zwickauer Stadtoberhaupt und Luther, worin zugleich ein „Beleg" dafür gesehen werden kann, dass unser Protagonist „sich persönlich in die kirchlichen Veränderungen einbrachte", zeichnet sich aber erst weit nach 1525 ab.[271] Diese spannungsreiche Korrespondenz im Rahmen der zunehmenden Grabenbildung zwischen Bürgermeister und Reformator wird an anderer Stelle betrachtet. Im hier fraglichen Zeitraum von 1520 bis 1525 liegen in der Gesamtschau weder eindeutige Hinweise auf eine persönliche noch auf eine klientelistische *amicitia* oder gar den seltenen Fall einer Überschneidung beider Bereiche vor.[272] Nicht zuletzt aufgrund eines aus der „Freiheitsschrift" aber durchaus abzuleitenden – wie Silva Teichert noch unlängst konstatierte – „engen Kontakt[s]"[273] des Wittenbergers mit dem Zwickauer zeigte sich ihre Bewertung in der DDR eng miteinander verknüpft. Letzteren titulierte Hans Pfeiffer in seinem Roman aus dem Jahre 1975 vieldeutig als „Lutherfreund" beziehungsweise „Luthers Brieffreund",[274] um eine Verortung im – aus marxistischer Sicht – reaktionären Lager deutlich zu machen.

---

268 Clemen: Mühlpfort (wie Anm. 7), S. 47. ND in: Clemen: Kleine Schriften, Bd. 8, Leipzig 1987, S. 61–64, hier S. 63.
269 Zit. n. Kawerau: Güttel (wie Anm. 64), S. 87 (zu Nr. 11a). Auch in einem zeitnahen Schreiben Mühlpfordts an Roth vom 17. Juli 1523 wird Luther nicht besonders hervorgehoben, sondern im Zusammenhang mit anderen Reformatoren gegrüßt, vgl. Briefsammlung Roth, O9, Ratsschulbibliothek Zwickau.
270 900 Jahre Zwickau (wie Anm. 15), S. 19.
271 Bräuer: Mühlpfordt (wie Anm. 11), S. 119. Zu den Korrespondenzen zwischen dem Zwickauer Rat und Luther ab 1531 vgl. Fabian: Streit (wie Anm. 21), S. 141–176.
272 Dazu vgl. Ronald Weissman: Taking Patronage Seriously. Mediterranean Values and Renaissance Society, in: Francis William Kent/Patricia Simons (Hg.): Patronage, Art, and Society in Renaissance Italy, Oxford 1987, S. 25–45, hier S. 30 f.
273 Teichert: Bürgerreformation (wie Anm. 218), S. 29.
274 Erstes Zitat s. Pfeiffer: Müntzer (wie Anm. 197), S. 95; zweites Zitat s. ebd. S. 109.

Ein dementsprechendes Verdikt über den Reformator von staatlicher Seite trugen einflussreiche Vertreter der marxistischen Geschichtswissenschaft mit, die ihn Anfang der 1950er Jahre intern als „antisozial, antirevolutionär und [...] antiprogressiv" brandmarkten, bevor ab Ende des Dezenniums in mehreren Phasen ein allmählicher Wandel des Lutherbildes im östlichen Deutschland einsetzte.[275] Ungeachtet dessen bedachte Karl Steinmüller in der DDR den Zwickauer bereits 1957 in einem Aufsatz mit dem Systemkonformität ausdrückenden Prädikat „fortschrittlich", da er einen „Freund Luthers" zu würdigen glaubte.[276]

Verschiedentlich wird angenommen, das Stadtoberhaupt sei von einer „geradezu schwärmerischen Verehrung" für den Reformator erfüllt gewesen,[277] was näherer Differenzierung bedarf. Mühlpfordt bezeichnete ihn in einem Schreiben an Roth vom 11. März 1524 als „heyligen cristlichen Man",[278] wobei er mit dieser singulären Titulierung, so ist anzunehmen, seiner Begeisterung für die lutherische Lehre und seiner Achtung vor der Leistung des Wittenbergers Gewicht verleihen wollte. Wenngleich sich zwischen beiden keine Vertrauensebene herstellte, bestand zweifellos eine jüngst unterstrichene „geistige Verbindung" des Politikers zum Gottesmann.[279] Dessen persönliche Ausstrahlung vermochte dagegen vielleicht nur begrenzt ihre Wirkung zu entfalten. So lobte Mühlpfordt bereits in einem Schreiben an Roth vom 17. Juli 1523, Güttels kurz zuvor in Zwickau gehaltene Predigten betreffend, dass er so etwas „mein tag nicht gehort" habe.[280] Ob die Begeisterung dem Inhalt, der Präsentation oder beidem gleichermaßen galt, bleibt unklar. Natürlich muss eine derartige positive Aufnahme sicherlich im Lichte der religionspolitischen Bestrebungen des Rezipienten eingeordnet werden. Dennoch ist bemerkenswert, dass sich eine ähnlich euphorische

---

275 Zit. n. Lehmann: Lutherbild (wie Anm. 186), S. 509. Zum Kontext vgl. ebd.
276 Steinmüller: Agricola (wie Anm. 38), S. 39.
277 Oehmig: Mühlpfordt (wie Anm. 2), S. 165. In diesem Sinne äußert sich noch Bräuer: Mühlpfordt (wie Anm. 11), S. 119.
278 Briefsammlung Roth, O22, Ratsschulbibliothek Zwickau. Im bekannten Schreiben an Roth vom 4. Juni 1525 titulierte Mühlpfordt Luther dann als „christliche[n] man", zit. n. Fuchs: Akten (wie Anm. 133), S. 437.
279 900 Jahre Zwickau (wie Anm. 15), S. 19.
280 Zit. n. Kawerau: Güttel (wie Anm. 64), S. 88 (zu Nr. 12a).

Kommentierung der Predigten, mit denen das Oberhaupt der Reformation 1522, also vor Güttel, in der Muldestadt beachtliche Wirkung erzielte und deren Augen- und Ohrenzeuge der Bürgermeister geworden sein muss, auf Grundlage der verfügbaren Quellen nicht ausmachen lässt.[281] Mühlpfordts Distanzierung im Jahre 1525 begünstigte womöglich, dass für ihn außer der Lehre des Reformators die Arbeiten des Erasmus einen wesentlichen intellektuellen Bezugspunkt im Leben und in Glaubensfragen darstellten: Als des berühmten Gelehrten Gespräch der zwei Eheweiber in der Übersetzung von Roth erschien, widmete dieser es unter dem Datum vom 16. Juni 1524 „Herman Müllpffortt", seinem „besonder günstigen herrn vnd förderern".[282] Ein zwischen ihnen in dieser Zeit nachweisbarer Briefwechsel wird seitens der Forschung vielfach als Ausdruck einer persönlichen „Freundschaft"[283] interpretiert, wogegen Roths oben erwähnte Widmung zunächst auf eine klientelistische *amicitia* zu verweisen scheint. Tatsächlich gab es zu Roth, wie Mühlpfordts Verwendung des traditionellen familialen Lexems „gelibtter bruder"[284] illustriert und dem er, wenn er sich nicht in Zwickau aufhielt, „hausfrau und kind" anvertraute,[285] eine Nahbeziehung im besagten Schnittbereich von persönlicher und klientelistischer *amicita*. Zum Datum der Widmung des Gesprächs der zwei Eheweiber verstärkten sich zwischen dem Reformator und Erasmus seit April 1524 Spannungen über die hier noch

---

281 Zu Luthers Ankunft und Verweildauer in der Muldestadt vgl. Löffler: Aufenthalt (wie Anm. 260). Zu den Predigten selbst vgl. WA 10,3, S. 103–112.
282 Zit. n. Roth: Ehelicher (wie Anm. 133).
283 Siehe exemplarisch Metzler: Roth (wie Anm. 20), S. 165. Hinsichtlich des Briefwechsels sei hier nur auf die Schreiben Mühlpfordts an Roth aus den Jahren 1523, 1524, 1525 und 1527 verwiesen, vgl. in diesem Beitrag, passim. Bei einem vermeintlichen Zitat aus einem „Brief Mühlpforts an Roth" aus dem Jahre 1523 – s. Metzler: Roth (wie Anm. 20), S. 72, Anm. 349 – handelt es sich tatsächlich um einen Eintrag in Peter Schumanns Annalen, vgl. Fröhlich: Einführung (wie Anm. 161), S. 22, Anm. 3.
284 Zit. n. Fuchs: Akten (wie Anm. 133), S. 440. Zu einem weiteren Beleg vgl. auch Otto Clemen: Handschriftenproben aus der Reformationszeit, Bd. 1: 67 Handschriftenproben nach Originalen der Zwickauer Ratsschulbibliothek, Zwickau 1911 (= Zwickauer Facsimiledrucke 27), zu Nr. 43. Vgl. zum familialen Lexem Gerhard Lubich: Das Wortfeld „Verwandtschaft" im Mittelalter. Kontextuell-semantisches Arbeiten im historischen Feld, in: Sozialer Sinn 4 (2003), S. 21–36, hier S. 34 f.
285 Zit. n. Fabian: Streit (wie Anm. 21), S. 165 f. (zu Nr. 17: Mühlpfordt an Roth, 3. Juli 1531), hier S. 166.

zu behandelnde Frage der Willensfreiheit, die dann im September 1524 in der endgültigen Entzweiung beider Gelehrter gipfelten.[286] Das konnte Roth nicht davon abbringen, dem Zwickauer eine weitere Ausgabe der Übersetzung unter dem Datum vom 6. Januar 1525 zuzueignen, was vermutlich berechtigterweise Rückschlüsse auf den Geehrten ermöglicht.[287] Brieflich vermerkte Mühlpfordt am 14. Juli 1524, sich auf Roths Erasmus-Übersetzung vom Juni 1524 beziehend, die „vberschickung Eyns buchleyns mir zwgeschriben", für das er sich beim Absender „bruderlichen bedancken" wollte.[288] Konkret begrüßte er die Schrift als eine Orientierungshilfe für die gottgefällige Lebensführung beider Geschlechter, die durch Sündenvermeidung den Glauben – für ihn das erklärte Ziel – stärke.[289] „Mit bedanck Empfangen vnd verleßen" hatte er auch ein weiteres, durch Roth an ihn „geschickte[s] puchleyn", von dem wir den Titel nicht erfahren und somit das Werk nicht eindeutig zu identifizieren vermögen; er sei, schrieb er am 3. Juli 1525, „vffs allerhochste des puchleyns vnd groß erfrewet".[290] Hingegen war die mit der Erlaubnis des Reformators durch Roth vorgenommene Übersetzung des 5. Psalms aus Luthers „Operationes in Psalmos", welche Roth Mühlpfordt am 1. April 1525 dedizierte und von der er ihm ein Exemplar übermittelte,[291] zunächst gar nicht dem Zwickauer zugedacht.[292] Der Widmungsträger, der sie anscheinend ebenso wenig wollte, bezog sich möglicherweise

---

286 Dazu vgl. jüngst Silvana Seidel Menchi: ... und wo steht Erasmus?, in: Heinz Schilling (Hg.): Der Reformator Martin Luther 2017. Eine wissenschaftliche und gedenkpolitische Bestandaufnahme, Berlin u. a. 2014 (= Schriften des Historischen Kollegs 92), S. 159–172, bes. S. 168–171.
287 Dazu vgl. Otto Clemen: Caspar (?) Husel in Nördlingen an Stephan Roth in Wittenberg, 21. Sept. 1524, in: Beiträge zur bayerischen Kirchengeschichte 6 (1900), S. 78–92, hier S. 79, Anm. 5. ND in: Clemen: Kleine Schriften, Bd. 1, Leipzig 1982, S. 356–361, hier S. 357.
288 Zit. n. Buchwald: Universitätsgeschichte (wie Anm. 149), S. 36 (zu Nr. 34).
289 Dazu vgl. Clemen: Mühlpfort (wie Anm. 7), S. 46. ND in: Clemen: Kleine Schriften, Bd. 8, Leipzig 1987, S. 61–64, hier S. 61.
290 Zit. n. Buchwald: Universitätsgeschichte (wie Anm. 149), S. 40 (zu Nr. 57).
291 Zum Widmungsdatum vgl. WA 5, S. 11.
292 Roth hatte die Schrift eigentlich der Herzogin Katharina, der Gemahlin Herzog Heinrichs des Frommen, zueignen wollen; diese habe jedoch, um ihre Sympathien für Luther vor der Öffentlichkeit zu verbergen, die Widmung abgelehnt, dazu vgl. zuletzt Metzler: Roth (wie Anm. 20), S. 108f.

darauf in einem Brief vom 8. Juli 1525, als er eine ihm zugesandte Arbeit („vberschicktter sermon") anführte, die er „bruderlich vnd trewlich zw dem pesten vorstannden vnd mitt vleis vorleßen" habe.[293] Auffallend ist im Vergleich zum Brief an Roth vom 3. Juli 1525, besonders eingedenk der Zustimmung, die Roths Übersetzung des Erasmus im Schreiben vom 14. Juli 1524 fand, eine seitens der Forschung konstatierte Kühle; sie unterstreicht überdies die Entfremdung mit dem Reformator im Bauernkrieg,[294] die Mühlpfordt damit umschrieb, dass er „mit doctor Martino [...] nicht eins" sei.[295]

3.2 Zwischen Luther und Erasmus

Manifestierten sich die prinzipiellen Reibungspunkte zwischen Mühlpfordt und Luther zwar schon im Bauernkrieg, so legten deren intellektuelle Wurzeln gleichwohl erst die mit der Berufung und Entpflichtung der Prediger Jahre später aufkommenden Streitigkeiten frei. Im Ergebnis jener langjährigen Querelen, in denen der Rat das von ihm beanspruchte Recht zur Stellenbesetzung zäh gegen den Pfarrer verteidigte, brach Luther mit dem Zwickauer Bürgermeister vollständig und exkommunizierte ihn wahrscheinlich sogar.[296] Nachdem dieser vom Reformator am 21. Januar 1531 durch Haus-

---

293 Zit. n. Buchwald: Universitätsgeschichte (wie Anm. 149), S. 40 (zu Nr. 58).
294 Zu diesem Resümee vgl. bereits Hammer: Einleitung (wie Anm. 254), S. 344.
295 Zit. n. Fuchs: Akten (wie Anm. 133), S. 439.
296 Zu den Streitigkeiten vgl. Fabian: Streit (wie Anm. 21), Bräuer: Luther (wie Anm. 188) und Teichert: Bruch (wie Anm. 17). Bereits in einem Schreiben an den Bürgermeister und Rat zu Zwickau vom 4. März 1531 hat Luther die Empfänger „fur abgeschnitten [g]lieder Christi" erklärt, zit. n. Ruth Götze: Wie Luther Kirchenzucht übte. Eine kritische Untersuchung von Luthers Bannsprüchen und ihrer exegetischen Grundlegung aus der Sicht unserer Zeit, Berlin 1959 (= Theologische Arbeiten 9), S. 75. Ferner weist eine zwischen dem 18. August und dem 26. Dezember 1531 getätigte Tischrede Luthers – „Zuiccaviam pro mea persona ego excommunicavi et ei maledixi in nomine Domini et maxime regentibus, quia impoenitens manebit" – auf diesen Sachverhalt hin, zit. n. WA Tr. 2, S. 358 f. (zu Nr. 2198), hier S. 359. Diese Passage ist zu Recht vor allem auf „Mühlpfort und Roth" bezogen worden, s. Götze: Kirchenzucht (wie oben), S. 75. Dass alleinig Stephan Roth als „Vertreter des Magistrats" exkommuniziert worden sei – s. Schilling: Luther (wie Anm. 108), S. 369 – darf aufgrund der Tischrede Luthers im Kontext

mann – der Quellenlage zufolge – letztmalig briefliche Grüße erhielt,[297] nahm die Verstimmung in Torgau erheblich zu. Dorthin lud der Landesherr am 30. Juni 1531 Vertreter beider Seiten zu einer auf den 3. August 1531 angesetzten Verhandlung. Im Unterschied zu Mitte März 1531, als es wegen der im Februar erfolgten Entlassung des Zwickauer Predigers Lorenz Sörer genannt Soranus durch den dortigen Rat zu einer ersten Anhörung vor dem Kurfürsten kam, gehörten zur Abordnung der Muldestadt nicht nur die zwei Stadtoberhäupter,[298] sondern ein Ratsherr, der Stadtschreiber und der städtische Syndikus. Von ihnen stieß vor dem Zusammentreffen mit der Gegenpartei – aber angeblich „später", also sicherlich am 2. oder 3. August – Hermann Mühlpfort hinzu.[299] Dieser habe dann zu Torgau – um den 25. Juli 1531 („anno 1531 circa festum Jacobi"), wie es fälschlich hieß – das Oberhaupt der Reformation als „den Deutzschen Babst" betitelt.[300] Für

---

dessen erwähnten Schreibens vom März 1531 an Bürgermeister und Rat bezweifelt werden; Mühlpfordt scheint vielmehr bis zu seinem Tode nicht zwecks Aufhebung des Bannes an Luther herangetreten zu sein – anders als Roth, für den die Exkommunikation nachgewiesen ist, der sie ab 1533 abzuschütteln versuchte und 1536 endlich Erfolg hatte, dazu vgl. Götze: Kirchenzucht (wie oben), S. 89–91.

297 Vgl. WA Br. 6, S. 22 f. (zu Nr. 1775).
298 Vgl. Bräuer: Luther (wie Anm. 188), S. 50. Von Helmut Bräuer wird der 4. August als Verhandlungstag angegeben, vgl. ebd., S. 57. Zum 3. August als Verhandlungstag vgl. WA Br. 6, S. 161, Fabian: Streit (wie Anm. 21), S. 19 f., sowie Karant-Nunn: Zwickau (wie Anm. 14), S. 165. Die entsprechende Quelle, das kurfürstliche Ladungsschreiben an die Zwickauer, nennt „Dornnstag nach Vincula petry". Das fragliche Jahr, 1531, war kein Schaltjahr, weshalb Vincula Petri auf Dienstag, den 1. August, fiel; der terminierte Donnerstag war demnach der 3. August 1531, zit. n. Stadtarchiv Zwickau, Akte, die Unstimmigkeiten zwischen dem Rat zu Zwickau und den Pfarrern Soranus, Cordatus und Hausmann betreffend, 2 Bände, A* A III 1, Nr. 15, Stück 35.
299 Bräuer: Luther (wie Anm. 188), S. 57. Das Datum von Mühlpfordts Eintreffen ergibt sich aus nachfolgender Überlegung: Die übrigen Zwickauer Abgeordneten hielten sich seit dem 2. August in Torgau auf, vgl. Fabian: Streit (wie Anm. 21), S. 119 Anm. 117. Wenn Mühlpfordt, laut Bräuer, erst später in Torgau ankam, bleiben nur der 2. oder 3. August 1531 als Ankunftstag. Im Gegensatz dazu führt Fabian aus, dass Mühlpfordt sich – seit dem 3. Juli auf dem am 17. Juli endenden Ausschusstag in Grimma befindlich, vgl. dazu hier in Anm. 591 – von Grimma aus „nach Ablauf dieser etwa drei Wochen lang dauernden Verhandlungen" gen Torgau begeben habe und demnach schon lange vor seinen Mitstreitern dort gewesen sein müsste, s. Fabian: Streit (wie Anm. 21), S. 120.
300 Zit. n. Passeck: Chronik (wie Anm. 20), Bl. 285 v. Hierzu bereits Fabian: Streit (wie Anm. 21), S. 120.

den Ausspruch und desgleichen dafür, dass, als Luther dem Zwickauer ausführlich das Wort Gottes nahezubringen und ihn in Furcht zu versetzen trachtete („cum consule Mulpfordt locatus est Lutherus cumque eum satis verbo die commonefaceret et perterrefaceret"), der Angesprochene erwiderte: „Ey Herr Doctor, Ir seidt zu lang gewesen, denn wier vorstehen nun auch waz guth unndt böss Ist", steht Georg Pylander als Gewährsmann.[301] Was dieser dokumentierte, lässt, da – ihm zufolge – aus den Reihen der Zwickauer Delegation weder Bürgermeister Bärensprung als Leiter noch andere Mitglieder sonderlich hervortraten, eine exponierte Rolle unseres Protagonisten erkennen. Sicherlich fielen die Mühlpfordt unterstellten Worte jedoch nicht um den 25. Juli, sondern frühestens in Gegenwart des Kurfürsten am 3. August. Denn bevor sich die Widersacher vor dem Landesherrn begegneten, separierte man sie wohlweislich und hatte „die part", so Conrad Cordatus (eigentlich Hertz), religionspolitischer Kontrahent Mühlpfordts und Teilnehmer an der Verhandlung aufseiten Luthers, „nicht zusammen gelassen".[302] Zunächst bleiben die an den Reformator gerichteten Äußerungen fragwürdig: Einerseits kam in der „causa Molpfordii", wie der Wittenberger die Streitigkeiten in Zwickau bereits 1528 taufte,[303] eine sich auf den Namensgeber der Angelegenheit erstreckende Ablehnung durch den Reformator erst im November des Jahres 1531 zweifelsfrei zum Vorschein.[304] Pylander, der kein Ohren- und Augenzeuge des Geschehens in

---

301 Zit. n. Passeck: Chronik (wie Anm. 20), Bl. 285 r–v. Hierzu bereits Fabian: Streit (wie Anm. 21), S. 121. Das Zitat wurde – wohl Passeck folgend – teils auf „Ende Juli 1531" datiert, s. Clemen: Mühlpfort (wie Anm. 7), S. 48. ND in: Clemen: Kleine Schriften, Bd. 8, Leipzig 1987, S. 61–64, hier S. 64, aber auch zu „einem etwas späteren" Zeitpunkt als die Torgauer Verhandlung, also erst nach dem 3./4. August 1531, angesiedelt, s. Gustav Kawerau: Martin Luther. Sein Leben und seine Schriften, Bd. 2, Berlin 1903, S. 272. Anlässlich der Torgauer Verhandlungen im Sommer 1531 bezeichnete schon Ernst Fabian als „den eigentlich[en] Führer der Ratspartei Mühlpfort", s. Fabian: Streit (wie Anm. 21), S. 120.
302 Zit. n. Fabian: Streit (wie Anm. 21), S. 124.
303 Zit. n. WA Br. 4, S. 440 f. (zu Nr. 1252: Luther an Hausmann, 12. April 1528), hier S. 441.
304 Eine Vermutung bleibt, Luther könnte sich bereits in seinem Schreiben an Hausmann vom 17. April 1531 „auf Äußerungen" bezogen haben, die „Mühlpfort in Torgau vor den kurfürstlichen Räten getan hatte", s. WA Br. 6, S. 76–79 (zu Nr. 1804), hier S. 79, Anm. 10. Zunächst aber beschränkte sich Luther, obgleich er offenbar unter anderem Mühlpfordt im Frühjahr 1531 exkommuniziert hatte – vgl. dazu hier in Anm. 296 –, in einem Schreiben an

Torgau war und seit Mühlpfordts Ableben „den Handel nur durch Luthers Brille" sah, brachte seine Darstellung – wie vorher thematisiert – zum anderen wohl erst etwa fünf bis sechs Jahre nach den Ereignissen zu Papier.[305] Nachgewiesen ist sie als „Historica quaedam a Doctore Pylandro annotata" allerdings nur in den sich vielfach auf Quellen stützenden und rund sieben Dezennien nach der Torgauer Anhörung verfassten Aufzeichnungen des Zwickauer Kanzleidieners David Passeck. Abgesehen von einem Pylander zu unterstellenden Hang zur Übertreibung ist zumindest von einer weiter verbreiteten Bezeichnung Luthers als „Deutscher Papst" um 1536/37, als die Notizen entstanden, auszugehen.[306] Gestützt werden Pylanders Überlieferungen durch einen anderen, aus erster Hand bezeugten Vorfall, bei dem sich der Bürgermeister Luther gegenüber augenscheinlich ähnlich widerständig zeigte wie in der Verhandlung im Sommer 1531. Als die beiden zwischen dem 19. und 26. Februar 1532 im Haus des kursächsischen Kämmerers Johann Riedesel zu Torgau zu Gast weilten, den der Reformator zum Paten seines am 9. November 1531 geborenen Sohnes Martin Luther auserkoren hatte,[307] habe ihm „Mühlfurt", so schrieb der Wittenberger in einem Brief vom 27. Februar 1532 an seine Käte verärgert, „viel Weisheit

---

die Zwickauer Prediger vom 21. Juni 1531 darauf, seine Zwickauer Widersacher ohne Namensnennung als „furiosis furiis" zu bezeichnen, zit. n. WA Br. 6, S. 124 f. (zu Nr. 1827), hier S. 125. Nicht mit Mühlpfordt persönlich, wohl aber, worauf Helmut Bräuer hinwies, „mit dem Rat", sei der „Bruch" bereits im März 1531 „nun endgültig vollzogen" gewesen, s. Bräuer: Luther (wie Anm. 188), S. 51. Tatsächlich konstatierte Luther erst in einem Schreiben an Hausmann im November 1531, also lange nach dem Torgauer Zusammentreffen vom August 1531: Nur „wenn Muhlpfort wollte", so „blieb[en]" die Zwickauer Prediger auch im Amt, zit. n. WA Br. 6, S. 233–235 (zu Nr. 1888), hier S. 235.
305 Clemen: Mühlpfort (wie Anm. 7), S. 20. ND in: Clemen: Kleine Schriften, Bd. 8, Leipzig 1987, S. 61–64, hier S. 61. Dazu, dass Pylander in Torgau nicht anwesend war, vgl. Fabian: Streit (wie Anm. 21), S. 120. Zum Entstehungszeitraum vgl. auch hier in Anm. 20. Zur Glaubwürdigkeit Pylanders vgl. hier in Anm. 26 und 829.
306 Als „tuischer bapsts" – in gleichfalls negativer Konnotation – betitelte beispielsweise der Bieler Pfarrer Peter Schnyder Luther in einem Schreiben vom 17. Januar 1537 an Heinrich Bullinger, zit. n. Heinrich Bullinger: Werke, 2. Abteilung: Briefwechsel, Bd. 7: Die Briefe des Jahres 1537, bearb. von Hans Ulrich Bächtold und Rainer Henrich, Zürich 1998, S. 34 (zu Nr. 935).
307 Luther hielt sich vom 19. bis 28./29. Februar 1532 in Torgau auf, vgl. ebd., Fabian: Streit (wie Anm. 21), S. 85. Dazu vgl. auch Georg Buchwald: Lutherana. Notizen aus Rechnungsbüchern des Thüringischen Staatsarchivs zu Weimar, in: ARG 25 (1928), S. 1–98, hier S. 56.

erzeiget", ihn also zu belehren versucht; hingegen war er, so der Belehrte, „nicht trinkerlich [begierig] nach solchem Trank".[308] Was damals geschehen sein soll, berichtete er dem Zwickauer Prediger Cordatus vor dem 28. März 1532 bei Tisch.[309] Demnach äußerte das Stadtoberhaupt: „Er Doctor, ihr bringt vns nymer vntern bapst; wir sein vil zu gelert worden!"[310] Er meinte damit, schlussfolgerten spätere Autoren, dass er sich nicht in die (geistige) Abhängigkeit des Reformators begeben wolle.[311] Tatsächlich bietet dieser Satz bis heute Anreiz für Interpretationsversuche: Luther schien er, laut Cordatus, ein Beispiel für den sündhaften Hochmut der Zwickauer zu sein („exemplum Zuiccaviani fastus"),[312] wohingegen Otto Clemen, ein Chronist aus der Muldestadt, im 20. Jahrhundert nicht unterschlug, dass es „etwas heißen" wollte, „wenn ein kursächsischer Bürgermeister damals dem Reformator, vor dem Fürsten und Räte klein wurden und sich duckten wie Schulbuben, so aufrecht unter die Augen trat", und daraus den Schluss zog, der Betreffende wäre „ein ganzer, ein Aufrechter, ein Mann" gewesen.[313] Luthers negative Sicht auf Mühlpfordt und dessen Bedeutung im Konflikt mit den

---

308 Zit. n. WA Br. 6, S. 270f. (zu Nr. 1908), hier S. 271. Zur Verwendung von Weisheit aus „ironie oder spott" s. Deutsches Wörterbuch (wie Anm. 65), Lfg. 7, 8 (1937, 1938), Bd. XIV/I/1 (1955), Sp. 1109–1136 (1125). Zu „trinkerlich" im Sinne einer „verneinung" s. ebd., Lfg. 4 (1935), Bd. XI/I/2 (1952), Sp. 595.
309 Zur Datierung auf den Februar 1532 vgl. WA Tr. 2, S. 491, Anm. 1; vgl. auch die Ausführungen ebd., S. 409, Anm. 2.
310 Zit. n. ebd., S. 491 (zu Nr. 2497a). Einer anderen Version zufolge lautete sein Ausspruch: „Er Doctor, ihr bringet vns niemer vntter den bapst; wir sindt viel tzu gelerdt dartzu", zit. n. ebd., (zu Nr. 2497b). Die Äußerungen fielen zwischen dem 22. Januar und 28. März 1532, vgl. ebd. Zum Zusammenhang mit dem Aufenthalt Mühlpfordts in Torgau im Februar 1532 vgl. bereits ebd., Anm. 1. Demzufolge irrte Fabian 1905, als er diesen Vorfall auf ein „Tischgespräch" im Rahmen der Torgauer Verhandlung vom Sommer 1531 verlegte, s. Fabian: Streit (wie Anm. 21), S. 120.
311 Zu dieser Interpretation vgl. Martin Brecht: Marin Luther, Bd. II: Ordnung und Abgrenzung der Reformation 1521–1532, Calw 1983, S. 426. Zu einer Deutung, die sich nicht explizit auf Luther zu beziehen scheint – „Ihr bringt uns nicht in Abhängigkeit von irgend einem, wir sehen mit unsern eigenen Augen" –, s. Clemen: Mühlpfort (wie Anm. 7), S. 48. ND in: Clemen: Kleine Schriften, Bd. 8, Leipzig 1987, S. 61–64, hier S. 64.
312 Zit. n. WA Tr. 2, S. 491 (zu Nr. 2497a).
313 Clemen: Mühlpfort (wie Anm. 7), S. 48. ND in: Clemen: Kleine Schriften, Bd. 8, Leipzig 1987, S. 61–64, hier S. 64. Zur Wertung als Ausdruck eines „zur Bedeutung Zwickaus passenden patrizischen Selbstbewusstsein[s]" siehe noch Metzler: Roth (wie Anm. 20), S. 150.

Zwickauern verfestigte sich wohl nicht zuletzt aufgrund jenes unerquicklichen Zusammentreffens in Torgau im Februar 1532 nachhaltig.[314] Einsicht in die als „Privatmann"[315] gehegten Überzeugungen unseres Protagonisten gestattet dessen bekannter Brief vom 4. Juni 1525 an Roth. International zählt eine darin vorgenommene Auseinandersetzung Mühlpfordts mit „Luther's Role and Responsibility" im Bauernkrieg zu den bedeutendsten Dokumenten für diese Thematik.[316] Aufgrund des „vortraulichen" Charakters des Mitgeteilten sollte der Empfänger das brisante Schreiben weitere Personen „nicht lessen" lassen und es „hinweck" tun, also vernichten.[317] Roth fügte sich dem nicht, sondern fertigte eine Abschrift an. Uns gewährt er dadurch eine – bislang ausstehende – Analyse der theoretischen Fundamente jener Worte, welche Luther vom Bürgermeister womöglich 1531 zu hören bekam. Die Anfang Mai 1525 veröffentlichte Schrift „Wider die Mordischen und Reubischen Rotten der Bawren" kritisierte der Zwickauer bezüglich der Frage, ob die aufständischen Bauern „dem taufel" anheimgefallen waren und ihre Vernichter damit „unserem herrgott" dienten.[318] „Ir Wittenberger", monierte er, und wandte sich damit an den Reformator und Luthers Mitarbeiter und Unterstützer, „worft nun, was ir vor cristlich angesehen, alls ab. Weil irs aber lob, mord und wurgt, so muß das also auch gut

---

314 Im April 1532 schließlich wurde unter den als Widersacher empfundenen Zwickauern „Mulpfort" vor dem „stat schreiber" genannt, zit. n. WA Tr. 2, S. 107 (zu Nr. 1471). Der Reformator bezeichnete noch in seinem Brief an Leonhard Beyer vom 4. Mai 1534 die Zwickauer Akteure als „Mulphordianam sectam", zit. n. WA Br. 7, S. 62 f. (zu Nr. 2111), hier S. 62. Selbst als Mühlpfordt bereits verstorben war, bekräftigte Luther, dass er „als Haupt dieser Angelegenheit" zu betrachten gewesen sei, zit. n. Metzler: Roth (wie Anm. 20), S. 162. Zur zeitlichen Einordnung dieser Äußerung vgl. detailliert ebd., S. 162, Anm. 860. Auch Pylander verstand Mühlpfordt später – um 1536/37 – als Ersten und Anführer der Zwickauer Feinde des Wortes Gottes („Nam hic erat primus et primarius Cygneorum hostium verbi die"), zit. n. Passeck: Chronik (wie Anm. 20), Bl. 285 v.
315 Weller: Mühlpfort (wie Anm. 8), S. 10.
316 Denis Janz (Hg.): A Reformation Reader. Primary Texts with Introductions, Philadelphia 1999, S. 179 ff. (zu Nr. 46). Exemplarisch vgl. auch Peter Elmer [u. a] (Hg.): The Renaissance in Europe. An Anthology, New Haven/London 2000, S. 353 ff. (zu Nr. 85) sowie Michael G. Baylor (Hg.): The German Reformation and the Peasant's War. A Brief history with Documents, Boston 2012 (= The Bedford series in history and culture), S. 135 f. (zu Nr. 27).
317 Zit. n. Fuchs: Akten (wie Anm. 133), S. 440.
318 Zit. n. ebd., S. 438.

sein" Hier konstatierte er die verhängnisvolle Umdeutung der für ihn wie für Luther wichtigen und mit der Barmherzigkeit verknüpften Nächstenliebe.[319] Zu untersuchen ist, ob – wie Helmut Bräuer schloss – Mühlpfordts „Barmherzigkeitsverständnis" ein Vorgehen gegen die Bauern prinzipiell als „sittlich nicht korrekt" wertete[320] oder inwiefern dieses Postulat einer Differenzierung bedarf. Grundsätzlich stimmte Letzterer mit dem Reformator nicht überein, der dem am Aufruhr der Untertanen durch die ihnen aufgebürdeten Lasten mitschuldigen Adel in seiner gegen die Bauern gerichteten Schrift zusicherte, durch den unbarmherzigen Umgang mit den Aufständischen „ewige seilikait" zu erlangen. Wegen des Gutheißens des „heimlich[en] und offentlich[en] morden[s]", wie Mühlpfordt die Schrift las, „dunkt[e]" diese ihm konsequenterweise „nicht theologisch".[321] Unchristlich zu sein, warf er Luther wesentlich mit Blick auf den Bildungsgrad der Aufständischen vor: „Umb der unwissenheit [...] des armen volks" sei sich diesem, führte er aus, „zu erbarmen".[322] Trotz der von den Bauern ausgegangenen Gewalt und trotz seiner noch näher zu beleuchtenden Auffassung, derlei Verfehlungen seitens der Bauern mit Härte entgegenzutreten, nahm Mühlpfordt sie als die „dorftigen und einfeldigen" wahr, „durch Thomas [Müntzer] und ander verfurt". Sie wären, im Gegensatz zu den „clugeren"[323] und scheinbar in offenkundiger Anlehnung an die unter anderem in der Schrift „Von der Freiheit eines Christenmenschen" vertretene Lehre von den zwei Reichen und zwei Regimenten, „des nicht underweist", genauer gesagt schlichtweg nicht informiert worden, dass sie „leiden" und „gott di sach [an]heim[zu] stellen" hätten. „Mir und andern" – nämlich den von ihm als die Klügeren

---

319 Zit. n. ebd., S. 440. In seiner gegen die Bauern gerichteten Schrift hat Luther bekanntlich „gedult odder barmhertzickeyt" im Umgang mit den Aufständischen abgelehnt, zit. n. Luther: Bawren (wie Anm. 133), S. 360. Das Töten der Aufständischen interpretierte er als Nächstenliebe, „ym dienst der liebe, deynen nehisten zurretten aus der hellen und teufels banden", zit. n. ebd., S. 361. Zum Kontext vgl. auch Schilling: Luther (wie Anm. 108), S. 313 f. Mühlpfordt selbst nahm mehrfach auf die Barmherzigkeit Bezug, so am 17. Juli 1523 – vgl. Fröhlich: Einführung (wie Anm. 161), S. 55 –, am 11. März 1524 (vgl. ebd., S. 50, Anm. 9) und am 3. Juli 1525, vgl. Clemen: Handschriftenproben (wie Anm. 284), zu Nr. 43.
320 So die Schlussfolgerung bei Bräuer: Mühlpfordt (wie Anm. 11), S. 119.
321 Zit. n. Fuchs: Akten (wie Anm. 133), S. 438.
322 Zit. n. ebd., S. 439.
323 Zit. n. ebd., S. 438.

ausgemachten, da besser unterrichteten (Stadt-)Bürgern –, hieß es weiter, „geburt zu leiden, das creuz zu tragen".[324] Insofern entwickelte Mühlpfordt einen Konnex von Bildung und Erlangung des Heils, der ihn bewog, die Bauern einer alleinigen Haftbarkeit für ihr Aufbegehren zu entheben. Verantwortung trugen in seinen Augen die kursächsischen Eliten unter dem Aspekt der *cura religionis*, welche die „geistig-charakterliche Formung der Untertanen in ganz neuer Weise innerhalb des Spektrums der Politikziele" akzentuierte.[325] Abhebend auf eine sozialdisziplinierende Wirkung von Kirchenzucht, hier der Predigt, machte er als Versagen der Eliten aus, zugelassen zu haben, dass „di armen" nicht entsprechend „underweist" und dem Wirken von „poeßen predigern" wie Müntzer „nicht zeitlich gewert" worden sei.[326] Der Verfasser der Zeilen mag aus der Retrospektive die Entlassung Müntzers durch den Zwickauer Rat 1521, worauf dieser noch 1531 verwies, als vorbildliches Exempel mitgedacht haben.[327] In der DDR blieb – und daher wollen wir uns hier auf dieselbe beschränken – die Rezeption Mühlpfordts besonders ambivalent. Einerseits galt er hier als der dem reaktionären Lager zuzurechnende Müntzergegner und Lutherfreund, wie ihn Pfeiffer in seinem 1975 erschienenen Roman betitelte. Andererseits zog man als zeitgenössisches Beispiel für die Kritik am Reformator aus dem bürgerlichen Lager – das die antibäuerliche Stellungnahme des Wittenbergers im Bauernkrieg bemängelte – zunächst mit erkennbarer Vorliebe Mühlpfordts

---

324 Zit. n. ebd., S. 439. Zur Lehre von den zwei Reichen und zwei Regimenten vgl. insbesondere die Ausführungen bei Schilling: Luther (wie Anm. 108), S. 482–487.
325 Thomas Simon: „Gute Policey". Ordnungsleitbilder und Zielvorstellungen politischen Handelns in der Frühen Neuzeit, Frankfurt am Main 2004 (= Veröffentlichungen des Max-Planck-Instituts für Europäische Rechtsgeschichte 170), S. 121.
326 Zit. n. Fuchs: Akten (wie Anm. 133), S. 439. Die Bedeutung der Predigt im Rahmen der Kirchenzucht betonte bereits frühzeitig Heinz Schilling: Die Kirchenzucht im frühneuzeitlichen Europa in interkonfessionell vergleichender und interdisziplinärer Perspektive – eine Zwischenbilanz, in: ders. (Hg.): Kirchenzucht und Sozialdisziplinierung im frühneuzeitlichen Europa (mit einer Auswahlbibliographie), Berlin 1994 (= Zeitschrift für Historische Forschung. Beiheft 16), S. 11–40, hier S. 34.
327 Im Zusammenhang der Entlassung des Predigers Lorenz Sörer genannt Soranus führte der Rat noch in seinem Schreiben an den Kurfürsten vom 3. April 1531 aus, dass das Gremium sich „auch des Muntzers halben, do er sich unschickt machen wolde, also erzeiget" hätte, zit. n. Fabian: Streit (wie Anm. 21), S. 151 f. (zu Nr. 6), hier S. 152.

Brief vom 4. Juni 1525 heran. Bereits zum Lutherjubiläum 1883 abgedruckt, in der Folge eher zögerlich in den Quellenkanon aufgenommen und 1942 erneut ediert, erfuhr das Schriftstück dann vor allem zeitnah zum 1967 begangenen Reformationsjubiläum und dem 1975 gefeierten Bauernkriegsjubiläum gesteigerte publizistische Aufmerksamkeit. Als der Wandlungsprozess des Lutherbildes in einer positiven Neuverortung des Reformators im Konzept der „frühbürgerlichen Revolution" mündete, veränderte das zugleich die Gewichtung von Bauernkrieg und Reformation. So fassten anlässlich des Lutherjubiläums 1983 in der Geschichtswissenschaft – darin mit der Staatsführung übereinstimmend – schließlich ein Bewusstsein für die „Tragik" des Wittenbergers hinsichtlich seines Agierens im Bauernkrieg und eine nachsichtigere Beurteilung der Schrift „Wider die Mordischen und Reubischen Rotten der Bawren" Fuß.[328]

---

328 Zit n. Dorothea Wendebourg: So viele Luthers ... Die Reformationsjubiläen des 19. und 20. Jahrhunderts, Leipzig 2017, S. 223, Anm. 716. Zur diesbezüglichen These aus den fünfzehn Thesen zum Lutherjubiläum von 1983 sowie der Neubewertung von Luther, Bauernkrieg und Reformation vgl. ebd., S. 211–244, bes. S. 222–225. Zur Edition zum Lutherjubiläum 1883 vgl. Theodor Kolde (Hg.): Analecta Lutherana. Briefe und Actenstücke zur Geschichte Luthers. Zugleich ein Supplement zu den bisherigen Sammlungen seines Briefwechsels, Gotha 1883, S. 64–68; vgl. auch ders.: Martin Luther. Eine Biographie, Bd. 2, Gotha 1889, S. 193. Julius Köstlin, der 1889 die vierte Auflage seiner bahnbrechenden Lutherbiografie herausbrachte, ging, obwohl er bereits in der dritten, 1883 erschienenen und erweiterten Auflage unter anderem die Forschungsarbeiten von Kolde berücksichtigte, auf dessen damals seit sechs Jahren vorliegende Edition des Briefs von Mühlpfordts an Roth nicht ein, vgl. Julius Köstlin: Martin Luther, sein Leben und seine Schriften, Bd. 1, 4. Aufl., Berlin 1889, S. 750. Zu Köstlins Rezeption der Arbeiten Koldes vgl. Irene Dingel: Julius Köstlin, in: Luise Schorn-Schütte (Hg.): 125 Jahre Verein für Reformationsgeschichte, Heidelberg 2008 (= Schriften des Vereins für Reformationsgeschichte 200), S. 27–35, hier S. 30. Erst in die fünfte, nach Köstlins Ableben von Gustav Kawerau publizierte Auflage fand Mühlpfordts Kritik Eingang, vgl. Julius Köstlin: Martin Luther, sein Leben und seine Schriften, Bd. 1, 5., neu bearb Aufl., Berlin 1903, S. 715. Demgegenüber hatte beispielsweise Georg Evers schon 1887 die Edition von Kolde in seine Studie über Luther einfließen lassen, vgl. Georg Evers: Martin Luther. Lebens- und Charakterbild von ihm selbst gezeichnet in seinen eigenen Schriften und Correspondenzen, Teil X: Gewaltsamer Durchbruch der Revolution, Erster Abschnitt: Luther's Agitation bis zur socialen Revolution, Mainz 1887, S. 498 f. Zur Edition des Schreibens im „Dritten Reich" vgl. Fuchs: Akten (wie Anm. 133). Hinsichtlich des Reformationsjubiläums 1967 vgl. exemplarisch Gerhard Zschäbitz: Martin Luther. Größe und Grenze, T. 1: 1483–1526, Berlin 1967, S. 205; dazu vgl. auch ders. (Hg.) Die Reformation in Deutschland. Materialien zur Geschichte der frühbürgerlichen Revolution, Wittenberg 1967, S. 164 f. Zum Bauernkriegsjubiläum 1975 vgl. exemplarisch Günter Jäckel (Hg.):

Kommen wir vom aufschlussreichen Brief des 4. Juni 1525 nun erneut auf Mühlpfordts damit im Zusammenhang stehende angebliche Äußerungen der Jahre 1531 und 1532 zurück: Erstens, dass die Zwickauer zu gelehrt geworden seien und deshalb der Autorität des Papstes – was unser Protagonist wohl auf den von ihm als „deutschen Papst" bezeichneten Reformator münzte – nicht mehr folgen würden; zweitens, dass die Zwickauer nun gleichfalls wüssten, was „Gut" und „Böse" sei. Sofern wir dem Stadtoberhaupt unterstellen möchten, dass es aus einer bestimmten Überzeugung heraus Luthers Vorwürfe „spöttisch" konterte,[329] machten Mühlpfordts Verlautbarungen vom Juni 1525 sein dem zugrunde liegendes Bild des Menschen – über die aufständische Landbevölkerung hinaus – augenfällig. Hierbei war die Bildungsfähigkeit des Individuums zentraler Aspekt, was zahlreiche Möglichkeiten bot. Nutzbar machen ließ sie sich zum einen, so konnten die Einlassungen des Zwickauers zum Bauernkrieg gedeutet werden, zur Unterweisung gemäß den obrigkeitlichen Intentionen. Das führte dann zu dem von ihm geforderten „gehorsam", der die bestehenden gesellschaftlichen Hierarchien konsolidierte.[330] Andererseits eröffnete sich angesichts der Formulierungen von 1531/32 der Raum für eine Selbstbestimmung des Menschen. In dem früher angesprochenen und im endgültigen Zerwürfnis endenden Disput bezüglich der Freiheit des menschlichen Willens mit Luther hatte Erasmus 1524 den Menschen als sittlich-autonome Persönlichkeit skizziert, die sich aus freiem Willen dem Heil entweder zu- oder abwenden könne. Ob die Ausführungen Mühlpfordts im Brief vom Juni 1525, der hier vielleicht erstmalig auf humanistische Prägungen hin untersucht wird, tatsächlich auf Erasmus als geistigen Vater zurückgingen oder ob die Gedanken doch auf einem ganz eigenständigen und anthropologisch begründeten Urteil gründeten, bleibt nach wie vor zu klären. Über Roth war Mühlpfordt, soviel kann

---

Kaiser, Gott und Bauer. Reformation und Deutscher Bauernkrieg im Spiegel der Literatur, Berlin 1975, S. 506–508, sowie Ernst Ullmann: Die Darstellung des Bauern im Werk von Albrecht Dürer, in: Gerhard Heitz u. a. (Hg.): Der Bauer im Klassenkampf. Studien zur Geschichte des deutschen Bauernkrieges und der bäuerlichen Klassenkämpfe im Spätfeudalismus, Berlin 1975, S. 377–390, hier S. 389. Dazu vgl. auch hier in Anm. 759.
329 Zu dieser Wertung s. Clemen: Mühlpfort (wie Anm. 7), S. 48. ND in: Clemen: Kleine Schriften, Bd. 8, Leipzig 1987, S. 61–64, hier S. 64.
330 Zit. n. Fuchs: Akten (wie Anm. 133), S. 440.

belegt werden, mit einem Werk des führenden Humanisten vor dem 14. Juli 1524 in Berührung gekommen und rezipierte es positiv. Jedenfalls blieb eine seitens des Kommunalpolitikers im Austausch mit dem Reformator 1532 offenbar bezogene Position unvereinbar mit derjenigen, die in dem über Jahre hinweg mit dem berühmten Gelehrten bestehenden Dissens Luther vertrat. Dessen auf der Sola-gratia-Theologie basierendes pessimistisches Menschenbild sprach dem Menschen eine Entdeckung des Guten und eine Hinwendung zu diesem aus eigener Kraft ab und propagierte vielmehr die Unfreiheit des menschlichen Willens.[331] Allem Anschein nach stellte sich Mühlpfordt in dieser Kontroverse nicht auf die Seite des Reformators, der mit seiner Entgegnung auf die eventuell in Torgau 1532 getätigte Äußerung des Bürgermeisters andeutete, dass er sie im Kontext der Auseinandersetzungen mit Erasmus verstand: „Ist es nicht eine plage", erwiderte Luther, wie er bei Tisch berichtete, „das ich ander leutte so gelerdt habe gemacht, vnd ich weiß selbest nichtes?"[332] Sokratisch ironisierte er die Einlassung seines Gesprächspartners, der mit dem Verweis auf die eigene Gelehrsamkeit keinesfalls erasmianisch argumentierte.[333] Primär ging der Bruch zwischen dem Zwickauer und dem Reformator in den Bauernkriegswirren 1525 auf ihr unterschiedliches Verständnis von Barmherzigkeit und Nächstenliebe zurück. In welchem Maße Mühlpfordt diese aus einer humanistisch geprägten Weltsicht heraus interpretierte, wurde erst einige Jahre darauf deutlich, als sich die Differenzen mit Luther um die Besetzung der Predigerstellen 1531 nochmals verstärkten. Ausdruck einer ersten, tiefgreifenden Zäsur in den Beziehungen zum Gottesmann stellte mutmaßlich schon die nach März respektive vor Juli 1525 erfolgte Vereinigung der Mühlpfordt gehörenden reformatorischen Schriften, worunter sich überwiegend Luthers befanden, in den erwähnten beiden Sammelbänden dar.[334]

---

331 Vgl. dazu Schilling: Luther (wie Anm. 108), S. 395 f.
332 Zit. n. WA Tr. 2, S. 491 (zu Nr. 2497a/b).
333 Dazu vgl. Christine Christ-von Wedel: Das Nichtwissen bei Erasmus von Rotterdam. Zum philosophischen und theologischen Erkennen in der geistigen Entwicklung eines christlichen Humanisten, Basel 1981 (= Basler Beiträge zur Geschichtswissenschaft 142), bes. S. 134 f.
334 Luther: Reissenbusch (wie Anm. 165), lag am 27. März („am Montag nach Letare") zum Druck bereit vor, zit. n. ebd. Zur Drucklegung vgl. auch Herbert Vossberg: Luther rät Reissenbusch zur Heirat. Aufstieg und Untergang der Antoniter in Deutschland. Ein reformati-

4 HUMANISTISCHE TRADITION UND GEISTIGE PRÄGUNGEN

4.1 Bildungsnähe und -förderung

Nicht zuletzt aufgrund seiner Verankerung in der humanistischen Tradition ist es vorstellbar, dass Mühlpfordt im Konflikt zwischen Erasmus und Luther für Ersteren Partei ergriff. Mit ihm einten den Zwickauer Politiker – fraglos stärker als mit dem Wittenberger Reformator – die *studia humanitatis*, die in der Muldestadt und überhaupt im Sächsischen, bis hin zu Kurfürst Friedrich und den höfischen Kreisen, Widerhall fanden.[335] Zwischen Erasmus und dem Landesherrn kamen im zweiten Dezennium des 16. Jahrhunderts zeitweilig intensivere Kontakte zustande,[336] und für die Muldestadt konstatierte man für die „mittleren und oberen Besitzschichten" jener Tage, sie hätten der „erasmianischen Richtung" angehangen.[337] In einer seit den frühen 1520er Jahren nachweisbaren Rezeption des Basler Gelehrten an der Zwickauer La-

---

onsgeschichtlicher Beitrag, Berlin 1968, S. 151. Die Schrift ist im Gothaer Sammelband noch enthalten, vgl. Michel: Kanonisierung (wie Anm. 128), S. 327. Demgegenüber fehlt die mit der Erlaubnis des Reformators durch Roth vorgenommene Übersetzung des 5. Psalms aus den „Operationes in Psalmos", die Roth Mühlpfordt am 1. April 1525 zueignete und von der er ihm anscheinend auch ein Exemplar zusandte, worauf dieser am 8. Juli 1525 vermutlich Bezug nahm, dazu vgl. Anm. 291 und 293.

335 Zum Humanismus in Sachsen vgl. Thomas Klein: Humanismus und höfisch-städtische Eliten im sächsisch-thüringischen Raum vor der Reformation, in: Klaus Malettke/Jürgen Voss (Hg.): Humanismus und höfisch-städtische Eliten im 16. Jahrhundert, Bonn 1990 (= Pariser Historische Studien 27), S. 279–304; zu Zwickau vgl. ebd., S. 293–295; zu Friedrich dem Weisen vgl. ebd., S. 287–291.

336 Zusammenfassend vgl. Ingetraut Ludolphy: Friedrich der Weise, Kurfürst von Sachsen 1463–1525, Göttingen 1984, ND Leipzig 2006, S. 328f., 415. Vgl. auch Bernd Stephan: „Ein itzlich Werck lobt seinen Meister". Friedrich der Weise, Bildung und Künste, Leipzig 2014 (= Leucorea-Studien zur Geschichte der Reformation und der Lutherischen Orthodoxie 24), S. 252–274, bes. S. 263.

337 Bräuer: Luther (wie Anm. 188), S. 35.

teinschule manifestierte sich das.[338] Womöglich verband die auf humanistischer Weltanschauung beruhende Kritik des Egranus an der katholischen Kirche[339] den Ratsherrn und Kirchenvater mit dem Prediger, der mit Erasmus persönlich zusammentraf.[340] Zwar findet sich keine einzige Schrift des Erasmus in den beiden 1525 angelegten Sammelbänden, die aus Mühlpfordts Besitz stammen, aber bezeichnenderweise ist die älteste darin enthaltene Publikation das 1517 in Leipzig durch Hieronymus Emser, den altgläubigen Theologen und Gegenspieler Luthers, veröffentlichte Gedicht „Wider die anfechtung des todes vnnd das der nit tzuforchten sey".[341] Dabei handelt es sich um die Übertragung eines 1504 gleichfalls in Leipzig gedruckten Werkes – „De contemnenda morte carmen" – des in Europa hochangesehenen, in Italien und Frankreich gefeierten und im Vorjahre verstorbenen Dichters Baptista Mantuanus (eigentlich Giovanni Battista Spagnoli), den Erasmus als zweiten Vergil und Poet des christlichen Humanismus würdigte.[342] Hermann Mühlpfordt dürfte infolge seiner vielfältigen privaten und dienstlichen Berührungspunkte mit der Messestadt Leipzig in den Besitz des Gedichtes gekommen sein. Und er gestand dieser durch einen erklärten Luthergegner vorgenommenen Übersetzung 1525 einen Platz neben den Schriften des Reformators in den Sammelbänden zu. Johann Wolfgang von Hermannsgrün, mit unserem Protagonisten weitläufig verwandt, korrespondierte an der Wende vom 15. zum 16. Jahrhundert unter anderem mit den bedeutenden Humanisten Johannes Reuchlin, Sebastian Brant und vermutlich mit Bohus-

---

338 Bereits 1523 gehörten „some Colloguies of Erasmus" in der Schule zum Lehrplan, s. Karant-Nunn: Zwickau (wie Anm. 14), S. 191. Zu einem 1527 in der „pädagogischen Arbeit" herangezogenen „Gelegenheitscarmen" des Erasmus s. Gregor Hermann: Simon Cellarius, Valentin Hertel, Wolfgang Schleifer – Zwickauer Kantoren als bedeutende Protagonisten der nachreformatorischen Musikpflege in Sachsen (1520–1550), in: „Martinus halbenn …" (wie Anm. 123), S. 149–163, hier S. 157.
339 Vgl. Kirchner: Egranus (wie Anm. 208), S. 10 f.
340 Zu Erwähnung eines Zusammentreffens in einem Schreiben Luthers an Müntzer vom Anfang November 1520 vgl. Thomas-Müntzer-Ausgabe, Bd. 2 (wie Anm. 107), S. 59 (zu Nr. 24).
341 Emser: Wyder die anfechttung des Thodes (wie Anm. 134). Zum Nachweis im Gothaer Sammelband vgl. Michel: Kanonisierung (wie Anm. 128), S. 324.
342 Dazu vgl. Herbert Jaumann: Art. Mantuanus, Baptista, in: ders.: Handbuch Gelehrtenkultur der Frühen Neuzeit, Bd. 1: Bio-bibliographisches Repertorium, Berlin/New York 2004, S. 63 f., hier S. 63.

laus von Lobkowitz und auf Hassenstein.[343] Schließlich verhalf Georg Agricola dem seitens der neueren Forschung sogar als exponierten Akteur in den mitteldeutschen „humanistische[n] Netzwerke[n]" seiner Epoche verorteten Zwickauer Ratsherrn[344] dazu, rezeptionsgeschichtlich selbst zum kulturell interessierten *uomo universale* stilisiert zu werden: Denn bekanntermaßen erhielt Agricola durch den Zwickauer Rat am 26. August 1523 den Auftrag, eine Inschrift auf dem von Martin Römer für St. Marien gestifteten Kreuz zu entziffern.[345] Im Agricola-Roman Fischers hingegen avancierte der im August 1523 nicht als Stadtoberhaupt die Geschicke seiner Vaterstadt Lenkende zum Auftraggeber. Er führte den Gelehrten „nach der Marienkirche und wies ihm dort unter anderen Kostbarkeiten eine Reliquie, wie sie selten sei in deutschen Landen: fünf Splitter vom echten Kreuz Christi, arabisch in Gold gefaßt und mit Edelsteinen besetzt. ‚Martin Römer, der reiche Wohltäter unserer Stadt', erklärte Mühlpfordt, ‚schenkte sie der Kirche im Jahre 1479. Vermögt Ihr wohl die Inschrift zu deuten?' [...] So nahm er sich mit Erlaubnis des Bürgermeisters eine Abschrift, um in Italien nach Inhalt und Bedeutung dieser Schrift zu forschen".[346]

---

343 Zum Schreiben Reuchlins an Hermansgrün vom 15. Juli 1495 im Zusammenhang mit dem Reichstag zu Worms vgl. Matthias Dall'Asta/Gerald Dörner (Hg.): Johannes Reuchlin. Briefwechsel, Bd. 1: 1477–1505, Stuttgart 1999, S. 219–222 (zu Nr. 69) sowie ders. an dens., in ebd., 25. Juli 1495, S. 228–234 (zu Nr. 72); Hermansgrün an Reuchlin, 12. August 1495, in: ebd., S. 234–236. (zu Nr. 74); Reuchlin an Hermansgrün, August 1495, in: ebd., S. 236–239 (zu Nr. 75); Hans von Hermansgrün an Reuchlin, 28. August 1495, in: ebd., S. 239–242 (zu Nr. 76); ders. an dens., 16. März 1497, in: ebd., S. 281–284 (zu Nr. 86). Zum Schreiben an Brant vom 9. Januar 1504 vgl. Charles Schmidt: Histoire littéraire de l'Alsace à la fin du XVe et au commencement du XVIe siècle. 2 Bände. Paris 1879, hier Bd. 2, S. 218, mit Verweis auf eine Lyoner Handschrift aus der Sammlung des Straßburger Archivs von St. Thomas, bei der es sich um Kopien Jacob Wenckers handele, und zwar unter dem Titel „Miscellanea ex litteris ad D. Sebastian Brant", vgl. ebd., S. 191, Anm. 1. Zum Kontakt zu von Lobkowitz und auf Hassenstein vgl. Volker Honemann: Art. Hermannsgrün, Johannes, in: Wolfgang Stammler u. a. (Hg.): Die deutsche Literatur des Mittelalters. Verfasserlexikon, Bd. 3: Gert van der Schüren–Hildegard von Bingen, 2., völlig neu bearb. Aufl., Berlin/New York 1981, Sp. 1118 f.
344 So das Resümee bei Fasbender: Bücher (wie Anm. 252), S. 15.
345 Vgl. Gisela-Ruth Engewald: Georgius Agricola, Stuttgart 1994, S. 141. Zu Martin Römers Stiftung vgl. Otto Clemen: Reformationsgeschichtliches aus dem Zwickauer Ratsarchiv, in: ARG 26 (1929), S. 188–203, bes. S. 202 f. ND in: Clemen: Kleine Schriften, Bd. 1, Leipzig 1982, S. 412–427, bes. S. 426 f.
346 Fischer: Agricola (wie Anm. 192), S. 133 f.

Mühlpfordts etwaiges Engagement bei der Auftragsvergabe bleibt Spekulation, da Einzelmeinungen der Ratsherren in dem betreffenden Beschlussprotokoll des Gremiums nicht verzeichnet sind. Selbstverständlich ist die Mitwirkung unseres Protagonisten in Anbetracht einer schon herausgestellten möglichen Nähe zum Bibelhumanismus plausibel, der sich mit humanistischen Forderungen nach Hinwendung zur Wissenschaft, das heißt zu den Quellen (hier der Reliquieninschrift), überschnitt. Wie Laurentius Bärensprung, der am Ausgang des 15. Jahrhunderts in Leipzig eine Schrift publizierte und in der Muldestadt als Schulmeister den sich Cyclopius nennenden Humanisten Wolfgang Kandelgießer unterrichtete,[347] so zählte der kursächsischen Hofhistoriograf und Leipziger Universitätsprofessor Matthäus Dresser (Drescher) bereits zu Anfang des 17. Jahrhunderts ebenso Mühlpfordt zu den „gelehrte[n] Leute[n] von Zwickaw".[348] Im 19. und 20. Jahrhundert hoben Geschichtsforscher verschiedentlich auf die Intellektualität des Bürgermeisters ab: Man sah in ihm eine „aufgeklärte und einsichtsvolle" Persönlichkeit,[349] „vielseitig interessiert und gebildet",[350] ja sogar den „Repräsentant[en] des reichen Bildungsbürgertums der Stadt".[351] Auf die einstmals Mühlpfordt gehörenden und in Gotha und in Zwickau aufbewahrten Sammelbände mit reformatorischen Drucken, die derartige Urteile fundieren und womöglich als Reste einer größeren Bibliothek des Bürgermeisters zu betrachten sind,

---

347 Zur Publikation vgl. Laurentius Bärensprung: Campus sophistarum, Leipzig 1496 (GW M43986). Im Jahr 1497 ist Bärensprung in Zwickau als „Schulmeister" nachweisbar, s. Steinmüller: Agricola (wie Anm. 38), S. 41, Anm. 33. Hinsichtlich der Erwähnung Bärensprungs durch seinen ehemaligen Schüler Kandelgießer vgl. Klaus Kipf: Art. Cyclopius, Wolfgang, in: Franz Josef Worstbrock (Hg.): Deutscher Humanismus 1480–1520. Verfasserlexikon, Bd. 1, Berlin u. a. 2008, Sp. 537–546, hier Sp. 538.

348 Matthaeus Dresser: Ein kurtzer aber doch eigentlicher Bericht Matthaei Dresseri, Welcher ist der fünffte theil deß Buchs so genennet wird Isagoge Historica; Und […] an statt einer Vorrede deß Herrn Autoris Programma, wegen seiner Historischen Profession, Deßgleichen drey Orationes, welche von ihm bey der Universitet Leipzig gehalten worden; Aus dem Lateinischen Exemplar fleissig verdeutscht/ und mit zweyen unterschiedlichen Registern verfertiget, Leipzig 1607, S. 542.

349 Emil Herzog: M. Stephan Roth. Ein culturgeschichtliches Lebensbild aus der Reformationszeit, in: Archiv für sächsische Geschichte, Neue Folge 3 (1877), S. 267–275, hier S. 271. Als „aufgeklärt" bezeichnet ihn auch Wappler: Müntzer (wie Anm. 174), S. 19.

350 Oehmig: Mühlpfordt (wie Anm. 2), S. 179.

351 Bräuer: Müntzer (wie Anm. 191), S. 36.

ist hier eingegangen worden. Fraglich bleibt jedoch, ob die unserem Protagonisten attestierte „umfassende [...] Bildung",[352] ganz im Sinne der *studia humanitatis*, eine akademische war. Ohne dies weiter zu untermauern, verwies die ältere Geschichtswissenschaft auf „Krakau" als Studienort.[353] Mit Sicherheit ist die dortige, 1364 gegründete Alma Mater aber als solcher auszuschließen,[354] wie auch Leipzig, wo sich die Zwickauer vor der Reformation vorwiegend immatrikulierten, unter ihnen der Vater und weitere Angehörige.[355] Trotz fehlender Belege firmiert der „Reformationsbefürworter" noch in der jüngeren Forschung als einer der „sechs Zwickauer Bürgermeister mit einem Leipziger Hochschulstudium".[356] Unklar ist überdies, ob Mühlpfordt einen akademischen Grad erworben hat und ob man ihn „gelegentlich" als „Magister" betitelte.[357] So wenig wie es für die Aufnahme eines Hochschulstudiums beim gegenwärtigen Forschungsstand belastbare Indizien gibt, ist einerseits nicht gänzlich von der Hand zu weisen, dass er weitab studierte. Unüblich war das nicht: Beispielsweise erwarb der Stiefschwiegervater Laurentius Bärensprung sein Bakkalaureat in Paris, bevor er ab 1493 sein Studium in Leipzig fortsetzte.[358] Andererseits ist es gut möglich, dass er seinen höheren Bildungsgrad, auf den seine geübte Handschrift in den erhaltenen

---

352 Bräuer: Luther (wie Anm. 188), S. 23.
353 Steinmüller: Agricola (wie Anm. 38), S. 41, Anm. 33.
354 Zum möglichen Studienort Krakau vgl. Adam Chmiel (Hg.): Album studiosorum Universtatis Cracoviensis, Tomus II. (ab anno 1490 ad annum 1551), Krakau 1892; überprüft wurden durch den Verfasser die Jahre 1490 bis 1510.
355 Vgl. Enno Bünz/Thomas Lang: Zwickauer Schüler und Studenten im späten Mittelalter. Ein Beitrag zum Verhältnis von Stadt und Bildung, in: Cygnea (wie Anm. 18) 9 (2011), S. 33–70, hier S. 62. Der Autor gibt die Gesamtzahl von sechs in Leipzig immatrikulierten Mitgliedern der Familie Mühlpfordt an, vgl. ebd. In den Leipziger Matrikeln lässt sich im fraglichen Zeitraum jedoch kein Zwickauer Namensträger mit dem Vornamen „Hermann" ausmachen, vgl. Erler: Matrikel (wie Anm. 59).
356 Bünz/Lang: Schüler (wie Anm. 355), S. 62.
357 Oehmig: Mühlpfordt (wie Anm. 2), S. 179, Anm. 157, der für diesen Hinweis keine Quelle angibt, hält eine „Ehrenbezeichnung" für möglich. Bis in die jüngste Forschungsliteratur wird Mühlpfordt, ohne Beleg, als „Magister" geführt, vgl. Metzler: Roth (wie Anm. 20), S. 66. Zur Erwähnung eines „M. [also Magisters] Hermann Mühlpfort", der nach 1526 als „zweite[r] und letzte[r]" Messpriester für das 1483 gestiftete Familienlehen der Familie Mühlpfordt in Zwickau fungiert habe, leider ebenso ohne Quellenangabe, s. Herzog: Chronik (wie Anm. 76), S. 856.
358 Vgl. Bräuer: Stadtchronistik (wie Anm. 20), S. 217.

deutschsprachigen Selbstzeugnissen und seine mutmaßlichen Lateinfertigkeiten hindeuten, lediglich dem Besuch der Zwickauer Stadtschule verdankte.[359] Nachzuweisen sind die Zahlen und die Namen der Schüler der Stadtschule in vorreformatorischer Ära allerdings nicht mehr, weshalb sich über Mühlpfordts Schulbesuch keine definitive Aussage erlaubt.[360] Das Bestreben des eigenen Sohnes, „der zw studiren willigk" sei, trug er 1525 mit, was womöglich zum Gutteil an der eigenen bildungsnahen Sozialisation lag.[361] Für den Zwickauer Bürgermeister dürfte, eingedenk seiner Äußerungen an Roth vom 4. Juni 1525 vor dem Hintergrund des Bauernkrieges, zu konstatieren sein, dass er im Bildungswesen gleich anderen seiner Zeitgenossen – so Erasmus schon 1516, lange vor Luther, in der „Institutio principis Christiani" – das damals „weitaus gewichtigste Ordnungsfeld" des (kommunal)politischen Wirkens erkannte.[362]

Wie intensiv er sich nicht erst damals auf diesem Terrain einsetzte, veranschaulicht seine am 10. Oktober 1519 übernommene Funktion als einer der beiden „vffseher der schulen" in Zwickau,[363] deren humanistischer und orga-

---

359 Zum Erwerb von Lese- und Schreibkenntnissen im Lateinischen an der Zwickauer Stadtschule vgl. Alexander Sembdner: Zwischen Schule und Universität: Zwickau in der deutschen Bildungslandschaft des 15. und 16. Jahrhunderts, in: „Martinus halbenn …" (wie Anm. 123), S. 99–106, bes. S. 102. Zum Faksimileabdruck eines Schreibens Mühlpfordts an Roth aus dem Jahre 1525 vgl. Clemen: Handschriftenproben (wie Anm. 284), zu Nr. 43; zum Faksimileabdruck eines Schreibens von Mühlpfordt an Roth aus dem Jahre 1531 vgl. Bräuer: Luther (wie Anm. 188), S. 66 f. Zum Faksimileabdruck der Unterschrift Mühlpfordts aus dem Jahre 1532 vgl. Bräuer: Mühlpfordt (wie Anm. 11), S. 119, Abb. 9.
360 Zur Problematik der fehlenden Schülerverzeichnisse vgl. Bünz/Lang: Schüler (wie Anm. 355), S. 51.
361 Zit. n. Clemen: Handschriftenproben (wie Anm. 284), zu Nr. 43. Es ist nicht zur Gänze geklärt, ob sich diese Mitteilung von 1525 auf den eigenen Sohn oder einen weiteren, namentlich ungenannten Heranwachsenden bezieht. Als Sohn käme hier nur Paul in Betracht, denn falls der Älteste – Hermann – ein Studium ergriff, nahm er dies, worauf im vorliegenden Beitrag bereits eingegangen worden ist, zum Sommersemester 1518 in Leipzig auf. Wolfgang Mühlpfordt (1515/18–1574), der einzige als Student nachweisbare Sohn, begann – wie ebenfalls bereits erwähnt – sein Studium in Wittenberg allerdings erst 1539. Insofern stärkt diese Textpassage womöglich die Vermutung, dass dem bekannten Zwickauer „für alle seine Söhne" eine akademische Bildung „vorgeschwebt haben mag", s. Oehmig: Mühlpfordt (wie Anm. 2), S. 179.
362 Simon: Policey (wie Anm. 325), S. 120. Vgl. dazu Desiderius Erasmus Roterdamus: Institutio principis Christiani, hg. von Otto Herding, in: Opera Omnia, 4.1, Amsterdam 1974, S. 97–219.
363 Zit. n. Oehmig: Mühlpfordt (wie Anm. 2), S. 163, Anm. 22.

nisatorischer Neuausrichtung er sich nach seiner Amtsübernahme 1521 verstärkt widmete.[364] Kolportiert wurde, dass die neue, vom Zwickauer Schulmeister Leonhard Nather 1523 verfasste Schulordnung auf „Veranlassung" des Bürgermeisters entstand.[365] Zudem sei – was die Rezeptionsgeschichte vielfach tradierte – die Bildungsaffinität Mühlpfordts in einer Förderung von Personen zum Tragen gekommen, indem er „tüchtige Lehrer herbeirief"; so habe er in Leipzig 1524 den Gelehrten Johann Rivius (Bachmann) überzeugt, einen Ruf nach Zwickau anzunehmen.[366] In die Muldestadt freilich kam Rivius bereits zu Ostern 1519 mit Georg Agricola,[367] der im Mai 1520 sein Erstlingswerk, eine Lateingrammatik mit dem Titel „Libellus de prima ac simplici institutione grammatica",[368] nicht dem „mächtigsten Bürgermeister Zwickaus Hermann Mühlpfordt", wie unlängst behauptet,[369] sondern „den vortrefflich veranlagten Jungen Paul Mühlpfort und Erasmus Bärensprung" („OPTIMA INDOLE PVERIS PAVLO DE PORTA MOLENDINI, ET ERASMO VRSALIO. S. D.") dedizierte.[370] Dass Agricola die Schrift außer

---

[364] Im August 1521 waren 16 Schüler der Zwickauer Schule vom Rat „weggetriben" worden, zit. n. Bräuer: Luther (wie Anm. 188), S. 36. Ob dies im Zusammenhang damit steht, dass sich der Zwickauer Rat im Oktober 1521, wenige Tage nach der Wahl des bisherigen Stadtvogts zum Bürgermeister im Schulwesen engagierte, ist nur zu vermuten: Schon am 5. Oktober 1521 begab man sich daran, die „Schul zu uersorgen", das heißt mit geeigneten Lehrkräften auszustatten; am 9. November 1521 wurde endgültig beschlossen, Leonhard Nather als Schulmeister zu verpflichten, was der Rat unter Vorsitz von Mühlpfordt am 26. November realisierte, zit. n. Steinmüller: Agricola (wie Anm. 38), S. 30 f.
[365] Emil Herzog: Geschichte des Zwickauer Gymnasiums. Eine Gedenkschrift zur Einweihungsfeier des neuen Gymnasialgebäudes, Zwickau 1869, S. 12. Dazu bereits kritisch Johannes Müller: Vor- und frühreformatorische Schulordnungen und Schulverträge in deutscher und niederländischer Sprache, Abt. 2: Schulordnungen etc. aus den Jahren 1505–1523, nebst Nachtr. vom Jahre 1319 an, Zschopau 1886, S. 244–261, hier S. 260, Anm. 3. Zur Schulordnung selbst vgl. Lutz Mahnke: Die Zwickauer Schulordnung von 1523, in: Erneuerung (wie Anm. 15), S. 45–48.
[366] Festschrift (wie Anm. 101), S. 8. Zur Verhandlung Mühlpfordts mit Rivius vgl. Cajetan August Jahn: Versuch einer Lebensbeschreibung des Rivius von Attendorn, Bayreuth 1792, S. 15.
[367] Dazu vgl. Herzog: Gymnasium (wie Anm. 365), S. 86.
[368] Vgl. Georg Agricola: Libellus de prima ac simplici institutione grammatica, Leipzig 1520 (VD16 A 931).
[369] Fasbender: Bücher (wie Anm. 252), S. 15.
[370] Zit. n. Prescher: Agricola (wie Anm. 30), Bd. 9: Briefe und Urkunden, bearb. von Ulrich Horst und Hans Prescher. Mit Übers. von Georg Fraustadt, Heidelberg 1992, S. 93 f. Deutsche

Humanistische Tradition und geistige Prägungen

Erasmus Bärensprung dem Sohn unseres Protagonisten zueignete, hatte gegebenenfalls mit Mühlpfordts exponierter Stellung in der Zwickauer Politik zu tun und auch mit der von ihm seit 1519 ausgeübten schulischen Aufsicht. Hinter der Widmung an die etwa elfjährigen Jungen, deren geistigen Horizont das Werk überstieg, stand sicherlich das Vorhaben, die „Gunst" beider Väter zu gewinnen.[371] Ob auf der Ehrung der Söhne des Stadtvogts und des Bürgermeisters das bald nach Erscheinen der Grammatik gelungene berufliche Fußfassen des Gelehrten in Zwickau als Schulleiter zurückzuführen ist,[372] dürfte, da die Ratsprotokolle eine Positionierung der einzelnen Magistratsmitglieder nicht nachvollziehbar machen, kaum mehr zweifelsfrei zu klären sein. Trotzdem ist dies von der Forschung aufgegriffen worden, so im Kommentar Helmut Wilsdorfs zur Edition des „Bermannus" von Agricola 1955[373] und im Agricola-Roman Hans Fischers 1964.[374] Mühlpfordts Augenmerk galt darüber hinaus dem Fortkommen Bildungswilliger: Gesichert scheint, dass er den Medizinstudenten Janus Cornarius (eigentlich Johann Haynpul oder Hainpol) aus Zwickau unterstützte, einen in Wittenberg seit 1519 immatrikulierten Ratsstipendiaten, dem er die Stipendiengelder pränumerando auszahlte.[375] Denkbar ist, dass auf seine Initiative hin der ebenfalls gebürtige Zwickauer Medizinstudent Georg Pylander 1534 die Verlängerung des seit

---

Übersetzung der Dedikation s. ebd., Bd. 6: Vermischte Schriften, bearb. u. übers. von Georg Fraustadt, Berlin 1961, S. 9.

371 Junghans: Agricola (wie Anm. 69), S. 137.

372 Als Agricola im Mai 1520 die Schrift widmete, befand sich für ihn noch vieles in der Schwebe. Am 24. April 1520 wurde die Zusammenlegung von Lateinschule und Griechischer Schule beschlossen, vgl. Metzler: Roth (wie Anm. 20), S. 73. Ein neuer Schulleiter aus einem Kreis potenzieller Gelehrter war jedoch noch nicht ernannt. Erst am 10. November 1520 erfolgte die „stargke Zusagung" des Rates an Agricola, zit. n. ebd., S. 75.

373 Vgl. Wilsdorf: Bermannus (wie Anm. 30), S. 304. Aufgrund der zeitlichen Abfolge der Geschehnisse ist die Vermutung unhaltbar, Mühlpfordt habe im Vorfeld der im Mai 1520 erfolgten Widmung „zweifellos [...] dazu beigetragen, daß Agricola eine so günstige Stellung in Zwickau erhielt", wobei die Widmung „den Dank an den Vater zum Ausdruck" bringen sollte, s. ebd.

374 Vgl. Fischer: Agricola (wie Anm. 192), S. 86–88.

375 Der gebürtige und mittellose Zwickauer Janus Cornarius, seit dem Sommersemester 1519 in Wittenberg immatrikuliert – vgl. Förstemann: Album (wie Anm. 59), S. 82 –, und später Jenaer Medizinprofessor, erhielt 1519 die städtischen Stipendiengelder durch Mühlpfordt oftmals pränumerando ausgezahlt, vgl. Otto Clemen: Janus Cornarius, in: NASG 33 (1912), S. 36–76, hier S. 38, Anm. 2. ND in: Clemen: Kleine Schriften, Bd. 4, Leipzig 1984, S. 16–56, hier S. 18.

dem Besuch der Universität Wittenberg ab 1531 gewährten Ratsstipendiums erhielt.[376] Weiterhin sei der in der Muldestadt geborene Jurist Gregor Meltzer, der sich Haloander nannte, „während seiner Studentenzeit" von Mühlpfordt in Leipzig ab 1521, um ihn zu unterstützen, „zu Botendiensten angestellt worden".[377] Unverkennbar fußt diese Aussage auf dem Schreiben des Letzteren an Roth vom 5. Juni 1523, in dem er empfahl, etwaige Neuigkeiten an Haloander zu senden, der sie ihm zukommen lasse („der kan mirs forder vberschicken").[378] Inwiefern der Bürgermeister Stephan Roth „gefördert" hat, als der ab 1523/24 in Wittenberg studierte, harrt weiterer Untersuchung.[379] Das gilt nicht minder für Hermann Mühlpfordts gleichnamigen Cousin, der ab 1522 über Jahre hinweg in den Genuss eines Ratsstipendiums gelangte. Kurze Zeit vorher informierte dieser – worauf noch zurückzukommen sein wird – als Wittenberger Student in seinem „Sendbrief" vom 10. Dezember 1521,[380] welchen er an Bürgermeister Mühlpfordt adressierte, diesen wie den Zwickauer Rat im Ganzen über die seit Ende November stattgefundenen reformatorischen Geschehnisse in Wittenberg.[381]

---

376 Georg Pylander, zum Sommersemester 1531 in Wittenberg immatrikuliert – vgl. Förstemann: Album (wie Anm. 59), S. 142 –, war seitdem ebenfalls Ratsstipendiat und erhielt auf Fürsprache Melanchthons durch den Zwickauer Rat am 24. Mai 1534 eine Fortzahlung des auslaufenden Stipendiums genehmigt, vgl. dazu Otto Clemen: Georg Pylander, in: Alt-Zwickau. (wie Anm. 7), 5 (1925), S. 17–19, hier S. 17. Pylander hatte Roth im Vorfeld gebeten, dass dieser ihn Mühlpfordt empfehle („Velim per occasionem consuli vestro D. Hermanno Mulpfort meum studium benevolentiamque"), zit. n. Clemen: Pylander (wie Anm. 20), S. 346 f. (zu Nr. 1: Pylander an Roth, 4. Februar 1534).
377 Vgl. Holger Nickel: Stephan Roths Buchhandel, in: Herbert G. Göpfert u. a. (Hg.): Beiträge zur Geschichte des Buchwesens im konfessionellen Zeitalter, Wiesbaden 1985 (= Wolfenbütteler Schriften zur Geschichte des Buchwesens 11), S. 241–250, hier S. 244. Zum Kontext der Immatrikulation vgl. Guido Kisch: Gestalten und Probleme aus Humanismus und Jurisprudenz. Neue Studien und Texte, Berlin 1969, S. 210.
378 Zit. n. Buchwald: Universitätsgeschichte (wie Anm. 149), S. 30 (zu Nr. 17).
379 Metzler: Roth (wie Anm. 20), S. 66. Vermutlich leitet die Verfasserin ihre nicht weiter belegte These daraus ab, dass Roth „Herman Müllpffortt", seinem „besonder günstigen herrn vnd förderern", 1524, also zu Wittenberger Studienzeiten, die durch ihn vorgenommene Erasmus-Übertragung zueignete, vgl. dazu hier in Anm. 282. Zu korrigieren ist jedoch die offensichtlich als Zitat ausgewiesene Angabe der Verfasserin, dass die Widmung „seinem Freund und Förderer Hermann Mühlpfort" gegolten habe, s. Metzler: Roth (wie Anm. 20), S. 105.
380 Zit. n. Fabian: Berichte (wie Anm. 59), S. 26.
381 Sendbriefe oder offene Briefe werden „an Personen- oder Funktionsgruppen gerichtet",

Humanistische Tradition und geistige Prägungen

4.2 Befriedung und Aushandlung

Mühlpfordt war ein Mann der Worte *und* ein wehrhafter Bürger, der beim Zwickauer Schützenfest am 9. Juni 1522 „den Vogel abgeschossen" haben soll.[382] In zahlreiche Situationen kam die unbeherrschte Natur des Bürgermeisters, der bei Händeln des Öfteren verbal und körperlich überreagierte, zum Vorschein.[383] Damit kontrastierte sein in der Tradition des Humanismus stehendes und 1517 von Erasmus in seiner „Querela pacis" eingefordertes Leitmotiv politischen Handelns, der Frieden, was obendrein einen bürgerschaftlichen Wert darstellte.[384] Pazifizierung trachtete Mühlpfordt nach Kräften – wie noch zu untersuchen sein wird – zu befördern, unter anderem angesichts der Bedrohung durch die Osmanen 1527. In diesem Zusammenhang versuchte er, der damals der Muldestadt nicht als regierendes Stadtoberhaupt vorstand,

---

wobei die „appellative Funktion dominant" sei, s. Erdmann Weyrauch: „Offene Briefe" im 16. Jahrhundert. Bemerkungen und Beispiele, in: Heinz-Dieter Heimann/Ivan Hlaváček (Hg.): Kommunikationspraxis und Korrespondenzwesen im Mittelalter und in der Renaissance, Paderborn u. a. 1998, S. 191–204, hier S. 196.
382 Zit. n. Falk: Chroniken (wie Anm. 27), 1 (1923), S. 2–4, hier S. 4.
383 Für den Zeitraum von 1520 bis 1532, beinahe für die gesamte politische Tätigkeit, sind diesbezügliche Vorfälle überliefert: Am 12. Dezember 1520 wurde Mühlpfordt mit seinem Ratskollegen Erasmus Stella „umb ire handlunge, so sie in gegenwardt bayder rette gegenaynander gebraucht", vom Rat getadelt und von dessen Sitzungen ausgeschlossen, zit. n. Thomas-Müntzer-Ausgabe, Bd. 2 (wie Anm. 107), S. 97, Anm. 10. Da sich Mühlpfordt und der Ratsherr Gotthard Büttner nach dem 16. September 1527 „sehr mit vergeblichen wortten … kegen einander vorgriffen" hatten, sah sich das Gremium zu dem Beschluss gezwungen, die Kontrahenten für einige Tage „in ein gehorsam" zu nehmen, also einzusperren, zit. n. Metzler: Roth (wie Anm. 20), S. 153. Den Annalen eines Zeitgenossen, des Zwickauers Hans Tretwein, zufolge sei im „Herbst 1532" Mühlpfordt „mit des Rats Diener auf eine Kindtauf geriten und auf dem Heimweg sindt sie uneins worden und [haben] einander in dem felt umhergaigt. Des Rats Diener ist mitsampt dem pferdt verwundet worden", Ratsschulbibliothek Zwickau, Ms. 147, Hans Tretweins Annalen [der Stadt Zwickau, 1502–1565/66], Bl. 41b. Vgl. auch Clemen: Mühlpfort (wie Anm. 7), S. 48. ND in: Clemen: Kleine Schriften, Bd. 8, Leipzig 1987, S. 61–64, hier S. 64.
384 Zur humanistischen Pazifizierungsdebatte vgl. Klaus Garber: Der Frieden im Diskurs der europäischen Humanisten, in: ders./Jutta Held (Hg.): Der Frieden. Rekonstruktion einer europäischen Vision, Bd. 1.: Erfahrung und Deutung von Krieg und Frieden. Religion – Geschlechter – Natur und Kultur, hg. von Klaus Garber u. a., München 2001, S. 113–144. Bezüglich der „Querela pacis" des Erasmus vgl. zuletzt überblicksartig Heinz Schilling: 1517. Weltgeschichte eines Jahres, München 2017, S. 101–108. Zum bürgerschaftlichen Wert „Frieden" vgl. Bräuer: Stadtchronistik (wie Anm. 20), S. 205–214.

Pfarrer Hausmann zu einer entsprechenden Predigt zu bewegen. Nachdem er mit seinem Ansinnen bei Hausmann gescheitert war, informierte er Roth über sein Vorhaben: Da „hab *Ich* beschick", berichtete er, „vff der Cantzle das volck gott *vmb seyligen frid zw bytten* vnd vor dj reichts stende vnd vnseren gnädigsten heren, das alle sachen zw gotts lob mochten gehandelt werden".[385] Neben dem hier durchscheinenden Anspruch an Politik, primär konsensgerichtet zu gestalten, könnte in dieser Passage eine Reminiszenz an Erasmus und dessen Seneca-Rezeption vorliegen; der Basler Gelehrte verknüpfte in seinem 1520 ins Deutsche übertragenen „Enchiridion militis Christiani" göttliche Gnade und stoische Pflichtethik so, wie das Peter Walter pointiert zusammenfasste: „Auf Gnade Gottes vertrauen heißt keineswegs die Hände in den Schoß legen [...]."[386] Zu trennen ist diese immanente Nähe wiederum nicht von der Frage nach der Willensfreiheit des Menschen, in der der Zwickauer Bürgermeister – wie schon angerissen – vor dem Reformator offensichtlich die erasmianische Haltung vertrat. Mühlpfordt postulierte 1525 die vollständig ausgesöhnte Gesellschaft, in der „gehorsam und lib der oberkeit, dergleichen der underdanen" bestünden, woraus die „frucht des glaubens" erwachse.[387] Anhand dieses Bestrebens wurde gleichermaßen die Ablehnung Müntzers beziehungsweise die letztendliche Abkehr von Luther verständlich und erneut eine geistige Verwandtschaft mit dem „Humanistenfürsten" evident: Weil die für den Zwickauer erstrebenswerte Harmonisierung vermutlich tragende Elemente des von Erasmus verfochtenen Ideals eines christlich-humanistischen Gemeinwesens, der *respublica christiana*, aufgriff. Denn der hatte 1516 und 1518 die öffentliche und dauerhafte Eintracht unter den Christen, die *concordia*, in der als Einheit gedachten geistlich-weltlichen Ordnung der einen

---

385 Zit. n. WA Br. 4 (wie Anm. 233), S. 182 f. (Herv. d. Verf.).
386 Peter Walter: „Nihil enim huius praeceptis sanctius": Das Seneca-Bild des Erasmus von Rotterdam, in: Barbara Neymeyr u. a. (Hg.): Stoizismus in der europäischen Philosophie, Literatur, Kunst und Politik. Eine Kulturgeschichte von der Antike bis zur Moderne, Bd. 1, Berlin/New York 2008, S. 501–524, hier S. 523. Deutlich kommt dieser Zusammenhang auch in Mühlpfordts Äußerungen im Konflikt mit Luther zum Ausdruck: „Gott hilf uns allen mit gnaden", schreibt er an Stepahn Roth, „das sulche groß wichtig hendel frolich zuvoraus seiiklich abgehandelt", zit. n. Fabian: Streit (wie Anm. 21), S. 165 f. (zu Nr. 17: Mühlpfordt an Roth, 3. Juli 1531), hier S. 165.
387 Zit. n. Fuchs: Akten (wie Anm. 133), S. 440.

universalen Kirche *(corpus christi)* betont.[388] Insofern sah unser Protagonist im Juni 1525 den einzig gangbaren Weg, sein oben geschildertes Leitmotiv einer Befriedung politisch zu realisieren, darin, „di ding zu mitteln", also zu vermitteln, was anfänglich auch Luthers Vorstellungen ähnelte.[389] Hierbei erwartete Mühlpfordt den ersten Schritt von den Landesherren, indem sie „und ander fursten zuvor ließen ein offentlich edikt ausjhen, aller nottdorfft der pauern einsehen zu haben". Vorrangig erachtete er die Herrschenden und die von ihnen zu verantwortenden gesellschaftlichen Missstände in seinem Schreiben an Roth, worauf bereits hingewiesen worden ist, als ursächlich für den Bauernkrieg: „Darvon kompt diß alls", schlussfolgerte er, womit er auf die „vorderblichen untreglichen beschwerden" der Aufständischen anspielte, das heißt ihre Abgaben und Frondienste, die, wie er meinte, „wider gott und alle recht sein". Sich des „hungers nicht erweren" zu können, identifizierte er als zentrales Problem. Einerseits kam er durch sein erworbenes Wissen über die bäuerliche Lebenswirklichkeit zu der Einsicht, dass durch die Landbevölkerung keinesfalls weiterhin „alls erduldet werden" konnte; andererseits war eine Änderung gesellschaftlicher Verhältnisse durch die Betroffenen auf den von ihnen im Bauernkrieg eingeschlagenen Pfaden seiner Ansicht nach nicht legitim. Genauso schätzt er aber eine Befriedung durch die Potentaten mit dem „schwert" als nicht praktikables Unterfangen ein.[390] Ungemach erwartete er zudem von den im Mai 1525 getroffenen Naumburger Vereinbarungen:[391] „Besorg[t]" zeigte er sich, infolge des Triumphs des Adels könnten die

---

388 Dazu vgl. Otto Schottenloher: Erasmus und die respublica christiana, in: Historische Zeitschrift 210 (1970), S. 295–323, bes. S. 297–321.

389 Zit. n. Fuchs: Akten (wie Anm. 133), S. 437. So hatte Luther noch in seiner „Ermanunge zum Fryde auff die zwoelff Artickel der Bawrschafft in Schwaben", Wittenberg 1525 (WA 18, S. 279–334), auf eine Schlichtung des Konflikts zwischen Bauernschaft und Obrigkeit verwiesen, vgl. ebd., S. 332. Zum „mitteln" als „vermittelung machen, vermitteln, in bezug auf auseinander gehende meinungen und widerstreit", s. Deutsches Wörterbuch (wie Anm. 65), Lfg. 13 (1884), Bd. VI (1885), Sp. 2404–2406 (2405).

390 Alle vorhergehenden Zitate zit. n. Fuchs: Akten (wie Anm. 133), S. 438.

391 Mühlpfordt thematisierte in seinem Schreiben an Roth vom 3. Juli 1525 die „sach Iczund zw Naumburgk", zit. n. Clemen: Handschriftenproben (wie Anm. 284), zu Nr. 43. „Iczund" verweist im Sinne von „jetzt" zunächst auf eine „gegenwärtige zeit", s. Deutsches Wörterbuch (wie Anm. 65), Lfg. 11 (1877), Bd. IV/II (1877), Sp. 2317–2322 (2319); zur „sach" im Sinne von „geschehnis" s. ebd., Lfg. 9 (1892), Bd. VIII (1893), Sp. 1592–1601 (1598 f.). Im Gegensatz zur „sach"

Missstände „schwinder einreißen",[392] wodurch sich die Situation noch „ubel erger" gestalten würde.[393] Veränderungen auf dem Rechtsweg, über den Landesherrn, räumte er geringe Chancen ein; bezüglich des „clagen[s]" durch die Untertanen resümierte er, vielleicht auf die erfolglose Intervention der Bauern des ihm vertrauten Zwickauer Amtmanns Wolf von Weißenbach bei den Ernestinern 1523/24 abhebend: „Was ist erlangt worden anders dan muhe, sorg, arbeit und das gellt verzeert?" Mühlpfordt beließ es, seiner Praxisorientierung entsprechend, indes nicht nur bei der pessimistischen Analyse. Er skizzierte unter dem Eindruck des Bauernkrieges bestechend undogmatische wie unrealistische Lösungsansätze, die er bedauerlicherweise nicht weiter präzi-

---

– also einem Objekt menschlichen Handelns –, entsprach es anscheinend Mühlpfordts Terminologie, das fortlaufende menschliche Handeln selbst, wie es demselben Schreiben an Roth vom 3. Juli 1525 zu entnehmen ist, als „geschichtten" zu fassen, zit. n. Clemen: Handschriftenproben (wie Anm. 284), Nr. 43. Zur Geschichte als „begebenheit, vorgang, ereignis im allgemeinen" s. Deutsches Wörterbuch (wie Anm. 65), Lfg. 9 (1892), Bd. IV/I/2 (1897), Sp. 3857–3866 (3859). Im Kontext der gesellschaftskritischen Ausführungen Mühlpfordts vom Juni 1525 wird deutlich, dass er mit der „sach" auf die schon am 8. Mai 1525 in Naumburg zwischen den Kurfürsten von Sachsen und Brandenburg sowie den Herzögen Johann und Georg von Sachsen getroffenen Vereinbarungen über Strafmaßnahmen gegen die aufständischen Bauern abzielte, vgl. dazu Dagmar Blaha: Quellen über Strafmaßnahmen nach der Niederschlagung des Bauernkrieges 1525/26, in: Archivmitteilungen. Zeitschrift für Theorie und Praxis des Archivwesens 2 (1993), S. 60–62, hier S. 60. Da die Naumburger Abmachungen ihre Wirkung zum Zeitpunkt der Zeilen an Roth entfalteten, ergibt auch der Bezug auf die Jetztzeit Sinn. Die Abmachungen bedrohten Luthers Lehre in Mühlpfordts Verständnis zweifach: Zum einen aufgrund der Strafmaßnahmen gegen die Aufständischen generell, wenn auch mittelbar, da die Ursachen der Erhebungen nicht beseitigt, sondern lediglich Letztere mit Gewalt unterdrückt wurden. Zum anderen unmittelbar, da, entsprechend den Naumburger Abmachungen, der Luthergegner Herzog Georg das erste Jahr der zwischen den Ernestinern und Albertinern alternierenden Oberherrschaft über die Stadt Mühlhausen übernahm. Er begab sich sogleich daran, die Reformation zurückzurollen: So ließ er die geplünderten beziehungsweise zerstörten Klöster und Kirchen erneuern, und bereits am 28. Mai wurde die Messe wieder auf Lateinisch gelesen, vgl. Sven Tode: Stadt im Bauernkrieg 1525. Strukturanalytische Untersuchungen zur Stadt im Raum anhand der Beispiele Erfurt, Mühlhausen/ Thür., Langensalza und Thamsbrück, Frankfurt am Main u. a. 1994, S. 213. Auf diese Entwicklungen hatte Mühlpfordt bereits Anfang Juni 1525 Bezug genommen, vgl. hier in Anm. 448. Da diese – Roth gegenüber geäußerte – Kritik auch die Landesherrschaft treffen musste, zu der Mühlpfordt gute Beziehungen pflegte, mag er sie verklausuliert zu Papier gebracht haben (vgl. dazu Kapitel 10 „Die Ernestiner und kommunalpolitisches Wirken").

392 Zit. n. Fuchs: Akten (wie Anm. 133), S. 439.
393 Zit. n. ebd., S. 440.

sierte: Möglichkeiten zur Konfliktklärung eröffneten sich für ihn nur im Zusammenwirken, indem „von peiden teilen etwas nachgelaßen" werde, sich die Konfliktparteien aufeinander zubewegten, wodurch „dißen sachen so woll zu helfen wehr", wie er annahm. Als „gutlich handlung" schlug[394] er einen auf der Leistungsfähigkeit basierenden materiellen Ausgleich, „das die pauern noch etwas trugen und den grosten teil der adell", vor. In „steten und dorfern" wähnte er die „purger" mit den „pauern", was er Roth im Vertrauen mitteilte, im Leiden unter der obrigkeitlichen Bedrückung verbunden,[395] wobei er mit seiner Auffassung zeitgenössisch beileibe keine Ausnahme darstellte.[396]

Wie sich alsbald in der erstmaligen Amtsperiode des Bürgermeisters ab September 1521 abzeichnete, war Mühlpfordt ein „vollüberzeugter, vollbegeisterter Lutheraner",[397] der sich jedoch – wie an früherer Stelle dargelegt – stärker für die vom Reformator ausgehenden Impulse als für diesen selbst zu begeistern vermochte. Mehrfach überliefert sind affirmative Bekenntnisse des langjährigen Bürgermeisters, mit denen er sich außerdem von der Alten Kirche abgrenzte.[398] Roth erhielt von ihm einen auf den 11. März 1524 datierten Brief, in dem die 1522 auf Anraten Spalatins etablierte und mittler-

---

394 Alle vorhergehenden Zitate zit. n. ebd., S. 439; dies legt die Formulierung Mühlpfordt nahe („Ich weis woll sachen"), zit. n. ebd. Wolf von Weißenbach und sein Bruder Hermann hatten etwas über ein Jahr zuvor, 1524, Forderungen der ihnen untertänigen Bauern nach Minderung der Abgaben erfolgreich bei der Landesherrschaft abgewehrt, dazu vgl. Volkmar Joestel: Karlstadt und der Bauernkrieg in Ostthüringen, in: Werner Greiling u. a. (Hg.): Reformation und Bauernkrieg, Köln 2019 (= Quellen und Forschungen zu Thüringen im Zeitalter der Reformation 12), S. 199–224, bes. S. 203 f.
395 Alle vorhergehenden Zitate zit. n. Fuchs: Akten (wie Anm. 133), S. 438.
396 Dass diese von Mühlpfordt empfundene Übereinstimmung auch eine allgemeine Sichtweise von bäuerlicher und bürgerlicher Seite darstellte, dazu vgl. Horst Buszello: Modelle und Programme politischer Gestaltung im Bauernkrieg, in: Martin Sünder (Hg): Mühlhausen, der Bauernkrieg und Thomas Müntzer. Realitäten – Visionen – Illusionen, Mühlhausen 2000 (= Protokollband zum wissenschaftlichen Kolloquium am 27. Mai 2000 im Bauernkriegsmuseum Kornmarktkirche in Mühlhausen; Veröffentlichungen der Thomas-Müntzer-Gesellschaft 1), S. 28–65, bes. S. 28–32.
397 Clemen: Mühlpfort (wie Anm. 7), S. 47. ND in: Clemen: Kleine Schriften, Bd. 8, Leipzig 1987, S. 61–64, hier S. 63.
398 Zu dieser in Formulierungen wie bei Mühlpfordt bereits deutlich werdenden – von der Forschung für die zweite Hälfte des 16. Jahrhunderts deutlich herausgearbeiteten – „negativen Identität" und den „Abgrenzungsstrategien" zur Alten Kirche vgl. allgemein die Ausführungen bei Matthias Pohlig: Zwischen Gelehrsamkeit und konfessioneller Identitätsstiftung. Lutheri-

weile längst auf der höfischen Dienstkleidung und auf Münzen zu findende ernestinische Devise, das Bibelwort „verbum domini manet in [a]eternum", auftauchte; die neue Lehre war Mühlpfordt „das brot" geworden, an dem „festiglich [zu] halten" sei, welches man sich, „ungeacht todt, hell und teuffel", bekräftigte er, „von den welfen", also den Altgläubigen, „nicht wieder nehmen lassen" sollte.[399] Voll überzeugt, voll begeistert vom Luthertum, für das er weiterhin einstand, blieb er offenbar auch nach dem inneren Abrücken vom Oberhaupt der Reformation ab 1525, trotz allem obig geschilderten Trennenden. Ganz in diesem Sinne schrieb er am 15. März 1527 an Roth: „So vertraw Ich In gott, [...] von der warheytt nicht zw weichen [...]." Diese Zeilen formulierte er zwar angesichts eines machtpolitischen Konflikts mit Prediger Lindenau als eigentlich konfessionellem Verbündeten über das Vokationsrecht der städtischen Geistlichen, prinzipiell aber sah unser Protagonist im konfessionellen Gegner „dj feindt der warheytt".[400] Zugleich empfand er sich – ungeachtet aller Abgrenzungsbekundungen – genauso wie als Anhänger des Reformators in einer Traditionslinie mit der vorreformatorischen Zeit stehend: In seinem Schreiben an Roth vom 17. Juli 1523 hob er auf das „bestendiglich[e] verharren im christlichen vornehmen, als vnsere vorfarn etwo gethan", ab.[401] Augenscheinlich artikulierte der Verfasser hier seine früher thematisierte Nähe zu Erasmus und dem von diesem propagierten Konzept der *respublica christiana* oder zu einer von Luther vertretenen „Universalität von Glauben und der unsichtbaren Kirche".[402] Letztendlich dürfte die konfessionelle Positionierung nicht dominiert haben. Denn – wie im Übrigen gleichfalls Stephan Roth[403] – Mühlpfordt pflegte interkonfessionellen Um-

---

sche Kirchen- und Universalgeschichtsschreibung 1546–1617, Tübingen 2007 (= Spätmittelalter und Reformation. Neue Reihe 37), bes. S. 39–42, Zit. S. 40.
399 Zit. n. Fröhlich: Einführung (wie Anm. 161), S. 50, Anm. 9. Dazu vgl. grundlegend Ingetraut Ludolphy: VDMIAE. Ein „Reim" der Reformationszeit, in: Jahrbuch der Hessischen Kirchengeschichtlichen Vereinigung 33 (1982), S. 279–282.
400 Zit. n. WA Br. 4 (wie Anm. 233), S. 182.
401 Zit. n. Fröhlich: Einführung (wie Anm. 161), S. 55, Anm. 15.
402 Schilling: Luther (wie Anm. 108), S. 628.
403 Mit dem Pfarrer Stephan Sieber in Schönau wiederum, der „lebenslang eine unentschiedene Stellung" zur Alten Kirche und zum Luthertum bezog, war Roth eng verbunden, s. Otto Clemen: Sigismund Heßler, fürstlicher Kaplan zu Wülzburg, in: Zeitschrift für bayerische Kirchengeschichte 15 (1940), S. 232–236, hier S. 233. ND in: Clemen: Kleine Schriften, Bd. 6, Leip-

gang[404] und wählte damit auf seine Weise einen am Beginn der Reformation zumindest noch gangbaren „Mittelweg" der Humanisten zwischen den Lagern, worin sich zugleich religiöse Indifferenz ausdrückte.[405] Hinsichtlich des für ihn andernorts noch zu betrachtenden Stellenwertes von Glaubensfragen in der Politik ist diese Beobachtung bedeutsam. Nähere Informationen zu den besagten Kontakten des Zwickauers liegen bislang lediglich vereinzelt vor: Bekannt ist die 1523 nachweisbare Verbindung zu Heinrich Stromer in Leipzig, dem Leibarzt des katholischen Brandenburger Kurfürsten und gleichwohl Anhänger Luthers.[406] Ferner gab es womöglich mit dem Humanisten Agricola, der als Altgläubiger starb, eine Korrespondenz, von der lediglich auf den 14. Januar 1534 datierte Grüße an Bärensprung und unseren Protagonisten erhalten blieben.[407] Zu erwähnen ist ebenso der Wülzburger Kaplan Sigismund Heßler, der der Reformation zumindest „zuneigt[e]"[408] und aus Zwickau Zinsen von einem Altarlehen bezog, weshalb er vermutlich Mühlpfordt noch in einem Schreiben vom 11. Mai 1534 an Roth als seinen „Gönner" bezeichnet hat.[409]

---

zig 1985, S. 331–335, hier S. 232. Roth stand seit mindestens 1521 mit Sieber fortwährend in brieflichem Austausch und ergänzte dies durch Besuche, vgl. dazu zuletzt Metzler: Roth (wie Anm. 20), S. 75, S. 85, S. 97, Anm. 500; Roth finanzierte später dessen Sohn – dem berühmten Pädagogen Adam Sieber – die Ausbildung, vgl. ebd., S. 92 f.
404 Zur Interkonfessionalität als „wechselseitige Austauschprozesse zwischen einzelnen Personen oder Gruppen verschiedener konfessioneller Milieus" s. Thomas Kaufmann: Einleitung, in: Greyerz u. a. (Hg.): Interkonfessionalität (wie Anm. 228), S. 9–15, hier S. 15.
405 Schilling: 1517 (wie Anm. 384), S. 195. Zur Thematik vgl. grundlegend Kaspar von Greyerz: Konfessionelle Indifferenz in der Frühen Neuzeit, in: Andreas Pietsch/Barbara Stollberg-Rilinger (Hg.): Konfessionelle Ambiguität. Uneindeutigkeit und Verstellung als religiöse Praxis in der Frühen Neuzeit, Gütersloh 2013 (= Schriften des Vereins für Reformationsgeschichte 214), S. 39–61.
406 Dies geht aus einem Brief Mühlpfordts an Roth vom 12. Juni 1523 hervor, vgl. Clemen: Auerbach (wie Anm. 148), S. 106, Anm. 15. ND in: Clemen: Kleine Schriften, Bd. 1, Leipzig 1982, S. 522–533, hier S. 528.
407 Dazu vgl. Steinmüller: Agricola (wie Anm. 38), S. 43, Anm. 59.
408 Clemen: Heßler (wie Anm. 403), S. 234. ND in: Clemen: Kleine Schriften, Bd. 6, Leipzig 1985, S. 331–335, hier S. 333.
409 Clemen: Heßler (wie Anm. 403), S. 233. ND in: Clemen: Kleine Schriften, Bd. 6, Leipzig 1985, S. 331–335, hier S. 332.

5 GEWALTANWENDUNG IN DER POLITIK – EINE VERORTUNG

5.1 Gewaltgegner im Bauernkrieg

Mühlpfordts humanistisch geprägte Ansichten erwiesen sich, wie seine hier bereits beleuchteten Anmerkungen im Schreiben an Roth vom Juni 1525 deutlich machten, im Bauernkrieg mit denjenigen Luthers als unvereinbar. Ein Streitpunkt war das theologisch begründete Töten der aufständischen Bauern. Welche Stellung unser Protagonist der Gewalt in der Politik prinzipiell zumaß, gilt es in einem weiteren Schritt zu untersuchen. Zunächst richtet sich der Blick jedoch auf Zwickaus Lavieren im Bauernkrieg. Als dieser entbrannte, verstand der Zwickauer Rat seine vordringlichste Aufgabe darin, ein „Zusammenfließen von ländlichem und städtischem Unmut" zu verhindern. Hingegen verwehrte man Aufständischen, die sich an die Muldestadt wandten und um Lebensmittel baten, „rasch" ihren Wunsch.[410] Maßgeblich bestimmte sicherlich ein durch die Landesherrschaft ausgeübter Druck die Reaktion der Stadtoberen.[411] Deren Bemühungen innerhalb

---

[410] Zu den vorhergehenden Zitaten s. Bräuer: Rat (wie Anm. 44), S. 122. Am 7. Mai 1525 hatten sich die Bauern von Reinsdorf bei Zwickau an den Zwickauer Rat gewandt und um Unterstützung gebeten. Die Ratsherren reagierten, indem sie, ohne den Landesherrn zu informieren oder selbst zu antworten, eine durch die Gemeinde gestützte, freundlich-unverbindliche Zusage verfassten – immerhin war der Haufen der Reinsdorfer etwa 3000 Mann stark, dazu vgl. Karant-Nunn: Zwickau (wie Anm. 14), S. 138–140.

[411] So wurde beispielsweise auf eine durch den Amtmann Wolf von Weißenbach im Bauernkriegsjahr 1525 an den Zwickauer Rat ergangene Ermahnung verwiesen, „sich ohne Wissen des Landesherrn mit keiner anderen Kommune zu verbünden und mit Strenge gegen alle Aufrührer vorzugehen", s. Wieland Held: Der Zwickauer Amtmann Wolf von Weißenbach und seine Haltung zu Thomas Müntzer, in: Zeitschrift für Geschichtswissenschaft 39 (1991), S. 577–586, hier S. 583 f. Den Quellen zufolge hatte Wolf von Weißenbach sich gegenüber dem Zwickauer Rat am 14. Mai 1525 zwar zu Bündnisfragen, jedoch nicht zur Bestrafung Aufständischer geäußert, vgl. Fuchs: Akten (wie Anm. 133), S. 289 f. (zu Nr. 1450); vgl. auch ebd., Anm. 3.

der Stadtmauern zielten zur gleichen Zeit darauf ab, latente soziale Spannungen[412] abzuschwächen, die Mühlpfordt klar vor Augen standen, denn er wisse, „wi es zuget mit *steten*", schrieb er an Roth. Nach eigenem Bekunden steuerte das überwiegend der nicht regierende Bürgermeister, der sich seiner aufgewandten „sorg und muh" rühmte, durch die es gelang, während der Bauernkriegswirren „in der stadt", der damals Laurentius Bärensprung vorstand, „ufrur zu verhuten".[413] Insbesondere für diesen Kulminationspunkt bleibt offen, ob es, wie Anne-Rose Fröhlich meinte, „wesentlich Mühlpforts Führung zu danken" war, dass die Situation nicht eskalierte.[414] Folglich entsprach die damalige Politik des Rates, die in einer verbesserten Nahrungsversorgung der sozial Schwachen bestand, dem von unserem Protagonisten als notwendig Empfundenen.[415] Überdies stellte sie für ihn ein bevorzugtes politisches Instrument dar. Die „Neutralitätspolitik" der Zwickauer Führung verschloss sich einem „standhaften Stellungnehmen für den Freiheitskampf der Bauern" und verweigerte sich, auf energisches Drängen der Gemeinde – die dem Rat im Gegenzug Gehorsam zusicherte –, Bündnissen mit den adeligen Widersachern der Aufständischen beziehungsweise einem militärischen Vorgehen gegen Letztere.[416] Anfang Mai mussten die örtli-

---

412 Zur Zahl der Armen, die in der ersten Hälfte des 16. Jahrhunderts in Zwickau absolut und prozentual anwuchs und sozialen Sprengstoff darstellte, vgl. Bräuer: Rat (wie Anm. 44), bes. S. 43–50. Soziale Konflikte waren durch die Handwerkerunruhen im Herbst/Winter 1520 bis Sommer 1521 manifest geworden, im Einzelnen vgl. dazu Karant-Nunn: Zwickau (wie Anm. 14), S. 262, Anm. 81 sowie Helmut Bräuer: Gesellenstreiks in Sachsen im Zeitalter der frühbürgerlichen Revolution, in: Jahrbuch für Regionalgeschichte 14 (1987), S. 183–199, bes. S. 185–191.
413 Zit. n. Fuchs: Akten (wie Anm. 133), S. 438 (Herv. d. Verf.).
414 Fröhlich: Einführung (wie Anm. 161), S. 47.
415 Mühlpfordt gehörte zu den Ratsmitgliedern, die am 3. Mai 1525, am Tag nach dem Wegzug der Franziskaner, beauftragt wurden, deren zurückgelassene Nahrungsmittel an arme Einwohner und Zwickauer Hospitäler zu verteilen, lagerndes Holz zugunsten derjenigen Armen, denen die Mönche noch etwas schuldeten, zu veräußern, das Bier zu verkaufen, zu verschenken oder gleichfalls an Spitäler zu übergeben, vgl. Ferdinand Doelle: Reformationsgeschichtliches aus Kursachsen. Vertreibung der Franziskaner aus Altenburg und Zwickau, Münster 1933 (= Franziskanische Studien. Beiheft 15), S. 118 f. Vgl. dazu auch ebd. die Beilage Nr. 30: Verhandlungen über das Klostervermögen nach dem Abzuge der Brüder vom 3. Mai 1525, S. 276 f.
416 Weller: Mühlpfort (wie Anm. 8), S. 10. Am 2. Mai 1525 kam es zu einem Kompromiss zwischen Rat und Bürgerschaft unter Zurückstellung aller Konflikte. Bezüglich des Truppen-

chen Franziskaner – was noch dargelegt wird – auf Verlangen eines Teils der Bürgerschaft schließlich die Muldestadt verlassen. Wie Susan Karant-Nunn herausarbeitete, war „sentiment favorable to the peasants [...] widespread among the citizens, and not just among the ‚poor and downtrodden'";[417] des Weiteren resümierte Karant-Nunn zutreffend, dass man gar im Rat „sympathy" für die Belange der Bauern besessen habe.[418] Mühlpfordts hier einige Male referierte Bemerkungen im Schreiben an Stephan Roth belegen das mit großer Klarheit: Sein „mitleiden" verlören die Bauern nur, so notierte er nach deren Niederlage im Juni 1525, wenn der Landesherr und andere Fürsten ein öffentliches Edikt ausgehen ließen, in dem sie ihre Einsicht für die Situation der Landbevölkerung zum Ausdruck brächten, und die Bauern „wollten darnach" von ihren Ausschreitungen trotzdem „nicht abloßen".[419] Natürlich verlautbarte er derlei nicht öffentlich; anders als der Ratsherr Nikolaus Reinhold, den man, obgleich „related by marriage to the Mühlpfort family", verwarnte, da er auf den Straßen Zwickaus Zustimmung für den Bauernaufstand geäußert hatte.[420] Insofern ist für Mühlpfordt mit voller Berechtigung konstatiert worden, dass er als Privatmann „weitestgehende[s]

---

kontingents, das dem Landesherrn zur Verfügung zu stellen war, einigte man sich, dass es zum Schutz von Obrigkeit und Ordnung, nicht aber gegen die Bauern eingesetzt werden sollte, vgl. Bräuer: Rat (wie Anm. 44), S. 120. Dem Landesherrn wurde diese Vereinbarung lediglich in entschärfter Form übermittelt, vgl. Karant-Nunn: Zwickau (wie Anm. 14), S. 144 f. Damit einher ging ein restriktiverer Umgang mit Kritikern aus der Bürgerschaft sowie eine Intensivierung der Kommunikation des Rates mit Herzog Johann, vgl. ebd., S. 142. Am 5. Mai 1525 wies der Zwickauer Rat die angefragte Unterstützung für die Adeligen des Vogtlandes zurück. Die Begründung erwähnte die Beschwernisse, denen die Bauern durch eben jene Adeligen, „ire feinde", ausgesetzt gewesen seien. Das anmaßende Benehmen umliegender Adeliger, die hinter Zwickaus Mauern Schutz gesucht hatten und somit die Aufmerksamkeit der Aufständischen erneut auf Zwickau ziehen konnten, tat sicherlich ein Übriges, zit. n. ebd., S. 141.

417 Ebd., S. 142. Vgl. auch Günter Mühlpfordt: Bürger im Bauernkrieg – Stimmen und Stimmungen 1524/25, in: Gerhard Brendler/Adolf Laube (Hg.): Der deutsche Bauernkrieg. Geschichte – Traditionen – Lehren, Berlin 1978 (= Schriften des Zentralinstituts für Geschichte 57), S. 131–144, bes. S. 40 f.
418 Karant-Nunn: Zwickau (wie Anm. 14), S. 140.
419 Zit. n. Fuchs: Akten (wie Anm. 133), S. 438.
420 Karant-Nunn: Zwickau (wie Anm. 14), S. 142. Nikolaus Reinhold war der zweite Ehemann von Walpurga geb. Thürschmidt, der Witwe des 1516 verstorbenen Ratsherrn Heinrich Mühlpfort, vgl. den Personennachlass Steinmüller (wie Anm. 19), Nr. 772.

Interesse für die Sache der Bauern" gezeigt habe,[421] wie er als Politiker „far from supporting the peasants cause" gewesen sei.[422] Zwar nahm er innerlich an der Situation der Aufständischen Anteil und besaß tatsächlich „ein Herz für die Armen und Unterdrückten".[423] Er war nichtsdestotrotz kein „Münzerianer", als den man ihn vereinzelt hat sehen wollen.[424]

Ungeachtet aller offenkundigen Bestrebungen Mühlpfordts, sich einer aktiven politischen Unterstützung bäuerlicher Anliegen zu enthalten, ist sein entschiedenes Eintreten für die Rädelsführer der Aufständischen in der Forschungsliteratur des späten 20. Jahrhunderts überliefert, das über probäuerliche Bekundungen mutmaßlich weit hinausging. So habe der Zwickauer „auf seine Weise" versucht, dem „plündernden und mordenden Adel in die Arme zu fallen [...], indem er zusammen mit dem Stadtpfarrer Nikolaus Hausmann und den anderen Zwickauer Predigern das von den siegreichen Fürsten für den 4. Juli 1525 geplante Strafgericht über die Bürger und Bauern verhinderte".[425] Bei Peter Schumann, dem Zwickauer Geschichtsschreiber, auf den diese Überlieferung offenbar zurückzuführen ist, handelte es sich um einen – wie vorher angemerkt – 1525 erst etwa zehnjährigen Knaben. Der um 1538 geborene und gleichnamige Sohn des Chronisten brachte dann in der zweiten Hälfte des 16. Jahrhunderts die Aufzeichnungen seines Vaters in die vorliegende Form. Peter Schumann der Jüngere notierte allerdings, dass „alle gefangene" alleinig durch Pfarrer Hausmann „bei den Chur und fursten alhie Lossgebetten worden" seien.[426] Hermann Mühlpfordt führte er nicht auf. Im 19. Jahrhundert machte Emil Herzog neben Hausmann den Zwickauer Geistlichen Wolfgang Zeuner als Mitwirkenden beim

---

421 Gottfried Maron: Art. Bauernkrieg, in: Gerhard Müller/Gerhard Krause (Hg.): Theologische Realenzyklopädie, Bd. 5, Berlin/New York 1980, S. 319–338, hier S. 332.
422 Anna Laurence: The spread of reform, in: Peter Elmer (Hg.): The Renaissance in Europe: a cultural enquiry, Bd. 3: Challenges to Authority, New Haven 2000, S. 55–102, hier S. 88.
423 Clemen: Mühlpfort (wie Anm. 7), S. 47. ND in: Clemen: Kleine Schriften, Bd. 8, Leipzig 1987, S. 61–64, hier S. 63.
424 Otto Clemen: Rez. zu Der Münchener Buchdrucker Hans Schobser 1500–1530, in: Zeitschrift für Kirchengeschichte 1 (1926), S. 144f., hier S. 145.
425 Oehmig: Mühlpfordt (wie Anm. 2), S. 165.
426 Zit. n. Falk: Chroniken (wie Anm. 27), 4 (1923), S. 15f., hier S. 16.

„Verwenden" für die Bauern aus.⁴²⁷ Wie nun gelangte Mühlpfordt schließlich in die Geschichte? Schumann erwähnte darüber hinaus, am Vorabend des Gerichtstages seien in der „behausung" des Bürgermeisters einige Sieger des Bauernkrieges „zum abentmal" geladen gewesen, dem sich ein „herlicher Tantz [...] mit Burgers frauen vnd Jungkfrauen vffn neuen kaufhause alhie" angeschlossen habe.⁴²⁸ Otto Clemen, Mühlpfordts erster Biograf, zog 1922 aus dem unmittelbar vor dem Gerichtstag erfolgten Zusammentreffen eine gewagte Folgerung: Der Gastgeber habe durch „die großartige Bewirtung, [...] das anmutige Schauspiel, daß er ihnen nach dem Festmahl bot, und wohl auch kurze freimütige Gespräche, die er mit einzelnen seiner gnädigsten und gnädigen Herrn in vorgerückter Stunde in einer Fensternische geführt haben wird, die Fürsten milder gestimmt [...], als die Fürbitte der Geistlichen", weshalb Clemen dem damals nicht regierenden Bürgermeister das „Hauptverdienst" am unblutigen Ausgang der geplanten Strafaktion zusprach.⁴²⁹ Clemens durchaus interessante Spekulation, auf die er wiederholt zurückgriff,⁴³⁰ avancierte ausgangs des 20. Jahrhunderts zum historischen Fakt und erweist sich bis in die jüngste Vergangenheit als äußerst zählebig.⁴³¹ Zunächst ist die Annahme so gearteter Anstrengungen Mühlpfordts mehr als plausibel, kritisierte er doch den Reformator in dieser Zeit harsch, der Partei für die Obrigkeit zu ergreifen schien. Vor allem profitierte der Zwickauer Bürgermeister an den Strafzahlungen in Form von Getreideabgaben, zu denen man die aufständischen Bauern verurteilte.⁴³² Aber nur ein paar Stunden, bevor „uffn Abent" des besagten 3. Juli 1525 in seinem Haus

---

427 Dazu vgl. Herzog: Chronik (wie Anm. 76), S. 207. Zur vermeintlichen Mitwirkung des Zwickauer Geistlichen Wolfgang Zeuner vgl. noch Kahleyß: Zwickau (wie Anm. 44), S. 368, 570.
428 Zit. n. Falk: Chroniken (wie Anm. 27), 4 (1923), S. 15f., hier S. 16. Dazu vgl. auch hier in Anm. 263.
429 Clemen: Mühlpfort (wie Anm. 7), S. 47. ND in: Clemen: Kleine Schriften, Bd. 8, Leipzig 1987, S. 61–64, hier S. 63.
430 So schrieb Clemen noch: „Ich möchte annehmen", s. Clemen: Mühlpfort (wie Anm. 7), S. 47. ND in: Clemen: Kleine Schriften, Bd. 8, Leipzig 1987, S. 61–64, hier S. 63. Vgl. zu dieser Annahme auch Clemen: Reformationsgeschichtliches (wie Anm. 345), S. 190, Anm. 1. ND in: Clemen: Kleine Schriften, Bd. 1, Leipzig 1982, S. 412–427, hier S. 414.
431 Vgl. jüngst Bräuer: Mühlpfordt (wie Anm. 11), S. 119.
432 Dazu vgl. bei Oehmig: Mühlpfordt (wie Anm. 2), S. 172f.

die auswärtigen Regenten zum Mahl weilten,⁴³³ muss sein hier genanntes Schreiben an Roth entstanden sein. Es enthielt interessanterweise noch keinen Gedanken in dieser Richtung.⁴³⁴ Ob es Mühlpfordt also tatsächlich in den Sinn gekommen wäre, sich für diejenigen Bauern einzusetzen, die man als Köpfe des Aufruhrs anprangerte, soll vor dem Hintergrund seines Verhältnisses zur Gewalt genauer hinterfragt werden.

5.2 Legitime und illegitime Gewalt

Zwar bevorzugte Mühlpfordt Verhandlungen statt Gewalteinsatz bei der Lösung von politischen Problemen und attestierte der Landesherrschaft lobend, im Bauernkrieg „alwege blut zu vergissen sich hoch gemiden" zu haben.⁴³⁵ Gegen sein beherztes Engagement für die Auständischen vor dem Zwickauer Gerichtstag wäre dennoch ins Feld zu führen, dass er die *potestas*, sprich das Handeln in legitimen (hierarchischen) Beziehungen, nicht pauschal ablehnte.⁴³⁶ Die Potentaten dürften das „blutvergissen", so schrieb er an Roth nach Wittenberg, „zum teil nicht [...] underloßen [...], uf das di fromen vor den poeßen geschutzt" würden.⁴³⁷ Als fromm erachtete er, so lassen sich seine Worte interpretieren, wer die gottgewollte Ordnung respektierte; als böse, wer sie beschädigte, in diesem Fall die sich empörenden Bauern. Es ist nicht von der Hand zu weisen, dass er, aus solchen Erwägungen heraus, einen Widerstand gegen Kaiser Karl V., wenn nicht ablehnend, so doch zwiegespalten beurteilt haben wird; das legt ein Schreiben des Nürnberger Korrespondenzpartners Schleupner aus dem Jahre 1529 nahe.⁴³⁸ Nicht zu-

---

433 Zit. n. Falk: Chroniken (wie Anm. 27), 4 (1923), S. 15 f., hier S. 16.
434 Vgl. Clemen: Handschriftenproben (wie Anm. 284), zu Nr. 43.
435 Zit. n. Fuchs: Akten (wie Anm. 133), S. 439.
436 Zu diesem Terminus vgl. Kaspar von Greyerz/Kim Siebenhüner: Einleitung, in: dies. (Hg.): Religion und Gewalt. Konflikte, Rituale, Deutungen (1500–1800), Göttingen 2006 (= Veröffentlichungen des Max-Planck-Instituts für Geschichte 215), S. 9–25, bes. S. 11 f.
437 Zit. n. Fuchs: Akten (wie Anm. 133), S. 439.
438 Vgl. dazu Clemen: Sleupner (wie Anm. 156), S. 70 f. ND in: Clemen: Kleine Schriften, Bd. 1, Leipzig 1982, S. 510–512, hier S. 510 f. Zur bejahenden Positionierung Schleupners be-

letzt Ereignisse wie die „geschichtten zw Wirtzbergk", auf die er am 3. Juli 1525 hinwies, bestärkten ihn darin, dass eine Abwehr von Störungen legitim und notwendig sei.[439] Hiermit konnte er nur die Kooperation Würzburgs mit den aufständischen Bauern und das Berennen der Festung Marienburg, also den Aufstand gegen den Fürstbischof Konrad II. von Thüngen, gemeint haben sowie die endliche Unterwerfung der Stadt durch das Heer der Potentaten und deren Einmarsch. In weiter Ferne stand noch das Strafgericht der Sieger am 9. August, das dreizehn Bürger das Leben kostete.[440] Was in Franken bis zum 3. Juli 1525 geschehen war, empfand er im Ganzen als „erschrecklich".[441] Prinzipiell billigte er, eingedenk seiner Roth mitgeteilten Haltung zur *potestas*, das „straffen alle[r] ufrurer", ohne dem „es ubel zujhen" würde.[442] Somit offenbarte sich ein Schnittpunkt mit Luthers Denken dahingehend, dass man einen „ufrur [...] wenden" müsse.[443] Dem Wittenberger attestierte er in dieser Hinsicht, „di warheit geschriben" zu haben.[444] Indem die tatsächlichen Verfehlungen einzelner Ordnungsbrecher – in diesem Fall aus den Reihen der Bauern – Ahndung erfuhren, war das für Mühlpfordt, so muss er zunächst verstanden werden, nicht kritikwürdig. Wie bereits ausgeführt, kam für ihn, obschon er die Erhebung der geplagten Landbevölkerung durchaus nachzuvollziehen vermochte, ein Umstoßen der bestehenden Verhältnisse von dieser Seite selbstredend nicht in Betracht. Unabdingbare Voraussetzung für die von ihm angestrebte friedliche Auflösung gesellschaftlicher Differenzen, woraus, seiner Meinung nach, wiederum erst die Eintracht der Gesellschaft und schließlich die „frucht des glaubens" – gute Werke nicht aus Zwang, sondern aus Freiheit und Liebe

---

züglich der „sächsischen Apologia", die einem gewaltsamen Widerstand gegen Karl. V. ablehnend gegenüberstand, vgl. Machilek: Schleupner (wie Anm. 153), S. 260 f.
439 Zit. n. Clemen: Handschriftenproben (wie Anm. 284), zu Nr. 43.
440 Dazu vgl. Ulrich Wagner: Die Stadt Würzburg im Bauernkrieg, in: ders. (Hg.): Geschichte der Stadt Würzburg, Bd. 2: Vom Bauernkrieg 1525 bis zum Übergang an das Königreich Bayern 1814, Stuttgart 2004, S. 40–49, bes. S. 43 f.
441 Zit. n. Clemen: Handschriftenproben (wie Anm. 284), zu Nr. 43.
442 Zit. n. Fuchs: Akten (wie Anm. 133), S. 439.
443 Zit. n. ebd., S. 438.
444 Zit. n. ebd., S. 440.

heraus – folgen könne,⁴⁴⁵ stellte vielmehr das Eindämmen von Gewalt, hier zuallererst von Übergriffen der dazu nicht befugten Bauern dar. Angesichts des Roth brieflich offenbarten Konsens mit Luther in der Frage nach Sanktionierung von Normverletzern bleibt es nicht nur der Quellenlage halber schwierig, Mühlpfordt einen Beitrag zum unblutigen Ausgang des Zwickauer Strafgerichts vom 4. Juli 1525 gegen die als Anführer der aufständischen Bauern ausgemachten Männer zuzuschreiben und implizit als Ausdruck einer politischen „Linie" werten zu wollen.⁴⁴⁶ Seiner politischen Linie hätte dies, wie wir sahen, eben nur unter dem Aspekt der Bildung vollends entsprochen. Um das Verhältnis Mühlpfordts zum Einsatz von Gewalt im politischen Handeln ganzheitlich zu beleuchten, sind demzufolge weitere ihrer Facetten in die Betrachtung einzubeziehen.

Grundsätzlich begünstigte die Gewaltanwendung, Mühlpfordts Ansicht zufolge, die Gegenreformation und stellte eine „vnsicherherheytt vnd gefar" für die neue Lehre dar.⁴⁴⁷ Das veranschaulichten ihm insbesondere die als Reaktion auf die Bauernaufstände getroffenen Naumburger Vereinbarungen vom Mai 1525. Mühlhausen als Beispiel heranziehend, konstatierte er bereits Anfang Juni 1525: In der Stadt seien „nonnen und monch wider eingezogen, halden und heben an widerumb di papistische meß und allen andern menschengebrauch". Weiterhin sähen „etzlich stete, herren und vom adel, welch di deusche messe haben halden lassen, […] dorvon ab und nhemen wider den alden gebrauch vor mit der lateinischen". Ironisch kommentierte er den Rückschlag: „Ich mein, das heist ein krig gefurt" zu haben.⁴⁴⁸ Angesichts jener Entwicklungen blieb ihm die Wendung des Reformators „unwegreiflich", der noch Ende April 1525 gleichfalls dem Wort publizistisch Priorität zugesprochen hatte, bevor er Anfang Mai 1525 mit seiner gegen die Bauern gerichteten Schrift die Seiten zu wechseln schien.⁴⁴⁹ Eine erfolgreiche Durchsetzung der lutherischen Lehre konterkarierte deren Oberhaupt nun mit „geheie" – Hitze –, mit der er publizistisch gegen die

---

445 Zit. n. ebd., S. 439.
446 Oehmig: Mühlpfordt (wie Anm. 2), S. 165.
447 Zit. n. Clemen: Handschriftenproben (wie Anm. 284), zu Nr. 43.
448 Zit. n. Fuchs: Akten (wie Anm. 133), S. 440. Vgl. dazu hier in Anm. 391.
449 Zit. n. Fuchs: Akten (wie Anm. 133), S. 438. Zu Luther Schriften vgl. in Anm. 319, 389.

Aufständischen Stellung bezog und den Herrschenden, was das gegen die Bauern Erlaubte betraf, „all zu vill" zubilligte.⁴⁵⁰ Für das Töten der Bauern argumentierend, entzog der Wittenberger dem humanistisch motivierten politischen Programm unseres Protagonisten, das eine gesellschaftliche Befriedung durch Vermittlung und materiellen Ausgleich vorsah, alle Grundlagen. Zudem leistete Luther einer Aufhebung der Grenzen zwischen *potestas* und illegitimer Gewalt (*violentia*) Vorschub.⁴⁵¹ Denn legitime – sprich strafende – Gewalt trennte Mühlpfordt von einer illegitimen, die sich pauschal gegen Menschen beziehungsweise Sachgüter richtete. So monierte er das Schicksal von „*unschuldigen* weibern und kindern" der „armen leut", denen man „ire hab und guter genomen und verbrent".⁴⁵² Möglicherweise war dies explizit auf die Taten der Grafen von Mansfeld gemünzt: Ernst II., der altgläubige Graf von Mansfeld-Vorderort, verfügte am 4. und 12. Mai 1525 das Anzünden von insgesamt drei Dörfern und den Raub einer Schafherde; sein Vetter, der Reformationsförderer Albrecht VI., Graf von Mansfeld-Hinterort, ließ am 5. Mai 1525 das Dorf Groß-Osterhausen verwüsten.⁴⁵³ Als ursächlich für Mühlpfords an Roth gerichtetes Geständnis, „pei mir nicht eins" zu sein,⁴⁵⁴ ist jedoch in der Hauptsache die Kollision der zwei miteinander unvereinbaren Ansichten anzunehmen: die generelle Bejahung einer, so hatte er ja an Roth geschrieben, zum Teil einfach unerlässlichen Bestrafung von Aufrührern mit einer gleichfalls von ihm beschworenen und hier bereits thematisierten Nichtverantwortlichkeit der ungenügend gebildeten aufständischen Bauern für ihr Agieren. Letzten Endes überwog in letzterem Fall – und das war der entscheidende Punkt – die Ablehnung eines gewalt-

---

450 Zit. n. ebd., S. 437.
451 Zu diesem Terminus vgl. von Greyerz/Siebenhüner: Einleitung (wie Anm. 436), bes. S. 11 f.
452 Zit. n. Fuchs: Akten (wie Anm. 133), S. 438 (Herv. d. Verf.).
453 Zu Graf Ernst II. von Mansfeld-Vorderort vgl. jüngst Bräuer/Vogler: Müntzer (wie Anm. 177), S. 355. Zu Graf Albrecht VII. von Mansfeld-Hinterort vgl. Armin Kohnle: Der Reformationsgraf Albrecht von Mansfeld (1480–1560). Eine Würdigung zu seinem 450. Todestag, in: ders./Siegfried Bräuer (Hg.): Von Grafen und Predigern. Zur Reformationsgeschichte des Mansfelder Landes, Leipzig 2014 (= Schriften der Stiftung Luthergedenkstätten in Sachsen-Anhalt 17), S. 69–94, hier S. 84.
454 Zit. n. Fuchs: Akten (wie Anm. 133), S. 438.

samen Vorgehens alle seine vorhandenen konventionellen und gegenläufigen Überzeugungen. Indem der Reformator ein Niederschlagen der Landbevölkerung mit der Waffe nach Kräften zu forcieren schien, lief das dem theologischen Verständnis des Bürgermeisters sowie seiner Auffassung von christlichem Handeln, konkret der Barmherzigkeit und Nächstenliebe, aufs Schärfste zuwider.

Sicherlich dürfen wir bei diesem unauflösbaren inneren Widersprüchen, so formulierte es Alexander Rüstow, von einem Zustand „schwerster Gewissensnot" ausgehen,[455] aus dem heraus Mühlpfordt wahrscheinlich den in Wittenberg weilenden Roth autorisierte, sein „gemut" ob der Handungsweise des Reformators jenem „auch woll anzeigen" zu dürfen.[456] Eine gegenüber Roth geäußerte Kritik ist obendrein als repräsentativ für einen größeren Kreis seiner Zeitgenossen in Zwickau anzusehen.[457] Durch den Verfasser der Zeilen ist aber nur überliefert, dass Pfarrer Hausmann und die Prediger „etwas mit verwunderung entsatzt" gewesen seien.[458] In Anbetracht des vom Chronisten Schumann bestätigten Engagements von Pfarrer Hausmann für die Verurteilten mag dem zumindest Glaubwürdigkeit zukommen. Gleichermaßen befand sich Hermann Mühlpfordt außerhalb Zwickaus mit seiner ausdrücklichen Missbilligung nicht allein: Johann Rühel, der mit dem Wittenberger verschwägerte Mansfelder Rat, ließ diese beispielsweise zuvor in einem Brief an den Reformator vom 26. Mai anklingen.[459] Zweifelsohne ist nicht allein aus diesem Grund auszuschließen, dass das am 4. Juni 1525 verfasste Schreiben aus der Muldestadt Luther den Anstoß dazu gab, seine Verlautbarungen zu überdenken. Aufgrund des ihm durch Rühel

---

455 Alexander Rüstow: Ortsbestimmung der Gegenwart. Eine universalgeschichtliche Kulturkritik, Bd. 2: Weg der Freiheit, Erlenbach-Zürich 1952, S. 661.
456 Zit. n. Fuchs: Akten (wie Anm. 133), S. 440.
457 Heinz Schilling vermutet Mühlpfordt in allgemeiner Übereinstimmung mit der „Zwickauer Gemeinde", was in Anbetracht der probäuerlichen Haltung eines großen Teiles der Bürgerschaft weitgehend plausibel erscheint, s. Schilling: Luther (wie Anm. 108), S. 317. Demgegenüber sieht Hermann Kunst Mühlpfordt vor allem im Konsens mit „dem evangelischen gebildeten Mittelstand", s. Hermann Kunst: Evangelischer Glaube und politische Verantwortung. Martin Luther als politischer Berater seiner Landesherren und seine Teilnahme an den Fragen des öffentlichen Lebens, Stuttgart 1976, S. 129.
458 Zit. n. Fuchs: Akten (wie Anm. 133), S. 437.
459 Vgl. WA Br. 3, S. 509–513 (zu Nr. 875).

übermittelten „Zetergeschrei[s]"[460] nämlich hatte sich das Oberhaupt der Reformation in seiner Wittenberger Predigt vom Vormittag desselben Tages öffentlich gerechtfertigt.[461] Mühlpfordt, der vom Inhalt der Kanzelworte in Zwickau wohl zeitnah erfuhr,[462] zieh man treffend einen „reformatorischen Humanisten".[463] Ungeachtet der zentralen Stellung, die er der Lehre des Wittenbergers in seinem Wirken einräumte, bestimmte letztlich die vielfach „widerspenstig gegen eine vollständige Konfessionalisierung" gebliebene humanistische Tradition,[464] hier in erasmianischer Richtung, seine persönliche konfessionelle Identitätsbildung. Der Bürgermeister, der dem Gottesmann unterstellte, auf einem Irrweg zu sein, unterschlug in seinen Ausführungen indes den Umstand, dass Luther zwar zur „Schwertgewalt" der Obrigkeit in Bezug auf die Bauern aufrief, zugleich, was Volker Mantey hervorhob, „neben dieser deutlich ausgesprochenen Forderung [...] auch hier die vor der Gewaltanwendung auszusprechende Bitte um eine gewaltfreie Lösung des Konflikt[es] erhalten" blieb.[465] Zugespitzt bestand ihr zentraler Gegensatz darin, dass der Zwickauer im Bauernkrieg das Evangelium durch politische Maßnahmen, durch Ausgleich, also durch gesellschaftliche Reformen, sichern und durchsetzen wollte – wohingegen der Reformator es vor der drohenden Auslöschung zu retten hoffte, indem er angesichts der

---

[460] Zit. n. ebd., S. 530 f. (zu Nr. 890: Luther an Johann Rühel, Joh. Thür und Kaspar Müller, 15. Juni 1525), hier S. 531. Zum „Zetergeschrei" als „unwilligen tadel" s. Deutsches Wörterbuch (wie Anm. 65), Lfg. 6 (1936), Bd. XV (1956), Sp. 811–813 (813).

[461] Zit. n. WA 17, S. XL. Zu klären bleibt, inwiefern sich Mühlpfordts Kritik in Luthers Schrift „Eyn Sendebrieff von dem harten buchlin widder die bauren" niederschlug, die im Juli 1525 in Wittenberg erschien, vgl. WA 18, S. 384–401.

[462] Roth hat von Luthers Predigt eine schriftliche Fassung, vermutlich nach Mitteilungen anderer, hergestellt. Es wurde vermutet, dieser Text sei für Hermann Mühlpfort aufgeschrieben worden, vgl. dazu WA 17, S. XLf. Jüngst dazu Metzler: Roth (wie Anm. 20), S. 88, Anm. 432.

[463] Zu dieser Bezeichnung s. Mühlpfordt: Bauernkrieg (wie Anm. 418), S. 140.

[464] Anton Schindling: Konfessionalisierung und Grenzen von Konfessionalisierbarkeit, in: ders./Walter Ziegler (Hg.): Die Territorien des Reichs im Zeitalter der Reformation und Konfessionalisierung. Land und Konfessionen 1500–1650, Bd. 7: Bilanz – Forschungsperspektiven – Register, Münster 1997 (= Katholisches Leben und Kirchenreform im Zeitalter der Glaubensspaltung 57), S. 9–44, hier S. 14.

[465] Volker Mantey: Zwei Schwerter – zwei Reiche. Martin Luthers Zwei-Reiche-Lehre vor ihrem spätmittelalterlichen Hintergrund, Tübingen 2005 (= Spätmittelalter und Reformation. Neue Reihe 26), S. 269.

gewalttätigen Landbevölkerung auf das blutige Einschreiten der Herrschenden setzte. Rücksichtlich ihrer Diskrepanzen und Mühlpfordts Einlassungen zu der Thematik stellt sich eine tiefergehende Frage: Inwieweit folgte der Zwickauer dem heilsgeschichtlichen Denken Luthers, aus welchem heraus dieser in der durch die aufständischen Bauern verursachten Zerstörung – der sündigen Vermischung von weltlichem und göttlichem Reich und den zwei Regimenten – einer doch vermeintlich von Gott gesetzten Ordnung den Teufel selbst am Werk wähnte?[466]

---

[466] Zum heilsgeschichtlichen Denken Luthers vgl. Schilling: Luther (wie Anm. 108), bes. S. 312 ff. Konfessionelle Indifferenz könnte hier im Sinne eines „bewussten Verzicht[s] auf zentrale Theologumena der eigenen Konfession" beziehungsweise „beim Verzicht auf deren theologischen Ausschließlichkeitsanspruch" zum Tragen gekommen sein, s. Greyerz: Indifferenz (wie Anm. 405), S. 49.

6 KOMMUNIKATION: FUNKTION IM POLITISCHEN PROZESS

6.1 Begabter Redner und Diplomat

Diametral zu den Anschauungen Luthers im Bauernkrieg meinte sich Mühlpfordt mit seiner Bevorzugung des Wortes verorten zu müssen. In diesem erblickte er, gemäß seinem humanistischen Leitbild, im Umgang mit den Aufständischen das einzig adäquate politische Instrument. Auf den Dialog als Stärke des Bürgermeisters verwies als Erster der den Ideen Luthers zugetane und mit Stephan Roth und Kaspar Güttel verwandte Paul Greff, von 1505 bis 1549 Kirchner an der Marienkirche Zwickau. Greff blieb das Stadtoberhaupt als ein „beredter Redner" („eloquens orator") in Erinnerung, von denen es „damals keinen seines gleichen" („similis eius / temporis non fuit") gegeben habe. Zu seinem posthumen Urteil mag Greff wegen einer von der älteren Forschung konstatierten Nähe zu Mühlpfordt befugt gewesen sein, die auf dessen Funktion als Kirchenvater der Marienkirche beruhte.[467] Jedoch bediente man darüber hinaus in derlei Zuschreibungen den

---

[467] Zur Übersetzung s. Clemen: Mühlpfort (wie Anm. 7), S. 20. ND in: Clemen: Kleine Schriften, Bd. 8, Leipzig 1987, S. 61–64, hier S. 61. Zum lateinischen Original vgl. Albinus: Excerpta (wie Anm. 24), Bl. 191. Zur Zitierung des Originals vgl. bereits Oehmig: Mühlpfordt (wie Anm. 2), S. 161. Als unter anderem redegewandt – „Hoc tamen ingenio & propriis virtutibus auxit / Prudens Consiliis eloquiqoque gravis" – bezeichnet Mühlpfordt auch sein auf Veranlassung des Sohnes Wolfgang geschaffenes Epitaph aus dem Jahre 1572, zit. n. Wilhelm: Descriptio (wie Anm. 30), S. 78. Greff „stand", so führt Siegfried Hoyer im Zusammenhang mit der von dem Zwickauer Kirchner in dessen Aufzeichnungen erwähnten Hinrichtung des Buchdruckers Hans Hergot 1527 in Leipzig aus, „Hermann Mühlpfordt nahe und empfing sicher auch Informationen von ihm", s. Siegfried Hoyer: Zu den gesellschaftlichen Hintergründen der Hinrichtung Hans Hergots (1527), in: Zeitschrift für Geschichtswissenschaft 27 (1979), S. 125–139, hier S. 132. Zu Paul Greff vgl. Bräuer: Stadtchronistik (wie Anm. 20), S. 222 f. Zu davon abweichenden Angaben vgl. Thomas-Müntzer-Ausgabe, Bd. 3 (wie Anm. 179), S. 58, Anm. 1. Vgl. auch Kahleyß: Zwickau (wie Anm. 44), S. 267.

Topos des umfassend und akademisch gebildeten Orators und trug einer allgemeinen „Rhetorisierung des Politischen" im Humanismus Rechnung.[468] Was der Mühlpfordt nicht gut gesonnene Guardian (Klostervorsteher) der Zwickauer Franziskaner Martin Baumgart als Verschlagenheit des Bürgermeisters wertete, den er deshalb einen „fuchsschwenczer" nannte,[469] sind, aus anderer Perspektive, jene „diplomatischen Fähigkeiten", auf welche die jüngere Geschichtswissenschaft aufmerksam gemacht hat.[470] Eine Begabung in dieser Richtung zeigte der junge Ratsherr von Anfang an: So fungierte er zwischen 1514 und 1518 als „vntertheniger geschickter des radtts zcu Zwickau" am Torgauer Hof, betraut mit Klärungsversuchen in der Angelegenheit des 1514 vorgenommenen Ausschlusses von vier Ratsmitgliedern aus dem Gremium, die insbesondere gegen die Bürgermeister Erasmus Stella und Laurentius Bärensprung intrigierten und sich in ihrer Not an die Ernestiner wandten.[471] Auf Basis seiner noch zu betrachtenden guten Beziehungen zur Landesherrschaft sicherlich wurde er in dieser Sache als Verhandlungsführer „gebraucht", wie die Quellen festhalten.[472] Angesichts des Vergleichs

---

468 Johannes Helmrath: Der europäische Humanismus und die Funktionen der Rhetorik, in: Thomas Maissen/Gerrit Walther (Hg.): Funktionen des Humanismus. Studien zum Nutzen des Neuen in der humanistischen Kultur, Göttingen 2006, S. 18–48, hier S. 33 f.
469 Zit. n. J[ohann] K[arl] Seidemann: Schriftstücke zur Reformationsgeschichte, in: Zeitschrift für die historische Theologie 44 (1874), S. 115–139, hier S. 133. Dazu vgl. auch Doelle: Reformationsgeschichtliches (wie Anm. 415), S. 64. Ein „Fuchsschwänzer" ist einerseits ein „nach gunst strebender schmeichler" beziehungsweise jemand, „der nach des andern munde, ihm zu gefallen redet", andererseits auch ein „heuchlerischer schmeichler, ein nach gunst haschender heimlicher verleumder oder angeber", wobei das „oft schwer zu scheiden" sei, s. Deutsches Wörterbuch (wie Anm. 65), Lfg. 2 (1866), Bd. IV/I/1 (1878), Sp. 355 f. (355).
470 Bräuer: Rat (wie Anm. 44), S. 110. Dies wurde durch Teichert: Bürgerreformation (wie Anm. 218), S. 29, nochmals aufgegriffen.
471 Zit. n. ebd., S. 216. Nachdem im Februar 1516 der Stadtschreiber Magister Laurentius Zeiner einen Anhörungstermin am Hofe erlangte, wurde mit der Übergabe einer Stellungnahme des Rates Hermann Mühlpfordt beauftragt, der sich seit dem 8. März in Wittenberg beim Kurfürsten aufhielt, vgl. ebd., S. 85, beziehungsweise mit einem speziellen Beglaubigungsbrief des Rates am 10. März 1516 zu Kurfürst Friedrich dem Weisen gesandt wurde, vgl. ebd., S. 83. Am 19. März 1516 wurde der ursprünglich auf den 10. April 1516 angesetzte Anhörungstag beider Parteien auf den 22. April verschoben, vgl. ebd., S. 84. Noch am 23. August 1516 waren Bärensprung und Mühlpfordt erneut „in radts heimlichen sachen, dy vir außgelassne belangend", in Weimar, zit. n. ebd., S. 85. Zu dieser Sache vgl. insgesamt ebd., S. 82–86.
472 Zit. n. ebd., S. 110.

vom 3. September 1518 könne freilich „von einem ‚Sieg' Mühlpfordts [...] nicht die Rede sein".⁴⁷³ Ebenso wie hier oblag ihm im parallelen Widerstreit des Rates mit der Gemeinde, dem 1516/17 ausgebrochenen „Zwickauer Konflikt", die „Verteidigung des Ratsstandpunkts" bei Hofe.⁴⁷⁴ Weiterhin finden wir ihn zeitgleich in Unterredungen zwischen seiner Vaterstadt und Erfurt ob der seit 1510 ausgebliebenen Zinsen involviert, die Zwickau für das in Erfurt angelegte Kapital des „Reichen Almosen", der großen Stiftung Martin Römers, zustanden.⁴⁷⁵ Ungeachtet der vereinzelten Misserfolge – so im „Zwickauer Konflikt" – fand sein diplomatisches Geschick rezeptionsgeschichtlich in die Belletristik Eingang: Als sich die Situation in Zwickau zum Herbst 1520 und Frühjahr 1521 hin zuspitzte, hatte „der kommende Bürgermeister", schreibt Pfeiffer in seinem Müntzer-Roman, „seinen Anteil daran, daß alles Gewirr sich legt wie der Wind am Abend. Die Meister jammern nicht mehr über die Privilegien der Großhändler, die Fundgrübner geben sich still und bescheiden, die Altgläubigen, die eben noch Müntzers Umtriebe als Frucht der Lutherei bezeichnet hatten, haben sich [...] überzeugen lassen, daß Luther gar nichts damit zu schaffen habe."⁴⁷⁶

Pfeiffers vom marxistischen Geschichtsbild geprägtes Werk stellt den wichtigen Konnex von diplomatischem Geschick – mit dem das Stadtoberhaupt den revolutionären Prozess ins Leere laufen lässt – und der mit frühneuzeitlicher Politik untrennbar verwobenen Religionspolitik literarisch her. Indes bedarf es einer Ausschmückung nicht. Denn wie sehr der historische Mühlpfordt, der im zweiten Dezennium des 16. Jahrhunderts so stark polarisierte, bald danach seine Zeitgenossen für sich einzunehmen wusste, machte die Wahl zum Bürgermeister im Jahre 1521 augenscheinlich. Sie sei „mit ganzem wolgefallen aller hantwurgk und ganzer gemein" erfolgt,⁴⁷⁷ wie sein Amtsnachfolger Oswald Lasan berichtet, als damaliger Zwickauer

---

473 Ebd., S. 85.
474 Ebd., S. 110; um Kontext vgl. insbesondere ebd., S. 110–117. Vgl. auch die Ratsrechnungen über die Reisetätigkeit der Zwickauer Ratsherren zum Landesfürsten vom 11. Oktober 1516, abgedruckt in ebd., S. 234 (zu Nr. 24).
475 Vgl. ebd. Zudem vgl. Herbert Friedrich: Das Armen- und Fürsorgewesen in Zwickau bis zur Einführung der Reformation, Würzburg 1934, S. 82.
476 Pfeiffer: Müntzer (wie Anm. 197), S. 132.
477 Zit. n. Ernst Fabian (Hg.): Die handschriftlichen Chroniken der Stadt Zwickau. 1: Die

Stadtschreiber wohl ein Augen- und Ohrenzeuge.[478] Unklar bleibt, wegen der bis 1525 fortbestehenden konfessionellen Kontroversen im Gemeinwesen, einerseits, ob der kurz vor der Bürgermeisterwahl von 1521 datierenden Widmung von Luthers „Freiheitsschrift" hierbei ein nachhaltiger Einfluss zukam. Andererseits ist die durch Lasan behauptete Einigkeit der Gemeinde differenziert zu betrachten, da die Ratswahlen zwar „in der Marienkirche unter Anwesenheit von Handwerken und Gemein" stattfanden, diese „aber keinerlei Eingriffsbefugnis" besessen hätten.[479] Eine Aussage über die quantitative Zustimmung der Bevölkerung Zwickaus zur Wahl Mühlpfordts in die höchste Funktion in der Muldestadt ist deshalb schwerlich zu treffen. Sein Verhandlungsgeschick ist im Licht der zwei angeführten Ratssitzungen, in denen er sich offenbar keineswegs diplomatisch gebärdete, etwas zu relativieren. Wesentlich erfolgreicher schaffte es der Bürgermeister, seine rhetorische Begabung religionspolitisch zur Geltung zu bringen. Innerstädtisch verstand er es 1528, durch religiöse Devianz auffällig gewordene Mitbürger mit „fromen, vmbstendigen vnd notturftigen worten woll" zu unterweisen.[480] Über die Stadtgrenzen hinausreichende Aktivität illustrierte eine am 20. April 1525 zu Schmölln abgehaltene Disputation. Schmöllns reformatorisch gesinnter Rat, der seinen altgläubigen Pfarrer zur Einführung kirchlicher Neuerungen bewegen wollte, richtete die schriftliche „bit" zum Kommen an den Rat und die lutherische Geistlichkeit Zwickaus. Daraufhin erschienen „burgermeister Mulpfort", der Ratsherr und Notar Burchard Walduff, Nikolaus Hausmann und Paul Lindenau in Schmölln, um „zwuschen inen, irer gemein und pfarrer doselbsten zu handeln und sie zu vor-

---

„Oswald Losanschen" Annalen der Stadt Schwanfeld oder Zwickau von 1231–1534, in: MAVZ 10 (1910), S. 1–68, hier S. 60 f.

478 Dazu vgl. Bräuer: Stadtchronistik (wie Anm. 20), S. 231.
479 Bräuer: Rat (wie Anm. 44), S. 53 f.
480 Zit. n. Georg Müller: Mag. Stephan Roth. Schulrektor, Stadtschreiber und Ratsherr zu Zwickau im Reformationszeitalter, in: Beiträge zur Sächsischen Kirchengeschichte 1 (1882), S. 43–98, hier S. 76, Anm. 7 (S. 77). Vgl. auch Bräuer: Luther (wie Anm. 188), S. 79, Anm. 241. Zu „umstandig" im Verständnis von „deutlich" s. Deutsches Wörterbuch (wie Anm. 65), Lfg. 8 (1935), Bd. XI/II (1936), Sp. 1176–1182 (1177). Zu „notdürftig" im Sinne von „unentbehrlich nöthig, nothwendig" s. ebd., Lfg. 5 (1884), Bd. VII (1889), Sp. 928–931 (928).

ainigen", das heißt vermittelnd einzuwirken.[481] Nicht ohne Bedacht, so ist zu vermuten, lud der Schmöllner Magistrat den damals nicht regierenden Bürgermeister mit ein. Gleichfalls anwesend war der Dominikaner und damalige altgläubige Pfarrer in Lohma bei Schmölln Sylvius Petrus. Dieser brachte bei der Zusammenkunft, nach eigenem Bekunden, den Reformator und lutherischen Altenburger Pfarrer Wenzeslaus Linck, der den Vorsitz hatte, so sehr in Verlegenheit, dass er „allda auf dem Rathhause (Gott weiß) verstummt [wäre] und die Augen niedergeschlagen, [und] daß er fortan den Tag kein Wort mehr geredt noch gesagt" habe. In dieser Situation begann Mühlpfordt, wie Sylvius weiter berichtet, „mit dem [altgläubigen] Pfarrherrn gütlich und söhnlich zu handeln", um die kirchlichen Neuerungen einführen zu können.[482] Petrus' Lob wog umso mehr, weil der Dominikaner zeitlebens ein erbitterter Gegner Luthers blieb, den er publizistisch fortwährend attackierte. Vorrangig in dem von Petrus verwendeten Terminus „gütlich"[483] vereinten sich die humanistischen Forderungen nach Befriedung mit den diplomatischen Fähigkeiten des Bürgermeisters.

6.2 Gestalten mittels Überzeugung

Es entsprach der vormals unter Laurentius Bärensprung betriebenen und von Mühlpfordt ab 1521 fortgesetzten Religionspolitik der Stadtoberen, sich von den altgläubigen Geistlichen in der Muldestadt möglichst im beiderseitigen Einvernehmen zu trennen, anders gesagt, sie „mit gut loß [zu] werden".[484] Als

---

481 Zit. n. Fuchs: Akten (wie Anm. 133), S. 677–679 (zu Nr. 1883), hier S. 678.
482 Zit. n. Johann Karl Seidemann: Petrus Sylvius, ein Dominicaner der Reformationszeit, in: Archiv für Litteraturgeschichte 4 (1875), S. 117–153, hier S. 135 f.
483 Dazu vgl. Deutsches Wörterbuch (wie Anm. 65), Lfg. 9 (1935), Bd. IV/I/6 (1935), Sp. 1457–1469 (1457).
484 Zit. n. Otto Clemen: Aktenstücke aus dem Zwickauer Ratsarchiv, in: Beiträge zur sächsischen Kirchengeschichte 20 (1907), S. 253–258, hier S. 256. ND in: Clemen: Kleine Schriften, Bd. 2, Leipzig 1983, S. 389–393, hier S. 392. Vgl. dazu auch Zorn: Akten (wie Anm. 209), S. 21. Zum Agieren des Rates unter Laurentius Bärensprung im Fall des Zwickauer Pfarrers Donat Groß vgl. Kahleyß: Zwickau (wie Anm. 44), S. 91–93.

der Rat in Mühlpfordts Amtsperiode 1525/26 die Auflösung der Zwickauer Beginengemeinschaft in Angriff nahm,[485] folgte er dem gleichlautenden Grundsatz, mit ihr „ufs freuntlichste" und „in der guete" darüber zu verhandeln.[486] Denn die Kontrolle des Gremiums über den reformatorischen Prozess und die Bewahrung von Ruhe innerhalb der Mauern waren Mühlpfordt, wie hier schon herausgestellt worden ist, elementares Anliegen. Nicht nur vom leitenden Gedanken gesellschaftlicher Befriedung aus dürfte der Rat einem anderen, radikaleren Vorgehen, auf das zurückzukommen sein wird, ablehnend gegenübergestanden haben. Versperrt blieb ihm dieser Weg auch aufgrund der komplizierten inner- und außerstädtischen Kräfteverhältnisse. Inwiefern eine hier erkennbare politische Linie explizit mit der des Bürgermeisters übereinstimmte, wird insbesondere darin erkennbar, dass Letzterer bei der Kommunalisierung, der Überführung des geistlichen Besitzes in Zwickau in die Hände der Gemeinde,[487] unter anderem 1524 erfolgreich die Verhandlungen mit den Zwickauer Dominikanern über den Erwerb von deren städtischer Niederlassung bestritt.[488] „Vf vilfaltigs gutliche zcwreden des burgermeisters ern Herman Mulpforts" gelang es, als Martin Hut, der frühere Guardian der Franziskaner, der seinen Mitbrüdern vormals 200 fl. geborgt hatte, nach dem Weggang der Kreditnehmer nunmehr vom Zwickauer Rat aus dem zurückgebliebenen Besitz des Ordens auf landesherrlichen Befehl entschädigt werden musste, die Forderung auf 150 fl. herunterzuhandeln.[489] Offenkundige Kompromissbereitschaft bemäntelte schlussendlich nur eine Unnachgiebigkeit in der Sache: Doppelstrategisch schränkte der Rat seit Beginn der 1520er Jahre einerseits die Religionsausübung der Zwickauer Franziskaner sukzessive ein – was im folgenden Kapitel näher beleuchtet wird –, wie er andererseits parallel auf materielle Anreize setzte. So planten die Herren sogar am 8. Februar 1525, bevor die Bettelmönche Zwickau

---

485 Vgl. dazu in Anm. 615.
486 Zit. n. Kahleyß: Zwickau (wie Anm. 44), S. 163, Anm. 902.
487 Dazu vgl. grundlegend Peter Blickle: Die Reformation vor dem Hintergrund von Kommunalisierung und Christianisierung. Eine Skizze, in: ders./Johannes Kunisch (Hg.): Kommunalisierung und Christianisierung. Voraussetzungen und Folgen der Reformation 1400–1600, Berlin 1989 (= Zeitschrift für historische Forschung. Beiheft 9), S. 9–28.
488 Vgl. Kahleyß: Zwickau (wie Anm. 44), S. 137.
489 Zit. n. Doelle: Reformationsgeschichtliches (wie Anm. 415), S. 131, Anm. 54.

den Rücken kehren mussten, den Austrittswilligen unter ihnen Arbeit zu verschaffen und sie mit einer nicht unerheblichen Geldsumme als Startkapital auszustatten sowie die arbeitsunfähigen Klosterbewohner bis an ihr Lebensende zu unterhalten.[490] Mit Mühlpfordts Haltung deckte sich das zweigleisige Agieren. Für ihn stellte Nahrungsmittelversorgung, worauf schon hingewiesen wurde und was weitere Beispiele illustrieren, ein politisches Instrument dar. Nachdem der Bürgermeister 1522 den Franziskanern ein Fass Bier zusicherte, als es darum ging, die Ordensbrüder in dem sich verstärkenden Zwist mit dem Rat zu beschwichtigen,[491] habe er den in der Folgezeit zusehens stärker in die Defensive und wirtschatliche Not Geratenen am 17. September 1524 „geantworth", als diese ihn und seine Kollegen „vmb broth" ersuchten: „Wir wollen euch nichts geben, ir moget herauszchyen [aus dem Kloster] vnd mogt arbeitten etc."[492] Indem er sich dafür aussprach, den Lebensunterhalt nicht zu erbetteln, sondern aus eigenen Möglichkeiten zu schöpfen, vereinigte Mühlpfordt zentrale Forderungen seiner Epoche. Unter dem Gesichtspunkt des bürgerschaftlichen Wertes der „Arbeit" kongruierte seine Haltung mit der seit dem Beginn des 16. Jahrhunderts zunehmend gegen das Bettelwesen gerichteten Zwickauer Ratspolitik,[493] wie auch mit dem 1520 von Martin Luther vertretenen theologischen[494]

---

490 Vgl. ebd., S. 106. Zu den Restriktionen des Rates vgl. ebd., passim.
491 Vgl. ebd., S. 64.
492 Zit. n. ebd., S. 249–252, Zitat S. 250 (zu Nr. 20: Bericht der Klöster Zwickau, Altenburg und Weida an Minister, Doktoren, Kustoden und Diskreten der Provinz, Januar 1525). Auch den Zwickauer Beginen sollte ermöglicht werden, sich nach dem Verkauf ihres Hauses von „ihrer Arbeit" ernähren zu können, s. Otto Clemen: Die Zwickauer Beginen, in: Alt-Zwickau 2 (1936), S. 5f., hier S. 6. ND in: Clemen: Kleine Schriften, Bd. 8, Leipzig 1987, S. 189f., hier S. 189.
493 Dazu vgl. jüngst überblicksartig Bräuer: Zwickau (wie Anm. 16), S. 97. Zum bürgerschaftlichen Wert „Arbeit" im sächsisch-oberlausitzischen Raum vgl. insbesondere Bräuer: Stadtchronistik (wie Anm. 20), S. 154–168.
494 Luther hatte bereits 1520 in seiner in Wittenberg erschienen Schrift „An den Christlichen Adel teutscher Nation: von des Christlichen standes besserung" im Zusammenhang mit Bettelorden jenes Bibelwort aufgegriffen, dass, wer nicht arbeitet, auch nicht essen solle, vgl. WA 6, S. 404–469, bes. S. 451.

und dem zuvor 1518 durch Erasmus' von Rotterdam humanistisch formulierten Standpunkt.[495]

Zeitgleich versuchte der Rat in ähnlicher Weise die Zwickauer Gemeinde zu beeinflussen: Gleich nach dem erstmaligen Amtsantritt des Bürgermeisters im September 1521 beschloss das Kollegium im Januar 1522, alle Bürger, die nach wie vor das Franziskanerkloster aufsuchten, „in der guthe anreden" und durch Überzeugung vom alten Glauben abzubringen.[496] In diesem Sinne „revocirt[e]" Güttel im Juli 1523 in seinen Predigten bei den Zwickauern, was er ihnen in seiner Eigenschaft als Messpriester einstmals „eingeweckt" habe, konstatierte Mühlpfordt erfreut, der in den Gastpredigten eine Möglichkeit sah, „die sachen woll feyn an[zugreifen]" – also einen wirksamen Hebel zur Durchsetzung der Reformation.[497] Angesichts der Bedrohung durch die Osmanen im Jahre 1527 stand dann die von ihm, dem damals nicht regierenden Stadtoberhaupt, angewiesene und von der Kanzel zu verkündende Friedenshoffnung im Vordergrund. Roth erfuhr von ihm brieflich, Pfarrer Hausmann habe darüber „vordriß gehabt vnd [es] nicht thun wollen, hatt [es] auch auß seynem vorbitterten gemut vnterloßenn".[498] Dieses Beispiel verdeutlicht, dass sich Mühlpfordt aufgrund seines Selbstverständnisses zu radikalen Eingriffen in den geistlichen Bereich befugt fühlte, und gewährt Aufschluss über die im Frühjahr 1527 vergiftete Stimmung zwischen der kommunalen politischen und geistlichen Führung. Ebenso zeigt es, dass insbesondere der mehrmalige Bürgermeister dem Predigen eine erhebliche Bedeutung bei der Multiplikation der von ihm verfolgten Leitlinien zumaß. Zudem scheute er nicht den – in diesem Fall misslungenen – Versuch, seine Vorstellungen in die Tat umzusetzen. Gewiss ist es, in Anbetracht dieser Befunde, zu kurz gegriffen, Pfarrer Hausmann nach wie vor alleinig die Initiative für die vermehrten Gastpredigten

---

495 Vielleicht kam hier eine durch Erasmus 1518 im „Enchiridion militis christiani" forcierte Aversion europäischer Humanisten gegenüber Bettelorden zum Tragen, dazu vgl. James D. Tracy: Die „Civitates" in der christlichen Rechtsordnung bei Erasmus von Rotterdam, in: Peter Blickle (Hg.): Theorien kommunaler Ordnung in Europa, München 1996 (= Schriften des Historischen Kollegs. Kolloquien 36), S. 113–126, bes. S. 117.
496 Zit. n. Doelle: Reformationsgeschichtliches (wie Anm. 415), S. 59, Anm. 13.
497 Zit. n. Kawerau: Güttel (wie Anm. 64), S. 88.
498 Zit. n. WA Br. 4 (wie Anm. 233), S. 183.

in Zwickau zuzuschreiben.[499] Wir dürfen genauso von Mühlpfordts gesteigertem Engagement ausgehen, für dieses Anliegen geeignete Geistliche in die Muldestadt zu holen. Vielleicht hat er bereits die Predigten Luthers im April 1522 mit auf den Weg gebracht. Sie sollten, eingedenk der Tumulte in Wittenberg im Dezember 1521, zur Beruhigung der Gemeinde dienen. Allem Anschein nach korrespondierte dies mit der politischen Linie unseres Protagonisten. Ute Schmidt mag aus solchen Erwägungen heraus naheliegenderweise gemutmaßt haben, dass der Rat den Bürgermeister als „Boten" auswählte, um sich zwecks Predigten an den Reformator zu wenden.[500] Desgleichen irrte Richard Bachmann, als er behauptete, dass Mühlpfordt Luther auf der Rückreise über Borna und Eilenburg wieder gen Wittenberg „geleitet" habe.[501] Wie dieser 1522 war Güttel, der Anfang Juni bis Anfang Juli

---

499 Am Beispiel der Bekundungen Mühlpfordts gegenüber Roth ist die politische Linie des Zwickauer Rates, proreformatorische Meinungsbildung durch Predigten zu befördern, bereits betont worden, vgl. dazu Margarete Hubrath: ... *iftpey vns der mangel das keine pfalteria vordewtfcht fyndt*. Zur Zwickauer Druckproduktion während der Reformationszeit, in: dies./ Rüdiger Krohn (Hg.): Literarisches Leben in Zwickau im Mittelalter und in der Frühen Neuzeit. Vorträge eines Symposiums anläßlich des 500jährigen Jubiläums der Ratsschulbibliothek Zwickau am 17. und 18. Februar 1998, Göppingen 2001 (= Göppinger Arbeiten zu Germanistik 686), S. 125–144, hier S. 136. Zum Hinweis, Mühlpfordt wäre womöglich als „the man who more than any others, more even than Pastor Nikolaus Hausmann, was responsible for establishing the new faith" zu werten, s. Karant-Nunn: Zwickau (wie Anm. 14), S. 46. Zu Hausmann als Initiator der Gastpredigten vgl. Fröhlich: Einführung (wie Anm. 161), S. 22; Stefan Michel: „das grossist und furnempst stuck ist Gottis wort predigen und leren". Liturgische Reformen im Bereich der Wittenberger Reformation bis 1526, in: „Martinus halbenn ...", (wie Anm. 123), S. 107–116, hier S. 114, und Rebeggiani: Luther (wie Anm. 57), S. 25.
500 Ute Schmidt: Quellen im Stadtarchiv Zwickau zur frühbürgerlichen Revolution, in: Archivmitteilungen. Zeitschrift für Theorie und Praxis des Archivwesens 6 (1983), S. 192 f., hier S. 192. Indes ist in der betreffenden Passage des Ratsprotokolls lediglich von einem namentlich ungenannten „herrn Radtts", also einem Ratsherrn, die Rede, dem diese Aufgabe zu übertragen sei, zit. n. Löffler: Aufenthalt (wie Anm. 260), S. 70.
501 Richard Bachmann: Niclas Storch, der Anfänger der Zwickauer Wiedertäufer. Ein Lebensbild aus dem Reformationszeitalter auf Grund der in der königl. öffentl. Bibliothek zu Dresden wie auf der Rathsbibliothek zu Zwickau vorhandenen Nachrichten, Zwickau 1880, S. 26. Bachmann gibt ebd., Anm. 31, als Nachweis für seine Behauptung Herzog: Chronik (wie Anm. 76), S. 197, an. Dort findet sich diese Information jedoch nicht. Dass Luther 1522 vom damaligen Zwickauer „Stadtrichter" – der aber eben nicht Mühlpfordt war – nach Borna „geleitet" worden sei, überliefert Moritz Meurer: Luthers Leben aus den Quellen erzählt, Bd. 2, Dresden 1845, S. 62.

1523 in Zwickau predigte,⁵⁰² offiziell durch den Rat gebeten worden, der ihn dafür mit „zwantzig gulden" bedachte.⁵⁰³ Mühlpfordt – im Sommer 1523 nicht regierender Bürgermeister⁵⁰⁴ – identifizierte die Forschung gar als „die treibende Kraft" bei der Einladung des Geistlichen.⁵⁰⁵ Gestützt wird das im Übrigen durch Güttel selbst, da er den damaligen Stadtvogt doch immerhin als seinen „besunder[s] günstigen fördrer" bezeichnete,⁵⁰⁶ dem er vor dem 15. September 1523 seine in der Muldestadt gehaltenen und inzwischen publizierten Predigten zueignete.⁵⁰⁷

Womöglich diente die Widmung dazu, ihren Träger zu motivieren, die in den Predigten umrissenen Pläne für einen künftigen Umgang mit dem „Gemeinen Kasten" zu realisieren. Offenbar begrüßte der Geehrte in einem Schreiben an Roth vom 17. Juli 1523 die, wie er anmerkt, „sunderlich nach dem Abzugk" Güttels forcierten Bestrebungen des Zwickauer Rates in dieser Richtung.⁵⁰⁸ Am 1. Juli 1523 beschloss man, die Einnahmen des „Butterkastens" – Vorläufer des „Gemeinen Kastens" – wöchentlich unter den Armen zu verteilen.⁵⁰⁹ Dass der Rat unter der Ägide Mühlpfordts, der im September 1523 wieder das Amt des regierenden Bürgermeisters übernahm, die „Kanzelverkündigung" über die ideelle Ebene hinaus zur „Vermittlung obrigkeitlichen Handelns" nutzbar machte,⁵¹⁰ demonstrierte alsbald die Instrumentalisierung der von Wenzeslaus Linck ab dem 21. Oktober 1523 gehaltenen Predigten in Zwickau. Neben dem von den Zwickauern bekämpften Bettel-

---

502 Dazu vgl. Moeller/Stackmann: Predigt (wie Anm. 62), S. 87 f.
503 Zit. n. Kahleyß: Zwickau (wie Anm. 44), S. 349, Anm. 203.
504 Dazu vgl. Oehmig: Mühlpfordt (wie Anm. 2), S. 162, Anm. 7.
505 Moeller/Stackmann: Predigt (wie Anm. 62), S. 87, Anm. 3.
506 Güttel: Christenmensch (wie Anm. 64). Zum davon abweichenden Zitat vgl. Kahleyß: Zwickau (wie Anm. 44), S. 350.
507 Zur Datierung vgl. Kawerau: Güttel (wie Anm. 64), S. 89.
508 Zit. n. Fröhlich: Einführung (wie Anm. 161), S. 55: Mühlpfordt schrieb erfreut, „Eczliche messen, circuita seyn gefallen".
509 Vgl. ebd., S. 57.
510 Rudolf Schlögl: Vergesellschaftung unter Anwesenden. Zur kommunikativen Form des Politischen in der vormodernen Stadt, in: ders. (Hg.): Interaktion und Herrschaft. Die Politik der frühneuzeitlichen Stadt, Konstanz 2004 (= Historische Kulturwissenschaft 5), S. 9–60, hier S. 36.

mönchtum[511] kritisierten Lincks Predigten den „pomp der jartäg, selmessen vnd des gantzen todtenkramers" mit dem Fingerzeig auf die geistlichen Nutznießer des „todtenfressen[s]".[512] Mühlpfordt, der als „Organisator und Ideengeber" bei der Auflösung der städtischen Bruderschaften gilt,[513] ließ demzufolge am 20. Oktober 1523, am Tag vor Lincks Ankunft, einen der Pröpste der Zwickauer Kalandbruderschaft „gefenglich einnehmen", da dieser angeblich „etzliche" Zinsbriefe entwendet hatte. Am 29. Oktober 1523 – dem Abreisetag Lincks, nachdem der die Gemeinde durch seine Predigten über mehrere Tage auf die geplante Kommunalisierung eingestimmt hatte – rief der Rat die katholische Geistlichkeit zusammen, um sie mit einer neuen Kirchenordnung zu konfrontieren. Sodann kontrollierten die Stadtoberen das Vorhandensein aller „hauptbrief über die lehen in der statt", was sich als nicht so einfach erwies: Für die „kestlein", in denen die Schriftstücke verwahrt waren, konnten teilweise keine Schlüssel beschafft werden, weshalb Mühlpfordt sogar einen „schlosser" hinzuholte. Trotz der überraschenden Inventur misslang die Realisierung des Vorhabens, das in der Muldestadt existente Vermögen der Alten Kirche zu sichern, denn man fand die gesuchten „brieff" zunächst nicht vor. Katholische Geistliche hatten sie wohlweislich kurz zuvor aus Zwickau herausgeschafft.[514] Mithin führte der geschickt vorbereitete Zugriff des Rates jedoch – was noch thematisiert wird – keinesfalls dazu, dass die Gemeinde die ihr laut Luther zustehende Verfügung über die Mittel erlangte. Güttel und Linck entsprachen mit ihren Predigten inhaltlich fraglos der vom Bürgermeister betriebenen Politik. Kann der Beitrag des Mannes an der Spitze der Stadt beim Zustandekommen von Güttels Wirken aber letzten Endes nicht klar belegt werden, scheint es sich mit den Gastpredigten Lincks eindeutiger zu verhalten: Weil ihn „darzu", so bekun-

---

511 Vgl. Wenzeslaus Linck: Von Arbeyt vn[d] Betteln wie man solle der faulheyt vorkommen, vnd yederman zu Arbeyt ziehen, Zwickau 1523 (VD16 L 1845).
512 Wenzeslaus Linck: Ain schoene Christliche Sermon von dem außgang der Kinder Gottes auß des Entichrists gefengknuß, so durch den außga[n]g der kinder Jsrahel auß Egipten, Babilonien [et]c. figuriert ist, Zwickau 1524 (VD16 L 1823). Zum „todtenfressen" als „leichenschmaus (in tadelnder rede)" s. Deutsches Wörterbuch (wie Anm. 65), Lfg. 4 (1913), Bd. XI/I/1 (1935), Sp. 603.
513 Bräuer: Mühlpfordt (wie Anm. 11), S. 119.
514 Zit. n. Fröhlich: Einführung (wie Anm. 161), S. 56, Anm. 16.

dete Linck, „die ermanung des Erbarn herren Herman Mülpfordt", dem er eine seiner 1523 in Zwickau gehaltenen und vor Ort 1524 gedruckten Predigten widmete, „auch vil bewegt" habe.[515]

In Mühlpfordt, der sich, äußerst redegewandt, religionspolitisch des gesprochenen Wortes in ganz mannigfaltiger Weise bedient hat, würdigten mehrfach Zwickauer und Auswärtige die tragende Persönlichkeit bei der Durchsetzung der städtischen Reformation. Als förderlich für diese Public Relations erwiesen sich Flugschriften aus reformatorischen Kreisen, unter anderem der vorhergehend erwähnten in der Muldestadt tätigen Geistlichen. Die Grundlage hierfür bildete nicht zuletzt die zeitgleich, am 25. Juni 1523 durch den Magistrat in der Stadt etablierte und privilegierte Druckerei, die sich „vornehmlich in den Jahren 1523 bis 1525 [...] ganz in den Dienst der reformatorischen Publizistik" stellte und in der die betreffenden Erzeugnisse zumeist „umgehend" erschienen.[516] Neben Güttels 1523 und Lincks 1523 und 1524 herausgebrachten Predigten ist hier Johann Locher-Rott, ein ehemaliger Münchner Franziskaner, zu nennen. Er, der sich 1524 in Zwickau aufhielt, eignete Mühlpfordt zwei seiner dort verlegten Werke zu. In einem der beiden ging er auf die Vorbildfunktion der Gemeinde für die kommunale Reformation in Kursachsen, genauer gesagt im territorialen Umfeld ein: „Das ir pillich ein spiegel werdt genent / aller vmbligender Stett / die vor eüch müessen schamrod werden [...]."[517] Linck äußerte 1524, Mühlpfordt sei der Bürgerschaft „on zweyffel zu sollichem heylsamen werck [der Reformation] got vom hymel, wie Mosen den kindern Israhel, gegeben" worden.[518] Sogar im späten 19. Jahrhundert galt er in dieser Tradition den Bewohnern der Muldestadt als „Werkzeug Gottes", das „dazu beigetragen [habe], daß hier

---

515 Linck: Sermon (wie Anm. 512). Zur Widmung an Mühlpfordt vgl. Linck: Testementen (wie Anm. 133).
516 Kristina Leistner: „Getruckt in der Fürstlichen Stadt Zwickaw" – Das Zwickauer Druckschaffen in den Jahren 1523 bis 1525, in: Erneuerung (wie Anm. 15), S. 39–43, hier S. 40.
517 Eine Schrift war explizit „dem Erbarn Weysen vnd Christlichen liebhaber/ Herman Mullpfort" gewidmet, s. Johann Locher-Rott: Priuilegium (wie Anm. 133); die zweite Schrift ging laut Dedikation der gesamten Führung Zwickaus (beiden „Burgermeystern vnd des Radts") zu, s. ders.: Christen (wie Anm. 133).
518 Linck: Sermon (wie Anm. 512).

früher als anderwärts das Licht des Evangeliums erstrahlte".[519] Die durch Luther und dessen Umfeld seit Anfang der 1520er Jahre vorgenommene Verortung Mühlpfordts als zentraler Gestalter der städtischen Reformation führte zum Aufkommen einer allgemeinen Erwartung,[520] im Bürgermeister einen religionspolitischen „Vorkämpfer" zu haben.[521] Wie sich dies auf das Selbstbild und das Tätigwerden unseres Protagonisten auswirkte, wird an späterer Stelle eingehender beleuchtet. Andere Zeitgenossen griffen die dem Stadtoberhaupt zugeschriebene Rolle auf, Beistand („praesidia") zu sein, wie es der ihm verbundene Mediziner Janus Cornarius 1527 formulierte.[522] Vor allem galt dies für religionspolitische Belange: Im Zwickauer Ratsdorf Marienthal fand sich der lutherisch gesinnte Kirchner mit dem dortigen Pfarrer Clemens Vintzel konfrontiert. Letzter soll sich, wie man es seitens des Zwickauer Rates formulierte, sowieso „etwas vnwillig In die Ordnunge begeben" – das heißt zur Reformation bekannt – haben,[523] und widmete sich noch in seinen Predigten vom August 1527 den „falsche[n] propheten", also den Anhängern Luthers, gegen die er als „puben" und „lugner" unverhohlen zur Gewalt aufrief („In die hawth neyn").[524] Von Vintzels Predigten verfasste der Kirchner Mitschriften und leitete diese an den Zwickauer Rat weiter. Am 18. Oktober 1527 richtete sich der Kirchner, da er infolge seiner Hinweise davon ausging, dass Pfarrer Vintzel ihn durch Dritte „vom leben zum tod brengen" lassen wollte, mit einem Anschreiben „an Bürgermstr. Mühlpfort", in dem er diesen um Schutz und „vorschaffen" von „sicherung" und „frieden" ersuchte.[525] Und Anfang 1525, als unser Protagonist nicht als regie-

---

519 Festschrift (wie Anm. 101), S. 7.
520 Zum Heterostereotyp vgl. Werner Fuchs-Heinritz u. a. (Hg.): Lexikon zur Soziologie, 5. Aufl., Wiesbaden 2011, S. 281.
521 Fröhlich: Einführung (wie Anm. 161), S. 47.
522 Zit. n. Clemen: Cornarius (wie Anm. 375), S. 64–66 (zu Beilage 1: Cornarius an Roth, 15. Mai 1527) hier S. 66. ND in: Clemen: Kleine Schriften, Bd. 4, Leipzig 1984, S. S. 44–46, hier S. 46.
523 Zit. n. Clemen: Aktenstücke (wie Anm. 485), S. 256. ND in: Clemen: Kleine Schriften, Bd. 2, Leipzig 1983, S. 389–393, hier S. 392.
524 Zit. n. Clemen: Aktenstücke (wie Anm. 485), S. 257. ND in: Clemen: Kleine Schriften, Bd. 2, Leipzig 1983, S. 389–393, hier S. 393.
525 Zit. n. Clemen: Aktenstücke (wie Anm. 485), S. 258. ND in: Clemen: Kleine Schriften, Bd. 2, Leipzig 1983, S. 389–393, hier S. 394.

render Bürgermeister amtierte, erhielt er bemerkenswerterweise mutmaßlich von dem im Zusammenhang mit Müntzers Wirken aufgrund religiöser Devianz vier Jahre zuvor aus Zwickau weggegangenen Nikolaus Storch ein Schreiben. Dieser wandte sich nicht direkt an das Führungsgremium, sondern bat über den Adressaten um Erlaubnis zur Rückkehr in seine Vaterstadt. Nach einer Beratung beschied der Rat – dem die Entscheidung oblag – Storchs Bitte dann ablehnend.[526]

---

526 Vgl. Wappler: Müntzer (wie Anm. 174), S. 89. Zwar sieht Wappler als Adressaten Mühlpfordt an, gleichwohl verrät das Ratsprotokoll, in dem vom Brief an den Bürgermeister – „dem Burg"" – die Rede ist, keinen Namen, s. ebd., Anm. 337. Dazu vgl. auch Siegfried Hoyer: Nikolaus Storch, in: Sächsische Biografie, hg. vom Institut für Sächsische Geschichte und Volkskunde e. V. Online-Ausgabe: http://www.isgv.de/saebi/ (26.09.2021).

7 RELIGIONSPOLITIK UND AUTONOMIESTREBEN ZWICKAUS

7.1 Zentraler Akteur in Konflikten

Bereits angerissen wurde die Unterstützung des sich ab 1518 gegen die Zwickauer Franziskaner wendenden Egranus durch den Rat. Dessen Vorgehen gegen die Bettelmönche bis zu ihrer 1525 erfolgten Ausweisung aus der Stadt entsprach dem Wesen der Zwickauer Reformation als einer „Politik der kleinen Schritte".[527] Zwar sind erste Handlungen bereits ab Januar 1518 dokumentiert, jedoch erst ab Winter 1521 – kurz nach der erstmaligen Amtsübernahme Mühlpfordts Ende September 1521 – intensivierten sich gegen die Franziskaner gerichtete Aktivitäten des Rates auf institutioneller Ebene merklich.[528] Mit dem bereits Mitte Mai 1521 erfolgten Amtsantritt Pfarrer Hausmanns lassen sich diese „drastischen Maßnahmen" hingegen zeitlich nicht unbedingt in Verbindung bringen.[529] Fingerspitzengefühl verlangte die erfolgreiche Durchsetzung von Luthers Lehre in der Muldestadt bezüglich der Ordensbrüder weniger Herzog Johann als vielmehr Kurfürst Friedrich betreffend.[530] Allerdings bezogen die zwei binnen kurzer Zeit Stel-

---

[527] Bräuer: Luther (wie Anm. 188), S. 37.
[528] Im Januar 1518 und im März 1519 hatte der Rat die Franziskaner ob ihres Predigens gegen Egranus ermahnt und ihm Unterstützung zugesagt, 1520 verbot man den Franziskanern, auf der Stadtmauer spazieren zu gehen. Nach Mühlpfordts erstmaliger Amtsübernahme Ende September 1521 beschränkte man noch im Dezember 1521 das Terminieren auf die Kirchhöfe, beschloss, ein Inventar der Wertgegenstände im Kloster zu erstellen, und setzte einen dem Rat genehmen weiteren Guardian (Vorsteher) ein, vgl. dazu Kahleyß: Zwickau (wie Anm. 44), S. 154 f.
[529] Kahleyß: Zwickau (wie Anm. 44), S. 155.
[530] Kurfürst Friedrich, der zwar eine Lutherschutzpolitik betrieb, war dessen ungeachtet dem Orden zugetan, dazu vgl. die Ausführungen bei Ludolphy: Friedrich (wie Anm. 336), S. 367–371. Der Franziskaner Jacob Vogt († 15. April 1522) war zudem seit 1490 kurfürstlicher Beichtvater, vgl. ebd., S. 360–362.

lung aufseiten des Zwickauer Rates. Wegen Maßnahmen der Stadt, die das Kloster beeinträchtigten, und das durch den Pfarrer behinderte Predigen und Beichten der Franziskaner kam es am 5. April 1522 vor Kurfürst Friedrich und Herzog Johann zur Verhandlung zwischen den Rat und Pfarrer Hausmann mit den Ordensbrüdern. Hierbei zeichnete sich ab, dass die Maßnahmen der Stadtoberen im Gegensatz zu denen Hausmanns unbeanstandet blieben.[531] Rückendeckung erhielt der Rat ebenso durch eine am 15. Oktober 1522 eintreffende Antwort beider Ernestiner auf eine gegen die Franziskaner im Juli 1522 eingereichte Klage.[532] Nachdem der Pfarrer gegen die im April 1522 geschlossenen Vereinbarungen verstieß und die Ordensbrüder sich Anfang 1523 an den Landesherrn wandten,[533] mussten sich „baide burgermaister" – Mühlpfordt und Bärensprung – vor dem 23. Januar 1523 bei Herzog Johann in Weimar rechtfertigen.[534] Im Kontext dieses Ereignisses ist eine religionspolitische Aktivität unseres Protagonisten feststellbar, der damals jedoch nicht die Ratsgeschäfte lenkte. Sein Beitrag daran, dass Kurfürst Friedrich die eindeutige Missachtung der Vereinbarung vom April 1522 hinnahm und Guardian Martin Baumgart „des Friedens wegen" befahl, aus Zwickau wegzuziehen, und ihm ein anderweitiges Auskommen zusicherte, ist indes nur zu erahnen.[535] Große Sorge hatte die Stadt vor einem „ungenedigen Landesfursten", wie es ein Schreiben des Zwickauer Rates an Luther vom 3. April 1531 auf den Punkt brachte.[536] Doch konnte sich, wie am Schicksal der Franziskaner offenkundig, die Muldestadt der

---

531 Dazu vgl. Doelle: Reformationsgeschichtliches (wie Anm. 415), S. 225–228 (zu Nr. 4: Vertrag zwischen dem Zwickauer Rat und den Franziskanern, 5. April 1522), hier Regest, ebd., S. 225: Den Vorstehern des Klosters wurde ein Schlüssel zugestanden, wobei die Verriegelung der Pforte durch die Mönche nur zu festgelegten Anlässen gestattet sein sollte. Das Terminieren an den Haustüren bedurfte der vorherigen Erlaubnis durch den Rat. Außer Adeligen und Schwestern mussten fortan alle Verstorbenen außerhalb von Kloster und Stadtmauer beigesetzt werden. Alljährlich zweimaliges Predigen der Franziskaner innerhalb Zwickaus und in den Ratsdörfern sowie die Abnahme der Beichte (von denen, die es wünschten) wurden festgeschrieben.

532 Dazu vgl. Fröhlich: Einführung (wie Anm. 161), S. 64; vgl. auch ebd., Anm. 10 sowie S. 68.
533 Vgl. Doelle: Reformationsgeschichtliches (wie Anm. 415), S. 65, 71.
534 Zit. n. ebd., S. 72, Anm. 51.
535 Ebd., S. 75, Anm. 62.
536 Zit. n. WA Br. 6, S. 62–66 (zu Nr. 1801), hier S. 64.

Absicherung ihrer „veritablen Ratsreformation" durch Herzog Johann und den Kurfürsten erfreuen; das landesherrliche Wohlwollen trug entscheidend dazu bei, dass die Landstadt Zwickau nach Wittenberg zur zweiten europäischen Gemeinde avancierte, in der sich die lutherische Bewegung durchsetzte.[537] Für das umliegende sächsische Territorium erlangte die neue Ordnung unter dem nunmehrigen Kurfürsten Johann dem Beständigen und mit dem klarem Bekenntnis zur lutherischen Reformation erst durch das Mandat vom 17. August 1525 Verbindlichkeit, dem am nächsten Tag die Verlegung des Hofes von Weimar nach Torgau folgte und in mehreren Etappen von August 1525 bis zur Fasten 1526 die Einführung des Luthertums in Kursachsen. Schon am 20. März 1524 las Pfarrer Hausmann hingegen in der Muldestadt erstmals die Messe in deutscher Sprache und führte die Abendmahlmesse in beiderlei Gestalt ein; vom 30. April 1525 an fanden die Gottesdienste nur auf Deutsch statt, wodurch ein „gewisser Abschluss der Reformation" in Zwickau eintrat.[538] Mit der vom Rat unterstützten Durchsetzung der Reformation, welchem Ansinnen die Mönche – als deutlich von den übrigen Akteuren auf dem Stadtgebiet zu unterscheidende Kohorte – entgegenstanden, verband sich der für Mühlpfordt zentrale Aspekt des Gehorsams, welcher allgemeinhin den Stadtvätern entgegenzubringen war.[539] Allerdings demonstrierten die Ordensbrüder, rechtlich dem Bistum Naum-

---

[537] Achim Kohnle: Zwickau im Kontext. Die Reformation unter Friedrich dem Weisen und Johann dem Beständigen, in: „Martinus halbenn ..." (wie Anm. 123), S. 11–19, hier S. 18. Zur Bedeutung der Landesherrschaft für den Erfolg landstädtischer Reformation vgl. grundlegend Johannes Merz: Landstädte und Reformation, in: Schindling: Konfessionalisierung (wie Anm. 464), S. 107–135, bes. S. 107–110. Zum Scheitern landstädtischer Reformationen vgl. das Resümee bei Stephan Laux: Reformationsversuche in Kurköln (1542–1548). Fallstudien zu einer Strukturgeschichte landstädtischer Reformation (Neuss, Kempen, Andernach, Linz), Münster 2001 (= Reformationsgeschichtliche Studien und Texte 143), S. 410–415.
[538] Teichert: Bürgerreformation (wie Anm. 218), S. 32. Für Kursachsen vgl. Doreen von Oertzen Becker: Die Kirchenpolitik Kurfürst Johann des Beständigen, in: Werner Greiling u. a. (Hg.): Die Ernestiner. Politik, Kultur und gesellschaftlicher Wandel, Köln u. a. 2016 (= Veröffentlichungen der Kommission für Thüringen. Kleine Reihe 50), S. 93–121, hier S. 94–97. Vgl. auch jüngst dies.: Kurfürst Johann der Beständige und die Reformation (1513–1532). Kirchenpolitik zwischen Friedrich dem Weisen und Johann Friedrich dem Großmütigen, Köln u. a. 2017 (= Quellen und Forschungen zu Thüringen im Zeitalter der Reformation 7).
[539] Vgl. dazu in Fuchs: Akten (wie Anm. 133), S. 440. Zur Gehorsamspflicht gegenüber dem Rat und dessen Selbstverständnis vgl. Bräuer: Verfassung (wie Anm. 123), S. 85 ff.

burg-Zeitz und nicht dem Rat unterstellt, im hartnäckigen Aufbegehren gegen die Bemühungen des Rates, sie in ihrer Glaubensausübung sukzessive einzuschränken, jedoch ihre Widerständigkeit. In der zunehmenden Radikalisierung innerstädtischer Gegner der Franziskaner, die ihrerseits noch zahlreiche Anhänger besaßen, sah der Rat eine Bedrohung für sich. Dies bildete auch ein Motiv der 1525 erfolgten Vertreibung der Franziskaner aus der Muldestadt.[540] Hinzu kam der nicht unberechtigte Vorwurf, sie würden Kontakt mit dem altgläubigen Adeligen Ernst II., Herr von Schönburg auf Hartenstein pflegen.[541] Mit ihm geriet die Stadt 1524 in einen ernsthaften Konflikt, worauf noch zurückgekommen wird. Insofern tangierten die Franziskaner, die einen nicht zu kontrollierenden Faktor im Gemeinwesen darstellten und zudem über auswärtige Unterstützer verfügten, die innerstädtische Stellung des Führungsgremiums. Nach Mühlpfordts erstmaliger Amtsübernahme 1521 verstärkten sich – wenngleich sein Beitrag daran im Einzelnen nicht gesichert ist – die Bemühungen des Rates deutlich, machtpolitische Ambitionen in Bezug auf den Orden, auch mithilfe der Landesherren, aktiv durchzusetzen.

Zwar informierte Mühlpfordt sich über die Entwicklungen im Territorium, wie bezüglich der Unruhen in Wittenberg 1521 erkennbar,[542] zugleich

---

[540] So legten die Stadtoberen den Franziskanern nochmals die „vrsach[en]" hierfür dar, nämlich „das sie keinen weges inhalts des Euvangelion zcw leben gedengken, vnd der alten viel inen anhengig vnd alßo eine aufrur vnder der gemein" zu befürchten sei, zit. n. Doelle: Reformationsgeschichtliches (wie Anm. 415), S. 273–276 (zu Nr. 29: Die Schlußverhandlungen des Rates mit den Brüdern vor ihrer Vertreibung, 1. und 2. Mai 1525), hier S. 276. Dass es um „vnderthan vnd gehorsam" ging, brachte auch der zeitgenössische Chronist Peter Schumann zum Ausdruck, zit. n. ebd., S. 117. Zur Vertreibung vgl. dezidert ebd., S. 114–129. Zur Einordnung in die Geschehnisse vgl. auch Karant-Nunn: Zwickau (wie Anm. 14), S. 143–147. Zur Störung des kommunalen Friedens durch einen Überfall auf zwei Mönche im November 1524, der Schmähung des hl. Franziskus auf Zwickaus Straßen im Dezember 1524, einem Einbruch ins Kloster und Steinwürfen auf die Ordensbrüder im Januar 1525 sowie der Hatz auf als Mönche und Nonnen verkleidete Bürger, die in Hasennetze gejagt wurden, vgl. ebd., S. 157.
[541] Dazu vgl. ebd., S. 158.
[542] Nachdem bereits Hermann Mühlpfordts gleichnamiger Cousin über die Tumulte in Wittenberg am 10. Dezember 1521 brieflich berichtet hatte, tat es ihm der Zwickauer Ratsherr Johannes Pfab (Pfau) im Januar 1522 gleich, vgl. Fabian: Berichte (wie Anm. 59), S. 28–30. Diesbezüglich wurde vermutet, dass ihn „Hermann Mühlpfordt vielleicht nach Wittenberg geschickt hatte, um sich über die dortigen Verhältnisse zu informieren", s. Thomas Kaufmann:

sollten Informationen über innerstädtische Probleme nicht außerhalb der Mauern wahrgenommen werden; die Ernestiner galt es hiervon möglichst auszuschließen: Dementsprechend gab sich Mühlpfordt in seinem Schreiben vom 3. Juli 1531 „warlich erschrocken" darüber, dass „unser zwispeldigkeit" über das Vokationsrecht insbesondere „zu Wittenbergk und zu hof albereit offenbar" sei.[543] Zeilen wie diese verwiesen darüber hinaus auch auf das Anliegen, die landesherrliche Einflussnahme auf religionspolitische Geschehnisse in Zwickau zu minimieren, sofern es die Interessen der städtischen Obrigkeit konterkarierte: Eine bloße Ankündigung des Franziskaners Martin Baumgart vom 8. Dezember 1523, „vor dem lands-fursten feuer anzulegen", sprich, die Ernestiner gegen das Patriziat einzunehmen, zog umgehend Sanktionen des Rates nach sich.[544] Letzterer schaltete Kurfürst und Herzog nur dann ein, wenn es galt, gegen andere inner- beziehungsweise außerstädtische Kräfte vorzugehen, die sich gegen die kommunale Führung oder Mühlpfordt persönlich richteten und derer man nicht Herr zu werden vermochte. Im langjährigen Streit mit den Franziskanern, die stets die Landesherrschaft zum Eingreifen veranlassten, kam es daher, nach Lage der Quellen, bezeichnenderweise lediglich zweimal vor, dass der Rat die Ordensbrüder beim Herzog verklagte, wie er das ebenso mit dem lutherischen Prediger Lindenau tat. Auch hier gab Ungehorsam den Ausschlag. Voraus ging dem nämlich eine durch die Eheleute Lindenau 1526 kurzzeitig innegehabte Leitung der städtischen Mädchenschule, was zur Uneinigkeit führte. Wegen anschließender Schmähungen von Ratsmitgliedern durch

---

Thomas Müntzer, „Zwickauer Propheten" und sächsische Radikale. Eine quellen- und traditionskritische Untersuchung zu einer komplexen Konstellation, Mühlhausen 2010 (= Veröffentlichungen der Thomas-Müntzer-Gesellschaft 12) S. 53.

543 Zit. n. Fabian: Streit (wie Anm. 21), S. 165 f. (zu Nr. 17), hier S. 166. In bemerkenswerter Parallele zu der von Mühlpfordt beklagten „Fernwirkung" des Konflikts auf die Altgläubigen äußerte sich Pfarrer Hausmann, s. Bräuer: Luther (wie Anm. 188), S. 82, Anm. 307. Gerade im Schweigen gegenüber der Landesherrschaft bestand jene „implizite Exklusion", die in „Funktionssystemen", hier der Politik, eigentlich „nicht vorgesehen [und] kein Resultat einer Operation, sondern die Folge inkludierender Kommunikation" ist, s. Sina Farzin: Inklusion/Exklusion. Entwicklungen und Probleme einer systemtheoretischen Unterscheidung, Bielefeld 2006, S. 102.

544 Zit. n. Doelle: Reformationsgeschichtliches (wie Anm. 415), S. 75. Das Gremium verbot den Brüdern vom 7. Dezember 1523 bis zum 7. Februar 1524 das Predigen, vgl. ebd., S. 75.

Anna Lindenau, die Ehefrau des Predigers, bat man diesen, auf seine Gattin mäßigend einzuwirken.⁵⁴⁵ Lindenau verstand die Bitte als einen Angriff und machte als Drahtzieher der Attacke augenscheinlich Mühlpfordt – damals nicht regierender Bürgermeister – aus, weshalb er diesem am 15. März 1527 auf der Kanzel unterstellte, dass er „ratt wider" ihn halte, ihn gar aus der Stadt „vortreiben" wolle. Seinem vermeintlichen Gegner attestierte der Gottesmann bei dieser Gelegenheit politische Schwäche, ja ein nahes Ende seiner Macht: „Deyn gewallt hengett wy an eynem faden, wirt der reyßen, deyn gewallt wirt woll vnd pald eyn ende nehmen". Über dieses „mirackell" hinaus würdigte er der Bürgermeister herab und bezeichnete ihn als „hure, pube, stolzer poßwicht" und „hoffertiger eßell", was für den Betroffenen das „maß voll" machte. Ohnmächtig, das zu pönalisieren, schaltete der Geschmähte noch am Tag der Predigt, am 15. März 1527, eine außerstädtische Partei ein: Luther. Mit ihm trat er – trotz der seit 1525 bestehenden Entfremdung – über den in Wittenberg studierenden Roth brieflich in Kontakt, ließ das Reformatorenehepaar grüßen und schilderte, um Beistand ersuchend, das Geschehene, was den Vorfall über die Stadtgrenzen hinaus „offentlicher" machte.⁵⁴⁶ Doch die persönliche Diffamierung wog schwerer, und wie in diesem Fall konterte Mühlpfordt sie in anderen Situationen ähnlich scharf.⁵⁴⁷ Insofern traf er selbst die für Zwickaus religionspolitisches Auto-

---

545 Dazu vgl. ausführlich Bräuer: Luther (wie Anm. 188), S. 40.
546 Für alle vorhergehenden Zitate s. WA Br. 4 (wie Anm. 233), S. 183. So war der bereits im Sommer 1526 verstorbene Schwiegervater des Sohnes Hermann, der Kaufmann Nickel Heinel, „weyll [= als]" er am leben gewest", Ziel der Attacken Lindenaus, der darüber hinaus auch Heinels „weyb" Margarethe Heinel „geschendt vnd gelestert" hatte, „das sy Ir gutt gestollen, gewuchert vnd erschunden haben" solle. Nach der Eheschließung Mühlpfordt/Heinel setzte sich das mit dem Wunsch Lindenaus nach Verarmung der Familie – „das alles vorzertt wird" – fort, zit. n. ebd. Zum Terminus „Gewalt" im politischen Sinne vgl. Deutsches Wörterbuch (wie Anm. 65), Lfg. 3,4 (1902), Bd. IV/I/3 (1911), Sp. 4910–5095 (4992). Zur klassischen Definition von Macht als „jede[r] Chance, innerhalb einer sozialen Beziehung den eigenen Willen auch gegen Widerstreben durchzusetzen, gleichviel worauf diese Chance beruht", s. Max Weber: Wirtschaft und Gesellschaft. Grundriß der verstehenden Soziologie, 1. Halbbd., hg. von Johannes Winckelmann, 5. Aufl., Tübingen 1980, S. 28.
547 Als Mühlpfordt 1530 durch Hans Feller unter anderem mit einem „Brantschadens an den Schewnen" – Liber Proscriptorum de anno 1367 ad annum 1536, Stadtarchiv Zwickau, III x¹, Nr. 135, Bl. 92 r – in Verbindung gebracht wurde, belangte er ihn gerichtlich dafür. Zur Reak-

nomiestreben im Nachhinein verhängnisvolle Entscheidung, den mächtigen Theologen einzubeziehen. Zunächst verlief alles wünschenswert: Sich auf die Seite des Rates stellend, antwortete der Reformator am 29. März 1527 mit einem Schreiben an Pfarrer Hausmann, in dem er ihn bat, mäßigend auf den Prediger einzuwirken. Ebenfalls unter dem Datum des 29. März 1527 verfasste Melanchthon Zeilen an den Magistrat, diesen auffordernd, gegen Lindenau vorzugehen. Nachdem die Konflikte zwischen dem Politiker und dem Geistlichen Anfang 1528 erneut ausbrachen und sich abzeichnete, dass deren dauerhafte Lösung durch die Einbindung des Wittenbergers nicht erlangt werden konnte, der sich zunehmend für die Zwickauer Geistlichen aussprach, beschloss der Rat am 5. Februar eine auf den 15. Februar terminierte Aussöhnung der Kontrahenten. Erst als diese fehlschlug, wandte sich die Stadt am 18. Februar mit einer Klage gegen Lindenau an die Landesherrschaft, um diese in die Problematik vor Ort zu involvieren, was Luther gleichwohl noch zu verhindern versuchte. Auf den Fall Lindenau weiter einzugehen, der am 28. Februar 1529 in der Entpflichtung des vom Rat ungeliebten Mannes seinen Abschluss fand, muss an dieser Stelle unterbleiben.[548] Von Belang ist: Wiederum war es wohl Mühlpfordt und der durch Luther anfänglich zuteilgewordenen und endlich entzogenen Unterstützung geschuldet, dass die Zwickauer eine zweite und noch einflussreichere Persönlichkeit, den Landesherrn, religionspolitisch auf den Plan riefen. Denn den Ausschlag dafür, sich an Kurfürst Johann zu wenden, dürfte letztlich der vom Rat am 15. Februar 1528 sogar in seinem Protokoll dokumentierte, seit langem schwelende und nicht zu besänftigende „zcorn" Mühlpfordts auf den Prediger gegeben haben.[549] Bereits die an Roth gerichtete Formulierung vom 15. März 1527, ganz am Anfang des Konflikts, erhellt, welche

---

tion Mühlpfordts im Jahre 1517, als man ihm unterstellte, die Mittel des (ausgeraubten) Almosenkasten für private Zwecke verwendet zu haben, vgl. auch Anm. 656 und 657.
548 Detailliert dazu Otto Clemen: Die Entlassung des Zwickauer Predigers Paul Lindenau, in: Alt-Zwickau 5 (1935), S. 19 f. ND in: Clemen: Kleine Schriften, Bd. 8, Leipzig 1987, S. 182 f. Vgl. dazu auch Bräuer: Luther (wie Anm. 188), S. 40.
549 Zit. n. Julia Kahleyß: Luther und die Zwickauer Prädikaturen und Prediger, in: „Martinus halbenn ..." (wie Anm. 123), S. 41–52, hier S. 51, Anm. 105. Bereits in seinem Schreiben vom März 1527 hatte Mühlpfordt, dies bestätigend, bekundet, er sei bezüglich des Predigers „zw rach, zcorn vnd anders Erbittert", zit. n. WA Br. 4 (wie Anm. 233), S. 183.

Bedeutung der Bürgermeister dem Zwist von Beginn an beimaß, nämlich dass „der tewffell, fleisch vnd blut des [...] predigens pawli mit mir wunderlich ringet".[550] Zwickaus Einwohnern blieb das nicht verborgen. Nicht von ungefähr lasteten sie den Weggang Lindenaus dem Stadtoberhaupt an, zu dessen Ehrenretter sich ausgerechnet der Prediger Cordatus aufschwang.[551] In Parallele zum Umgang mit den Zwickauer Franziskanern lagen auch dem Vorgehen des Rates gegen die lutherische Geistlichkeit – die beiden bedeutenden innerstädtischen Konflikte ab 1521 – machtpolitische Erwägungen zugrunde. Trat der Bürgermeister im Vorgehen des Rates gegen die Ordensbrüder nur vereinzelt hervor, so war es ihm – aufgrund persönlicher Betroffenheit – geschuldet, dass der Rat im Streit mit der lutherischen Geistlichkeit Zwickaus zunächst Luther und schließlich die Ernestiner gezielt involvierte.

7.2 Selbstbild und Grenzauslotung

Mühlpfordt empfand sich bei der Einführung der lutherischen Lehre in Zwickau, zu der er sich bekannte, primär in die Verantwortung genommen, was auch Luther, Locher-Rott und Linck – neben anderen – so sahen. Zustimmend griff er in einem Schreiben an Roth vom 17. Juli 1523 auf, was ihm durch Roth in einem zeitlich davor liegenden Schreiben „an[ge]zeigt" worden war: „Das *Ich* soll, wy auch an *mir* vil gelegen, als Eyn trawer regent dy sachen zu christlicher ordenung nemlich angreiffen *mich* nicht vorhindern loßen"; in diesem Selbstbild bestärkte ihn die erfolgreiche Durchsetzung der Zwickauer Reformation dahingehend, dass er seinen Weg nicht „ane gnad gotts" beschritten habe.[552] Weil er im Juli 1523, als er diese Zeilen notierte, Zwickau nicht als regierender Bürgermeister, sondern als Stadtvogt vorstand,[553] verlieh er der Bezeichnung als „regent" besonderes Gewicht.

---

550 Zit. n. WA Br. 4 (wie Anm. 233), S. 181.
551 Dazu vgl. Fabian: Streit (wie Anm. 21), S. 89.
552 Zit. n. Fröhlich: Einführung (wie Anm. 161), S. 55 (Herv. d. Verf.). Zum Autostereotyp vgl. Fuchs-Heinritz: Lexikon (wie Anm. 520), S. 74 und 602.
553 Vgl. Oehmig: Mühlpfordt (wie Anm. 2), S. 162, Anm. 7.

Sich respektive den Rat – Luther hatte bekanntlich in seiner 1520 erschienenen Adelsschrift die weltliche Obrigkeit, unter anderem die städtischen Magistrate, mit kirchlichen Reformen betraut – befand er, nicht zuletzt auf Grundlage des Patronatsrechts, zur Ausübung des religionspolitischen „Regiments", wie er es ausdrückte, befugt. Frühzeitig kollidierte das mit der Autorität des Pfarrers Hausmann, so 1527 beim misslungenen Versuch Mühlpfordts, das Predigtthema vorzugeben. Der sah sich auf diesem Terrain auch nach 1529 weiterhin zuständig. Keine Akzeptanz fand bei Mühlpfordt insofern, was seinen Anspruch auf Oberhoheit beschnitt: Dass sich die rechtlichen Bedingungen mit der durch die Visitatoren im letztgenannten Jahr erfolgten Einsetzung Hausmanns zum Zwickauer Superintendenten entscheidend gewandelt hatten.[554] Vor allem das wirft einmal mehr die des Bürgermeisters Blick auf sich selbst berührende Frage nach dem Stellenwert auf, den er der Lehre Luthers einräumte. Unbestritten galt in der älteren Geschichtswissenschaft die „Liebe zum Evangelium" als Triebfeder des „trefflichen frommen Manne[s]", in der Muldestadt die Reformation durchzusetzen,[555] wohingegen die neuere konstatiert, „Glaubensfragen" seien ihm „nicht in erster Linie" wichtig gewesen.[556] Ähnlich wie im Fall von Mühlpfordts machtpolitisch gegründeten Engagement hinsichtlich der Franziskaner und

---

554 Zit. n. WA Br. 6, S. 50 f. (zu Nr. 1792: Mühlpfordt und Roth an Luther, 8. März 1531), hier S. 51. Mühlpfordt betonte noch 1531 „aufs entschiedendste das Patronatsrecht des Rats, das auch die Visitatoren aufs neue (1529) bestätigt hätten und zwar dergestalt, daß der Rat einen Geistlichen zu wählen und vor der Bekanntmachung der Wahl dem Pfarrer zu benennen habe. Könnten sich beide Teile nicht über die geschehene Wahl einigen, so solle die Entscheidung des Kurfürsten angerufen werden. Ebenso solle es mit der Entlassung eines Geistlichen gehalten werden", s. Fabian: Streit (wie Anm. 21), S. 100. Dem Rat als Inhaber des Patronats war auf Grundlage einer „rechtlichen Konstruktion" bereits seit der vorreformatorischen Zeit die Entlassung der Prediger gestattet, wobei mit Einführung der Reformation die dafür notwendige Zustimmung des katholischen Stadtpfarrers wegfiel, s. Kahleyß: Zwickau (wie Anm. 44), S. 372 f., hier S. 372. Allerdings hatten die Visitatoren, unabhängig vom städtischen Patronat, das Recht zur Sorge und Aufsicht über die Prediger seit 1529 an Pfarrer Hausmann – als Superintendent – übertragen, vgl. ebd., S. 374. Zu Luthers Forderung vgl. Thomas Kaufmann: An den christlichen Adel deutscher Nation von des christlichen Standes Besserung, Tübingen 2014 (= Kommentare zu Luthers Schriften 3), S. 17.
555 Kolde: Luther (wie Anm. 328), Bd. 1, Gotha 1884, S. 277. Als „Idealist" bezeichnete Mühlpfordt 1917 noch Fröhlich: Einführung (wie Anm. 161), S. 47.
556 Bräuer: Müntzer (wie Anm. 191), S. 36.

später der lutherischen Geistlichkeit in Zwickau verhielt es sich auch mit seinem Einschreiten gegen die von Luthers Lehre abweichenden Strömungen. Ob unser Protagonist die Befürchtung Pfarrer Hausmanns teilte, Devianzen würden der Stadt einen „*vncristlicher* vnd pickardischen namen" verschaffen, bleibt ungewiss.[557] Zumindest ist zu erkennen, dass die Maßregelung im Sommer 1521 als abtrünnig ausgemachter Zwickauer erheblichen äußeren Anstoßes bedurfte. Denn erst Herzog Georg von Sachsen, der Luthergegner, brachte nach Monaten tatenlosen Verharrens die Stadtoberen zum Handeln. Er informierte seinen ernestinischen Vetter Herzog Johann in einem Schreiben vom 21. November 1521 über die im Mai 1521 durch eine aufgebrachte Volksmenge vorgenommene Tötung des altgläubigen Priesters Wolf Musler und machte auf „etlich rotten", also handgreiflich werdende Gruppierungen, in der Muldestadt aufmerksam.[558] Parallel entluden sich in Wittenberg am 3. und 4. Dezember 1521 seit längerem existente und im reformatorischen Prozess begründete Spannungen in der Störung einer Messe und in gegen die Wittenberger Franziskaner gerichteten Pöbeleien von Studenten,[559] worüber – wie erwähnt – der in der Universitätsstadt studierende Hermann Mühlpfordt seinen Cousin, den Bürgermeister der Muldestadt, am 10. Dezember 1521 in Kenntnis setzte. Im Zuge nun anlaufender Nachforschungen des besorgten Herzogs Johann entdeckte der Zwickauer Rat plötzlich einen Geheimbund in den Reihen der Bürger. Bei einer schleunigst angesetzten

---

557 Zit. n. Theodor Kolde: Ältester Bericht über die Zwickauer Propheten, in: Zeitschrift für Kirchengeschichte 5 (1882), S. 323–325, hier S. 324 (Herv. d. Verf.). Zu „pickardisch" als von Luther oft gebrauchter Terminus für böhmische Ketzer vgl. Friedrich Lepp: Schlagwörter des Reformationszeitalters, Leipzig 1908 (= Quellen und Darstellungen aus der Geschichte des Reformationsjahrhunderts 8), S. 52 f.
558 Zit. n. Wappler: Müntzer (wie Anm. 174), S. 43, Anm. 179. Am 9. Mai 1521 war der Priester Wolf Musler, als er „mit dem heiligen hochwirdigen Sacrament in hanß vetters haus gegangen" sei, von „etliche[n] pose[n] buben" mit Steinwürfen in die Katharinenkirche gedrängt worden, „das man ihn hat ins kranken haus und wieder anheim beilleiten mussen", zit. n. Kaufmann: Müntzer (wie Anm. 541), S. 45.
559 Vgl. Stefan Oehmig: Die Wittenberger Bewegung 1521/22 und ihre Folgen im Lichte alter und neuer Fragestellungen. Ein Beitrag zum Thema (Territorial-)Stadt und Reformation, in: ders. (Hg.): 700 Jahre Wittenberg. Stadt, Universität, Reformation, Weimar 1995, S. 97–130. Zu den „studentische[n] Tumulte[n] in Wittenberg" s. zuletzt Kaufmann Anfang (wie Anm. 13), S. 201–206.

Befragung von Verdächtigen am 16. und 17. Dezember 1521 durch Ratsherren und Geistlichkeit zutage tretende religiöse Devianz „auszurutten vnnd zustillen", war seitens des neuen Bürgermeisters dadurch umgehend mit „muglichen vnd vngesparten vleiß" in Angriff genommen worden, wie Pfarrer Hausmann am 18. Dezember 1521 in seinem Brandbrief an den Landesherrn herausstrich, in welchem er auf die mangelnde Unterstützung der lutherischen Geistlichkeit durch Teile des städtischen Rats aufmerksam machte.[560] Jahre darauf schrieb sich Kurfürst Johann in der Nachfolge des Bauernkrieges auf die Fahnen, im Territorium das Luthertum durchzusetzen und erließ am 17. Januar 1528 ein Mandat, mit dem er die Verfolgung und Bestrafung devianter Personen verfügte. Beim Verlassen der Muldestadt mahnten die Visitatoren, die von örtlichen Geistlichen über das Fortbestehen von Devianz in der Einwohnerschaft informiert worden waren, am 1. Februar 1529 nochmals die Beachtung des Mandats an. Tatsächlich wurde man alsbald des aus Freistadt in Oberösterreich stammenden und sich zufällig in Zwickau aufhaltenden „Wiedertäufers" Hans Sturm habhaft und verhörte ihn am 26. Februar 1529 im Rathauskeller („vnten inn dem gewelb"), und zwar, was vermutlich die Relevanz der Angelegenheit für diesen illustrierte, in Mühlpfordts Beisein.[561]

Unabhängig davon, dass Zwickau als Landstadt sowieso den Ernestinern unterstand, lag diesem Eifer – mit dem Mühlpfordts die landesherrlichen Vorgaben im Gemeinwesen umsetzte – zugrunde, dass er, wie er 1525 gegenüber Roth bekräftigte, die Ernestiner „lieb als mein veter" hatte, und für die Bewohner der Muldestadt nicht minder konstatierte, „das sy Eynen vatter haben an vnserem lantsfursten".[562] Hierbei rekurrierte er auf antike,

---

560 Zit. n. Kolde: Bericht (wie Anm. 557), S. 324.
561 Zit. n. Paul Wappler: Inquisition und Ketzerprozesse in Zwickau zur Reformationszeit. Dargestellt im Zusammenhang mit der Entwicklung Luthers und Melanchthons über Glaubens- und Gewissensfreiheit, in: MAVZ 9 (1908), bes. S. 21–54, hier S. 44. Vgl. auch ebd., S. 174 ff. (zu Nr. 11), hier S. 174. Zu den Bestrebungen Johanns vgl. von Oertzen Becker: Kirchenpolitik (wie Anm. 529), S. 308 ff. Zum Mandat vom 17. Januar 1528 vgl. Carl August Hugo Burkhardt (Hg.): Ernestinische Landtagsakten, Bd. I: Die Landtage von 1487–1532, Jena 1902 (= Thüringische Geschichtsquellen, Neue Folge 5), S. 187 (zu Nr. 352).
562 Zit. n. Fuchs: Akten (wie Anm. 133), S. 439. Herzog Johann wurde durch Mühlpfordt explizit als „vatter" tituliert, zit. n. WA Br. 4 (wie Anm. 233), S. 182.

in der Frühen Neuzeit nach wie vor lebendige, durch Luther mit dem Verweis auf das biblische Gebot der Elternehrung christlich-religiös und durch das von Erasmus propagierte Fürstenideal humanistisch untermauerte Vorstellungen, die die Macht des Hausvaters aus dem familiären Rahmen auf die Funktion des Herrschers im weltlichen Bereich übertrugen.[563] Zugleich erfüllte das Stadtoberhaupt ein starkes Verlangen, sich von der Landesherrschaft zu emanzipieren, wie die Konflikte mit den Franziskanern und der lutherischen Geistlichkeit zeigten. Ungeachtet des von ihm als „Vater-Sohn"-Beziehung beschriebenen Verhältnisses nahm er die Ernestiner, aufgrund seiner 1523 ebenfalls Roth gegenüber offenbarter Interpretation der eigenen Stellung, in religionspolitischer Hinsicht, als nicht zuständig wahr. Denn in Zwickau sah er sich auf diesem Sektor wohl als „das Haupt und die Krone der Stadt" („caput et / corona vrbis").[564] So formulierte das zumindest der zeitgenössische und mit Mühlpfordt vertraute Zwickauer Annalist Paul Greff, der sich seinerseits gegen den Vorwurf des Hofes verwahrte, „er schreibe eine Chronik wider den Landesfürsten".[565] Mag die Einbeziehung des Landesherrn 1521 durch Pfarrer Hausmann, um die Untersuchung devianter Strömungen zu forcieren, sicherlich nicht im Sinne Mühlpfordts geschehen sein, so gereichte sie ihm, angesichts des ihm zukommenden Lobes, zumindest nicht zum Nachteil. Auch die Involvierung der Ernestiner im Konflikt mit den Franziskanern erwies sich für die bis 1525 noch gemeinsam mit dem Pfarrer angestrebte Durchsetzung der Reformation als hilfreich. Im Unterschied dazu weitete sich die durch Mühlpfordt – in Anbetracht persönlicher Betroffenheit durch die Predigten Lindenaus – wohl maßgeblich betriebene Einschaltung Luthers 1527 und der Landesherrschaft 1528 in die städtische Religionspolitik zu einer prinzipiellen Kontroverse um die Be-

---

563 Vgl. dazu Hartmut Kreß: Staat und Person. Politische Ethik im Umbruch des modernen Staates, Stuttgart 2018 (= Ethik – Grundlagen und Handlungsfelder 10), S. 174f. Vgl. auch Rotterdam: Institutio (wie Anm. 362), S. 188.

564 Zit. n. der Übersetzung bei Clemen: Mühlpfort (wie Anm. 7), S. 20. ND in: Clemen: Kleine Schriften, Bd. 8, Leipzig 1987, S. 61–64, hier S. 61. Zum lateinischen Original vgl. Albinus: Excerpta (wie Anm. 24), Bl. 191. Zur Zitierung des Originals vgl. Oehmig: Mühlpfordt (wie Anm. 2), S. 161.

565 Bräuer: Luther (wie Anm. 188), S. 56. Zur Einordnung von Greffs Zeilen über Mühlpfordt als „Lobgesang" s. Oehmig: Mühlpfordt (wie Anm. 2), S. 161.

rufung und Entpflichtung der dortigen Prediger aus. Mühlpfordts Handeln hierbei vollumfänglich nachzuzeichnen – im Unterschied zu demjenigen in der frühen städtischen Reformation ist es gut rekonstruierbar und schon mehrfach untersucht –, würde den Rahmen dieser Studie sprengen;[566] bezüglich seiner exponierten Rolle im Verlauf der Kontroverse decken sich jedenfalls die Ergebnisse geschichtswissenschaftlicher Forschung mit der Selbst- und zeitgenössischen Fremdwahrnehmung unseres Protagonisten.[567] Wie die Zwickauer Ratsherren die örtlichen Prediger zukünftig nach Gutdünken anstellen und entfernen wollten, so trachtete der Reformator die Entscheidungsgewalt darüber bei Pfarrer Hausmann zu verankern, der infolge der Kirchen- und Schulvisitation 1529 erster Zwickauer Superintendent geworden war und in dessen Zuständigkeitsbereich die Stellenbesetzung nunmehr fiel, was Mühlpfordt aber zunächst ignorierte. Nach der eigenmächtigen und unrechtmäßigen Entpflichtung des Predigers Soranus im Februar 1531 durch den Zwickauer Rat kündigte dieser im Mai 1531

---

566 Vgl. dazu die in Anm. 296 aufgeführten Werke.
567 Exemplarisch kann dies anhand eines Schreibens von Mühlpfordt an Roth vom März 1531 illustriert werden, in dem er bekundete, dass er das Anliegen des Rates „mit hinan" bringe, zit. n. Fabian: Streit (wie Anm. 21), S. 152 f. (zu Nr. 7: Mühlpfordt an Roth, 16. März 1531), hier S. 152. Überdies verfasste Mühlpfordt für den Rat eine „verantwortung", das heißt eine Stellungnahme, zit. n. ebd. Fabian hat bereits 1905 resümiert, dass die im Anschluss dem Kurfürsten vorgelegte Eingabe – „Antwort der geschickten von Zwickau auf übergebene Beschwerung des pastors doselbst" – eine „sehr entschiedene, teilweise etwas spitzig gehaltene und sichtlich den Geist Mühlpforts atmende" gewesen sei, s. ebd., S. 100. Auch im Sommer 1531 trat er als derjenige in Erscheinung, der die Dinge vorantrieb; es war, so wird aus einem Schreiben an Roth vom 3. Juli 1531 deutlich, sein „gedank, das der stadtschreiber [...] di sachen vom anfang und zu Ende prediger und pfarner belangende [...] jn ein schrift bringen" solle, zit. n. ebd., S. 165 f. (zu Nr. 17: Mühlpfordt an Roth, 3. Juli 1531), hier S. 165. Cordatus, der von anonymen Autoren im Mai 1531 brieflich angegriffen wurde, vgl. dazu Bräuer: Luther (wie Anm. 188), S. 51, „vermutete" sogleich, „daß Mühlpfordt diesen Akt inszeniert habe", und „sandte das Schreiben, um anzuzeigen, daß er den Autor erkannt habe, an den Bürgermeister, doch gab der das Schriftstück, das der Prediger energisch zurückforderte, um es an den Kurfürsten zu senden, nicht wieder heraus", s. ebd., S. 82, Anm. 303. Für Luther hingegen ließ sich erst im November 1531 rekonstruieren, dass er Mühlpfordt als den zentralen Akteur betrachtete, vgl. hier in Anm. 304. Bezüglich der Ergebnisse der Forschung sei exemplarisch auf das Resümee Helmut Bräuers verwiesen, der Mühlpfordt als in der Sache „führende[n] Kopf des Rates" verortet, s. Bräuer: Luther (wie Anm. 188), S. 40.

auch dem Prediger Cordatus.⁵⁶⁸ Zwar wurde das Agieren des Ratsgremiums in Bezug auf Soranus im März 1531 in Torgau durch den Kurfürsten gebilligt und in der dortigen Verhandlung zwischen Luther und den Bevollmächtigten der Muldestadt, unter anderem dem damals nicht als Bürgermeister amtierenden Hermann Mühlpfordt, „in wesentlichen Punkten zugunsten des letzteren entschieden",⁵⁶⁹ weil der Landesherr die Entlassung von Cordatus bestätigte. Aber die Verhandlungsführer der Muldestadt erlitten ebenso eine „Niederlage",⁵⁷⁰ da statt religionspolitischer Autonomie Zwickaus Heteronomie das Ergebnis war, indem im August 1531 festlegt wurde, dass Predigerstellen künftig nicht mehr ohne Kenntnis und Genehmigung des Landesherrn besetzt werden konnten. Entgegen allen Intentionen beschleunigte das Stadtoberhaupt mit seinen Aktivitäten die Etablierung des sich abzeichnenden landesherrlichen Kirchenregiments in Kursachsen.⁵⁷¹ Gleichwohl artikulierte sich in derlei Konflikten – mit Luther nach 1527, mit den Franziskanern vor 1525 – nicht nur Mühlpfordts Selbstbild, verbunden mit einem damals zunehmenden Begreifen der städtischen Obrigkeiten als einer von Gottes Gnaden berufenen Institution; noch stärker schlug sich hier der vom Bürgermeister nachhaltig und bis zum Äußersten vertretene politische Grundsatz nieder, angesichts einer in der Frühen Neuzeit allgemein bedeutsamer werdenden städtischen „Autonomietradition" auch die Emanzipation der ehemaligen Reichsstadt zu priorisieren.⁵⁷² Das würdigte erstmals

---

568 Dazu jüngst Teichert: Bruch (wie Anm. 17), S. 67 ff.
569 Oehmig: Mühlpfordt (wie Anm. 2), S. 163.
570 Bräuer: Mühlpfordt (wie Anm. 11), S. 119.
571 Dazu vgl. das Resümee bei Bräuer: Luther (wie Anm. 188), S. 68. Zum landesherrlichen Kirchenregiment oder Summepiskopat als Terminus, der die Leitungsgewalt des Inhabers der Territorialgewalt über das evangelische Kirchenwesen in seinem Territorium bis 1918, im Fall Kursachsens seit 1527, beschreibt, vgl. noch immer grundlegend Hans-Walter Krumwiede: Zur Entstehung des landesherrlichen Kirchenregiments in Kursachsen und Braunschweig-Wolfenbüttel, Göttingen 1967 (= Studien zur Kirchengeschichte Niedersachsens 16).
572 Zur Begriffsprägung siehe Heinz Schilling: Die Stadt in der Frühen Neuzeit, 2. Aufl., München 2004 (= Enzyklopädie Deutscher Geschichte 24), S. 39; vgl. auch ebd., S. 48. Dazu vgl. auch Klaus Schreiner: Teilhabe, Konsens und Autonomie. Leitbegriffe kommunaler Ordnung in der politischen Theorie des Mittelalters und der Frühen Neuzeit, in: Blickle: Theorien (wie Anm. 495), S. 35–61, hier S. 54. Wie lebendig die Erinnerung an den bedeutendsten städtischen Autonomiekonflikt des 15. Jahrhunderts zu Mühlpfordts Zeit war, erläutert Silva Teichert: 1407

der Zwickauer Chronist Lorenz Wilhelm rund ein Säkulum nach dem Ableben unseres Protagonisten ausdrücklich als dessen besonderes Verdienst und attestierte ihm 1633, die Gemeinde „bey vielen ihren alten privilegien vnnd Freyheiten [...] erhalten" zu haben.[573] Unter diesem Gesichtspunkt gilt Mühlpfordt heute in politischer Hinsicht als „Mann des Übergangs",[574] der landesherrliche und städtische Anliegen, nicht zuletzt dank seines „hohen Verstandes" und seiner „grosen Gaben" – so rühmten ihn Lorenz Wilhelm und Tobias Schmidt –, erfolgreich austarierte. Jedwede Förderung städtischer – hier religionspolitischer – Autonomie durch den Bürgermeister aber endete dementsprechend dort, wo sie das gute Verhältnis zur Landesherrschaft bedrohen konnte. Sein feines Gespür für die politischen Möglichkeiten und ihre Grenzen verhalf Mühlpfordt dazu, wie Wilhelm hervorhob, „in grosen Ansehen bey männiglich gelebet" zu haben, „nicht allein bey den Bürgern / sondern auch bey dem LandesFürsten".[575] Eine übereinstimmend positive Bezugnahme durch die „Bewertungsinstitutionen" Stadtbewohner und Landesherrschaft – hier jedoch nur aus der Sicht eines Zwickauers – sei, Helmut Bräuer zufolge, „ansonsten nicht häufig zu beobachten".[576]

– Quellenlage und Darstellung der Ereignisse in der Zwickauer Geschichtsschreibung, in: 1407 – Rat kontra Landesherr? Tagungsband des wissenschaftlichen Kolloquiums „Rat kontra Landesherr?" am 28. September 2007 in Zwickau, hg. von den Städtischen Museen Zwickau und dem Stadtarchiv Zwickau, Zwickau 2011, S. 270–287, bes. S. 276. Bereits das 1507 vom Kreis um Laurentius Bärensprung verfasste „Statutenbuch" verortete den Zwickauer Rat als aus der „setzung gottes" stammend, zit. n. Bräuer: Verfassung (wie Anm. 123), S. 84; das Führungsgremium agierte also, so stellte Helmut Bräuer heraus, in dem „Bewusstsein/Empfinden" einer „Einheit" von „Gott – Obrigkeit / Rat – Gehorsam", s. ebd.
573 Wilhelm: Descriptio (wie Anm. 30), S. 131. Zur Tradierung vgl. auch Schmidt: Chronica (wie Anm. 26), S. 456.
574 Oehmig: Mühlpfordt (wie Anm. 2), S. 178.
575 Für alle vorhergehenden Zitate s. Wilhelm: Descriptio (wie Anm. 30), S. 131. Zur Tradierung vgl. auch Schmidt: Chronica (wie Anm. 26), S. 456.
576 Bräuer: Stadtchronistik (wie Anm. 20), S. 83.

8 RELIGIONSPOLITIK UND INNERSTÄDTISCHE HEGEMONIEN

8.1 Personelle Entscheidungsgewalt

Welche politische Macht respektive „gewallt", wie es der Prediger Lindenau 1527 in Worte kleidete,[577] kam unserem Protagonisten in der Muldestadt beim Versuch zu, religionspolitischen Einfluss auszuüben? Als eine „zentrale Schaltstelle" der „frühreformatorischen Personalpolitik" des Rates sieht die jüngere Forschung „direkt oder mittelbar" den Bürgermeister an.[578] Die mutmaßliche Ablehnung des Predigers Löhner durch ihn beziehungsweise die Beteiligung bei der Anstellung Pfarrer Hausmanns wird, was das betrifft, in Anschlag gebracht. In der Weimarer Republik vermeinte die bürgerliche Forschung, vorrangig aufgrund der Zueignung der „Freiheitsschrift", in Mühlpfordt bereits vor der erstmaligen Amtsübernahme im September 1521 das Haupt der Zwickauer Lutheranhänger zu erkennen. Hahns Verortung des damaligen Stadtvogts als gestaltende Kraft in der Causa Müntzer im Frühjahr 1521 fußte auf dieser Annahme. Vertreter der marxistischen Geschichtsforschung der DDR präzisierten das dahingehend, der spätere Bürgermeister sei sowohl im Rat als auch unter der Einwohnerschaft der hauptsächliche Vertreter der Wittenberger Reformation gewesen. Luthers Zeilen vom Herbst 1520 mussten, wie hier aufgezeigt, keinesfalls zwingend mit Mühlpfordts In-Erscheinung-Treten als Anhänger der neuen Lehre in Verbindung zu bringen sein. Folgerichtig ließ sich der Geehrte auf dem religionspolitischen Sektor – so im Fall Müntzer 1520/21 – nicht ausmachen. Gleichwohl lag, was das anging, ein vorhandenes Engagement natürlich nahe. Kommunalpolitisch qua Amt mächtig, dürfte der Stadtvogt bereits da-

---

577 Zit. n. WA Br. 4 (wie Anm. 233), S. 183.
578 Bräuer: Mühlpfordt (wie Anm. 11), S. 119.

mals eine entscheidende Rolle innerhalb der lokalen Politik gespielt haben. Mit personellen Veränderungen kann er in Zwickau aber erst in Verbindung gebracht werden, nachdem er dort im September 1521 die Führung übernahm. Ein erster Hinweis hierfür findet sich im Kontext der Querelen um den Prediger Johannes Zeidler. Weil sich der Geistliche im Vorfeld den von Pfarrer Hausmann angedachten vermehrten Predigtgottesdiensten versagte, legten die Stadtoberen Zeidler daher am 15. Juli 1523 nahe, um „urlaub" zu ersuchen, da man seine Stelle neu zu besetzen trachtete; sie konnten die Prediger entfernen, jedoch versuchten sie in diesem Fall, die Angelegenheit „in gehaym" zu regeln, sprich ohne Einbeziehung der Bürgerschaft.[579] Am 18. Juli 1523 entließ man Zeidler und erteilte ihm am 8. August 1523 zudem ein Predigtverbot; Mühlpfordt – damals nicht regierender Bürgermeister – goutierte das Vorgehen der Stadtväter, wie wir durch ihn erfahren: In einem Schreiben vom 17. Juli 1523 an Roth bezog er sich allem Anschein nach auf Zeidler, am Tag vor der Entpflichtung des Gottesmannes, als er von einem „der vorhinderer" weiterer Durchsetzung der Reformation schreibt, derer in Zwickau „noch etzlich seyn, sunderlich von heuptern, dy pillich dyßer christlicher wort als gelarte mehr ßolten anhengik und forderlich seyn".[580] Eine Bemerkung des reformationswilligen Zwickauer Predigers Wolfgang Zeuner unterstützt diese Annahme: „Hermannus", bilanzierte der lutherische Geistliche in einem Schreiben an Roth vom 26. Juli 1523, „ist unser" („insuper noster").[581] Rätselhaft blieb Mühlpfordt, so die Klage in einem weiteren Schreiben an Roth vom 15. August 1523, dass aus dem Alleingang in Sachen Zeidler eine das Verhältnis „zwischen dem rath und der gemeyn" vergiftende „zwytracht" erwuchs.[582] Nicht zu belegen ist jedoch im Endeffekt ein Anteil an der Entlassung Zeidlers. Anders verhält es sich mit der Anstellung von Zeidlers Nachfolger Paul Lindenau bald danach. In der sich 1527 entwickelnden Auseinandersetzung mit dem Prediger verwies dieser auf den Umstand, dass ihn das Stadtoberhaupt vier Jahre zuvor „her bracht",

---

579 Zit. n. Kahleyß: Zwickau (wie Anm. 44), S. 365.
580 Zit. n. Fröhlich: Einführung (wie Anm. 161), S. 55.
581 Zit. n. Kawerau: Güttel (wie Anm. 64), S. 88 f. (zu Nr. 12b: Zeuner an Roth, 26. Juli 1523), hier S. 89.
582 Zit. n. Fröhlich: Einführung (wie Anm. 161), S. 22.

also in die Muldestadt geholt habe.⁵⁸³ Lediglich ein im Fall Lindenau erkennbares Engagement stützt also – unter Ausklammerung einer möglichen Beteiligung unseres Protagonisten daran, 1523 Gastprediger zum Tätigwerden in Zwickau zu bewegen – das Resultat der jüngeren Forschung, die seinen Einfluss auf die frühreformatorische Personalpolitik des Rates als gegeben ansieht. Diesem Gebiet kam im weiteren Verlauf der 1520er Jahre Relevanz zu, wobei es nicht mehr um eine Förderung der Reformation aufseiten Pfarrer Hausmanns oder gar um Glaubensfragen, sondern lediglich um die personalpolitische Entscheidungsgewalt des Rates im Ringen mit der widerständigen lutherischen Geistlichkeit und dem Reformator ging. Tatsächlich war Mühlpfordt – zentral in diesen Konflikt eingebunden – nun erst als Schaltstelle zu identifizieren, was Luther in einem Schreiben vom November 1531 vortrefflich auf den Punkt brachte: Ausschließlich, „wenn Muhlpfort wollte", lautete die an Pfarrer Hausmann gesandte Klage, „blieb[en]" die Zwickauer Prediger auch im Amt.⁵⁸⁴ Bemerkenswert ist nicht so sehr, dass der Reformator Mühlpfordt, der ab September 1531 ein weiteres Jahr als Zwickauer Bürgermeister fungierte, im November 1531 als ausschlaggebenden Akteur einschätzte; vielmehr erscheint von Bedeutung, dass dieser – was die Forschung bislang nicht immer mit der gebotenen Differenzierung herausarbeitete – politisch führend in Erscheinung trat, wenn er den Posten des Stadtoberhauptes gar nicht bekleidete.⁵⁸⁵ Mehrere hier bereits referierte

---

583 Offen bleibt letztlich, was genau Lindenau gemeint hat, als er 1527 gegenüber Mühlpfordt äußerte: „dw hast mich her bracht", zit. n. WA Br. 4 (wie Anm. 233), S. 183. Diesbezüglich gibt es in der Forschung eine Reihe von Vermutungen: So war Mühlpfordt „ausersehen" worden, „nach Ehrenfriedersdorf zu reiten und dem Prediger Paul Lindenau [...] die Berufung zu überbringen", s. Clemen: Mühlpfort (wie Anm. 7), S. 47. ND in: Clemen: Kleine Schriften, Bd. 8, Leipzig 1987, S. 61–64, hier S. 61. Darüber hinaus wurde einerseits angenommen, Lindenau sei dem Rate auch durch Mühlpfordt „empfohlen" worden, s. Paul Mosen: Zur Erinnerung an Paulus Lindenau aus Chemnitz, den ersten evangelischen Hofprediger in Dresden, in: Mitteilungen des Vereins für Chemnitzer Geschichte 6 (1889), S. 149–157, hier S. 150. Andererseits galt es als plausibel, dass Lindenau Mühlpfordt – „als ein heller Kopf" – von Luther „empfohlen" worden sei, s. Emil Herzog: Miscellen, in: Archiv für sächsische Geschichte, Neue Folge 2 (1876), S. 86–96, hier S. 94. Dazu vgl. auch Karant-Nunn: Zwickau (wie Anm. 14), S. 130.
584 Zit. n. WA Br. 6, S. 233–235 (zu Nr. 1888), hier S. 235.
585 Dass Mühlpfordt im Frühjahr 1531 gar nicht als Zwickaus Stadtoberhaupt fungierte, bleibt vielfach unbeachtet, wenn beispielsweise darauf hingewiesen wird, dass sich „vor allem"

Beispiele lassen sich dafür vorbringen: Ein Mitwirken bei der Anstellung Lindenaus 1523 bezeugte dieser 1527 selbst; 1525 rühmte sich Mühlpfordt, dass er während des Bauernkrieges den Frieden in Zwickau bewahrt habe. Für den Zeitraum der Torgauer Verhandlungen vom März und August 1531 wird diese besondere Stellung Mühlpfordts sowohl in dessen Selbst- wie auch der Fremdwahrnehmung deutlich.
In all diesen Jahren stand jedoch, mit unserem Protagonisten im alljährlichen Wechsel die Geschicke der Muldestadt lenkend, Bärensprung an der Spitze. Seine Schwäche scheint Mühlpfordt gestärkt zu haben, der ihn in der sich verschärfenden Auseinandersetzung mit Luther, anlässlich der ersten Torgauer Verhandlung am 16. März 1531, als eine „etwas forchtsame" Persönlichkeit bezeichnete.[586] Retrospektiv attestierte er ihm 1527 religionspolitische Nachlässigkeit, was er mit einem Beispiel aus „muntzers zceyhtung" bezeugte, also aus der Phase, als Müntzer in Zwickau wirkte: Damals, „als bernsprunck Im regiment gewest", hätten die Verantwortungsträger dem Prediger nicht „[ge]wert".[587] Pfarrer Hausmann beurteilte Bärensprung anscheinend ähnlich. Gegebenenfalls versuchte der Geistliche in seinem hier mehrfach angerissenen Konflikt die kommunale Führung durch eine Annäherung an Bärensprung zu entzweien, dem er eine selbstbestimmte Positionierung absprach, da er ihn lediglich als durch „etzliche" andere an die Seite des Mitbürgermeisters „nan gehetzet" betrachtete.[588] Religionspolitisch zögerte Bärensprung faktisch in der Bekämpfung religiöser Devianz im Gemeinwesen nicht nur, sondern blieb, obgleich er „alweg die des radts vmb gottes willen als seine bruder gebetenn" habe, ihn zu unterstützen, erfolglos: „Keine hulff" hätte er von dieser Seite erfahren und sei an seinem Vorhaben „gehindert worden". Berücksichtigt werden muss, dass

---

unter „Bürgermeister Hermann Mühlpfordt" der Rat widerrechtlich angemaßt habe, Predigerstellen ohne Rücksprache und Einvernehmen mit dem Stadtpfarrer zu besetzen. s. Teichert: Bruch (wie Anm. 17), S. 67.
586 Zit. n. WA Br. 6, S. 152 f. (zu Nr. 7: Mühlpfordt an Roth, 16. März 1531), hier S. 152. Schon durch die ältere Forschung wurde auf Bärensprung als „eine etwas zaghafte Natur" hingewiesen, s. Fabian: Streit (wie Anm. 21), S. 104.
587 Zit. n. WA Br. 4 (wie Anm. 233), S. 183.
588 Zit. n. Bräuer: Müntzer (wie Anm. 191), S. 83, Anm. 326. Dazu bereits Bräuer: Luther (wie Anm. 188), S. 56.

Hausmann diese Einschätzung 1521 formulierte, um eine Intervention des Landesherrn zugunsten des vermeintlich von seinen Ratskollegen dominierten Mühlpfordt in der Muldestadt zu erzielen.[589] An einer nicht näher bezeichneten „krankheit", die ihn in seiner Funktion als Stadtoberhaupt zumindest zeitweilig beeinträchtigte,[590] litt Bärensprung erst seit Juni 1531.[591] In der Torgauer Verhandlung vom 3. August 1531 trat er, obwohl Leiter der Zwickauer Delegation, den Quellen zufolge, gar nicht hervor. Zu den Ausschusstagen in Naumburg 1528, Torgau 1531, Grimma 1531 und Zwickau 1532 sowie zum Jenaer Landtag 1533 wurde als landständischer Vertreter Zwickaus jeweils anstelle des eigentlich in diesen Zeiträumen amtierenden Bärensprung Mühlpfordt geladen. Im Gegensatz zu diesem, der – worauf später noch genauer einzugehen ist – über die Kommunalpolitik hinaus in der Territorialpolitik Fuß zu fassen vermochte, gelang Bärensprung solches nicht. Rezeptionsgeschichtlich kommt seine Marginalisierung bestechend in Pfeiffers Müntzer-Roman von 1975 bei der Beschreibung der Entlassung des Predigers zum Tragen. Verantwortet wird diese von Mühlpfordt, der agiert, ohne dass der regierende Bärensprung erkennbar beteiligt ist. Unklar ist, ob beide „hand in hand" arbeiteten[592] oder Letzterer es nicht paradoxerweise zuvorderst seiner politischen Irrelevanz verdankte, dass er sich überhaupt bis 1533 als Mitbürgermeister hielt. Angesichts seiner offensichtlichen Zurückgenommenheit in politischen Entscheidungsprozessen liegt die Hypothese

---

589 Alle vorherigen Zitate zit. n. Kolde: Bericht (wie Anm. 557), S. 324. Die Frau des Zwickauer Tuchmachers Caspar Teucher, Sophie Teucher, war am 27. Juli 1521 dadurch auffällig geworden, da „sie allhie offentlich uff der cantzel" gepredigt hatte, zit. n. Wappler: Müntzer (wie Anm. 174), S. 46, Anm. 196. Diesbezüglich musste erst eine Anfrage des Landesherrn beim Bürgermeister Bärensprung erfolgen, damit dieser schließlich am 5. August 1521 die Geistlichkeit und die Schulmeister anwies, „dy irrigen caspar teuchern seyn weip und andere mehr" zu verhören und zu unterweisen, zit. n. ebd., Anm. 195.
590 Zit. n. Fabian: Streit (wie Anm. 21), S. 161 (zu Nr. 12: Hausmann an Bärensprung, 17. Juni 1531).
591 Noch am 28. Mai 1531 war Bärensprung zum vom 3. bis 17. Juli 1531 in Grimma stattfindenden Ausschusstag eingeladen worden, vgl. Burkhardt: Landtagsakten (wie Anm. 561), S. 247 (zu Nr. 449). Am Ausschusstag nahm dann aber Mühlpfordt teil, vgl. Fabian: Streit (wie Anm. 21), S. 94, Anm. 56. Kurz danach, Anfang August 1531, leitete Bärensprung jedoch die Zwickauer Abordnung in Torgau, dazu vgl. Bräuer: Luther (wie Anm. 188), S. 57.
592 Karant-Nunn: Zwickau (wie Anm. 14), S. 122.

der älteren Forschung umso näher, dass „von 1521 an" in Zwickau „der Rat in der Hauptsache das Organ für Hermann Mühlpforts Willen" gebildet habe.[593] Jedoch ist einiges dagegen einzuwenden: Im Dezember 1520, das heißt vor seiner erstmaligen Amtsübernahme, hatten die Ratskollegen des damaligen Stadtvogts aufgrund dessen hier schon erwähnter Differenz mit dem Bürgermeister Stella beschlossen, „die sache zwuschen ynen fur aynacht tage zur ruhe [zu] stellen, sie bayde mitlerweyll zu radte nytt [zu] fordern und [zu] warten, ab sie umb des radts hulde ansuchen wurden".[594] Noch drastischer sanktionierte man das Fehlverhalten des inzwischen einflussreichen Stadtpolitikers 1527: Eine verbale Auseinandersetzung mit dem Ratsherrn Gotthard Büttner brachte beiden Kontrahenten Arrest ein.[595]

Wie kompliziert es für unseren Protagonisten war, seine religionspolitische Linie vor den Ratskollegen zu behaupten, macht das Eindringen einer Gruppe erregter Einwohner in den Zwickauer Wirtschaftshof des Grünhainer Zisterzienserklosters am 16. März 1522 deutlich: Bei den Tätern, die einen Bürger befreien wollten, den die Ordensbrüder dort zuvor unstatthafterweise inhaftiert hatten,[596] habe es sich entweder um eine „Rotth von bürgern" oder um den „gemeine[n] Pöbel" gehandelt, doch sei dieser Übergriff immerhin „vf etzlicher im Radt an leittung" hin geschehen.[597] Mühlpfordts Willen – der sich persönlich in den Vorfall verstrickt sah[598] – entsprach

---

593 Fröhlich: Einführung (wie Anm. 161), S. 49. Zu Pfeiffers Roman vgl. den Abschnitt „2.2 Früher städtischer Reformator" in diesem Buch.
594 Zit. n. Thomas-Müntzer-Ausgabe, Bd. 2 (wie Anm. 107), S. 97, Anm. 10. Infolgedessen nahm Mühlpfordt erst wieder am 1. Januar 1521 an einer Ratssitzung teil, wonach er diesen dreimal, am 9., 14., 23. Januar, sowie nochmals am 4. Februar 1521, fernblieb; Bürgermeister Stella war erst am 16. Februar 1521 wieder anwesend, vgl. ebd. Zur Huld als „geneigte gesinnung" s. Deutsches Wörterbuch (wie Anm. 65), Lfg. 9 (1875), Bd. IV/II (1877), Sp. 1886–1891 (1887).
595 Metzler: Roth (wie Anm. 20), S. 153.
596 Zu den Ereignissen vgl. ausführlich Fröhlich: Einführung (wie Anm. 161), S. 17 f.; jüngst auch Kahleyß: Zwickau (wie Anm. 44), S. 125 ff.
597 Zit. n. Steinmüller: Agricola (wie Anm. 38), S. 38.
598 Mühlpfordts „dynerin" war im Herbst 1521 „unverschampten handlunge[n]" seitens Philipp Kindels, des Hofmeisters des Grünhainer Hofes, ausgesetzt gewesen, weshalb der Rat am 2. Oktober 1521 und nochmals am 29. Januar 1522 eine Abberufung des Hofmeisters gefordert hatte, zit. n. Kahleyß: Zwickau (wie Anm. 44), S. 125.

diese Aktion sicherlich nicht, da sie den städtischen Frieden beziehungsweise den unaufgeregten Fortgang der städtischen Reformation störte und bei der Landesherrschaft den Wunsch nach Aufklärung der Tat hervorrufen konnte. Genau das geschah dann auch und mündete in einer gründlichen Beleuchtung der Ereignisse.[599] Als es am 20. Februar 1524 – während der Fastenzeit – auf „etzliche[r] Burger" Verlangen im Zwickauer Kuttelhof zur Schlachtung von „zwei kelber[n]" kam, reagierte die Stadt auf den Verstoß, indem sie das Fleisch beschlagnahmte und erst zu Ostern den Armen zum Verzehr überließ.[600] Ob unser Protagonist – damals regierender Bürgermeister – diese Maßnahme des Rates befürwortete, wissen wir nicht. Zumindest wandte sich Luther insbesondere gegen das von der Alten Kirche gesetzlich verordnete Fasten,[601] und es ist denkbar, dass sich Mühlpfordt aus reformatorischer Perspektive am 11. März 1524 in einem Schreiben an Roth beklagte, „das pey und neben uns das aller heylichste wort gotts hefftig anfechtung" habe.[602] Das als „katholisierende Haltung" des Rates[603] anmutende Untersagen des Fleischkonsums ist als Disziplinierungsmaßnahme und vielleicht zugleich dahingehend zu deuten, dass sich der Magistrat zu religionspolitischen Konzessionen angesichts altgläubiger Kräfte in seinen Reihen respektive denen der Bürger genötigt fühlte.[604] Ein Resümee bezüglich der allgemeinen wie religionspolitischen Rolle des Bürgermeisters im Kreis seiner Kollegen muss sich beim derzeitigen Wissensstand sicherlich auf die Aussage beschränken, dass er zwar keine hegemoniale Stellung einnahm, ihm wohl aber doch zugestanden werden darf, dass er „ein wichtiger Entscheidungsträger war".[605]

---

599 Dazu vgl. ebd., S. 127 f.
600 Zit. n. Falk: Chroniken (wie Anm. 27), 2 (1925), S. 7 f., hier S. 7. Vgl. auch Fröhlich: Einführung (wie Anm. 161), S. 29, Anm. 25.
601 Hinsichtlich Luthers Positionierung zum Fastengebot vgl. Stuart George Hall/Joseph H. Crehan: Art. Fasten/Fasttage, in: Gerhard Müller/Gerhard Krause (Hg.): Theologische Realenzyklopädie, Bd. 11, Berlin/New York 1983, S. 42–58, hier S. 55.
602 Zit. n. Fröhlich: Einführung (wie Anm. 161), S. 50, Anm. 9.
603 Ebd., S. 29.
604 Zu der Formulierung „katholisierende Haltung" bereits kritisch Bräuer: Oberschicht (wie Anm. 188), S. 41.
605 Bräuer: Mühlpfordt (wie Anm. 11), S. 118.

8.2 Führungsrolle im Gemeinwesen

Neben dem Führungsgremium gab es aus dessen Sicht mit „Handwerk" und „Gemein", wie Helmut Bräuer herausstellte, zwei große innerstädtische „Bürgerschaftsgruppierungen"; von Bedeutung war deren Recht auf Berufung der Geistlichen, was Luther Anfang 1523 ausdrücklich betonte.[606] Während der Rat das Gemeindewahlrecht bei Zeidler und Lindenau – der seine ausstehende Bestellung eingefordert hatte – aushebelte,[607] avancierte es im Hader mit dem Reformator um die Berufung und Entpflichtung der Prediger zur tragenden Säule ratsherrlicher Argumentation.[608] Unter dem Datum des 10. März 1531 bekräftigten die Bürgermeister Mühlpfordt und Bärensprung in einem Schreiben an Kurfürst Johann, den Prediger Soranus – was sich wenig später im Fall des Predigers Cordatus wiederholte – aus guten Gründen auf Ersuchen der Zwickauer entpflichtet zu haben.[609] Deren Klagen schienen durch den Rat initiiert und gesteuert; noch kurz vorher, 1529, hatte dieser – im Kontext der Entlassung des Predigers Lindenau – vergeblich versucht, mit landesherrlicher Hilfe das ihm lästige Recht zu beseitigen.[610] So sehr die Einwohner hier als Verfügungsmasse des örtlichen Rats anmuten, so ist diesem Bild doch manches entgegenzusetzen: Außer dem unverhohlenen Unmut, den der Rat im Fall Zeidlers 1523 und im Brechen des Fastengebots 1524 zu spüren bekam, ist hier der durch die Bürgerschaft am 2. Mai 1525 schließlich erzwungene Weggang der Franziskaner zu erwähnen. Letzteres verdeutlicht in großer Klarheit eines: Seitens der Obrigkeit durchgesetzte reformatorische Neuerungen waren etwas, wozu sich die Patrizier „von der Bürgerschaft in vielen Fällen", so ein Resümee

---

606 Bräuer: Verfassung (wie Anm. 123), S. 87. Zu Luthers Schrift „Das eyn Christliche versamlung odder gemeyne recht vnd macht habe, alle lere tzu vrteylen: vnd lerer zu beruffen: eyn vnd abzusetzen: Grund vnd vrsach aus der schrifft" vgl. WA 11, S. 408–416. Dazu vgl. auch Schilling: Luther (wie Anm. 108), S. 427–432.
607 Dazu vgl. Bräuer: Luther (wie Anm. 188), S. 39.
608 Zu den zwei Phasen des Umgangs mit dem Gemeindewahlrecht vgl. bereits Bräuer: Luther (wie Anm. 188), S. 64 f.
609 Vgl. Fabian: Streit (wie Anm. 21), S. 143 f. (zu Nr. 2), hier S. 143. Bezüglich Cordatus vgl. Bräuer: Luther (wie Anm. 188), S. 52.
610 Vgl. ebd., S. 47; vgl. auch ebd., S. 42 sowie S. 79, Anm. 253.

Helmut Bräuers, „drängen ließen".[611] Aufgrund dessen wird die Zwickauer Reformation auch als Bürgerreformation bezeichnet.[612] Zu berücksichtigen bleibt, dass die von Teilen der Gemeinde bereits Ende 1523 geforderte Ausweisung der Franziskaner wesentlich aufgrund des für den Rat bedrohlich wirkenden Erscheinens der aufständischen Bauern vor den Toren der Stadt erfolgte. Mühlpfordt bevorzugte, ist anzunehmen, eine Integration der Ordensbrüder in die Stadtbevölkerung und setzte auf die – durch Restriktionen beschleunigte – Selbstauflösung der Niederlassung. Insofern dürfte dieser Vorgang die religionspolitische Linie des Bürgermeisters konterkariert haben. Angesichts dieses Gedankens scheint jedoch bemerkenswert, dass er augenscheinlich eine „führend[e]" Stellung bei der Auflösung des Klosters und der Güterinventarisation einzunehmen verstand,[613] trotzdem er womöglich nicht als Initiator oder Befürworter des Geschehens anzusehen ist. Hierfür spricht, dass ihm – dem damals nicht regierenden Stadtoberhaupt – die Ausgewiesenen vor dem Weggang aus Zwickau die Klosterschlüssel und ein Inventar überreichten. Der Rat werde, „so Gott will, nicht anders damit umgehen", als er „es vor Gott, aber auch vor der Welt zu verantworten" wisse, habe Mühlpfordt bei der Übergabe geäußert – anderntags beteiligte er sich daran, die Vorräte der Franziskaner an die Bewohner Zwickaus auszuhändigen. Obige Aussage ist bemerkenswerterweise lediglich durch den Notar und Ratsherrn Burchard Walduff am 8. März 1526, knapp ein Jahr nach den Ereignissen, dokumentiert, als die Muldestadt Entschädigungsforderungen der Ordensbrüder abzuwehren trachtete. Man versuchte ihnen zu unterstellen, im Voraus über die Verteilung ihres Besitzes durch den Rat

---

611 Vgl. ebd., S. 37; vgl. auch ebd., S. 78, Anm. 221. Insofern lassen sich die Zwickauer Geschehnisse allem Anschein nach in die gängigen Modelle einordnen, die den Beginn reformatorischer Bemühungen „von oben", also seitens des Rates ansetzen, und dies im engen Zusammenhang mit der Reformation „von unten" sehen, vgl. dazu Berndt Hamm: Reformation „von unten" und Reformation „von oben". Zur Problematik reformationshistorischer Klassifizierungen, in: Hans R. Guggisberg/Gottfried G. Krodel (Hg.): Die Reformation in Deutschland und Europa. Interpretationen und Debatten. Beiträge zur gemeinsamen Konferenz der Society for Reformation Research und des Vereins für Reformationsgeschichte, Gütersloh 1993 (= ARG. Sonderband), S. 256–293, bes. S. 256–258.
612 Dazu vgl. Teichert: Bürgerreformation (wie Anm. 218), S. 32.
613 So die Einschätzung bei Bräuer: Mühlpfordt (wie Anm. 11), S. 119.

informiert und damit einverstanden gewesen zu sein. Überliefert wird indes auch, Mühlpfordt hätte den Franziskanern zugesichert, sie „würden allein der neuen Ordnung wegen vertrieben und sie sollten Zwickau nur für ein halbes oder ein Vierteljahr verlassen, bis die Stadt wieder beruhigt sei".[614] Zurück geht diese Version auf Georg Müller, den Guardian der Franziskaner, der sie zwecks Durchsetzung der Entschädigungszahlungen am 25. Februar 1526 zu Papier brachte. Beide Darstellungen verfassten zwar Beteiligte an diesem Vorgang, doch in zeitlicher Distanz zu den Ereignissen und aus offensichtlich widerstreitenden Interessen heraus. In der Summe spricht dennoch manches für ein ernst gemeintes Angebot Mühlpfordts zur Rückkehr: Einerseits die hier früher skizzierte und konzeptionell von der Vertreibung der Altgläubigen abweichende persönliche Linie, andererseits das vom Rat genehmigte Verbleiben der Zwickauer Beginen nach Ausweisung der Ordensbrüder.[615] Sofern die von Müller überlieferten Worte unseres Protagonisten fielen, wird man ihnen mit der Vermutung, sie stellten eine „Falle" dar, um die Franziskaner zunächst schnell loszuwerden und im Nachhinein einen Weggang aus freien Stücken unterstellen zu können, sicherlich nicht gerecht.[616]

Im Zuge der eigenmächtigen Besetzung von Predigerstellen durch die Stadtoberen beziehungsweise am flexiblen Umgang mit dem Gemeindewahlrecht als reformatorischem Kernanliegen verdeutlichte sich unmittelbar oder mittelbar die untergeordnete Stellung von Glaubensfragen in der Politik des Rates.[617] Letzterer instrumentalisierte mit Billigung Mühlpfordts das

---

614 Doelle: Reformationsgeschichtliches (wie Anm. 415), S. 121.
615 Vom Schicksal der Ordensbrüder – der Vertreibung aus Zwickau – blieben sie 1525 verschont. Vgl. Kahleyß: Zwickau (wie Anm. 44), S. 163, Anm. 902. Zum Resümee, dass das Agieren des Rates „nicht anders [zu] verstehen" sei, „als daß die Schwestern unangefochten bei ihrem bisherigen Leben ihrer Regel gemäß bleiben sollten, wenn sie sich ruhig verhielten", s. Clemen: Beginen (wie Anm. 491), S. 6. ND in: Clemen: Kleine Schriften, Bd. 8, Leipzig 1987, S. 189f., hier S. 189. Als aber die weiterhin nach den Regeln der Franziskaner lebenden Zwickauer Beginen angeblich die ausgewiesenen Franziskaner unterstützten und „sich gegen dem radte haben hören lassen", setzte dieser schließlich 1526 alles daran, die Gemeinschaft aufzulösen, zit. n. Kahleyß: Zwickau (wie Anm. 44), S. 163, Anm. 902.
616 So die Vermutung bei Doelle: Reformationsgeschichtliches (wie Anm. 415), S. 121.
617 Zur Feststellung, dass „all das [...] in letzter Konsequenz keine Glaubens- sondern Machtfragen" gewesen seien, s. Bräuer: Verfassung (wie Anm. 123), S. 85.

Gemeindewahlrecht insbesondere zur Durchsetzung seiner religionspolitischen Vorstellungen im Hinblick auf Geistlichkeit und Einwohner. Allerdings zeigte die Ausweisung der Franziskaner im Bauernkriegsjahr auf, dass es dem Rat nicht gelang, Oberhand über die Bürgerschaft zu gewinnen. Des Weiteren demonstrierte die keinesfalls harmonisch und geräuschlos über die Bühne gebrachte Auflösung der Ordensgemeinschaft – wie eventuell die Erstürmung des Grünhainer Hofs und die Durchsetzung des Fastengebotes – konzeptionell das Scheitern unseres Protagonisten in einer „Konfliktphase" städtischer Reformation.[618] Diese stellte sich in der Muldestadt zudem als eine Uneinigkeit der Generationen dar: Während, überspitzt gesagt, die Jüngeren der neuen Lehre zuneigten, blieben die Älteren altgläubig.[619] Hausmann, der am 20. März 1524 erstmalig die deutsche Messe hielt und das Abendmahl in beiderlei Gestalt austeilte, hätte „nit vber 20 Communicanten" als Teilnehmer gehabt.[620] Verursacht nicht zuletzt durch diese komplexen Konstellationen musste Mühlpfordt zwingend, so die Einschätzung von Anne-Rose Fröhlich 1917 unter Gebrauch eines in der Ära Bismarck populär gewordenen Prädikats, als „Realpolitiker" agieren.[621] Zeitgenossen verglichen die „politischen Verhältnisse" in Zwickau in den Jahren, in denen er als regierender und ruhender Bürgermeister fungierte, was am Beispiel der Beginen nachvollziehbar ist und wie es Linck in seinen 1523 in Zwickau gehaltenen und 1524 im Druck erschienenen Predigten versicherte, mit „der Epoche des Kyros in der israelitischen Geschichte".[622] Ähnlich wie später bei

---

[618] Zur „Konfliktphase", in der sich Reformer und Traditionalisten als rivalisierende Gruppen gegenübertreten, wodurch der Rat als Ordnungsmacht herausgefordert wird, s. Bernhard Rüth: Reformation und Konfessionsbildung im städtischen Bereich. Perspektiven der Forschung in: Zeitschrift der Savigny-Stiftung für Rechtsgeschichte. Kanonistische Abteilung 77 (1991), S. 197–282, hier S. 247 f.
[619] Dazu vgl. Karant-Nunn: Zwickau (wie Anm. 14), S. 145.
[620] Zit. n. Fröhlich: Einführung (wie Anm. 161), S. 29.
[621] Zu dieser Einschätzung s. ebd., S. 47. Aufgegriffen wurde dies zuletzt von Bräuer: Zwickau (wie Anm. 16), S. 100. Zum Terminus vgl. Karl Georg Faber: Realpolitik als Ideologie. Die Bedeutung des Jahres 1866 für das politische Denken in Deutschland, in: Historische Zeitschrift 203 (1966), S. 1–45.
[622] Wilhelm Reindell (Hg.): Wenzel Lincks Werke, gesammelt und hg. mit Einleitungen und Anmerkungen, Teil 1: Eigene Schriften bis zur zweiten Nürnberger Wirksamkeit, Marburg 1894, S. 223.

Paul Greff erhöhte man den bekannten Zwickauer – hier im Vergleich mit dem als Idealtypus des religiös toleranten Herrschers geltenden persischen König Kyros II. (dem Großen). Einen mit Linck übereinstimmenden Eindruck dürfte Locher-Rott gewonnen haben, der dem Stadtoberhaupt 1524 von seinen Flugschriften die „gemäßigsten" widmete.[623] Im Umgang mit den Zwickauern ebenso wie mit der Landesherrschaft blieb dessen Tätigkeit zwangsläufig dem komplizierten „Aushandeln" von Interessen unterworfen, was die persönliche „politische Macht", die in hohem Maße „auf dem Fundament sozialer Machtmittel stand", garantierte.[624] Bereits in der ersten Amtsperiode unseres Protagonisten wurde das in dem am Konsens innerhalb der Stadtmauern orientierten Wirken ersichtlich, als Herzog Georgs alarmierendes Schreiben vom November 1521 die Landesherrschaft mit Nachdruck auf Unruhestifter unter der Zwickauer Bürgerschaft hinwies. Hier zeigte sich, dass Mühlpfordt vortrefflich „Elastizität und Sachlichkeit mit Durchsetzungsvermögen und Härte" zu verbinden wusste.[625] Unter dem Vorsitz des Bürgermeisters lud die städtische Führung im Dezember 1521 zwar schleunigst Verdächtige vor, wofür Pfarrer Hausmann ihn lobte, und unterzog sie einer Befragung. Doch die von den „Verhörten abverlangten Erklärungen" enthielten, dem ursprünglich politischen Anlass der Untersuchung wegen Aufruhrs geschuldet und ungeachtet dessen, dass sich den Kommunalpolitikern religiöse Abweichung offenbarte, „mehrheitlich keine Absagen von bestimmten ‚Lehren'", sondern vielmehr „Loyalitätsbekundungen", die dem Landesherrn Herzog Johann von Sachsen galten.[626] Zwickaus Rat, der – indem er Nachforschungen einleitete – „dem politischen Druck ‚von oben' einerseits nachgab", wollte „andererseits aber interne Konflikte […] vermeiden". Von den Zwickauer Beschuldigten, darunter ein im Sommer 1520 durch Devianz auffällig gewordenes Ehepaar, gegen das Bären-

---

[623] Karl Schottenloher: Der Münchner Buchdrucker Hans Schobser 1500–1530. Mit einem Anhang: Wer ist Johann Locher von München?, München 1925, S. 129.
[624] Rudolf Schlögl: Interaktion und Herrschaft. Probleme der politischen Kommunikation in der Stadt, in: Barbara Stollberg-Rillinger (Hg.): Was heißt Kulturgeschichte des Politischen?, Berlin 2005 (= Zeitschrift für historische Forschung. Beiheft 35), S. 115–128, hier S. 124. Zum Konsens vgl. auch Schreiner: Leitbegriffe (wie Anm. 572), bes. S. 48–52.
[625] Oehmig: Mühlpfordt (wie Anm. 2), S. 165.
[626] Kaufmann: Müntzer (wie Anm. 541), S. 49, Anm. 152.

sprung damals nicht weiter vorgegangen war, inhaftierte man vier. Schon Anfang Januar 1522 bereits befand sich von ihnen nur noch einer in Haft, wobei auch dieser zwei oder drei Tage danach, so ließ das Gremium verlauten, freigelassen werden sollte. Überdies befasste der Rat sich damit, zwei aufgrund ihrer in den Verhören zutage gekommenen Verfehlungen aus dem Magistrat ausgestoßene Mitglieder wieder zu integrieren. Für alle Inhaftierten blieben die Ereignisse langfristig folgenlos, was durchaus keinen Einzelfall in der Geschichte der Muldestadt darstellt. Schließlich machten die Ratsherren, die „ansonsten", so Thomas Kaufmanns Fazit, „mögliche Verdächtige aus der eigenen Bürgerschaft unbehelligt" ließen, ähnlich wie 1529 im Fall des Hans Sturm aus Freistadt, „stadtfremde Tuchknappen" als Aufrührer aus. Diese schob man aus der Gemeinde ab, um gegenüber den Ernestinern als Konsequenz des Verfahrens Sanktionen nachweisen zu können.[627]

---

[627] Kaufmann: Propheten (wie Anm. 229), S. 56. In diesem Zusammenhang lohnt sich ein Blick auf das Agieren des Rates angesichts der Huldigungsverweigerung durch die Bürgerschaft 1516/17, als die vor den Kurfürsten bestellte Abordnung der Bürger keinen Beleg für die Rechtmäßigkeit ihrer Weigerung vorzubringen vermochte; hier erreichte der Rat auf seine Bitte beim Landesherrn hin eine Schonung der Eidesbrecher, denen eigentlich Bestrafung drohte, dazu vgl. Bräuer: Verfassung (wie Anm. 123), S. 88.

9 ÖKONOMISCHE SUPERIORITÄT UND POLITISCHER STATUS

9.1 Zugriff auf städtische Finanzen

Stefan Oehmig ging in seiner verdienstvollen und hier öfters genannten Studie erstmalig Hermann Mühlpfordt als ambitioniertem Unternehmer nach. Auch auf einer dadurch geleisteten Vorarbeit fußt der – im Folgenden näher zu untersuchende – Zusammenhang zwischen dem privaten Streben respektive dem Erfolg und der politischen Karriere unseres Protagonisten. Für diesen und für seine anderen Stiefkinder versteuerte Balthasar Ering 1496 insgesamt 700 fl. Wenige Jahre darauf, 1513/14, hatte Mühlpfordt allein rund 700 fl. wiederverkäufliche Jahrzinsen beim Herzog gut.[628] 1521 schließlich verfügte er als „mit Abstand [...] reichste[r] Ratsherr" der Muldestadt über rund 2.400 fl.[629] Diese Mittel dürften ererbt und durch Heirat mit Anna Römer zustande gekommen sein. Zudem gelangte er anscheinend über den 1502 verstorbenen Schwiegervater Hans Römer in den Besitz von „Romers Hauss am marckt" zu Zwickau, das vor 1528 seine Kinder übernahmen.[630] Ein für ihn 1521 bezifferbares und sicherlich anteilig durch die

---

[628] Vgl. Karl Eduard Förstemann: Auszüge aus den Hofstaats-Rechnungen des Herzogs Johann zu Sachsen von 1513 bis 1518, in: Neue Mittheilungen aus dem Gebiet historisch-antiquarischer Forschungen 5 (1841), S. 33–76, hier S. 68. Demgegenüber wird für das Jahr 1514 von rund 800 fl. ausgegangen, die Mühlpfordt beim Landesherrn guthatte, vgl. Uwe Schirmer: Kursächsische Staatsfinanzen. (1456–1656). Strukturen, Verfassung, Funktionseliten, Stuttgart 2006 (= Quellen und Forschungen zur sächsischen Geschichte 28), S. 340.
[629] Vgl. Oehmig: Mühlpfordt (wie Anm. 2), S. 172.
[630] So ließ – sofern der erst sehr viel später erfolgten Überlieferung durch den Zwickauer Chronisten Peter Schumann Glauben zu schenken ist – sein Sohn „Hermann mulpfort der Junngere", an den es offenbar übergegangen war, das Gebäude „in der fasten" 1529 (10. Februar bis 28. März) „mit schiefer decken", zit. n. Falk: Chroniken (wie Anm. 27), 7 (1923), S. 26–28, hier S. 26. Vermutlich ist dies mit dem am 26. Januar 1531 erwähnten „Paul mulpforten haus oder [...] Römers haus" identisch, zit. n. ebd., 8 (1923), S. 31 f., hier S. 31. Paul Mühlpfordt wird

Heirat angesammeltes Vermögen vermochte der Bürgermeister bis 1531 auf rund 9.550 fl. zu vervierfachen, so dass abermals eine in zwei Phasen zu unterscheidende Vermehrung seiner Mittel – vor und nach Amtsantritt – zu konstatieren ist.[631] Insofern erreichte er zwischen 1521 und 1531 im Vergleich zu seinen Ratskollegen, für die im gleichen Zeitraum nur ein geringer Zuwachs nachzuweisen ist oder die sogar Verluste erlitten, eine singuläre Steigerung.[632] Vor allem wird dies in Bezug auf die stark zunehmende Zahl besitzloser oder nur geringbesitzender Zwickauer in der ersten Hälfte des 16. Jahrhunderts augenfällig.[633] Mit der Übernahme der neuen Funktion als Bürgermeister seiner Vaterstadt ab dem Jahr 1521 verbundenen Vergünstigungen allein kam am wirtschaftlichen Erfolg, wie ermittelt werden konnte, der geringste Anteil zu.[634] Beispielhaft dafür, dass das Amt nicht unbedingt eine Vermögenssteigerung generierte, ist das Schicksal seines mit ihm bis 1533 im Wechsel regierenden Stiefschwiegervaters Laurentius Bärensprung, der zwischen 1523 und 1531 nur einen bescheidenen Zuwachs von 1.030 auf 1.400 fl. erreichte, und zwischen 1531 und seinem Ableben 1533 in den finanziellen Ruin geriet.[635] Profiteur der Prosperität, derer sich Zwickau am Beginn des 16. Jahrhunderts hauptsächlich durch Tucherzeugung und Tuchexport erfreute, war Mühlpfordt zwar, jedoch besaß nicht minder die seine Politik bestimmende und auf einer humanistischen Grundhaltung beruhende Pazifizierung erheblichen Anteil am wachsenden persönlichen Reichtum. Konstatierend, dass im Bauernkrieg „umb Zwickaw und in der stad ein *guter frid*" herrsche,[636] war das für ihn als politischer Leitgedanke und ebenso für seinen Broterwerb unabdingbar, der sich weit über die Mau-

---

hier ab Michaelis 1528 genannt, vgl. Löffler: Aufenthalt (wie Anm. 260), S. 69, Anm. 17. Der Bürgermeister Hermann Mühlpfordt selbst scheint zumindest 1531 „innerhalb der Mauern nur ein Haus besessen zu haben", s. Oehmig: Mühlpfordt (wie Anm. 2), S. 174.
631 Vgl. Oehmig: Mühlpfordt (wie Anm. 2), bes. S. 172.
632 Hierzu vgl. Karant-Nunn: Zwickau (wie Anm. 14), S. 50.
633 Diesbezüglich vgl. Bräuer: Rat (wie Anm. 44), bes. S. 44–47.
634 Vgl. detailliert Oehmig: Mühlpfordt (wie Anm. 2), S. 172.
635 Bärensprungs Vermögen wuchs zwischen 1523 und 1531 von 1.030 fl. auf 1.400 fl. leicht an, dazu vgl. Karant-Nunn: Zwickau (wie Anm. 14), S. 50. Innerhalb der kurzen Zeit bis zu seinem Ableben verlor er sein Vermögen jedoch sukzessive und verarmte vollkommen, dazu vgl. detailliert Bräuer: Rat (wie Anm. 44), S. 134, Anm. 11.
636 Zit. n. Fuchs: Akten (wie Anm. 133), S. 437 (Herv. d. Verf.).

ern der Muldestadt hinaus erstreckte, worauf im Anschluss näher einzugehen sein wird. Gleichzeitig bildete dies auch die Basis seiner politischen Karriere. Denn es oblag dem Stadtvater, die „ziemliche Nahrung" eines jeden Hausstandes, also den zum Unterhalt einer Hausgemeinschaft notwendigen Bedarf, im Blick zu haben. Diese, die „ein wesentliches Ordnungselement" darstellte, bedurfte es „aus Sicht der Politiklehre dieser Zeit nicht aktiv zu fördern, sondern lediglich gegen schädigende Störungen abzusichern".[637] Eine derartige Sichtweise vertrat unser Protagonist in seinem hier mehrfach angeführten Schreiben an Roth vom Juni 1525, in dem er auf die Lebenssituation der Bauern einging. Daneben gab es eine „neue Auffassung vom sozialen Handeln des Menschen und seiner Eigenverantwortlichkeit", die in einem Perspektivenwechsel mündete, wonach „der private Vorteil dem Gemeinwohl nützlich" sei,[638] weil der Erfolg des Einzelnen breiteren Wohlstand bewirke.

Mit Fug und Recht kann die in Mühlpfordts erste Amtsperiode (1521/22) fallende Errichtung des Gewandhauses der Tuchmacher, ungeachtet der damit verbundenen Zurschaustellung von Macht,[639] durchaus als eine Maßnahme aktiver Wirtschaftsförderung verstanden werden. Genau genommen passierte dies zum allgemeinen Nutzen wie zum eigenen, weil das Stadtoberhaupt unter anderem als „ein führender Vertreter des Zwickauer Tuchgewerbes" in Erscheinung trat.[640] Pfeiffers Theaterstück über Müntzer aus dem Jahre 1975 ging auf den „Bergherr[n] Mühlpfort" ein,[641] womit eine Involvierung im Silberbergbau ihren Niederschlag fand.[642] Stefan Oehmig hat außer dieser Sparte die weiteren, nämlich den städtischen und regio-

---

[637] Simon: Policey (wie Anm. 325), S. 167.
[638] Winfried Schulze: Vom Gemeinnutz zum Eigennutz. Über den Normenwandel in der ständischen Gesellschaft der frühen Neuzeit, München 1987 (= Schriften des Historischen Kollegs. Vorträge 13), S. 32.
[639] Dazu vgl. Bräuer: Verfassung (wie Anm. 123), S. 83. Zum Bau vgl. Karant-Nunn: Zwickau (wie Anm. 14), S. 13.
[640] Oehmig: Mühlpfordt (wie Anm. 2), S. 169 f.; im Einzelnen vgl. dazu ebd., S. 170 f.
[641] Stephan: Regenbogenfahne (wie Anm. 194), S. 53.
[642] Vgl. Oehmig: Mühlpfordt (wie Anm. 2), S. 172, 174.

nalen beziehungsweise überregionalen Tuchhandel,[643] den Getreide-[644] und Viehhandel[645] und den Kapitaleinsatz im Handel und im Tuchgewerbe,[646] vor beinahe zwei Dezennien erschöpfend dargelegt. Auf Oehmigs Studie sei deshalb hier, ohne die Thematik weiter zu vertiefen, verwiesen. Ergänzend dazu ist anzumerken, dass der Bürgermeister nicht nur Wohnraum vermietete,[647] sondern, was bislang nicht zur Sprache kam, auch Grundbesitz verpachtete.[648] Einen Nachtrag verdienen die bislang nicht näher erforschten Aktivitäten des Bürgermeisters im Handel mit Wein und Bier. Hierin ergeben sich aus dem Schriftwechsel zwischen Stephan Roth und Franz Pehem, dem Altenburger Geleitschreiber, bezeichnende Einblicke: Am 14. Juni 1533 bat Pehem Roth, dass dieser, wenn er „bey dem Mulfortten sei, ime fuglicher weyse anreden / ich hab nehst von seynem weyn den er bey mir liegendt gehabt / iij groschen awßgeben Auff vnd abzwschrotten / das er Euch dieselben wolt zwstellen".[649] Fast ein Jahr verging, bis sich Pehem am 7. Mai 1534 erneut an Roth wandte: „Ich hab", monierte Pehem, „vorschiener zceit dem Burgermaister Mulpfordtten Ein viertel bihr zwgeschickt/ welchs ime der Burgermaister zw Torga[u] erkaufft vnd bey mir nider legen lassen/ das ist noch vnbezcalt/ nu wil die bezcalung bey mir gesucht werden dorumb ich ine dem mulpfortten geschrieben"; er, Pehem, „kohme awß gutwilliggkait in schaden vnd muhe".[650] Nachteilig erwies sich Mühlpfordts Gebaren aber womöglich stärker noch für seine Mündel Martin, Benedict und Georg Römer – die Cousins seiner Ehefrau und seine Neffen. Für die minderjährigen Waisen übernahm er 1520 die Verwaltung ihres Erbes, der römerschen

---

643 Vgl. ebd., S. 171 f.
644 Vgl. ebd., S. 172 f.
645 So war Mühlpfordt unter anderem „der bedeutendste Großviehhändler in Zwickau", ebd., S. 173.
646 Vgl. ebd.
647 Vgl. ebd., S. 180.
648 Dazu vgl. Stadtarchiv Zwickau, Türkensteuerregister 1531. A*A II 17, Nr. 19a: Im Jahr 1531 bewirtschafteten Fabian Sawermann (vgl. ebd., fol. 6 r), Nickel Thürschmidt (vgl. ebd., fol. 63 v) und Andreas Hammer (vgl. ebd., fol. 19 r) jeweils einen Acker Mühlpfordts.
649 Zit. n. Metzler: Roth (wie Anm. 20), S. 277 f. (zu Nr. 12), hier S. 278. Zum „abschroten" als etwas an eine „andere stelle versetzen", hier Weinfässer „von dem wagen wälzen, stoszen, mit seilen abziehen" s. Deutsches Wörterbuch (wie Anm. 65), Lfg. 1 (1852), Bd. I (1854), Sp. 110.
650 Zit. n. Metzler: Roth (wie Anm. 20), S. 290 f. (zu Nr. 30), hier S. 290.

Güter zu Leubnitz und Steinpleiß.[651] Bezüglich dieser Aufgabe versuchte er, was sicher nicht zutraf, in „einer rechnung" glaubhaft zu machen, „das des ausgebens mehr sey denn des einnehmens".[652] Mit vergleichbarer offensichtlicher „Zähigkeit und Unverfrorenheit"[653] habe er beispielsweise mithilfe seines mutmaßlichen „Insiderwissen[s] als Stadtvogt und Bürgermeister" von in Not geratenen Angehörigen der Bürgerschaft profitiert.[654] In Analogie zu diesem Befund skizzierte die marxistische Wertung den Zwickauer – so exemplarisch in Pfeiffers Theaterstück über Müntzer von 1975 – als Prototyp des ausbeuterischen Kapitalisten.[655]

Entrepreneurship als Quelle für Mühlpfordts Reichtums zu untersuchen, liefert schlussendlich nur ein unvollständiges Bild. Als wichtig zu erachten ist außerdem die Chance des Zugriffs auf die städtischen Finanzen. Nach der Beraubung des Almosenkastens von St. Marien 1516 brachte ein Bürger 1517 den seinerzeitigen Kirchenvater des Gotteshauses, Kämmerer und künftigen Bürgermeister damit in Verbindung: Die Almosen seien, hieß es in Anspielung auf dessen vor dem Zwickauer Niedertor liegenden und mit einer Mauer umschlossenen Garten, der 1539 einen Wert von immerhin 600 fl. aufwies,[656] „zu eynem garten wurden vnd hat eyn steyneren mawer vmb sich gezogen". Betroffenheit offenbarte die Reaktion des Geschmähten: Der ordnete an, das durch den Täter sogar vor den zwei Räten – dem regierenden und dem ruhenden – am 23. Januar 1518 richtigstellen zu lassen.[657] Womöglich ist dieser Vorwurf nur als Ausdruck einer allgemeinen Unzufriedenheit darüber zu interpretieren, dass Mühlpfordt in den Jahren 1515 bis 1517 die „Kämmerei-Angelegenheiten" Zwickaus „leitete und dies

---

651 Vgl. Raab: Römer (wie Anm. 32), S. 384.
652 Zit. n. Zwickauer Ratsprotokolle 1536–1538, Stadtarchiv Zwickau, III x, Nr. 64a, fol. 57a. Vgl. die auszugsweise Übersetzung des Vermerks von Roth aus dem Jahre 1538 ins Englische bei Karant-Nunn: Zwickau (wie Anm. 14), S. 46.
653 Oehmig: Mühlpfordt (wie Anm. 2), S. 175.
654 Ebd., S. 174; in Zwickau erwarb Mühlpfordt auf diese Weise einige Äcker und Wiesen, dazu vgl. ausführlich ebd.
655 Vgl. Stephan: Regenbogenfahne (wie Anm. 194), S. 53.
656 Vgl. Oehmig: Mühlpfordt (wie Anm. 2), S. 177.
657 Zit. n. Steinmüller: Agricola (wie Anm. 38), S. 44, Anm. 91.

zudem allein tat".[658] Am 20. Oktober 1516 kam die Regelung – nachdem die Gemeinde das am 22. September 1516 in ihrer schriftlichen Eingabe an den Rat moniert hatte – in der Sitzung des Gremiums aufs Tapet und fand eine Abänderung 1517/18 dahingehend, dass nunmehr zwei Kämmerer über die Stadtfinanzen wachten.[659] Und die dem Kämmerer geltende Skepsis war nicht unberechtigt: In Hinsicht auf städtische Mittel illustrieren dies der seit 1517[660] „offenbar" lange, bis über den Tod des Bürgermeisters hinaus kostenlos genutzte Röhrenwasseranschluss[661] und die 1530 – im Verein mit der Familie seiner Ehefrau – „vom gemeynen gut" an sich gebrachten Wiesenflächen.[662] Des Weiteren ist belegt, dass er von der Stadt Zwickau 500 fl. auf sein Vorwerk Kredit aufnahm, die er zu Lebzeiten nicht abtrug.[663] Seine Söhne Hermann und Paul wiederum blieben 1531, als ihrem Vater die Verwaltung der „Türkensteuer" oblag,[664] die Steuer schuldig.[665] Neben einer Verwendung öffentlicher Mittel für private Zwecke, was mit den obigen Beispielen sicherlich nicht bis ins Letzte dargelegt ist, half Mühlpfordt seinem gleichnamigen Cousin. Dieser erhielt ab 1522 über Jahre hinweg ein Ratsstipendium, keinesfalls eine Selbstverständlichkeit, da der Begünstigte nicht aus mittellosem Elternhaus stammte, die Stipendien jedoch laut den Stiftungsbestimmungen aus dem Jahre 1484 an „Söhne von armen Zwickauer Bürgern" gehen sollten.[666] Janus Cornarius, Medizinstudent aus Zwickau, bekam, wie erwähnt, seine städtischen Stipendiengelder 1519 pränumerando durch unseren Protagonisten ausgezahlt. Eine Bestechung der Ritterschaft, die er sicherlich nicht aus der eigenen Börse zu finanzieren plante, zog das Stadtoberhaupt in der Kontroverse mit Luther 1531 mutmaßlich in Erwägung.[667] Philipp

---

658 Bräuer: Rat (wie Anm. 44), S. 164.
659 Vgl. ebd., S. 165.
660 Vgl. Bräuer: Mühlpfordt (wie Anm. 11), S. 118.
661 Oehmig: Mühlpfordt (wie Anm. 2), S. 176.
662 Zit. n. ebd., S. 176.
663 Vgl. ebd., S. 176 f.
664 Dazu vgl. Schirmer: Staatsfinanzen (wie Anm. 628), S. 398, 401 (zu Tabelle 28).
665 Vgl. Oehmig: Mühlpfordt (wie Anm. 2), S. 175.
666 Kahleyß: Zwickau (wie Anm. 44), S. 421.
667 Zur vermuteten Bestechung der Ritterschaft aufgrund der Bemerkung Mühlpfordts gegenüber Roth in seinem Schreiben vom 8. März 1531 vgl. Götze: Kirchenzucht (wie Anm. 296), S. 80. Zum Abdruck des Schreibens vgl. ebd., Anhang, S. 137.

Reichenbach, gebürtiger Zwickauer, der bereits 1528 im Zwist mit Prediger Lindenau diesen zu Torgau verhörte,[668] setzte sich 1532 als Wittenberger Bürgermeister aktiv für die Belange seiner Vaterstadt ein, indem er sich für den Zwickauer Rat beim Reformator verwandte.[669] 1533 dann sicherten Mühlpfordt und Bärensprung das durch den Rat an die „armen junckfrauen" im Heiratsfall zu zahlende „junckfern gelde" Reichenbachs bedürftiger Schwester Anna Reichenbach zu, die es allerdings im Januar 1535, als sie bereits über ein Jahr verehelicht war, noch immer nicht erhalten hatte.[670] Die Selbstherrlichkeit Mühlpfordts im Zugriff auf die Finanzen des Gemeinwesens ist in die marxistisch geprägte Rezeptionsgeschichte eingeflossen: In Pfeiffers Theaterstück über Müntzer aus dem Jahr 1975 baut der Bürgermeister auf die Käuflichkeit des Predigers, dem er die aus der Stadtkasse zu finanzierenden „Einkünfte erhöhen" oder „eine Pfründe in Aussicht stellen" möchte, um ihn zu besänftigen.[671] Bedeutung erwuchs dem Zugriff auf Zwickaus Finanzen aber ungleich stärker, als der Stadt im Rahmen der Reformation das Vermögen geistlicher Institutionen in Zwickau zufiel.

9.2 Verzögerte Kommunalisierung

Luthers 1523 publizierte Leitgedanken, „wie die geistlichen Güter zu handeln" seien, schlugen das Kirchenvermögen dem Gemeinen Kasten zu, den künftig Rat und Gemeinde verwalteten. Ein damit einhergehender Wandel

---

668 Vgl. dazu WA Br. 4, S. 438 (zu Nr. 1249: Luther an Hausmann, 7. April 1528).
669 Zu den Aktivitäten Reichenbachs vgl. Fabian: Streit (wie Anm. 21), S. 131 f. Vgl. auch ebd., S. 173 f. (zu Nr. 21: Zwickauer Rat an Luther, 10. April 1532) sowie ebd., S. 174 (zu Nr. 22: Zwickauer Rat an Luther, 19. April 1532).
670 Zit. n. Buchwald: Universitätsgeschichte (wie Anm. 149), S. 108 (zu Nr. 124: Reichenbach an Roth, 18. Januar 1535). Der Vater Philipp Reichenbachs allerdings, der Zwickauer Bürger und Ratsherr Conrad Reichenbach, war durch ein auf seinem Anwesen 1523 ausgebrochenes Feuer verarmt, vgl. Karant-Nunn: Zwickau (wie Anm. 14), S. 42; vgl. auch ebd., S. 50. Anna Reichenbach hatte sich zwar schon „Ende 1533 oder Anfang 1534" verheiratet, s. WA Br. 6, S. 15, jedoch handelte es sich bei ihrem Gatten um Laurentius Strauch, für den sich Luther 1531 zwecks Erlangung eines Stipendiums beim Nürnberger Rat verwandte, vgl. ebd., S. 14.
671 Zit. n. Stephan: Regenbogenfahne (wie Anm. 194), S. 54.

fand den Beifall Mühlpfordts: „Eczliche messen, circuita seyn gefallen", stellte er in seinem Schreiben an Roth vom 17. Juli 1523 befriedigt fest.[672] Schon vor dem Erscheinen der Schrift des Reformators vereinbarte der Zwickauer Rat, unmittelbar nach dem Amtsantritt unseres Protagonisten am 6. November 1521, die Residenzpflicht auswärtiger Geistlicher, die in Zwickau ein Lehen besaßen, und beschloss, sich zwecks Durchsetzung dieser Forderung an die Landesherrschaft zu wenden.[673] Geistliche, die der Residenzpflicht nicht nachkamen oder aus finanziellen Gründen nicht nachkommen konnten, da die Einkünfte aus vielen Lehen sich als zu gering herausstellten, forderte der Rat in der Folge auf, auf ihre Lehen zu verzichten.[674] Zum Ausgleich für abgetretene Lehen erhielten die Geistlichen Entschädigungen, was Mühlpfordt, wie im Fall des Predigers Wolfgang Zeuner, vorantrieb,[675] vermutlich, da ihn Zeuner im Vorgehen gegen religiöse Devianz unterstützte.[676] Laurentius Bärensprung hatte diese religionspolitische Linie schon vorher verfolgt, und Mühlpfordt setzte sie nach seiner erstmaligen Amtsübernahme fort.[677] Auf seine Tatkraft, in der Nachfolge der Gastpredigten vom Herbst 1523 das geistliche Vermögen in Zwickau an sich zu ziehen, ist hier bereits eingegangen worden. Trotzdem der Gemeine Kasten der Muldestadt am 25. November 1523 seinen Anfang nahm, könne, so das Resümee älterer

---

672 Zit. n. Fröhlich: Einführung (161), S. 55.
673 Vgl. Kahleyß: Zwickau (wie Anm. 44), S. 464, Anm. 66. Zu Luthers Leisniger Kastenordnung vgl. WA 12, S. 11–30. Dazu vgl. auch Christian Peters: Der Armut und dem Bettel wehren. Städtische Beutel- und Kastenordnungen von 1521 bis 1531, in: Irene Dingel/Achim Kohnle (Hg.): Gute Ordnung. Ordnungsmodelle und Ordnungsvorstellungen in der Reformationszeit, Leipzig 2013 (= Leucorea-Studien zur Geschichte der Reformation und der Lutherischen Orthodoxie 25), S. 239–255.
674 Vgl. Kahleyß: Zwickau (wie Anm. 44), S. 464, Anm. 67.
675 Die Entschädigungszahlung an Zeuner, der am 19. Oktober 1527 auf seine Lehen verzichtete, wurde „nach antzeigunge burgermeister Mulpforten" durch den Rat beschlossen, zit. n. Kahleyß: Zwickau (wie Anm. 44), S. 367, Anm. 356. Zeuner war damals Prediger an St. Katharinen und blieb noch bis zum 2. Mai 1528 in Zwickau, vgl. Falk: Chroniken (wie Anm. 27), 6 (1923), S. 22–24, hier S. 23.
676 Dazu vgl. Schmidt: Chronica (wie Anm. 26), S. 402. Zur Teilnahme Zeuners beim Verhör devianter Zwickauer am 16. und 17. Dezember 1521 vgl. Wappler: Müntzer (wie Anm. 174), S. 52, Anm. 230.
677 Zum Beispiel des altgläubigen Zwickauer Pfarrers Donat Groß, der gegen eine Pensionszahlung auf seine Stelle verzichtete, vgl. detailliert Kahleyß: Zwickau (wie Anm. 44), S. 91–93.

Forschung, nur von seiner „vorläufigen Begründung" gesprochen werden: Seine „weitere Entwicklung [...] geht [...] langsam vor sich, auch die Kastenordnung in den Visitationsprotokollen vom Jahre 1529 zeichnet nur erst allgemeine, dürftige Umrisse. Erst bei der zweiten Visitation, 1533, wurde der Gemeine Kasten endgültig eingerichtet".[678] Und das, obwohl Güttel 1523 seine Vorstellungen über den künftigen Umgang mit kirchlichen Stiftungen geäußert hatte und der durch unseren Protagonisten im Sommer 1524 mit dieser Thematik beauftragte Linck zu „denselben Ergebnissen" wie Güttel im Vorjahr gekommen war.[679] Wenzeslaus Linck sicherte sich fernerhin mit einem Verweis auf Luthers Leisniger Kastenordnung ab[680] und widmete seine Ausarbeitung unter dem Datum vom 27. Juli 1524 dem „Erbaren Weysen herrn Herman Mülpfordt".[681] Bemerkenswert kontrastierte diese jahrelange Stagnation in der inneren Ausgestaltung des Zwickauer Kastens mit der in der gleichen Phase durch ein „verantwortungsvolles Handeln und das Bemühen um Weitsicht und Realisierbarkeit in innerkommunalen Angelegenheiten" gekennzeichneten Amtsführung des Bürgermeisters. Sie habe sich unter anderem „in der Pestbekämpfung bzw. Pestvorsorge, der Steuerpolitik und -praxis, der Brandvorsorge, der Regulierung/Ordnung der Feuerbekämpfung, den Maßnahmen zur [...] Getreidepolitik und zur Markt- und Vorratswirtschaft sowie auch in einer Fülle von lokalen Einzelentscheidungen zu den Stadt- und Bürgergeschäften" und maßgeblich in der 1530 vorgenommenen Einwohnerzählung artikuliert.[682] Insbesondere dieser Gegensatz verdeutlichte, dass die Zwickauer „Kastenpolitik" ein „Beispiel für Herrschaft" darstellte.[683]

Hauptsächlich die Verweigerung des Rates, einem gewichtigen reformatorischen Anliegen wie der Teilhabe der Gemeinde an den Mitteln des Ge-

---

678 Fröhlich: Einführung (wie Anm. 161), S. 57.
679 Lorz: Wirken (wie Anm. 161), S. 41.
680 Vgl. ebd., S. 39.
681 Linck: Christlich (wie Anm. 133).
682 Dazu vgl. detailliert bei Bräuer: Luther (wie Anm. 188), S. 16, Anm. 93.
683 Helmut Bräuer/Elke Schlenkrich: Kampf um den Gemeinen Kasten in Zwickau. Städtische Armenversorgung in der Auseinandersetzung zwischen Ratstisch, Gasse und Kanzel, in: Herbergen der Christenheit. Jahrbuch für deutsche Kirchengeschichte 38/29 (2004/05), S. 55–87, hier S. 87; vgl. dazu auch ebd., S. 64f., 86f.

meinen Kastens stattzugeben, machte erkennbar, wie sehr der Zwickauer Rat, der anfänglich den territorialpolitischen Entwicklungen vorauseilte, beim Unterfangen, die verfügbaren geistlichen Vermögen zu vereinnahmen, sehr bald hinter die Forderung Luthers nach Kommunalisierung zurückfiel. Einem Rundschreiben des Kurfürsten an die kursächsischen Städte vom 21. Dezember 1525, in dem dieser über die Verwendung der „erledigten geistlichen Lehen" und der Existenz und Handhabung eines „Gemeinen Kastens" Erkundigungen einzog,[684] gingen dann auch Unmutsäußerungen aus Zwickau zeitlich voraus: Über „mengel vnd gebrechen" in der Muldestadt verständigten sich die dortigen Gemeindemitglieder spätestens zur Jahresmitte 1525, und Kurfürst Johann forderte sie auf, die von ihnen kritisierten Aspekte in einem Verzeichnis zusammenzustellen und ihm dieses zuzusenden. Im Januar 1526 leitete es der Landesherr an die Stadtspitze weiter und verlangte nachdrücklich eine Stellungnahme zu jedem einzelnen Punkt der Beschwerden. Diese zielten unter anderem auf die Teilhabe an der Verwaltung des Gemeinen Kastens – an den Vorsteherämtern, den Zugang zu Schlüsseln und der Rechnungslegung – und Reformen in der Rechtsprechung ab.[685] Ungeachtet des drängenden sozialen Problems der Armenfürsorge empfand der von Mühlpfordt geführte Rat hingegen in seiner Antwort (nach dem 7. Januar 1526) nur auf dem Gebiet der Jurisdiktion Handlungsbedarf.[686] Mühlpfordt selbst diffamierte die Wortführer der Gemeinde gegenüber dem Landesvater als „wingkel Rethe", also Angehörige konspirativ tätiger Vereinigungen, die sich der Aufsicht des Rates entzogen und somit in dessen Lesart oppositionell auftraten.[687] Bei Sitzungen am 5. Mai 1526 und wiederholt am 8. Februar 1528 beschäftigte sich das Gremium folgerichtig

---

684 Uwe Schirmer: Landstände und Reformation. Das Beispiel Kursachsen (1523–1543), in: Bünz u. a.: Reformationen (wie Anm. 165), S. 55–77, hier S. 70. Zum Rundschreiben vgl. Burkhardt: Landtagsakten (wie Anm. 561), S. 186f. (zu Nr. 350), hier S. 186.
685 Zit. n. Bräuer: Rat (wie Anm. 44), S. 122. Zum Kontext vgl. ebd., S. 122f. Zu den Forderungen der Gemeinde vgl. ebd., S. 272–280. Dazu vgl. jüngst auch Bräuer/Schlenkrich: Kampf (wie Anm. 683), S. 69.
686 Vgl. Bräuer: Rat (wie Anm. 44), S. 296.
687 Zit. n. Karant-Nunn: Zwickau (wie Anm. 14), S. 154. Zum „Winkelrat" vgl. Deutsches Wörterbuch (wie Anm. 65), Lfg. 3 (1936), Bd. XIV/II (1960), Sp. 377.

nur mit der Abfassung eines Statutenbuches.⁶⁸⁸ Tatsächlich bestand eine der Verzögerung zugrunde liegende Strategie der „lieben Junkern" darin, was Luther diesen im Frühjahr 1531 berechtigterweise vorwarf, geistliche „Renten, die ihr nicht gestiftet, noch euer seind, also zu euch [zu] reißen und [zu] rauben, darnach [zu] geben, wem ihr wollet".⁶⁸⁹ Wie richtig der Reformator mit seiner Annahme lag, illustrieren die gleichfalls unter der Amtsführung des Bürgermeisters getroffenen Entscheidungen, mit denen man 1524 Egranus die Einkünfte aus Lehen versagte und sie 1527 Zeuner gewährte. Nicht zufällig schenkte Pfarrer Hausmann den eng mit der Entscheidungsbefugnis über diese Mittel verknüpften „Personalbesoldungsfragen" in seinem ersten Reformationsgutachten vom März 1524 „große Aufmerksamkeit"; weiterhin empfahl er dem Reformator die Jahre darauf realisierten und mit der Ernennung Hausmanns zum Zwickauer Superintendenten 1529 Mühlpfordts religionspolitische Gestaltungsoptionen drastisch schmälernden Visitationen.⁶⁹⁰ Obendrein illustrierte die zögerliche Kommunalisierung eine Begrenztheit des – an früherer Stelle angesprochenen – affirmativen Bekenntnisses unseres Protagonisten zur Reformation, hier im politischen Agieren. Zum einen sicherte sich, wie am Beispiel von Lincks Predigten in Zwickau 1523 erkennbar, der vom Bürgermeister geführte Rat zielstrebig die Aufsicht über die kirchlichen Vermögenswerte in der Muldestadt. Andererseits erlahmte vor dem nächsten notwendigen Schritt, der Partizipation der Gemeinde an den Mitteln, der Eifer wieder. Denn die einmal erlangte Hoheit gedachte man nicht wieder einzubüßen.

Jene „Alleinherrschaftsansprüche" werden von der jüngeren Forschung als „wesentlicher Initiator für die reformatorischen Veränderungen" erachtet,

---

688 Dazu vgl. Berthold: Stadtrechtsreformation (wie Anm. 74), S. 13–16.
689 Zit. n. WA Br. 6, S. 47 f. (zu Nr. 1789: Luther an Roth, 4. März 1531), hier S. 47. Luther bezeichnete die Zwickauer als „Reuber der kirchengutter", zit. n. ebd., S. 62–66 (zu Nr. 1801: Bürgermeister und Rat von Zwickau an Luther, 3. April 1531), hier S. 64. Vgl. auch ebd., S. 76–79 (zu Nr. 1804: Luther an Hausmann, 17. April 1531), hier S. 78.
690 Bräuer/Schlenkrich: Kampf (wie Anm. 683), S. 68. Zum ersten Reformationsgutachten vgl. Ludwig Preller: Nicolaus Hausmann, der Reformator von Zwickau und Anhalt. Zwei Gutachten von ihm über die Reformation von Zwickau, sammt andern Beiträgen zur Geschichte der Reformation daselbst, in: Zeitschrift für die historische Theologie 22 (1852), Heft 3, S. 325–379, hier S. 334–338, bes. S. 336 f.

mit der die Männer an der Spitze, „die Stadtgemeinde über die Kirchenpolitik unter ihre Kontrolle bringen wollte[n]".[691] Es handelte sich um das von der marxistischen Geschichtswissenschaft ausgemachte Streben nach „eine[r] Erweiterung der politischen Macht des Besitzbürgertums".[692] Wenn der Dissens um den Gemeinen Kasten mit einer Unterordnung von Glaubensfragen unter machtpolitische Erwägungen endete, mag das ein gutes Stück weit damit zusammenhängen, dass die unvollendete Kommunalisierung dem Führungsgremium nutzte und dem persönlichen Interesse des Bürgermeisters entgegenkam. Sofern sich die Gemeinde keinen Überblick über den Umfang und Verbleib des durch den Rat eingezogenen geistlichen Vermögens zu verschaffen vermochte, dieser demgemäß allein darüber verfügte, konnte unser Protagonist für eigene Belange trefflich in Aktion treten. Das genaue Ausmaß diesbezüglich erhellen einige überlieferte Aktivitäten Mühlpfordts sicherlich nur ansatzweise. Sein „soziales Engagement" hielt sich, „ausgedrückt in diversen Stiftungen [...], vergleicht man es mit anderen Oberschichtfamilien der Stadt, in Grenzen"; gleichwohl nutzte er ein ihm aus seiner Funktion zukommendes „Herrschaftswissen" für das persönliche Wohl und das seiner Angehörigen.[693] Im Vorfeld der durch die Stadtväter geplanten Veräußerung von Kirchengut setzte er 1529 den Verkauf eines zum Helenenaltar gehörigen Kelches durch – und dass der Erlös seiner Schwester Anna, „umb ihrer armut willen zu forderung ihrer narung", zukam.[694] Seine Cousins, die Erben des Onkels Heinrich, erhielten im selben Jahr Silberarbeiten und Kleinodien aus einer Pfründe.[695] Für sich sorgte Hermann Mühlpfordt 1529 mit dem Erwerb „etliche[r] Ecker" aus den „ligende[n] gründe[n]" des St.-Margarethen-Hospitals[696] und im Ringen um die Einkünfte des 1483 von seinem Großvater väterlicherseits zum Helenenaltar beigestifteten Familienlehens, das jährlich 20 fl. einbrachte. Über das Lehen entstand eine Zwietracht zwischen Mühlpfordt und den Stadt-

---

691 Teichert: Bürgerreformation (wie Anm. 218), S. 32.
692 So das Urteil bei Bräuer: Luther (wie Anm. 188), S. 64.
693 Bräuer: Mühlpfordt (wie Anm. 11), S. 118.
694 Zit. n. Kahleyß: Zwickau (wie Anm. 44), S. 426.
695 Vgl. Karant-Nunn: Zwickau (wie Anm. 14), S. 132 f.
696 Zit. n. Zorn: Akten (wie Anm. 209), S. 28.

oberen. Nachdem der offenbar jahrzehntelange Altarist Paul Ering das Zeitliche gesegnet hatte,[697] bedrängte der Bürgermeister zwischen dem 1. März 1526 und dem 24. Oktober 1526 – mit der Hilfe „seiner freuntschaft", der Familie mütterlicherseits – erfolglos seine Ratskollegen mit dem „furtragen", das „einkommen" des Lehens an „sich zu zihen".[698] Die erhobenen Ansprüche rechtfertigte man mit dem Umstand, dass das Patronatsrecht zwar 1498 an den Zwickauer Rat übergegangen war, doch unter der Regelung, dass der Rat dieses Recht erst nach dem Aussterben der Familie ausüben durfte.[699] Gänzlich durchzusetzen vermochte sich Mühlpfordt nicht: Über das „einkomen des lehens" einigten sich „der Herr Burgermeister mit seinen freunden" vor 1529 dergestalt, bis dahin „einem aus der freundschafft zum studieren zuverlegen odder aus der frreundschafft armen Jungkfrauen damit zuhelffen odder aber in Mangelunge des arme Bürgersohne im studio zu erhalten".[700] Ungeachtet der Regelung hatte Mühlpfordt, der Patron des Altars, offenbar – aus Sicht des Rates widerrechtlich – die Zinsen des Lehens heimlich „zu seinem Vorteil eingenomen".[701] Jahre später trachteten die Erben, sich diese Einkünfte zu sichern. Bis in den November 1533 hinein versuchte unser Protagonist außerdem, durch Erbfolge Rechte an dem zum Lehen gehörenden Gebäude geltend zu machen.[702]

Allem Anschein nach vertrat der Bürgermeister die Haltung, dass ihm in seiner Funktion eine besondere Handlungsfreiheit zustand. Seinem nicht unwesentlich durch Fremdzuschreibung konstituierten Selbstbild geschuldet, sah er sich, wenn auch nicht als „Landesvater", so doch als „Stadtvater", der die (religiöse) Verantwortung für die (unmündige) Gemeinde trug.

---

697 Bereits am 7. November 1503 war Paul Ering „Verweser des St. Helenenaltars", s. Brunn: Urkundenbuch (wie Anm. 33), Nr. 775. Dazu vgl. auch Kahleyß: Zwickau (wie Anm. 44), S. 603 f.
698 Zit. n. ebd., S. 426, Anm. 318. Zu diesen Bestrebungen Mühlpfordts vgl. bereits Oehmig: Mühlpfordt (wie Anm. 2), S. 175.
699 Vgl. Kahleyß: Zwickau (wie Anm. 44), S. 604.
700 Zit. n. Zorn: Akten (wie Anm. 209), S. 23.
701 Zit. n. Zwickauer Ratsprotokolle 1536–1538, Stadtarchiv Zwickau, III x, Nr. 64a, fol. 57a. Vgl. die auszugsweise Übersetzung des Vermerks von Roth aus dem Jahre 1538 ins Englische bei Karant-Nunn: Zwickau (wie Anm. 14), S. 46.
702 Vgl. Fabian: Kirchenvisitation (wie Anm. 41), S. 121 f. Vgl. auch jüngst Zorn: Akten (wie Anm. 209), S. 73.

Ökonomische Superiorität und politischer Status

Eine derartige Interpretation erlaubt die Reaktion auf den Unmut der Gemeinde, als der Rat deren in der beginnenden Reformation erlangtes Recht der Predigerwahl bei der Entpflichtung Zeidlers respektive der Anstellung Lindenaus missachtete: „Unser stadt*kinder*", beschwerte sich Mühlpfordt am 15. August 1523, verhielten sich, „als ob In nhy guts erfaren", und sie „vorgeßen aller wolthat mit undanckbarkeyt".[703] In mutmaßlich 1529 in seinem Auftrag gefertigten Raitpfennigen[704] und seinen vom Prediger Lindenau 1527 monierten „maderen scheuben", gemeint waren Schauben aus dem hochwertigen Rückenfell des Marders, die 1539 das Nachlassverzeichnis auflistete und mit denen ihn sogar das 1572 vom Sohn Wolfgang gestiftete Epitaph in St. Marien abbildete,[705] kamen „Sinn und Bedürfnis für Lebensgenuß und Repräsentation" zum Ausdruck.[706] Derlei dürfen wir dem

---

703 Zit. n. Fröhlich: Einführung (wie Anm. 161), S. 22 (Herv. d. Verf.). Zur Dimension der Mündigkeit von „Stadtkindern" vgl. auch: Deutsches Wörterbuch (wie Anm. 65), Lfg. 3 (1906), Bd. X/II/1 (1919), Sp. 472 f.

704 Zu einer Gruppe von 1529 in Joachimsthal geprägten Raitpfennigen – also Rechenpfennigen (zum Rechnen benutzten Marken), die auch zu Repräsentationszwecken dienten –, als deren „Prägeherrn" man aufgrund des Wappens unter anderem auch Hermann Mühlpfordt und als Prägeort Zwickau vermutete, s. zuletzt Bernhard Prokisch: Die Raitpfennigprägungen in den österreichischen Erbländern, Wien 2009 (= Veröffentlichungen des Instituts für Numismatik und Geldgeschichte 12), S. 402.

705 Zit. n. WA Br. 4 (wie Anm. 233), S. 183. Mühlpfordt hinterließ, so wird noch am 26. Juli 1539 erwähnt, eine „schaube mit guetem marder gefuttert", zit. n. Oehmig: Mühlpfordt (wie Anm. 2), S. 186. Zum Epitaph vgl. Steche: Darstellung (wie Anm. 261), S. 116. Zur Abbildung vgl. Weißmann: Religionspolitik (wie Anm. 13), S. 81. Bereits seit Januar 1538 zierte die Kanzel der Zwickauer Katharinenkirche das durch Paul Speck in Stein gehauene „Wapen" des „Hern Herman Mulpforts Burgermeisters", zit. n. Falk: Chroniken (wie Anm. 27), 9 (1923), S. 35 f., hier S. 35. Zur Abbildung des Wappens vgl. Weißmann: Religionspolitik (wie Anm. 19), S. 82. Dieses Wappen findet sich auch auf dem Siegel Mühlpfordts, welches die Initialen „H M" trägt; zur Abbildung eines Siegels aus dem Jahre 1520 vgl. 900 Jahre Zwickau (wie Anm. 15), S. 19, Abb. 04. Zum Wappen selbst vgl. Heinrich Koller u. a. (Hg.): Regesten Kaiser Friedrichs III. (1440–1493). Nach Archiven und Bibliotheken geordnet, Heft 16: Die Urkunden und Briefe aus den Archiven des Bundeslandes Sachsen-Anhalt, bearb. von Eberhard Holtz, Weimar u. a. 2002, S. 104 (zu Nr. 117).

706 Steinmüller: Agricola (wie Anm. 38), S. 39. Hinsichtlich der weiteren Einschätzungen in diesem Sinne sei hier exemplarisch auf Helmut Bräuer verwiesen, der Mühlpfordt unlängst attestierte, dass er „einem repräsentativen Auftreten in der Öffentlichkeit […] nicht abgeneigt" gewesen wäre, insofern ganz dem „Typus des vermögenden und einflussreichen, familienbewussten Bürgers" entsprechend, s. Bräuer: Mühlpfordt (wie Anm. 11), S. 118.

bekannten Zwickauer zudem unterstellen, als er zur Eheschließung seines Sohnes Paul mit der Leipzigerin Magdalena Osterland 1528 „mit etzlichen burgern wol gekleit in eine farb, wol gerust gen Leiptzig geritten" sei, um dem Fest beizuwohnen.[707] Bereits die 1527 gefeierte Hochzeit des Sohnes Hermann hatte „mit grosem gebreng"[708] und unter Teilnahme „fremde[r] gest" in Zwickau stattgefunden.[709] Parallel brandmarkte der Prediger Lindenau, Mühlpfordts Widersacher, von der Kanzel aus die „bescheyßerey" und „dybrey" desselben, allerdings ohne weitere Spezifizierung.[710] Selbst als Oswald Lasan, der Nachfolger im Bürgermeisteramt, 1536 – und nur mündlich – in Gegenwart der Erben seines Vorgängers diesen des „betrugk[s]" zieh, schwächte man das in den ratsinternen Aufzeichnungen nachträglich in „vorteil", also Vorteilsnahme, ab.[711] Mit dem Finanzgebaren des mittlerweile Verstorbenen befasste sich der Zwickauer Rat erstmals am 18. März 1536, knapp zwei Jahre nach dessen Ableben. Nach dem 26. April 1536 informierte der Rat den Kurfürsten in Wittenberg.[712] In der Universitätsstadt erfuhr von dem Sachverhalt ein größerer Personenkreis um Luther: Noch Jahre danach, 1539, merkte der Jurist Sebaldus Münsterer, Wittenberger Professor und Schwager Melanchthons, in einem Schreiben an Roth an, dass „Mulpfort vbel haußgehalten" habe.[713] Roth hatte zuvor, 1538, in

---

707 Zit. n. Falk: Chroniken (wie Anm. 27) 6 (1923), S. 22–24, hier S. 24. Zur Kleidung als Zeichen sozialer Distinktion vgl. auch Dagmar Feist: „Ich will Dir selbst ein Bild von mir entwerfen". Praktiken der Selbst-Bildung im Spannungsfeld ständischer Normen und gesellschaftlicher Dynamik, in: dies. u. a. (Hg.): Selbst-Bildungen. Soziale und kulturelle Praktiken der Subjektivierung, Bielefeld 2013, S. 151–174, hier S. 160.
708 Zit. n. Falk: Chroniken (wie Anm. 27), 5 (1923), S. 19f., hier S. 20.
709 Zit. n. WA Br. 4 (wie Anm. 233), S. 184, Anm. 19. Tatsächlich verstieß die seitens des Predigers monierte Einladung von „siben fremde perßon" – zit. n. ebd., S. 183 – nicht gegen bestehende Verordnungen, vgl. Bräuer: Rat (wie Anm. 44), S. 72, Anm. 52.
710 Zit. n. WA Br. 4 (wie Anm. 233), S. 183.
711 Die Worte „vorteil vnd" seien über den Text geschrieben worden, „vnd" wurde aber wieder gestrichen, zit. n. Oehmig: Mühlpfordt (wie Anm. 2), S. 176, Anm. 148. Das Wort „betrugk" – zit. n. ebd. – habe man in diesem Zusammenhang „durch starke Striche unkenntlich gemacht", es sei „aber zweifelsfrei zu entziffern", s. ebd., S. 176, Anm. 149.
712 Vgl. ebd., S. 176f.
713 Zit. n. Buchwald: Universitätsgeschichte (wie Anm. 149), S. 145f. (zu Nr. 175: Münsterer an Roth, 1. September 1539), hier S. 145. Hierauf machte bereits Oehmig: Mühlpfordt (wie Anm. 2), S. 175, aufmerksam.

einer Ratssitzung sogar offen darüber sinniert, wie das Protokoll festhält, ob es „nicht dem bürgermeister [hätte] gebuhren sollen, krafft seiner eides pflichte, des Raths vnd des gemeinen guts frommen, mehr dann seinen eignen [...] nutz vnd fromen zu bedencken?"[714] Zur weitgehenden Folgenlosigkeit jeder lebenszeitlich wie posthum geäußerten Kritik für Mühlpfordt mag beigetragen haben, dass man sein Verhalten – so die Begünstigung von Angehörigen – zeitgenössisch nicht eindeutig negativ auslegte.[715] Vielleicht spielte auch eine noch größere Rolle, dass dem Bürgermeister, so wird angenommen, belastendes Material über Ratskollegen zur Verfügung stand, die es gleich ihm mit dem Zugriff auf städtische Mittel nicht so genau nahmen. Abwegig ist eine derartige Vermutung nicht, da für ihn einige Male belegt ist, dass er über Einzelpersonen beziehungsweise Gruppen Nachteiliges zusammentrug und gezielt einzusetzen wusste.[716]

Unter Ausklammerung der hier betrachteten Indizien, die auf immaterielle Beweggründe für Mühlpfordts Hinwendung zur Lehre Luthers hindeuten, hat die marxistische Rezeption indessen frühzeitig im Materiellen eine,

---

714 Zwickauer Ratsprotokolle 1536–1538, Stadtarchiv Zwickau, III x, Nr. 64a, fol. 57a. Zur Übersetzung des Vermerks von Roth aus dem Jahre 1538 ins Englische vgl. bei Karant-Nunn: Zwickau (wie Anm. 14), S. 46.
715 Überblicksartig vgl. dazu Werner Plumpe: Korruption. Annäherungen an ein historisches und gesellschaftliches Phänomen, in: Jens Ivo Engels u. a. (Hg.): Geld – Geschenke – Politik. Korruption im neuzeitlichen Europa, München 2009 (= Historische Zeitschrift 48), S. 19–47, hier S. 37 ff.
716 Dazu, dass Mühlpfordt Papiere hinterlassen habe, die seinen Ratskollegen große Schwierigkeiten bereitet hätten, vgl. Karant-Nunn: Zwickau (wie Anm. 14), S. 253. Mühlpfordt wies Luther darauf hin, dass die „Sakramentsauffassung" des Zwickauer Predigers Lindenau „nicht über jeden Zweifel erhaben sei", s. Wolfgang Reinhard: Luther und die Städte, in: Erwin Iserloh/Gerhard Müller (Hg.): Luther und die politische Welt, Stuttgart 1984 (= Historische Forschungen 9), S. 87–112, hier S. 107. Gegen den Nachfolger Lindenaus, Cordatus, „sammelte Mühlpfort [...] mit Eifer Fakten, die dem Prediger zum Nachteil gereichten", s. Bräuer: Luther (wie Anm. 188), S. 52. Dass „Roth glaubt[e], am Hof in Altenburg gäbe es negative Gerüchte über ihn", ging ebenfalls auf Mühlpfordt zurück, der ihn darüber vor dem 17. Februar 1534 unterrichtet hatte, s. Metzler: Roth (wie Anm. 20), S. 285. Zur Bedeutung von Information als Grundbestandteil vormoderner politischer Kommunikation und den Funktionen von Informationsübermittlung vgl. Arndt Brendecke u. a.: Information als Kategorie historischer Forschung. Heuristik, Etymologie und Abgrenzung vom Wissensbegriff, in: ders. u. a. (Hg.): Information in der Frühen Neuzeit. Status, Bestände, Strategien, in: Information in der Frühen Neuzeit, Berlin 2008 (= Pluralisierung & Autorität 16), S. 11–44.

wenn nicht die ausschlaggebende Triebkraft für das reformatorische Engagement des Bürgermeisters unterstellt,[717] und entsprach somit den frühen reformationsgeschichtlichen Untersuchungen einflussreicher Historiker in der DDR.[718] Zum Bezugspunkt moralischer Implikationen wurde mehrfach die Ökonomieorientierung unseres Protagonisten in gleicher Weise in der nicht marxistischen Geschichtswissenschaft. Auf den „in der Tat nicht einwandfreien Lebenswandel" unseres Protagonisten verwies schon die ältere Forschung.[719] Die jüngere thematisiert zwar ebenfalls „dark sides in Mühlpfort's character",[720] wehrt sich aber zu Recht entschieden dagegen, das Vorliegen einer „besonderen ‚Skrupellosigkeit'" zu akzeptieren.[721] Mühlpfordts systematische Verquickung eigener und städtischer Mittel sowie der ungezügelte Zugriff auf die Zwickauer Finanzen ist auf mehreren Ebenen deutlich geworden. Ein derartiger Befund führt erneut zum erwähnten Diskurs über die Bedeutung von Glaubensfragen für den langjährigen Zwickauer Bürgermeister zurück. Was beispielsweise für den Amtskollegen Jos Weiß, den „führenden Städtepolitiker" Reutlingens, herausgearbeitet werden konnte, dass „zweifellos der lutherische Glaube" ein *zentrales* politisches „Motiv" bildete,[722] lässt sich in eben solchem Maße grundsätzlich für unseren Protagonisten konstatieren. In der trotz Mahnungen von Reformatoren lange unvollständig belassenen und nur widerstrebend abgeschlossenen Kommunalisierung deutet sich demgegenüber – wie in der Instrumentalisierung und Missachtung des Gemeindewahlrechts und dem nachsichtigen Umgang mit religiös devianten Zwickauer Bürgern – die Unterordnung von Glau-

---

717 Mühlpfordt sei „neidisch" auf das Kirchenvermögen gewesen, s. Badstübner: Müntzer (wie Anm. 184). In seinem Müntzer-Roman griff Pfeiffer diese Position auf und spitzte sie in einen Vorwurf des Predigers zu, dass Mühlpfordt „das Geld mehr lieb[t]e als Gott", s. Pfeiffer: Müntzer (wie Anm. 197), S. 138.
718 Exemplarisch vgl. hierzu Alfred Meusel: Thomas Müntzer und seine Zeit. Mit einer Auswahl von Dokumenten des Großen Deutschen Bauernkrieges, hg. von Heinz Kamnitzer, Berlin 1952, S. 158.
719 Clemen: Mühlpfort (wie Anm. 7), S. 47. ND in: Clemen: Kleine Schriften, Bd. 8, Leipzig 1987, S. 61–64, hier S. 63.
720 Karant-Nunn: Zwickau (wie Anm. 14), S. 46. Aufgegriffen wurde dieses Zitat zuletzt von Oehmig: Mühlpfordt (wie Anm. 2), S. 166.
721 Kahleyß: Zwickau (wie Anm. 44), S. 426.
722 Wunder: Weiß (wie Anm. 12), S. 61.

bensfragen unter das politische Handeln des Zwickauers an. Dieser agierte überwiegend dann idealistisch, um den Gedanken zuzuspitzen, wenn sich reformatorische Ambitionen unproblematisch mit machtpolitischen Erwägungen vereinbaren ließen. Aufgrund dessen ist er mit voller Berechtigung als ein reformatorischer Humanist und ein die Reformation beförderner Machtpolitiker zu bezeichnen. Praxisbezogen bot Luthers Lehre – so die Ordnungsideen für den Gemeinen Kasten – zugleich eine Legitimation für reformatorisches wie für machtpolitisches Handeln. Letzteres erfolgte im Sinne der angestrebten religionspolitischen Autonomie der Stadt, der Vormachtstellung des Patriziats und nicht zuletzt des ganz persönlichen Vorteils. Für den erheblichen politischen Einfluss, den der Bürgermeister in Zwickau und darüber hinaus ausüben konnte, war vor allem die – neben der Geschäftstätigkeit durch den Zugriff auf Insiderinformationen, städtische Mittel und das Kirchenvermögen ermöglichte – Nutzbarmachung materieller Ressourcen zum Ausbau der eigenen Machtpositionen und deren Einsatz wiederum zur Steigerung seines wirtschaftlichen Potenzials von Bedeutung. Aus diesem Grund verdient die Verbindung zwischen Unternehmertum und Politik größte Aufmerksamkeit. Denn wenn, einer Feststellung Rudolf Schlögls zufolge, die „politische Macht sowohl hinsichtlich der Entscheidungsfindung wie auch ihrer Durchsetzung [...] in erster Linie aus der (persönlichen) Verfügung über soziale oder ökonomische Machtmittel und der (individuellen) Fähigkeit zur Gewaltausübung begründet" war, erweiterte der wachsende Wohlstand Mühlpfordts seine politischen respektive religionspolitischen Handlungsoptionen; das sicherte ihm letztlich „Herrschaft", die ihrerseits einen „Einsatz sozialer und physischer Macht zur Reproduktion eben dieser Überlegenheit" gestattete.[723]

---

723 Schlögl: Vergesellschaftung (wie Anm. 510), S. 22 f.

10 DIE ERNESTINER UND KOMMUNALPOLITISCHES WIRKEN

10.1 Vertrauter seiner Landesherren

Erhebliche Bedeutung kam Mühlpfordts Verhältnis zur Landesherrschaft im Hinblick auf dessen Möglichkeiten zu, innerhalb der durch die Ernestiner vorgegebenen Grenzen in der Landstadt die Reformation sukzessive durchzusetzen und die dabei gewonnene partielle religionspolitische Autonomie Zwickaus zu verteidigen. Zuvorderst der Gunst des Kurfürsten verdankte er seine politische Macht und seine Karriere – erinnert sei hier nur an die Aufnahme in den Rat der Muldestadt und die Bestätigung der 1521 vollzogenen Wahl zum Bürgermeister.[724] Seine politischen Überzeugungen deckten sich im Bauernkrieg mit denen Friedrichs des Weisen, der noch auf dem Totenbett forderte, dass man bei der Konfliktklärung mit den Aufständischen „alle wege in der guete suchen" solle.[725] Durch den Kurfürst stark geprägt zeigte sich Herzog Johann, für den das militärische Vorgehen gegen die Bauern erst allmählich in den Fokus rückte – und der dennoch bis zum Schluss Verhandlungen statt blutiger Auseinandersetzungen bevorzugte.[726] Ungeachtet seiner Kritik an den Naumburger Vereinbarungen vom Mai 1525 hob der Zwickauer Politiker anscheinend auf dieses Zögern, mit aller Härte einzuschreiten, ab, als er der Landesherrschaft im Juni des Jahres lobend attestierte, Blutvergießen stets vermieden zu haben.[727] Nach allem, was wir wissen, gestalteten

---

[724] Zur Bestätigung Mühlpfordts am 19. September 1521 durch den Landesherrn vgl. Oehmig: Mühlpfordt (wie Anm. 2), S. 172.
[725] Zit. n. Schilling: Luther (wie Anm. 108), S. 311.
[726] Vgl. Volker Graupner: Die ernestinischen Fürsten im Thüringer Bauernkrieg, in: Günter Vogler (Hg.): Bauernkrieg zwischen Harz und Thüringer Wald, Stuttgart 2008 (= Historische Mitteilungen. Beihefte 69), S. 283–298, bes. S. 291–294.
[727] Vgl. Fuchs: Akten (wie Anm. 133), S. 439.

sich die Beziehungen zur Landesherrschaft spätestens seit der Aufnahme in den Rat eng: Schon vor seinem Amtsantritt als Bürgermeister, obgleich ihm diese „Außenvertretung" noch gar nicht zufiel,[728] traf Mühlpfordt mit Kurfürst Friedrich als Beauftragter des Zwickauer Magistrats wie selbstverständlich in Ratsangelegenheiten zusammen. Für den Stadtvogt sind des Weiteren dienstliche Korrespondenzen mit den Ernestinern bekannt.[729] Gute Kontakte bestanden gleichfalls zur nachfolgenden Herrschergeneration: Bei den Hochzeitsfeierlichkeiten des Kurprinzen Johann Friedrich am 2. Juni 1527 in Torgau zählte das Stadtoberhaupt der Muldestadt, das den künftigen Regenten frühzeitig für reformatorische Forderungen einzunehmen versuchte, zu den Teilnehmern.[730] Ein langjähriges Zusammenwirken ergab sich überdies auf dem finanziellen Sektor: 1513/14 hatte unser Protagonist rund 700 fl. oder 800 fl. bei Johann dem Beständigen gut, 1531 dann rund 3.500 fl.,[731] eine Summe, die sich unter Johann Friedrich I. bis 1534 auf 4.000 fl. erhöhte.[732] Mühlpfordts Kredite besaßen angesichts des Umstands, dass die Landesherren zwischen 1500 und 1535 insgesamt nur 7.000 fl. vom Zwickauer Rat aufnahmen, besonderes Gewicht.[733] Zum Verleihen dieser Mittel befähigte zu einem Gutteil eine im vorherigen Kapitel untersuchte Ökonomieorientierung. So kam es aufgrund der weiterhin anwachsenden Schulden der Dynastie, die um 1514 mindestens 200.000 fl. betrugen, zu einer zunehmenden

---

728 Bräuer: Rat (wie Anm. 44), S. 54.
729 Bereits lange vor der erstmaligen Übernahme des Bürgermeisteramtes war es Mühlpfordt, der beispielsweise im „Zwickauer Konflikt" von 1516/17 mit Kurfürst Friedrich für Zwickau die Korrespondenz führte, wie aus einem Schreiben Mühlpfordts vom 10. März 1516 hervorgeht, vgl. Bräuer: Rat (wie Anm. 44), S. 84 sowie S. 214 f. (zu Nr. 14). Belegt ist auch ein „Apostelbrieff" an Kurfürst Friedrich den Weisen und Herzog Johann, zit. n. L[udwig] Schlesinger: Ein deutsches Formelbuch, in: Mittheilungen des Vereins für Geschichte der Deutschen in Böhmen 21 (1883), S. 300–344, Zit. S. 308. Dazu vgl. Friedrich Merzbacher: Art. Apostelbrief, in: Adalbert Erler/Ekkehard Kaufmann (Hg.): Handwörterbuch zur deutschen Rechtsgeschichte, Bd. 1, Berlin 1971, Sp. 195 f.
730 Dazu vgl. Falk: Chroniken (wie Anm. 27), 5 (1923), S. 19 f., hier S. 20.
731 Vgl. Oehmig: Mühlpfordt (wie Anm. 2), S. 174. Zum edierten Steuereintrag (Schatzung im dritten Viertel der Stadt) vgl. ebd., S. 179 f. Zum davon abweichenden Steuereintrag unter der „Schatzung der Personen des Radts" als Faksimileabdruck vgl. bei Bräuer: Luther (wie Anm. 188), S. 25.
732 Vgl. Oehmig: Mühlpfordt (wie Anm. 2), S. 181.
733 Vgl. Bräuer: Luther (wie Anm. 188), S. 69, Anm. 21.

Verflechtung der kursächsischen mit Mühlpfordts Finanzen.[734] Für ihn ist ansonsten nur eine vereinzelte Kreditvergabe in weitaus geringerer Höhe an andere Personen nachweisbar; offenbar auf persönlicher Grundlage an den Zwickauer Bürger Hans Braun und an Pfarrer Hausmann.[735] Dem im Frühjahr 1523 aus dem Chemnitzer Benediktinerkloster ausgetretenen und von Luther daraufhin unterstützten Magnus Groß lieh der Zwickauer Bürgermeister 3 fl., zu deren Wiedererlangung er den in Wittenberg studierenden Stephan Roth einschaltete.[736] 1534 wandte sich Mühlpfordt wegen ausstehenden „furgestreckten geldes",[737] das „vermutlich"[738] Georg von Uttenhofen zu Niederschlema erhalten hatte, an den Kurfürsten.

Kommunalpolitisch zeigte sich das Stadtoberhaupt auch dann als der dankbare „Sohn", der sich seinem „Vater" verpflichtet fühlte, wenn er der Gemeinde nicht als Stadtoberhaupt vorstand: Am 27. Dezember 1524 forderte Herzog Johann von den Zwickauern, dass der 1538 geadelte Georg Komerstadt zum städtischen Syndikus ernannt und in den Rat aufgenommen wer-

---

734 Zur Verschuldung der Ernestiner vgl. Uwe Schirmer: Die Ernestiner und das Geld, in: Sigrid Westphal u. a. (Hg.): Die Welt der Ernestiner. Ein Lesebuch, Wien u. a. 2016, S. 137–144, bes. S. 139. Zu der im Rahmen der Nachlassregulierung 1539 deutlich werdenden Verquickung der kursächsischen mit Mühlpfordts privaten Finanzen vgl. Oehmig: Mühlpfordt (wie Anm. 2), S. 181.
735 Nachweisbar ist eine Kreditvergabe über eine Hauptsumme von 200 fl. an den Zwickauer Bürger Hans Braun, vgl. Oehmig: Mühlpfordt (wie Anm. 2), S. 174; Braun war später Vormund der unmündigen Kinder Mühlpfordts, vgl. ebd., S. 181. Ein Schreiben Hausmanns vom 3. Januar 1525 thematisiert 10 fl. Gulden, die er sich von dem auf der Leipziger Messe befindlichen Mühlpfordt zu borgen trachtete, um damit eine Schuld in Wittenberg abtragen zu können, vgl. Otto Clemen: Johann Aurifaber als gewerbsmäßiger Hersteller von Lutherbriefhandschriften, in: ARG 29 (1932), S. 85–96, hier S. 90f. ND in: Clemen: Kleine Schriften, Bd. 5, Leipzig 1984, S. 689–700, hier S. 695.
736 Bezüglich der ausstehenden Summe hielt Mühlpfordt den in Wittenberg weilenden Roth monatelang um Hilfe an. So bat er diesen am 12. Juni 1523, zu „erforschen, wu er Ist", und ihm „In meynet halben vmb solch gellt" anzuschreiben; auch am 7. Juli 1523 wandte er sich an Roth um Forschung nach Groß und forderte ihn nochmals 15. August 1523 auf, „das Ir In meynethalben manen thett", zit. n. Otto Clemen: Paul Bachmann, Abt von Altzelle, in: NASG 26 (1905), S. 10–40, Zit. S. 17, Anm. 1. ND in: Clemen: Kleine Schriften, Bd. 2, Leipzig 1983, S. 258–289, hier S. 265.
737 Zit. n. Metzler: Roth (wie Anm. 20), S. 517f. (zu Nr. 309: Nikolaus Günther an Stephan Roth, 3. August 1534), hier S. 518.
738 Ebd., S. 518, Anm. 1.

den sollte. Mühlpfordt führte „sofort", nämlich vor dem 16. Januar 1525, die notwendigen Verhandlungen mit dem Auserkorenen in Leipzig, die in dessen Zusage und dreijähriger Anstellung als Ratssyndikus am 2. Mai 1525 mündeten. Immerhin dürfte (von) Komerstadt, der die Zwickauer Lateinschule besucht hatte, einst mit Georg Agricola studierte und mit Erasmus korrespondierte, aus Sicht des mit der Anstellung Betrauten eine gute Wahl gewesen sein.[739] Von daher liegt neben der für Mühlpfordt anzunehmenden tragenden Rolle in religionspolitischen eine vergleichbare in verwaltungspolitischen Personalfragen nahe. Einen weiteren Aspekt der „Vater-Sohn"-Beziehung bildete der Flugschriftenstreit zwischen dem Eilenburger Schuhmacher Georg Schönichen und dem altgläubigen Leipziger Theologieprofessor Hieronymus Dungersheim – dem früheren Zwickauer Kleriker – ab. Schönichen ging in seiner Petrus Mosellanus (eigentlich Peter Schade) und Camitianus gewidmeten Abrechnung mit dem in seinen Augen lasterhaften Lebenswandel des katholischen Klerus insbesondere auf das Zinswesen ein. Über den ihm augenscheinlich bekannten Camitianus erhielt der Zwickauer Bürgermeister nach dem 9. Juni 1523 in Leipzig Exemplare der Flugschrift und leitete „als pald", noch vor dem 12. Juni, „Eyn Copia" an den Kurprinzen, den „Jungen Herren Hertzog Johan Fridrich" weiter.[740] Sicherlich dürfte Kurfürst Friedrich dadurch unmittelbar von der „Schmähschrift" erfahren haben, was er indes vor seinem Vetter Georg verleugnete.[741] Beide genannten und weitere gleichgeartete Bemühungen[742] Mühlpfordts sind einerseits unter dem Gedanken des „Eigeninteresses" zu verstehen. Denn damit signalisierte er den Ernestinern „politische Loyalität und Dienstbeflissenheit", die im Modus der Informierung ihren zeitgemäßen Ausdruck fanden und allgemein „die eigenen Chancen auf Macht- und Ressourcenpartizipation" erhöhten.[743] Andererseits konnte durch die mit

---

739 Günter Wartenberg: Landesherrschaft und Reformation. Moritz von Sachsen und die albertinische Kirchenpolitik bis 1546, Gütersloh/Weimar 1988 (= Quellen und Forschungen zur Reformationsgeschichte 55), S. 149, Anm. 49.
740 Zit. n. Clemen: Auerbach (wie Anm. 148), S. 106, Anm. 15.
741 Ludolphy: Friedrich (wie Anm. 336), S. 477 f., hier S. 478.
742 Mühlpfordts Informierung der Landesherrschaft wird auch aus einem Brief Lincks an Spalatin vom 21. Februar 1525 ersichtlich, vgl. Lorz: Wirken (wie Anm. 161), S. 286.
743 Zur Bedeutung von Information als Grundbestandteil vormoderner politischer Kommu-

dem Informieren verknüpfte Möglichkeit, den „fursten zu raten",⁷⁴⁴ Einfluss auf die Territorialpolitik genommen werden. Womöglich diente die Flugschrift dazu, die Haltung des Kurprinzen zu modifizieren. Johann Friedrich bekannte sich seit 1520 insgeheim zur Lehre des Wittenbergers,⁷⁴⁵ zeigte sich aber damals zum Leidwesen der Zwickauer, im Gegensatz zu seinem Vater, Herzog Johann dem Beständigen, nicht zu einem vom Eisenacher Hofprediger Jacob Strauß geforderten radikalen Vorgehen gegen das – an den Grundfesten der katholischen Kirche rüttelnde – Zinswesen entschlossen.⁷⁴⁶ Ziel musste es jedoch im Interesse reformatorischer Bestrebungen sein, den künftigen Landesherrn in die von Strauß propagierte Richtung zu bewegen. Mühlpfordts Versuch, den Flugschriftenstreit territorialpolitisch zu verwerten, ist daher äußerst aufschlussreich. Primär sah er zwar die Muldestadt als sein „vaterland" an, wie er es in einem Schreiben an Roth vom 15. August 1523 formulierte.⁷⁴⁷ Gleichwohl ging seine darin erkennbare und stark auf Zwickau ausgerichtete Raumrezeption einer mit einer über die Mauern hinausreichenden kosmopolitisch-humanistischen Charakters.⁷⁴⁸ Dieses Phänomen wiederum beschränkte sich nicht nur auf die territoriale Politik, sondern widmete sich ebenso den Geschehnissen auf Reichsebene, wie außer der wohl mit besonderem Augenmerk begleiteten Causa Lutheri am Inter-

---

nikation und den Funktionen von Informationsübermittlung vgl. Brendecke: Information (wie Anm. 716), S. 32.
744 Zit. n. Fuchs: Akten (wie Anm. 133), S. 439.
745 Vgl. Schirmer: Landstände (wie Anm. 685), S. 55–77, hier S. 64.
746 Dazu vgl. Ricardo W. Rieth: Luthers Antworten auf wirtschaftliche und soziale Herausforderungen seiner Zeit, in: Lutherjahrbuch 76 (2009), Göttingen 2010, 137–158, hier S. 152.
747 Zit. n. Fröhlich: Einführung (wie Anm. 161), S. 22. Mühlpfordt stellte allerdings keine singuläre Erscheinung in der städtischen Führungselite seiner Zeit dar. So bezeichnete ebenfalls Stephan Roth Zwickau 1529 als sein „Vaterland", zit. n. Bräuer: Luther (wie Anm. 188), S. 42. Nikolaus Hausmann schrieb 1521 von Zwickau als der „loblichen stadt vnd vnserm geliebten vaterlande", zit. n. Kolde: Bericht (wie Anm. 557), S. 323. Zum Verständnis der Stadt als „Vaterland" vgl. auch Bäuer: Stadtchronistik (wie Anm. 20), S. 52–63.
748 Mühlpfordt nahm – von Zwickau ausgehend – die Welt geistig in Besitz, sich damit Erasmus – gewissermaßen von einem anderen Ausgangspunkt – annähernd, der seinerseits die „welt" als sein „vatterland" bezeichnete und aus diesem Verständnis heraus das ihm angetragene Bürgerrecht in Zürich abgelehnt hatte, zit. n. Hermann Braun: Art. Welt, in: Otto Brunner u. a. (Hg.): Geschichtliche Grundbegriffe. Historisches Lexikon zur politisch-sozialen Sprache in Deutschland, Bd. 7, Stuttgart 1992, S. 433–510, hier S. 451.

esse für die seit Anfang der 1520er Jahre schwelenden Bedrohung durch das Osmanische Reich erkennbar wird. So bezog er sich in seinem Schreiben an Roth vom 15. März 1527 offenbar auf die Ereignisse vom Sommer und Herbst 1526, die Schlacht von Mohács und die Eroberung und Zerstörung der Städte Ofen (Buda) und Pest durch die Osmanen, als er beklagte, dass „der turck In Vngaren sulch Jhammer zwgericht" habe.[749] Bei Schleupner informierte sich der Bürgermeister im September 1529 allem Anschein nach über die Beschlüsse auf den Deputationstagen zu Regensburg.[750]

10.2 Territorialpolitik als Ressource

Bärensprung, der vom Landtag zu Jena im Jahre 1518 und den dort durch den Landesherrn durchgesetzten neuen Steuern berichtete, kommentierte diese bittere Niederlage mit dem Verweis auf die Möglichkeiten der sächsischen Kommunen: Wenn „alle stett also vehst gestanden, als Zwickaw, plauen, Olsnitz, Adorff, werdau", klagte er, „hette mussen ein ander Landtag beschriebn werden".[751] Territorialpolitisch ähnlich ohnmächtig wie Bärensprung fühlte sich Mühlpfordt im Bauernkrieg, als er zu konstatieren ver-

---

[749] WA Br. 4 (wie Anm. 233), S. 182 f.
[750] Vor dem 19. September 1529 hatte Mühlpfordt in einem offenbar nicht erhalten gebliebenen Schreiben an Schleupner bei diesem angefragt, „warzu die knechte vnd dienstvolck bestellt gewest" seien, zit. n. Clemen: Sleupner (wie Anm. 156), S. 71. ND in: Clemen: Kleine Schriften, Bd. 1, Leipzig 1982, S. 510–512, hier S. 511. Die Frage zielte vermutlich auf die Deputationstage zu Regensburg (24. Juni, 22. Juli und 19. August 1529) ab, auf denen die Botschafter der Kurfürsten und Fürsten sowie die vier Räte des Reichsregiments über das schnelle Vorrücken der Osmanen informiert wurden und die zügige Aushebung von Truppen zusicherten, vgl. Deutsche Reichstagsakten. Jüngere Reihe, Bd. 8, 2: Die Schwäbischen Bundestage zwischen den Reichstagen zu Speyer 1529 und Augsburg 1530. Die Bereitstellung der Reichshilfe zum Türkenkrieg und zur Rettung Wiens 1529. Chronologisches Aktenverzeichnis, bearb. von Wolfgang Steglich, Göttingen 1971, S. 840–873. Dahingehend scheint der Zwickauer Bürgermeister nur vage informiert gewesen zu sein, denn erst durch Schleupner erfuhr er, dass die Aushebung „den namen widder den Turcken gehabt" habe, zit. n. Clemen: Sleupner (wie Anm. 156), S. 71. ND in: Clemen: Kleine Schriften, Bd. 1, Leipzig 1982, S. 510–512, hier S. 511.
[751] Zit. n. Helmut Bräuer: Zwischen Stella und Herzog. Zwickauer Geschichtsschreibung vom 16. bis zum 19. Jahrhundert, in: Cygnea (wie Anm. 18) 7 (2009), S. 11–26, hier S. 14 f.

meinte, dass „ane wissen und *willen* der stedt" operiert worden sei. Insofern begrüßte er einerseits den vom Reformator in der „Ermanunge zum Fryde" der Öffentlichkeit dargebotenen Vorschlag zur Beilegung der Differenzen, und wünschte sich, die Landesherrschaft „vorordenten etzlich vom adel und aus den steten" und „liß umb gotts willen handeln". Andererseits bedauerte er die unter Missachtung der städtischen – und genauso der persönlichen – „ehre"[752] um 1525 erfolgende „Ausschaltung der Städte als mäßigende politische Kraft",[753] wie Gottfried Maron Mühlpfordts Ansicht auf den Punkt brachte. Denn dadurch war, so die Auffassung des Zwickauers, Luthers zum Gemetzel aufrufenden Verlautbarungen im Bauernkrieg nichts entgegengesetzt worden. Schlussendlich habe das Oberhaupt der Reformation die unabdingbare Abhilfe von vorhandenen gesellschaftlichen Missständen verhindert und diese zudem legitimiert. „Desgleichen weis ich bereit", klagte Mühlpfordt in seinem Schreiben an Roth vom Juni 1525, „das an etzlichen orten mehr dan zuvor der armut ufgelegt, und sagen unvorhulen: Du pist mirs schuldig: tutstus nicht, so pistu wider mich, als der dein her ist und oberkeit aber dich hat".[754] Fraglos konnte er sich, wie Noah Dauber annimmt, „konstitutionelle Regierungsformen" vorstellen,[755] jedoch galt das nur für den Einfluss der Städte auf das Geschehen im Territorium. In Bezug auf die städtische Politik war er, wie am Beispiel der Zwickauer Religionspolitik aufgezeigt, natürlich weit davon entfernt, der breiten Masse eine Beteiligung gewähren zu wollen. Als infolge einer „bürgerschaftliche[n] Initiative" in der ersten Amtszeit unseres Protagonisten vor Juli 1522 der Modus der Rechnungslegung des Rates vor der Gemeinde bei Herzog Johann zur

---

752 Zit. n. Fuchs: Akten (wie Anm. 133), S. 439 (Herv. d. Verf.). Zum bürgerschaftlichen Wert der „Ehre" im sächsisch-oberlausitzischen Raum vgl. insbesondere Bräuer: Stadtchronistik (wie Anm. 20), S. 168–181. „Darumb were meyn trewer rad," hatte Luther geschrieben, „das man aus dem adel ettliche graffen vnd herrn, aus den stedten ettliche radsherrn erwelete, vnd die sachen liessen freundlicher weyße handeln vnd stillen", zit. n. Ermanunge (wie Anm. 388), S. 332 f.
753 Maron: Bauernkrieg (wie Anm. 421), S. 332.
754 Zit. n. Fuchs: Akten (wie Anm. 133), S. 438.
755 Noah Dauber: Deutsche Reformation. Philipp Melanchthon, in: Christoph Horn/Ada Babette Neschke-Hentschke (Hg.): Politischer Aristotelismus. Die Rezeption der aristotelischen „Politik" von der Antike bis zum 19. Jahrhundert, Stuttgart 2008, S. 173–191, hier S. 175.

Sprache kam, folgte er am 3. März 1524 (in einer weiteren Amtsperiode Mühlpfordts 1523/24) den Vorschlägen des Rates vom Juli 1522, welche eine Partizipation der Gemeinde generell ablehnten.[756] Nach dem Bauernkrieg sah der Bürgermeister für die städtischen Eliten, eingedenk des Schicksals der vertriebenen Bürger Mühlhausens,[757] die von ihm als notwendig erachtete Teilhabe von „steten" an der Territorialpolitik gleichfalls in weite Ferne gerückt: Denn *„idermann"*, so beanstandete er im Juni 1525, müsse künftig „aus forcht der tyrannen schweigen", da er sonst „vor ein ufrurischer geacht" werde.[758] Der Verfasser dieser Zeilen – die seit dem 19. Jahrhundert bis in die Gegenwart vielfache Rezeption erfuhren[759] – kritisierte dann rund einen

---

[756] Bräuer: Rat (wie Anm. 44), S. 118. Dazu vgl. insbesondere ebd., S. 270 f. (zu Nr. 39).

[757] Allgemein hat auf diesen Zusammenhang bereits Mühlpfordt: Bauernkrieg (wie Anm. 418), S. 140, hingewiesen. Konkret zu den Folgen für Mühlhausen bis Ende Mai 1525 vgl. Gerhard Günther: Flucht, Vertreibung, Verfolgung und Gegenreaktionen, in: Vogler: Bauernkrieg (wie Anm. 725), S. 397–415, bes. S. 398.

[758] Zit. n. Fuchs: Akten (wie Anm. 133), S. 438 (Herv. d. Verf.).

[759] Ohne Anspruch auf Vollständigkeit sei nachfolgend auf einige Bezugnahmen eingegangen: Mühlpfordts Zeilen wurden im 19. Jahrhundert hinsichtlich der eingetretenen „Befürchtung" ihres Verfassers aufgegriffen, die Niederlage der Bauern würde „zu noch größerer Unterdrückung derselben" führen, s. Evers: Luther (wie Anm. 328), S. 500. Auch im 20. Jahrhundert, in der ostdeutschen Geschichtswissenschaft, blieb diese Perspektive aktuell, dazu vgl. Günter Mühlpfordt: Vision der deutschen Republik vor 450 Jahren. Johann Agricola: Anprangerer von Fürsten, Adel und Ausbeutung, in: Zeitschrift für Geschichtswissenschaft 32 (1984), S. 405–419, hier S. 419. In diskurspolitischer Hinsicht schienen Mühlpfordts Äußerungen den „kommenden Terrorismus" der Obrigkeit vorwegzunehmen, s. Friedrich von Bezold: Geschichte der deutschen Reformation, Berlin 1890 (= Allgemeine Geschichte in Einzeldarstellungen 3,1), S. 512. Diese Rezeptionslinie griff vor allem die bundesrepublikanische Geschichtswissenschaft auf, indem Mühlpfordt den „protestantische[n] Obrigkeitsstaat" vorausahnte, so das Resümee älterer Forschung, etwa Franklin Kopitzsch: Bemerkungen zur Sozialgeschichte der Reformation und des Bauernkrieges, in: Rainer Wohlfeil (Hg.): Der Bauernkrieg 1524–26. Bauernkrieg und Reformation. Neun Beiträge, München 1975, S. 177–218, hier S. 195. Denn bereits Mühlpfordt beklagte, so präzisierte Renate Blickle, jene „gefährliche Tendenz [...], allgemein den Sprecher und Wortführer der Untertanen zu strafen", was wenig später – im Artikel 127 der Carolina von 1532 – auf eine gesetzliche Grundlage gestellt wurde, s. Renate Blickle: Rebellion oder natürliche Defension. Der Aufstand der Bauern in Bayern 1633/34 im Horizont von gemeinem Recht und christlichem Naturrecht, in: Richard Dülmen (Hg.): Verbrechen, Strafen und soziale Kontrollen, Frankfurt am Main 1990 (= Studien zur historischen Kulturforschung 3), S. 6–84, hier S. 73. Für Mühlpfordt habe „das Amt der Obrigkeit zu vergotten" nichts anderes bedeutet, als „Duckmäuserei zu züchten", s. Peter Blickle: Der Bauernkrieg. Die Revolution des Gemeinen Mannes, 4., aktual. und überarb. Aufl., München 2012 (= Beck'sche Reihe 2103), S. 119.

Monat nach seinem Brief die Naumburger Vereinbarungen vom Mai 1525 nurmehr verhalten. In Mühlpfordts Augen zeigte sich die Landesherrschaft im Bauernkrieg des „ubermuts" der durch Luther angestachelten kursächsischen Führungselite nicht als „mechtig" genug,[760] um die blutige Eskalation zu verhindern. So gab er sich entschlossen, die von ihm als notwendig erachtete „anderung" der politischen Kräfteverhältnisse mitzugestalten und ausgleichend aktiv zu werden, überwiegend auch, damit die – seiner Meinung nach fundamentale – gesellschaftliche Befriedung zu realisieren wäre. Mühlpfordt verstand sich vermutlich als jemand von denen, die, schrieb er an Roth, einen genügend „starken geist" aufwiesen, damit das Vorhaben gelänge,[761] wie ihn die Nachwelt denn auch der Tugend eines „starcken Gemüthes" rühmte.[762] Folgerichtig blieb er nach 1525 im Wechsel mit Bärensprung als Bürgermeister und in den Phasen, in denen er nicht amtierte, politisch in Zwickau als Stadtgerichtsschöffe tätig.[763] Und sein Blick richtete sich zugleich auf den Territorialstaat.

Hermann Mühlpfordt gilt bis heute in der Geschichtswissenschaft verschiedentlich als „Geheimer Rat des Landesherrn",[764] da er in den Quellen als „Furstenradth" oder als des „C. f. zu Sachsen geheimbter Radt" firmiert.[765] Im Gegensatz dazu legen seine Selbstbekundungen und weitere Überlegungen

---

Mühlpfordt zufolge seien in der Nachfolge des Bauernkriegs „politische Kritik und Diskussion unmöglich" gemacht worden, s. Dauber: Reformation (wie Anm. 755), S. 175. In der Bundesrepublik gehörten, wie in der DDR – dazu vgl. hier in Anm. 328 –, Mühlpfordts Schreiben vom Juni 1525 im Kontext der Thematik „Luther und der Bauernkrieg" zum Quellenkanon, s. Helmut Brackert: Bauernkrieg und Literatur, Frankfurt am Main 1975 (= Edition Suhrkamp 782), S. 79–96. Vgl. auch Walther Peter Fuchs: Der Bauernkrieg in Mitteldeutschland, in: ders.: Nachdenken über Geschichte. Vorträge und Aufsätze. Mit einem Geleitwort von Karl Dietrich Erdmann, hg. von Gunter Berg und Volker Dotterweich, Stuttgart 1980, S. 199–220, hier S. 219.
760 Zit. n. Fuchs: Akten (wie Anm. 133), S. 439.
761 Zit. n. ebd., S. 438.
762 Wilhelm: Descriptio (wie Anm. 30), S. 131.
763 Vgl. Berthold: Stadtrechtsreformation (wie Anm. 74), S. 5.
764 Thomas-Müntzer-Ausgabe, Bd. 3 (wie Anm. 179), S. 104, Anm. 18. Dazu vgl. auch in: 900 Jahre Zwickau (wie Anm. 15), S. 19; Schmitt: Sprachgeschichte (wie Anm. 44), S. 382; Steinmüller: Agricola (wie Anm. 38), S. 39; Wilsdorf: Bermannus (wie Anm. 30), S. 744; Beschreibung (wie Anm. 254), S. 81.
765 Erstes Zitat zit. n. Falk: Chroniken (wie Anm. 27), 4 (1923), S. 15 f., hier S. 16; zweites Zitat zit. n. ebd., 8 (1923), S. 31 f., hier S. 32.

nahe, dass derlei Angaben aus sehr viel späterer Zeit, zurückgehend auf den Ortschronisten Peter Schumann, falsch sind.[766] Sie hatten ihren Ursprung wohl in dem ausgangs der 1520er Jahre manifest werdenden Engagement Mühlpfordts in der kursächsischen Politik. Zunächst gehörte er als einer von 39 Delegierten der Landstände dem zu Zwickau im Januar 1531 stattfindenden Landtag an. Auf Ersuchen der Landstände etablierte man dort aus ihren Reihen einen „Großen Ausschuss", dessen personelle Zusammensetzung der Landesherr nicht beeinflussen konnte. In den „Großen Ausschuss" wurde auch unser Protagonist gewählt. Ferner betrauten die Landstände ihn und weitere 19 Delegierte mit der Verwaltung der „Türkensteuer". Um die Verzeichnisse der Einnahmen zu prüfen, bildeten die Stände kurz danach, auf dem Ausschusstag zu Torgau im März 1531, eine aus dem Zwickauer, zwei weiteren Bürgermeistern und drei Adeligen bestehende Kommission. Mit deren Koordinierung beauftragte man gleichermaßen unseren Protagonisten. Binnen Jahresfrist aber erfolgte seine noch bedeutsamere Berufung in den durch den Kurfürsten im Januar 1532 neu installierten „Kleinen Ausschuss". Jener konstituierte sich aus zwölf Angehörigen des „Großen Aus-

---

[766] Mühlpfordt widerlegte die Annahme, er sei „Rat" des Landesherrn gewesen, zudem selbst, indem er zeitnah, im März 1531, sein Zusammentreffen mit „meines genedigsten Herrn rethen" überlieferte, wobei er sich offenbar als nicht zu deren Kreis gehörig betrachtete, zit. n. Fabian: Streit (wie Anm. 21), S. 152 f. (zu Nr. 7: Mühlpfordt an Roth, 16. März 1531), hier S. 152. Eine 1547 entstandene Auflistung der „Räte und Diener des Kurfürsten Friedrich und des Herzogs Johann", die sich anscheinend auf das Jahr 1518 bezieht, lässt Mühlpfordt unerwähnt, s. Uwe Schirmer: Untersuchungen zur Herrschaftspraxis der Kurfürsten und Herzöge von Sachsen. Institutionen und Funktionseliten (1485–1513), in: ders./Jörg Rogge (Hg.): Hochadelige Herrschaft im mitteldeutschen Raum (1200–1600). – Formen – Legitimation – Repräsentation, Leipzig 2003 (= Quellen und Forschungen zur sächsischen Geschichte 23), S. 305–378, hier S. 343–348. Überdies liegen erst zu Lebzeiten des etwa 1538 geborenen Schumannsohnes, seit 1547, die Anfänge eines „Geheimen Rats" in Kursachsen, weshalb die von Schumann gewählte Terminologie zumindest ungeeignet ist, Mühlpfordts Funktion im Dienst der Ernestiner zu beschreiben; zu den Termini „Fürstenrat" beziehungsweise „Geheimer Rat" vgl. umfassend die „Schlußbemerkungen" bei Uwe Schirmer: Der ernestinische und albertinische Landadel in der Zentralverwaltung der Kurfürsten und Herzöge von Sachsen (1525–1586), in: Martina Schattkowsky (Hg.): Die Familie von Bünau. Adelsherrschaften in Sachsen und Böhmen vom Mittelalter bis zur Neuzeit, Leipzig 2008 (= Schriften zur sächsischen Geschichte und Volkskunde 27), S. 191–214, bes. S. 212–214.

schusses", die den Ernestinern allesamt besonders nahestanden.⁷⁶⁷ Vielleicht beruhte der spätere Hinweis, dass Mühlpfordt Rat gewesen wäre, auf dieser Mitgliedschaft im „Kleinen Ausschuss", der eng mit dem Landesherrn zusammenarbeitete. Während das religionspolitische Zerwürfnis mit Luther im Sommer 1531 eskalierte, schaffte es Mühlpfordt durch die Gunst des Kurfürsten also bemerkenswerterweise, sich einen Platz im innersten Zirkel der territorialpolitischen „Funktionsträger" zu sichern,⁷⁶⁸ wobei fraglich bleibt, ob er und andere sich stärker am Mandat der Landschaft oder an den landesherrlichen Vorgaben orientierten.⁷⁶⁹ Nachdem er auf dem Ausschusstag in Naumburg im Oktober 1528 anzutreffen war, der die Differenzen der wettinischen Familie behandelte, nahm er anschließend an den Ausschusstagen von Torgau im März 1531 und im Februar 1532 sowie Zwickau im Januar 1532 teil.⁷⁷⁰ Überdies ist seine Anwesenheit auf dem Ausschusstag zu Grimma im Juli 1531 und dem Landtag zu Jena im Januar 1533 dokumentiert.⁷⁷¹ Die Ausschusstage zu Naumburg 1528, Torgau 1531, Grimma 1531 und Zwickau 1532 und den Landtag zu Jena 1533 besuchte er nicht als regierender Bürgermeister der Muldestadt, der seinerzeit Laurentius Bärensprung vorstand. Eine zentrale Rolle Mühlpfordts im Münz- und Steuerwesen machten wiederholt die Ausschusstage zu Zwickau im Januar 1532

---

767 Zum „Großen Ausschuss" vgl. Burkhardt: Landtagsakten (wie Anm. 561), S. 213 f. (zu Nr. 404). Überblicksartig zu seiner Tätigkeit im „Großen" und im „Kleinen Ausschuss" sowie mit Hinweis auf ältere Literatur vgl. jüngst Schirmer: Staatsfinanzen (wie Anm. 628), S. 368–371, bes. S. 398, 401 (zu Tabelle 28). Zum Ausschusstag zu Torgau im März 1531 vgl. Burkhardt: Landtagsakten (wie Anm. 561), S. 229 ff. (zu Nr. 422), bes. S. 231, 239 (zu Nr. 432);
768 So die Bezeichnung Mühlpfordts, s. Schirmer: Staatsfinanzen (wie Anm. 628), S. 398.
769 Ebd., S. 399. Zu den Schwierigkeiten einer „exakte[n] dichotomische[n] Unterscheidung" der Funktionsträger in „landesherrlich" einerseits und „ständisch" andererseits s. Schirmer: Landstände (wie Anm. 685), S. 72.
770 Zum Zwickauer Landtag vom Januar 1530 vgl. Burkhardt: Landtagsakten (wie Anm. 561), S. 196–215 (zu Nr. 377–407), bes. S. 213 f. (zu Nr. 404), hier S. 214; zum Ausschusstag in Naumburg 1528 vgl. ebd., S. 190 f. (zu Nr. 361); zum Ausschusstag von Torgau 1531 vgl. ebd., S. 229 ff. (zu Nr. 422), bes. S. 231, 239 (zu Nr. 432); zum Ausschusstag von Zwickau 1532 vgl. ebd., S. 253–256 (zu Nr. 466), hier S. 254 f.; zum Ausschusstag von Torgau 1532 vgl. ebd., S. 259 f. (zu Nr. 472), hier S. 260.
771 Zum Ausschusstag zu Grimma vgl. Fabian: Streit (wie Anm. 21), S. 94, Anm. 56. Zum Jenaer Landtag vgl. Buchwald: Universitätsgeschichte (wie Anm. 149), S. 108 (zu Nr. 124: Reichenbach an Roth, 18. Januar 1535).

und Torgau im Februar 1532 deutlich, auf dem die Landstände ihn und drei Adelige als Steuereinnehmer für Meißen vorschlugen.[772] Im Verein mit den Ständen kam ihm so spätestens im Ergebnis des Jenaer Landtags im Januar 1533, einem Resümee Uwe Schirmers zufolge, „Einfluß auf die landesherrlichen Finanzen" zu.[773] Da nunmehr „in letzter Instanz" anstatt des Landesherrn der „Kleine Ausschuss" über die Verwendung der Steuergelder entschied, waren loyale Mitglieder wie Mühlpfordt für die Ernestiner unentbehrlich.[774] Zusätzlich ordnete man ihn auf dem Ausschusstag zu Torgau im März 1531 zur Sequestration der geistlichen Güter in Kursachsen ab.[775] Hier lässt sich eine über Jahre scheinbar konsequent umgesetzte politische Linie konstatieren: Im Anschluss an den 1523 erkennbaren Versuch, den Kurprinzen gegen das kirchliche Zinswesen einzunehmen, eröffnete sich für Mühlpfordt im Rahmen des ab 1531 von Landesherrschaft und Ständen paritätisch durchzuführenden Vorhabens die Mitwirkung an einem durchaus einträglichen Geschäft für die Sequestratoren.[776] Eine jährliche Aufwandsentschädigung von 40 fl., die sich die Mitglieder des „Kleinen Ausschusses"

---

772 Zum Landtag zu Zwickau vom Januar 1532 vgl. Burkhardt: Landtagsakten (wie Anm. 561), S. 253–256 (zu Nr. 466), bes. S. 254 f.; zum Ausschusstag zu Torgau vom Februar 1532 vgl. ebd., S. 259 f. (zu Nr. 472), hier S. 260.
773 Schirmer: Staatsfinanzen (wie Anm. 628), S. 398. Vgl. dazu auch ebd., S. 368–372.
774 Ebd., S. 371.
775 Zum Ausschusstag zu Torgau im März 1531 vgl. ebd., S. 233 ff. (zu Nr. 425) hier S. 234. Zu Mühlpfordts Beteiligung an der Sequestration der geistlichen Güter in Kursachsen vgl. exemplarisch Anne-Katrin Köhler: Geschichte des Klosters Nimbschen von der Gründung 1243 bis zu seinem Ende 1536/1542. Mit einem Exkurs: Zisterzienserinnen zwischen Saale und Neiße im 13. Jahrhundert und ihre Stellung zum Orden, Leipzig 2003 (= Arbeiten zur Kirchen- und Theologiegeschichte 7), S. 125, Anm. 52, sowie Helmut Thurm: Das Dominikaner-Nonnenkloster Cronschwitz bei Weida, Jena 1942, S. 117, 120, 132, 183. Zu einem Urkundenbeleg vom 10. September 1533 vgl. auch Ludwig Schmidt (Hg.): Urkundenbuch der Stadt Grimma und des Klosters Nimbschen, Leipzig 1895 (= Codex Diplomaticus Saxoniae Regiae II, XV), S. 350 f. (zu Nr. 490).
776 Zu Aufgaben, Vorgehen und Profitmöglichkeiten der Sequestratoren vgl. Schirmer: Landstände (wie Anm. 685), S. 72 ff. Dazu – mit Fokus auf die Sicherung eigener finanzieller Vorteile und Kontrolle der kurfürstlichen Finanzen – vgl. Enno Bünz: Das Ende der Klöster in Sachsen. Vom „Auslaufen" der Mönche bis zur Säkularisation (1521–1543), in: Harald Marx/ Cecilie Hollberg (Hg.): Glaube & Macht. Sachsen im Europa der Reformationszeit, Dresden 2004, S. 80–90, hier S. 85 f.

zuteilten, nahm sich dagegen eher bescheiden aus.⁷⁷⁷ Positiver Nebeneffekt war vor allem, dass jene Veränderungen auf territorialer Ebene zugleich die Zwickauer Reformation zusätzlich absicherten. Weiterhin verschonten beträchtliche Einnahmen die Stände (vorübergehend) vor neuen Steuerforderungen. Obendrein entschuldeten und konsolidierten sie die Landesherrschaft und verfolgten mithin „landesherrliche Ziele",⁷⁷⁸ was wiederum deren Gläubigern half, unter anderem Zwickaus Stadtoberhaupt. Für die Stände und die Ernestiner war das eine Win-win-Situation. Posthum schlug sich das Wirken in Würdigungen nieder: „Hermannus Mühlpfort" habe, merkte der kursächsische Hofhistoriograf Matthäus Dresser (Drescher) 1607 an, „nicht allein dem Vaterlande / sondern auch andern Nationen vnnd Völckern mercklichen gedienet",⁷⁷⁹ und der Zwickauer Chronist Tobias Schmidt attestierte „Herman Mühlpfordt" 1656, „im gantzen Lande", also in Kursachsen, „ein beruffener und geehrter Mann" gewesen zu sein.⁷⁸⁰ Tatsächlich basierten diese Urteile nicht so sehr auf reformatorischen Aktivitäten – der Sequestration – als vielmehr auf der Teilnahme am gemeinschaftlichen Ausschusstag der Ernestiner und Albertiner zu Grimma vom 3. bis 17. Juli 1531. Auf diesem legte man mit dem „Grimmaischen Machtspruch" vom 17. Juli 1531 vierzigjährige Streitigkeiten zwischen den wettinischen Linien in Währungs- und Montanfragen bei, was Mühlpfordts Rezeption bis in das 18. Jahrhundert hinein dominierte.⁷⁸¹

Inwiefern ergaben sich aus dieser engen Bindung zur Landesherrschaft Folgen für sein Gestaltungspotenzial innerhalb Zwickaus? Kommunalpolitisch und im Umgang mit der Gemeinde wird dies im Kontext der Rechnungs-

---

777 Schirmer: Staatsfinanzen (wie Anm. 628), S. 373.
778 Vgl. Schirmer: Landstände (wie Anm. 685), S. 399.
779 Dresser: Bericht (wie Anm. 348), S. 542.
780 Schmidt: Chronica (wie Anm. 26), S. 456.
781 Zum „Grimmaischen Machtspruch" vgl. Reiner Groß: Geschichte Sachsens, 3., erw. und aktual. Aufl., Leipzig 2007, S. 39. Vgl. auch Burkhardt: Landtagsakten (wie Anm. 561), S. 248 f. (zu Nr. 452). Zur Rezeption Mühlpfordts vgl. exemplarisch Johann Sebastian Müller: Des Chur- und Fürstlichen Hauses Sachsen / Ernestin- und Albertinischer Linien / Annales. Von Anno 1400 bis 1700, Weimar 1700, S. 86; Johann Christian Lünig (Hg.): Des Teutschen Reichs-Archivs Partis Specialis Continuatio II, Zweyte (und dritte) Fortsetzung, Leipzig 1712 (= Reichs-Archiv 10), S. 262; Johann Heinrich Zedler: Art.: Mülpfort (Herrmann), in: ders.: Grosses vollständiges Universal-Lexicon Aller Wissenschafften und Künste, Bd. 22, Leipzig 1739, Sp. 272.

legung deutlich, bei der sich mit Hilfe Herzog Johanns der von Mühlpfordt geführte Rat zu behaupten vermochte. Ähnliches ist für etwaige Spannungen innerhalb des Gremiums zu konstatieren, als etwa 1527 der Zwickauer Bürgermeister und der Ratsherr Gotthard Büttner, ein weiterer landesherrlicher „Vertrauensmann",[782] aufgrund verbaler Auseinandersetzungen durch ihre Ratskollegen inhaftiert wurden. „Ziemlich schnell" hoben sie die Gefängnisstrafe für Büttner wieder auf; erst „später" gelangte hingegen sein Kontrahent wieder in Freiheit, „nachdem er sich an den Kurfürsten gewendet hatte".[783] Wahrscheinlich macht ein solches Vorgehen auch der Umstand, dass Mühlpfordt bei früherer Gelegenheit bekundete, „alzw offt" bei seinen „sachen" die Landesherrschaft involviert zu haben.[784] Belege dafür finden sich vereinzelt: In – nicht weiter explizierten – „Sachen" zwischen ihm und Ilmenau nach dem 13. Juli 1522[785] erfahren wir von Vermittlungsversuchen Herzog Johanns des Beständigen. Und hinsichtlich eines mutmaßlich an Georg von Uttenhofen zu Niederschlema gegebenen Kredits schaltete er Kurfürst Johann Friedrich I. von Sachsen ein: „Auf des Burgermeister Mulpforts supplication", informierte der kurfürstliche Kanzleischreiber Nikolaus Günther unter dem Datum vom 3. August 1534 Roth, „hat mein gnedigster her dem von Vttenhof […] vnter anderem schreiben lassen, das er gedachten Mülpforten, mit entrichtung des furgestreckten geldes zufriden stellen sölle, domit es nit ander wege bedürfe etc.".[786] Noch zu Lebzeiten scheint

---

782 Steinmüller: Agricola (wie Anm. 38), S. 39. Büttner war noch 1511 Amtmann in Wolkenstein, vgl. ebd., Anm. 90 (S. 44). Demgegenüber wird Büttner in der neueren Forschung nicht genannt, vgl. Christian Hesse: Amtsträger im spätmittelalterlichen Reich. Die Funktionseliten der lokalen Verwaltung in Bayern-Landshut, Hessen, Sachsen und Württemberg 1350–1515, Göttingen 2005 (= Schriftenreihe der Historischen Kommission bei der Bayerischen Akademie der Wissenschaften 70).
783 Metzler: Roth (wie Anm. 20), S. 153, Anm. 820.
784 Zit. n. WA Br. 4 (wie Anm. 233), S. 182.
785 Zit. n. Schreiben Graf Wilhelm IV. von Henneberg-Schleusingen an Johann den Beständigen vom 13. Juli 1522, Landesarchiv Thüringen – Staatsarchiv Meiningen, 4-10-1010 GHA Sektion I Nr. 2942.
786 Zit. n. Metzler: Roth (wie Anm. 20), S. 517 f. (zu Nr. 309: Nikolaus Günther an Stephan Roth, 3. August 1534), hier S. 518.

der Supplikant hierin erfolgreich gewesen zu sein.[787] Dass er, wie Pylander festhielt, angeblich über den Streit um die Besetzung der Predigerstellen die Gnade des Kurfürsten verloren habe („Mulpfordt ante hac charus principi excidit omni gratia"),[788] dürfte nicht zutreffen. Ebenso erinnerte Johann Friedrich I. am 6. September 1534 bei der Bestätigung des neuen Rates „auf besondere Weise" an Mühlpfordts Ableben.[789] Ein von seinen Nachkommen unternommener und sogar von Spalatin unterstützter Versuch, mehr als die der Familie zustehenden Einkünfte aus dem von Hermann Mühlpfordt (II) gestifteten Lehen an sich zu ziehen, scheiterte jedoch 1536 aufgrund einer territorialpolitisch begründeten kurfürstlichen Festlegung.[790] Zeitgleich verdeutlichte sich, dass die engen Bindungen zur Landesherrschaft dennoch prinzipiell fortbestanden: Oswald Lasan, der Nachfolger im Bürgermeisteramt der Muldestadt, der im selben Jahr, 1536, den Versuch unternahm, die von seinem Vorgänger zum Schaden des Gemeinwesens an sich gebrachten städtischen Wiesen von den Hinterbliebenen wieder einzufordern, blieb in seinem Ansinnen erfolglos. Obgleich er drohte, Johann Friedrich I. deshalb anzurufen und dies auch tat, entschied Letzterer schließlich im Sinne der Erben.[791] Sicherlich angesichts der schon den Zeitgenossen nicht verborgen gebliebenen Nähe zur Landesherrschaft verortete Schumann unseren Protagonisten im 16. Jahrhundert als kurfürstlichen Rat, und noch 1656 hob

---

787 Im Zuge der Nachlassregelung wird eine noch ausstehende Rückzahlung des von Uttenhofen beispielsweise nicht erwähnt, vgl. Oehmig: Mühlpfordt (wie Anm. 2), S. 180–187.
788 Zit. n. Passeck: Chronik (wie Anm. 20), Bl. 286.
789 Oehmig: Mühlpfordt (wie Anm. 2), S. 175.
790 Im November 1536 wandten sich die Erben Mühlpfordts an den Kurfürsten, um zu erreichen, dass die durch die Stadt Zwickau seit zwei Jahren nicht an die Familie Mühlpfordt ausgezahlten Zinsen endlich freigegeben würden, weil sie die Mittel benötigten, um das Studium von Hermann Mühlpfordts Sohn Wolf zu finanzieren. Dies habe der Kurfürst zwar bereits zuvor über Georg Spalatin veranlasst, es wäre aber nicht umgesetzt worden. Spalatin, dazu befragt, riet dem Kurfürsten, Wolf Mühlpfordt weniger als die geforderte, aber doch mehr als die ihm zustehende Summe zukommen zu lassen. Der Kurfürst indes blieb bei den Bestimmungen, die durch die Vistitatoren festgelegt worden waren, um längerfristig die Mittel des Gemeinen Kastens nicht zu gefährden, dazu vgl. detailliert Ulrike Ludwig: Das landesherrliche Stipendienwesen an der Universität Wittenberg unter den ernestinischen Kurfürsten von Sachsen: Norm und Praxis, Leipzig 2019 (= Leucorea-Studien zur Geschichte der Reformation und der Lutherischen Orthodoxie 35), S. 51 f.
791 Dazu vgl. Oehmig: Mühlpfordt (wie Anm. 2), S. 177.

der Chronist Wilhelm hervor, dass das Stadtoberhaupt vom „Churfürsten selbst in dieses Ampt gesetzet worden" sei.[792] In der politischen Praxis wirkte die keineswegs unbegründet unterstellte Vertrautheit mit der Landesherrschaft auf den Handlungsspielraum des Bürgermeisters vor Ort und im Territorium zurück, indem sie – wie im Konflikt mit Luther erkennbar – ein Gegengewicht zu anderen lokalen und außerstädtischen Einflussnehmern schuf. Sie erhöhte nebenher das Ansehen Zwickaus und ebenso Mühlpfordts und erweiterte zudem dessen „politisches Machtpotenzial", faktisch über die Mauern und seinen Tod hinaus; unter diesen Gesichtspunkten muss eine Feststellung neu diskutiert werden, der zufolge das „politische Machtpotential, mit dem Ratsgremien den politischen Raum der Stadt gestalten konnten", sich „nicht nur im Konfliktfall als beschränkt und fragil" erwiesen habe.[793]

---

792 Schmidt: Chronica (wie Anm. 26), S. 456.
793 Schlögl: Vergesellschaftung (wie Anm. 510), S. 30f. Zur Bedeutung landesherrlicher Gunst vgl. Bräuer: Verfassung (wie Anm. 123), S. 85.

11 PERSONENNETZWERKE: GENESE UND BEDEUTUNG

11.1 Stadtpolitische und geistliche Netzwerke

Mühlpfordt könnte, was das Beispiel der durch ihn in die Wege geleiteten Anstellung des Georg (von) Komerstadt Anfang 1525 als Syndikus der Stadt zu illustrieren scheint, außer einer zentralen Rolle in religionspolitischen eine vergleichbare auch in verwaltungspolitischen Personalfragen zugekommen sein. Zwar fand die Verpflichtung von Komerstadt auf Wunsch der Landesherrschaft statt, doch die Realisierung übernahm der nicht regierende Bürgermeister. Der verfügte in den Ernestinern über bedeutende externe Akteure, die – innerhalb der von ihnen definierten Grenzen – seine politischen und hier im Mittelpunkt stehenden religionspolitischen Gestaltungsmöglichkeiten in Zwickau auszubauen vermochten. Insofern stand die Landesherrschaft beispielhaft für jene – späteren Forschungen harrenden – ego-zentrierten Netzwerke,[794] die er sich schuf und die auf städtischer und territorialer Ebene zum Tragen kamen. Sie beruhten vielfach auf familiären, sich beispielsweise durch die Eheschließungen der Söhne ergebenden Bindungen mit den gutsituierten Heinels in Zwickau und Osterlands in Leipzig; ihre Wahl beeinflussten wohl jeweils mehr die ökonomische Stärke denn das soziale Prestige, da beide Geschlechter zu den wirtschaftlichen Aufsteigern ihrer Zeit und nicht zum alten Patriziat gehörten.[795] Neben

---

[794] „Ego" ist in diesem Fall Mühlpfordt, wobei hier die sozialwissenschaftliche Definition des Netzwerks als „eine abgegrenzte Menge von Knoten oder Elementen und der Menge der zwischen ihnen verlaufenden sogenannten Kanten" zugrunde gelegt wird. Die Akteure werden als die Knoten gefasst, deren Beziehungen die Kanten darstellen, s. Matthias Bixler/Daniel Reupke: Von Quellen zu Netzwerken, in: Marten Düring u. a. (Hg.): Handbuch historische Netzwerkforschung. Grundlagen und Anwendungen, Berlin/Münster 2016 (= Schriften des Kulturwissenschaftlichen Instituts Essen (KWI) zur Methodenforschung 1), S. 101–122, hier S. 103.
[795] Erkennbar wird in ökonomischer Perspektive, dass Mühlpfordt seine Söhne mit Töchtern

seiner geschickten Heiratspolitik trachtete Mühlpfordt nahe und fernere Verwandte in der Verwaltung der Muldestadt zu platzieren. Auf ihn, den er 1524 einen „besundern groß günstigen Herren" und seinen „fördrer" nannte, bezog sich wohl der Drucker Johann Locher-Rott, als er im November 1524 vor der bayerischen Hofkanzlei im Verhör zu Protokoll gab, „der burgermeister" von Zwickau habe „im sein Swester versprochen zu der Ee" und wollte ihn „zu ainem Statschreiber daselbs" machen.[796] Jedoch finden wir die anscheinend mittellose Schwester Anna noch 1529 ledig vor, als Mühlpfordt ihr einen Kelch aus dem Kirchenvermögen zur Unterstützung zuschanzte. Und Locher-Rott avancierte nicht zum Schwager des Bürgermeisters oder Zwickauer Stadtschreiber, sondern starb anscheinend 1524 in München durch das Henkersbeil.[797] Demgegenüber verlief die Anstellung von Janus Cornarius als Stadtarzt 1531 erfolgreich. Cornarius ehelichte am 1. Juni 1530 Anna Sangner, die Witwe des Zwickauer Ratsmitglieds Michael Sangner und Tochter von Laurentius Bärensprung, Mühlpfordts Stiefschwiegervater.[798] Jahre zuvor hatte der Rat, als man per Beschluss am 11. Dezember 1521 daranging, das seit 1488 bestehende Patronat über das

---

aus Familien verheiratete, die eine sicherlich erhebliche Mitgift in die Ehe brachten: Claras Heinels Vater Nickel Heinel, der von 1515(?) bis 1526 in Zwickau nachweisbar ist, versteuerte 1522/23 als Drittreichster der Stadt über 1.400 fl., vgl. Karant-Nunn: Zwickau (wie Anm. 16), S. 49 (zu Table 2). Nach dessen Tod am 28. August 1526 – vgl. WA Br. 4, S. 183, Anm. 11 – verfügte die Witwe Margarethe Heinel noch 1531 über insgesamt 5.240 fl., vgl. Karant-Nunn: Zwickau (wie Anm. 16), S. 65. Hierzu vgl. auch den Personennachlass Steinmüller (wie Anm. 19), Nr. 661. Magdalena Osterlands Vater Sebastian Osterland, Sohn eines Schusters, gelangte als Erster seiner Familie in den Leipziger Rat und versteuerte im Jahre 1499 ein Vermögen von 2.900 fl., 1502 bereits 3.500 fl., und wurde 1506 nicht mehr in der Steuerliste verzeichnet, wie es damals bei den reichsten Bürgern der Stadt üblich war, dazu vgl. Kessler: Günderrode (wie Anm. 29), Sp. 223 f. Die Tochter Anna wurde noch zu Lebzeiten Mühlpfordts Ehefrau von Franz Funkel aus Zwickau, dessen Familie nicht zu den wohlhabenden, arrivierten Geschlechtern gehörte, dazu vgl. Karant-Nunn: Zwickau (wie Anm. 16), S. 49 ff. Die bisherigen Erkenntnisse wären es wert, im Rahmen eines „Blockmodells" vertieft erforscht zu werden, dazu vgl. Martin Stark: Netzwerkberechnungen. Anmerkungen zur Verwendung formaler Methoden, in: Düring: Handbuch (wie Anm. 794), S. 155–172, hier S. 168 ff.

796 Zit. n. Schottenloher: Schobser (wie Anm. 623), S. 128.
797 Dazu vgl. ebd., S. 135.
798 Vgl. Falk: Chroniken (wie Anm. 27), 7 (1923), S. 26–28, hier S. 28. Vgl. auch Clemen: Cornarius (wie Anm. 375), S. 43, Anm. 1. ND in: Clemen: Kleine Schriften, Bd. 4, Leipzig 1984, S. 16–56, hier S. 23.

Franziskanerkloster wahrzunehmen und einen zusätzlichen, dem Rat genehmen Guardian einzusetzen, Sangner als solchen installiert.[799] Er war seit 1519 ein Schwiegersohn Bärensprungs und gehörte insofern zur Familie des Mitbürgermeisters. Für die „vermutlich[e]" Übernahme des Kantorats an der Zwickauer Katharinen- oder Marienkirche durch Jodocus Schalreuter aus Gera ab 1525,[800] von der anzunehmen wäre, dass sie der Verehelichung mit der Halbschwester Mühlpfordts 1525 Rechnung trug, gibt es tragfähigere und über einen verwandtschaftlichen Bezug hinausreichende Erklärungen: Bei Schalreuter, als Musik sammelnder[801] und „in der Musik unterrichteter Handelsmann",[802] mag es sich um eine fachlich für die Aufgabe befähigte Persönlichkeit gehandelt haben; nicht minder fiel sicherlich ins Gewicht, dass er eine „streng-lutherische Überzeugung" vertrat,[803] die der religionspolitischen Linie des Rates vollends entsprach. Zu klären ist schließlich, ob bei einer 1533 durch den Zwickauer Rat vorgenommenen Verpflichtung des aus Leipzig gebürtigen und seit 1532 in Wittenberg studierenden Predigers Christoph Ering, die „recht schnell" zustande kam, dessen fragliche Zugehörigkeit zu einer in der Muldestadt ansässigen Familie gleichen Namens mit hineinspielte, aus der wiederum Bathasar Ering – der Stiefgroßvater und schließlich Stiefvater unseres Protagonisten – entstammte.[804]

---

799   Vgl. Doelle: Reformationsgeschichtliches (wie Anm. 414), S. 58.
800   Wolfram Steude: Über den Gebrauch der deutschen Sprache als Politikum in der geistlichen Musik der Reformationszeit (1983), in: Matthias Herrmann (Hg.): Annäherung durch Distanz. Texte zur älteren mitteldeutschen Musik und Musikgeschichte, Altenburg 2001, S. 46–53, hier S. 51.
801   Dazu vgl. Martin Just/Bettina Schwermer (Hg.): Die Handschrift des Jodocus Schalreuter (RSB Zwickau Mus. Ms. 73), Bd. 1/2, Wiesbaden u. a. 2004/05 (= Das Erbe Deutscher Musik 115/116).
802   Hermann: Kantoren (wie Anm. 338), S. 160.
803   Martin Just: Die lateinischen Psalmen der Handschrift „Zwickau, Ratsschulbibliothek, Ms. 73", in: Jürgen Heidrich/Ulrich Konrad (Hg.): Traditionen in der mitteldeutschen Musik des 16. Jahrhunderts. Symposiumsbericht Göttingen 1997, Göttingen 1999, S. 105–118, hier S. 105.
804   Kahleyß: Zwickau (wie Anm. 44), S. 376. Die verwandtschaftlichen Verbindungen zwischen den Zwickauer und Leipziger Namensträgern des 15. Jahrhunderts sind noch nicht eingehender erforscht; zur Leipziger Familie Ering vgl. Steinführer: Ratsbücher (wie Anm. 33), Bd. 1, Nr. 650 sowie Bd. 2: 1489–1500, Nr. 1236, 1957, 2251, 2266, 2300, 2319 und 2350.

In gleicher Weise gelangten neben Verwandten des Bürgermeisters Personen, die diesem bekannt und offenbar verbunden waren, in die Zwickauer Verwaltung: So finden wir Camitianus ab 1530/31 als Syndikus der Stadt.[805] Mühlpfordt begegnete ihm – mutmaßlich vermittelte Stephan Roth den Kontakt[806] – bereits vor Juni 1523. Frank stellte damals Schönichens Flugschrift gegen Dungersheim dem Bürgermeister zur Verfügung, was diesem bei Beeinflussungsversuchen des Kurprinzen half. Vielleicht beförderte derlei oder Franks humanistisch motivierte Abkehr von Martin Luther ab Anfang der 1520er Jahre[807] das berufliche Fußfassen in der Muldestadt, als sich die Fronten in der Frage des Vokationsrechts verhärteten. Exemplarisch einerseits für den Nutzen des innerstädtischen Netzwerkes, andererseits für die außerstädtische Anknüpfungspunkte des Netzwerks erscheinen Hermann Mühlpfordts gleichnamiger Cousin, der als Wittenberger Student in den Bauernkriegswirren die Zwickauer mit Informationen versorgte,[808] und der angesehene Mediziner Janus Cornarius. Letzterer würdigte 1527 seinen mit ihm Jahre danach familiär verbundenen Gönner, mit dem er über Roth kommunizierte, als Zierde („decora") Zwickaus[809] und ergriff anscheinend für ihn Partei, als es zwischen dem Reformator und dem Zwickauer zum religionspolitischen Bruch kam.[810]

---

805 Vgl. Otto Clemen: Andreas Frank von Kamenz, Syndikus der Stadt Zwickau, in: Alt-Zwickau 12 (1927), S. 45 f.
806 Roth war mit Frank seit 1517 in engem Kontakt, vgl. Otto Clemen: Andreas Frank von Kamenz, in: NASG 19 (1898), S. 95–115, hier S. 98–100. ND in: Clemen: Kleine Schriften, Bd. 1, Leipzig 1982, S. 3–23, hier S. 21–23.
807 Hierzu vgl. Clemen: Kamenz (wie Anm. 806), bes. S. 103 f. ND in: Clemen: Kleine Schriften, Bd. 1, Leipzig 1982, S. 3–23, hier S. 11 f.
808 Im Zeitraum vor dem 3. Juli 1525 ist ein an ihn gerichteter „wriff von hermanno mulpforten" aus Wittenberg belegt, zit. n. Clemen: Handschriftenproben (wie Anm. 284), zu Nr. 43.
809 Zit. n. Clemen: Cornarius (wie Anm. 375), S. 66. ND in: Clemen: Kleine Schriften, Bd. 4, Leipzig 1984, S. 16–56, hier S. 46.
810 Vgl. Clemen: Cornarius (wie Anm. 375), S. 64–66 (zu Nr. 1: Cornarius an Roth, 15. Mai 1527), hier S. 66. ND in: Clemen: Kleine Schriften, Bd. 4, Leipzig 1984, S. 16–56, hier S. 46. Vgl. auch Clemen: Cornarius (wie Anm. 375), S. 47, Anm. 6 (Cornarius an Roth, 6. Dezember 1529). ND in: Clemen: Kleine Schriften, Bd. 4, Leipzig 1984, S. 16–56, hier S. 27. Wie eng die Bande zwischen beiden noch auf dem Höhepunkt von dessen Auseinandersetzungen mit Luther gewesen sein müssen, spiegelt sich darin wider, dass Cornarius 1531 den Ruf als Zwickauer Stadtarzt annahm, weshalb in Wittenberg verbreitet wurde, er wäre „ein Atheos oder vnchrist

Roth, der „Stern zu Zwickaw",[811] wie ihn Luther 1536 betitelte, nachdem er ihm die Jahre zurückliegende Gegnerschaft im Streit um die Berufung und Entpflichtung der Prediger verziehen hatte, war für Mühlpfordt sicherlich von immenser Bedeutung. Insbesondere was den früher betrachteten Anschluss an humanistisches Gedankengut und an reformatorisch gesinnte, humanistische und altgläubige Zeitgenossen betraf. Kommunikation und Interaktion der beiden – was hier aus Platzgründen nur angerissen werden kann – bedürfen in künftigen Arbeiten eingehenderer Untersuchung. Konkret gilt das für Roths Wittenberger Studienzeit und seine Stellung in der Zwickauer Politik zwischen 1528 und 1534. Der seine Verpflichtung als Unterstadtschreiber 1528 nicht dem damaligen Stadtoberhaupt Mühlpfordt verdankende Roth und unser Protagonist ergänzten sich in der politischen Arbeit, vor allem angesichts der Querelen zwischen Rat und städtischer Geistlichkeit ab dem Ende der 1520er Jahre.[812] Hierbei leistete der geschätzte Mann und Unterstadtschreiber, den mit dem Bürgermeister eine Nahbeziehung im Schnittbereich von persönlicher und klientelistischer *amcitia* verband, Zuarbeit, wie zuvor durch Aufzeichnung der Pfingstpredigt des Reformators im Jahre 1525.[813] Beispielsweise machte man hinsichtlich des Vorgehens gegen den Prediger Lindenau darauf aufmerksam, dass Mühlpfordt mit seiner Kritik der Sakramentsauffassung des Geistlichen 1529 bei den Visitatoren „dieselbe Anklage" einreichte, die Roth zuvor dem Reformator im Februar 1528 übermittelt hatte.[814] Außerdem kam dem Stadtschreiber, der 1529 die Fragen für das Verhör des Hans Sturm erstellte, mit einiger Sicherheit ein entscheidender Anteil an der erfolgreich durchge-

---

[…], der von Gote nicht ader wenig halten solle", zit. n. Clemen: Cornarius (wie Anm. 375), S. 75f. (zu Nr. 13: Protokoll über die Beilegung des Streits zwischen Cornarius und Stephan Wildt, Zwickau, 13. Oktober 1531), hier S. 75. ND in: Clemen: Kleine Schriften, Bd. 4, Leipzig 1984, S. 16–56, hier S. 55.
811 Zit. n. WA Br. 7, S. 551–553 (zu Nr. 3085: Luther an den Zwickauer Rat, 27. September 1536), hier S. 552.
812 Zur mutmaßlichen Anstellung Roths aufgrund einer Verschwägerung mit dem Zwickauer Ratsherrn Büttner vgl. Metzler: Roth (wie Anm. 20), S. 135f. Bezüglich der Zusammenarbeit mit Mühlpfordt vgl. explizit ebd., S. 153–165.
813 Zum Resümee, der in Wittenberg studierende Stephan Roth „reported to Hermann Mühlpfort on events there", s. Karant-Nunn: Zwickau (wie Anm. 14), S. 93.
814 WA Br. 4, S. 381, Anm. 2.

setzten Entlassung des Predigers Soranus zu: Helmut Bräuer betonte, dass der Rat den Geistlichen aufgrund von Klagen aus der Gemeinde entfernte, was die Stadtoberen anscheinend initiierten und steuerten und wobei unter anderem die „geistige Mitwirkung" Roths in den Bereich des Möglichen rückt.[815] Über die Zusammenarbeit in der Muldestadt hinaus agierten sie auf territorialpolitischer Ebene: Im März 1532 kam es zur Ernennung Roths als Schreiber des Zwickauer Kreises bei der Erhebung der „Türkensteuer", um die durch die Hände des Stadtoberhauptes als Einnehmer gehenden rund 72.000 fl. zu registrieren; in dieser Funktion oblag es ihm ebenso, die Spesen der Einnehmer abzurechnen.[816]

Inner- und außerstädtisch bestanden zu Reformatoren Anknüpfungspunkte, die sich maßgeblich über Roth konstituierten. Vereinzelt rührten sie aus der vorreformatorischen Ära, wie am Beispiel Kaspar Güttels nachvollziehbar ist, den wir seit 1509 in Zwickau als Prediger und Messpriester finden und der 1511/12 dem dortigen Messpriester Paul Ering nahestand.[817] Dieser, Mühlpfordts Stiefgroßonkel, fungierte damals an dem vom Großvater Hermann Mühlpfordt (II) 1483 gestifteten Familienlehen als Altarist. Bindungen zum späteren Stadtoberhaupt, die in der Patenschaft für Paul Mühlpfordt um 1509/10 frühzeitig manifest zu werden scheinen, blieben nach Güttels Weggang aus der Muldestadt 1514 erhalten.[818] Zwar nahm der Geistliche ein ansehnliches Geschenk zu seiner Promotion, das ihm die Zwickauer Stadtväter Anfang 1517 machten, dem Vernehmen nach nicht aus den Händen seines Gevatters entgegen,[819] doch ließ er diesen in seinem Schrei-

---

815 Bräuer: Luther (wie Anm. 188), S. 81, Anm. 288. Zur Ausarbeitung der Fragen an Hans Sturm vgl. Metzler: Roth (wie Anm. 20), S. 151.
816 Dazu vgl. Metzler: Roth (wie Anm. 20), S. 140–142.
817 Im Jahre 1511 wird Ering in einer vom Zwickauer Prediger Wolfgang Gülden verfassten Dedikation für Güttel aufgeführt, vgl. Otto Clemen: Caspar Güttel. Ergänzungen zu Kawerau, in: Zeitschrift des Harzvereins für Geschichte und Altertumskunde 32 (1898), S. 316–322, hier S. 318. ND in: Clemen: Kleine Schriften, Bd. 1, Leipzig 1982, S. 92–98, hier S. 94. Zur Beteiligung Güttels an einer Stiftung mit Ering im Jahre 1512 vgl. Kahleyß: Zwickau (wie Anm. 44), S. 350.
818 Vgl. Kahleyß: Zwickau (wie Anm. 44), S. 348.
819 Dass der Zwickauer Rat Güttel „zu dessen Doktorpromotion [...] durch Mühlpfordt ein ansehnliches Geschenk überreichen ließ", s. Bräuer: Mühlpfordt (wie Anm. 11), S. 119, wird durch die Quellen nicht gestützt; nachdem der Rat dazu am 12. Januar 1517 tatsächlich Mühl-

ben an Roth vom 25. Juli 1527 „aufs fleissigst grüessen".[820] Im Jahre 1529 erfahren wir von einer Korrespondenz Mühlpfordts mit dem ihn als „bruder" bezeichnenden Nürnberger Reformator Schleupner,[821] ein „alte[er] Freund" Melanchthons, von dem er Informationen über reichspolitische Entwicklungen erlangte.[822] Ob sich der Schriftverkehr fortsetzte, wissen wir nicht genau. Denn die Unstimmigkeiten mit dem Oberhaupt der Reformation respektive der Zwickauer Geistlichkeit und dem Rat unter der Führung Mühlpfordts, die sich seit 1527 zuspitzten, hatten gegebenenfalls und vereinzelt frühzeitig Konsequenzen für die durch ihn gepflegten Beziehungen innerhalb des reformatorischen Lagers.[823] Güttel, den er sogar seit dem ersten Dezennium des 16. Jahrhunderts kannte und der zu Luthers „vertrauten Freunden" zählte,[824] schlug, als Paul Mühlpfordt am 7. November 1528 in Leipzig Magdalena Osterland ehelichte, eine offensichtlich erhaltene Einladung seines Patensohnes aus: „Warumb [...], werdet yr zufellig [d. h. gelegentlich] wol erfaren", schrieb er – am Hochzeitstag selbst – recht verklausuliert aus Eisleben an Roth. Die Absage des Predigers galt unverkennbar mehr dem Vater als dem Sohn, da der Schreiber resümierte, mit seiner Abwesenheit beim Fest nicht etwa dem Bräutigam, sondern dem Bürgermeister einen „gefallen" verwehrt zu haben.[825] In der Folge enthielten – nach Lage der Quellen – die Schreiben

---

pfordt und den Ratsherrn Blasius Schrott auserkoren hatte, wurde dieser Beschluss am 17. Januar 1517 dahingehend abgeändert, dass Blasius Schrott nicht mit Mühlpfordt, sondern „mit eynem knechte" zu Güttel reisen sollte, zit. n. Clemen: Egranus (wie Anm. 204), S. 4, Anm. 18. ND in: Clemen: Kleine Schriften, Bd. 1, Leipzig 1982, S. 125–197, hier S. 128.
820 Zit. n. Kawerau: Güttel (wie 64), S. 91 f. (zu Nr. 16), hier S. 92.
821 Zit. n. Clemen: Sleupner (wie Anm. 156), S. 70. ND in: Clemen: Kleine Schriften, Bd. 1, Leipzig 1982, S. 510–512, hier S. 510.
822 Machilek: Schleupner (wie Anm. 153), S. 240.
823 So ist bereits darauf hingewiesen worden, dass Mühlpfordt Reformatoren wie Johannes Bugenhagen, Philipp Melanchthon, Justus Jonas und Nikolaus von Amsdorf in seinen in der Zwickauer Ratsschulbibliothek befindlichen und noch „der Veröffentlichung harren[den]" Briefen an Roth „gelegentlich" habe grüßen lassen, s. Clemen: Mühlpfort (wie Anm. 7), S. 47. ND in: Clemen: Kleine Schriften, Bd. 8, Leipzig 1987, S. 61–64, hier S. 63. Zu Grüßen in den Schreiben Mühlpfordts an Roth vom 17. Juli 1523 und 11. März 1524 vgl. Briefsammlung Roth, O9 und O22, Ratsschulbibliothek Zwickau.
824 Kawerau: Güttel (wie 64), S. 73.
825 Zit. n. ebd., S. 95. Zur Eheschließung vgl. Falk: Chroniken (wie Anm. 27) 6 (1923), S. 22–24, hier S. 24.

Güttels an Roth keine Grüße an das Zwickauer Stadtoberhaupt mehr, dafür umso herzlichere an den Zwickauer Pfarrer Hausmann, den der Verfasser als seinen „besunder[s] gunstigen herren vnd freund" betitelte.[826] Dem guten Verhältnis des mit Kaspar Güttel verwandten Zwickauer Kirchners Paul Greff zu Mühlpfordt schadete das anscheinend nicht. Auch der Bornaer Pfarrer Georg Mohr, der den im Frühjahr 1532 geäußerten Wunsch der Zwickauer zum Wechsel in die Muldestadt schlussendlich – auf Betreiben Luthers – ablehnte, trug in einem Schreiben an Roth vom 11. April 1532 diesem auf, „den Erbarn, Namhaftigen vnd hochweisen hern Herman Mulpfort Burgermeister In meinethalben fruntlich vnd vleissig [zu] grussen".[827] Georg Pylander hingegen, der letztmalig im Februar 1534 – im Vorfeld einer im Mai 1534 gewährten Verlängerung seines Ratsstipendiums – Roth brieflich bat, ihn Mühlpfordt zu empfehlen, wandte sich von diesem innerhalb der nächsten drei Jahre offenbar radikal ab. Laut Clemen erging sich der Ratsstipendiat in Diffamierungen und referierte „z. T. wörtlich" das, „was Luther in den letzten Monaten des Jahres 1531 und in den ersten Monaten des Jahres 1532 an seinem Tische über die Zwickauer geredet hat".[828] Dem Chronisten Passeck zufolge wären Mühlpfordt und seine Nachkommen durch Pylander noch weitergehend verleumdet worden, so mit der wohl 1536/37 erfolgten Andichtung des epileptischen Leidens.[829]

---

826 Zit. n. Kawerau: Güttel (wie 64), S. 96f. (zu Nr. 28: Güttel an Roth, 5. Januar 1529), hier S. 97. Vgl. auch spätere Schreiben Güttels an Roth, abgedruckt in ebd.
827 Zit. n. Clemen: Handschriftenproben (wie Anm. 284), zu Nr. 41. Zum Kontext vgl. Bräuer: Luther (wie Anm. 188), S. 83, Anm. 334. Am 13. April 1532 riet Luther Mohr jedenfalls, eine Anstellung in Zwickau möglichst abzulehnen, vgl. WA Br. 6, S. 289 (zu Nr. 1922).
828 Clemen: Mühlpfort (wie Anm. 7), S. 20. ND in: Clemen: Kleine Schriften, Bd. 8, Leipzig 1987, S. 61–64, hier S. 61.
829 Clemen überliefert, Bezug nehmend auf einen bereits hier erwähnten und in laut Clemen in Passeck: Chronik (wie Anm. 20) sowie Weller: Zwiccaviensia (wie Anm. 26) zu findenden Bericht Georg Pylanders, der Sohn „Hermann habe noch bei Lebzeiten des Vaters, also vor 1534, um sich seiner Gläubiger zu erwehren, erdichtet, daß er außerhalb der Stadt auf der Straße nach Werdau von Räubern überfallen, seiner ganzen Barschaft und einer goldenen Kette beraubt, endlich wohlverprügelt laufen gelassen worden sei; dann habe er sich einige Tage lang im Keller verborgen gehalten und (vor Hunger) jämmerlich sich selbst zerfleischt. Endlich sei er, um Beute zu gewinnen, mit Nikolaus von Minkwitz, dem Parteigänger Johann Zapolyas, nach Ungarn gezogen, aber dort samt diesem in Gefangenschaft geraten", s. Clemen: Mühlpfort (wie Anm. 7), S. 20. ND in: Clemen: Kleine Schriften, Bd. 8, Leipzig 1987, S. 61–64, hier S. 61.

11.2 Territorialpolitisch-höfische Netzwerke

Zusätzliche – außerstädtische – Netzwerke entstanden sicherlich als Folge des Engagements unseres Protagonisten in der Territorialpolitik. Besonderes Augenmerk sei hier in erster Linie dem landsässigen Adel gewidmet. Ein höchst aufschlussreiches Dokument, was diesen betraf, ist das Schreiben an Roth vom Juni 1525. Dieses verfasste Mühlpfordt als Privatmann, gerichtet an einen engen persönlichen Vertrauten. Unübersehbar ist darin seine negative Wertung, denn angesichts des Aufstandes der Bauern zeigte er sich überzeugt, die „frome cristlich lantsfursten alt und junk" wären „gewis an dißer emporung unschuldig" gewesen. Als die tatsächlichen Verantwortlichen sah er vielmehr die „ritter"[830] beziehungsweise den „adel" an, also jene, „di umb [...] und neben" der Landesherrschaft säßen. Gleichwohl hütete er sich, Namen zu nennen. Primär verstärkte die mangelnde Bereitschaft der Eliten, in der Nachfolge des Bauernkriegs zur Ursachenbeseitigung zu schreiten, sein abfälliges Urteil: „Der adel will sich seins ubermut zu groß erheben. Es ist sulch rhumen, puchen. Ich hor von keinem" von ihnen, empörte sich der Zwickauer in dem besagten Schreiben an Roth, „den ich gesehen, der zu einer gut und sune redet, sunder sprechen schlecht" über

---

Clemen, der keine Quelle angab, lässt sich mit einer ebenfalls ohne eindeutigen Nachweis versehenen abschriftlichen Notiz von Karl Steinmüller ansatzweise bestätigen. Diese datiert das Ereignis auf den 30. November 1533 und widmet sich alleinig dem Tathergang des Überfalls auf Hermann Mühlpfordt, vgl. dazu den Personennachlass Steinmüller (wie Anm. 19), Nr. 212. Lediglich die Ratsprotokolle vom 11. Januar 1535, vgl. 1534–1536, Stadtarchiv Zwickau, III x, Nr. 64, Bl. 27ᵇ sowie vom 29. Dezember 1536, vgl. ebd., Bl. 24ᵇ, weisen darauf hin, dass Hermann Mühlpfordt (V) Zwickau lange nach dem Tod seines Vaters verließ. Dazu passt der am 9. August 1539 erfolgte Vermerk, Hermann Mühlpfordt (V) sei „ein tzeit lanngk apwesende gewest", zit. n. Oehmig: Mühlpfordt (wie Anm. 2), S. 180. Passeck: Chronik (wie Anm. 20) ist auf Bl. 285v sowie Bl. 286 neben den bereits referierten Informationen (vgl. dazu hier in Anm. 20 und 26) lediglich zu entnehmen, dass zwei Söhne durch schlechte Lüfte Epileptiker geworden seien und dass ein Sohn (Hermann Mühlpfordt [V]), der eine Heinlein geheiratet habe, die auf 60.000 fl. geschätzt worden wäre, deren Vermögen verloren habe („Filii eius duo aere alieno obstricti ad summam redacti sunt ingiram. Die Heinlein, cuius filiam alter Mulpfordt filius duxerat, 60.000 f reich geachtet, ist gar verarmbt"). Auch Weller: Zwiccaviensia (wie Anm. 26) enthält nicht das, was Clemen überliefert, sondern nur auf die hier in Anm. 26 bereits Bezug genommene kurze Information zu Paul Mühlpfordt.
830 Zit. n. Fuchs: Akten (wie Anm. 133), S. 438.

die Bauern. „Erstochen, gebrant, enthaubet" würden alle, „di nicht das tun wollen, das si zuvor, es sei recht ader unrecht, mit frone, trift und andern getan haben".[831] Vielleicht meinte er damit unter anderem den Reformationsförderer Albrecht VII. Graf von Mansfeld-Hinterort, mit dem er nach dem 8. Mai, aber vor dem 3. Juli 1525 – als beide miteinander über die Naumburger Vereinbarungen vom Mai 1525 „geredtt" hatten – immerhin nachweisbar zusammentraf.[832] Jedoch trug abgesehen von diesem Gesprächspartner, der kurz vor dem Zusammentreffen das Dorf Groß-Osterhausen verwüstete, womöglich überwiegend der altgläubige Ernst II., Herr von Schönburg auf Hartenstein zu Mühlpfordts Verdikt über die kursächsischen Eliten bei. Das entsprang allerdings einem gänzlich anderen Sachverhalt: Zwischen Ernst und den Zwickauern war ein Zwist um das Holzflößen auf der Mulde entbrannt. Ernst II. Schönburg gedachte Mitte März 1524 das zum Flößen seines Holzes notwendige Öffnen des Rechens in der Mulde zu erzwingen, versuchte dabei die Zerstörung des Rechens und verlor sein Holz an die Zwickauer, die es aus dem Wasser zogen. Schließlich beggneten sich der Adelige und die Bürger gar bewaffnet. Laut Schiedsspruch des Landesherrn vom 30. September 1525 stand dem Herrn von Schönburg eine – durch die Muldestadt zu zahlende – Entschädigung von rund 1.000 fl. zu.[833] Dass „die stat vmb gross gelt" gekommen, merkte der Chronist Peter Schumann an, „das richtete der Burg[ermeister] Herman mulpfort zu", um mit dem Satz zu enden: „Habt dank, mi domine consul!"[834] Überdies galt der altgläubig gebliebene Ernst von Schönburg unter seinen Zeitgenossen als Bauernschinder, der mit seiner Härte im und nach dem Bauernkrieg den Gegensatz zum Zwickauer vertiefte, aber einen machtpolitischen Rückhalt im Luther- und

---

831 Zit. n. ebd., S. 439.
832 Zit. n. Clemen: Handschriftenproben (wie Anm. 284), zu Nr. 43.
833 Zu den Ereignissen vgl. Herzog: Chronik (wie Anm. 76), S. 204 f. Zu diesbezüglich vor dem 14. Mai 1525 erfolgten mehrmaligen Eingaben an die Landesherrschaft durch die Zwickauer bezüglich von Schönburg vgl. Fuchs: Akten (wie Anm. 133), S. 289 f. (zu Nr. 1450); vgl. auch ebd., Anm. 3. – Rechen ist „ein Gatterwerk quer durch Flüsse, auf welchen Holz geflößet wird, um dabei das Flößholz aufzuhalten u. herauszunehmen". Pierer's Universal-Lexikon, Bd. 13, Altenburg 1861, S. 877.
834 Zit. n. Falk: Chroniken (wie Anm. 27), 2 (1924), S. 5–8, hier S. 6.

Reformationsgegner Herzog Georg besaß.[835] Ebenso unterstützte Anna von Schönburg, die Mutter von Ernst, die Zwickauer Franziskaner seit Herbst 1524,[836] und Ernst von Schönburg nahm diese, als sie der Muldestadt Anfang Mai 1525 den Rücken kehren mussten, bei sich auf.[837] Auf ihn, der die städtische Selbstbestimmung wiederholt stark beeinträchtigte, bezog sich wahrscheinlich das, was Mühlpfordt in der sich anbahnenden Entzweiung mit der Zwickauer Geistlichkeit in seinem Schreiben an Roth vom 15. März 1527 befürchtete: „vnser nachtbaren vnd dj feindt der warheytt, dj frewen sich des."[838]

Aus vielschichtigen Gründen also charakterisierte der Zwickauer die kursächsischen Eliten – und wir dürfen annehmen, konfessionsübergreifend – im Kontext des Bauernkrieges mit unverhohlener Ablehnung als „tyrannen", als jene „eigennutzigen geitzigen", die ihre „hoffart und pracht […] mit gewalt mit dem blut der armen erhalden".[839] Seine Kritik brachte er möglicherweise unter dem Eindruck von Luthers unmittelbar vorher publizierter „Ermanunge zum Fryde" zu Papier.[840] Derlei negativen Bekundungen zum Trotz war Mühlpfordt mit den Adeligen, in denen er zu Recht einen gewichtigen Machtfaktor im Territorium sah, vorwiegend auf dienstlicher Ebene zur Kooperation gezwungen. Zu einigen der bedeutenden unter ihnen lag sogar ein über das Dienstliche hinausgehender Anschluss im Sinne eines ego-zentrierten Netzwerks vor. Unter anderem zum Amtmann Wolf von Weißenbach, der die ihm untertänigen Bauern mit Abgaben über Gebühr belastete, allerdings die Interessen des Landesherrn in Zwickau vertrat, und dem daher per se erhebliche Geltung zukam.[841] Weißenbach und Hans von der Planitz, Rat

---

835 Zu seiner Biografie vgl. Michael Wetzel: Ernst II., Herr von Schönburg, in: Sächsische Biografie, hg. vom Institut für Sächsische Geschichte und Volkskunde e. V. Online-Ausgabe: http://www.isgv.de/saebi/ (25.05.2019).
836 Zu einem diesbezüglichen Schreiben der Anna von Schönburg an Wolfgang Roth vom 19. Oktober 1524 vgl. Gustav Sommerfeldt: Ein Schreiben von Wolfgang Roth vom Jahre 1524, in Alt-Zwickau, 1. Oktober 1927, S. 39.
837 Vgl. Doelle: Reformationsgeschichtliches (wie Anm. 414), S. 114, Anm. 1. Vgl. auch Karant-Nunn: Zwickau (wie Anm. 14), S. 145 f.
838 Zit. n. WA Br. 4 (wie Anm. 233), S. 182.
839 Zit. n. Fuchs: Akten (wie Anm. 133), S. 438.
840 Vgl. Luther: Ermanunge (wie Anm. 388), S. 293–299, auch S. 329 f.
841 Noch 1514 hatten der Zwickauer Rat und der Amtmann in deutlichem Gegensatz ge-

unter drei sächsischen Kurfürsten, Assessor beim Kammergericht zu Speyer, kurfürstlich-sächsischer Vertreter beim Reichsrat in Nürnberg und Amtshauptmann zu Grimma, „vortrautt[en]"[842] im November 1526 die Leipziger Ratsherrentochter Magdalena Osterland mit dem gleichnamigen Sohn des damaligen Stadtvogtes Hermann Mühlpfordt.[843] Dieser mag mit dem aus Wiesenburg bei Zwickau stammenden Planitz, einem der wirkungsmächtigsten kursächsischen Berater im ersten Drittel des 16. Jahrhunderts, seit langem bekannt gewesen sein, der als Spitzendiplomat in die Reichspolitik und von Beginn an in die reformatorischen Umwälzungen eingebunden, eine wichtige Informationsquelle darstellte.[844] Im Beisein Mühlpfordts – und auf dessen Anwesen – errichtete der Ritter Heinrich vom Ende, Herr auf Ponitz, „hinten im Hofe unter freiem Himmel und Sonnenschein", am 3. Oktober 1533 sein Testament.[845] Er gehörte zu den engeren Beratern Friedrichs des Weisen und Johanns des Beständigen.[846] Über den Altenburger Geleitschreiber Franz Pehem, da privatgeschäftlich mit ihm verbunden, erhielt Mühlpfordt 1534 die briefliche Verbindung zum kursächsischen Rat Hans von Ponickau aufrecht.[847] Beim Kämmerer Johann Riedesel zu Eisenbach und

---

standen, da Letzterer mit den Bürgern unter Umgehung des Rates verhandelte, vgl. Herzog: Chronik (wie Anm. 76), S. 178. Die Einflussnahme Weißenbachs auf die städtische Politik spiegelt auch der „Bericht über die Verhandlungen zwischen dem kurfürstlichen Amtmann Wolf v. Weißenbach, dem Rat zu Zwickau sowie den Zwickauer Bäckergesellen und den Bäckern zu Schneeberg, 7. März 1522" wider, dazu vgl. Bräuer: Gesellenstreiks (wie Anm. 412), S. 196. Zum Bauernkriegsjahr 1525 vgl. überdies in Anm. 411.
842 Zit. n. Falk: Chroniken (wie Anm. 27), 5 (1923), S. 19f., hier S. 20. Zum „vertrauen" als Verlöbnis, also „eine jungfrau zur ehe einem andern anverloben, vergeben", s. Deutsches Wörterbuch (wie Anm. 65), Lfg. 11 (1914), Bd. XII/I (1956), Sp. 1946–1958 (1951).
843 Zur Funktion vgl. Oehmig: Mühlpfordt (wie Anm. 2), S. 162, Anm. 7.
844 Vgl. Regine Metzler: Hans von der Planitz, in: Sächsische Biografie, hg. vom Institut für Sächsische Geschichte und Volkskunde e.V. Online-Ausgabe: http://www.isgv.de/saebi/ (20.09.2021). Vgl. auch Des kursächsischen Rathes Hans von der Planitz Berichte aus dem Reichsregiment in Nürnberg 1521–1523, ges. von Ernst Wülcker. Nebst ergänzenden Aktenstücken bearb. von Hans Virck, Leipzig 1899.
845 Zit. n. Wie Heinrich vom Ende auf Ponitz am 3. Oktober 1533 in Zwickau sein Testament einreichte, in: Alt-Zwickau 1 (1933), S. 2.
846 Vgl. Schirmer: Herrschaftspraxis (wie Anm. 766), S. 315, 344.
847 Vgl. Metzler: Roth (wie Anm. 20), S. 282 (zu Nr. 19: Franz Pehem an Roth, 21. Januar 1534), S. 282f. (zu Nr. 20: ders. an dens., 21. Januar 1534), S. 284 (zu Nr. 22: ders. an dens., 31. Januar 1534). Hieraus ist erkennbar, dass Mühlpfordt über Pehem im Januar 1534 Hans von

Neumarkt in Torgau, der „grauen Eminenz" unter den Räten Johanns des Beständigen,[848] weilte unser Protagonist, wie bereits angemerkt, zwischen dem 19. und 27. Februar 1532. Seinen Gastgeber, seit den 1520er Jahren bis zu seiner Entlassung zwischen April und Juni 1532 tonangebend in der kursächsischen Finanzverwaltung,[849] wusste er wiederum – ökonomisch wie politisch – für seine Zwecke einzuspannen. Noch bei seinem Ableben, 1534, schuldete Mühlpfordt ihm eine beträchtliche Summe.[850] Riedesel verfügte, die begonnene landesweite Sequestration der Kirchengüter betreffend, über ein „spezifisches Herrschaftswissen".[851] 1531 zeigte sich, dass zu dieser einflussreichen Persönlichkeit nicht nur ein hoher Grad an „Vertraulichkeit" bestand,[852] sondern dass es hier außerdem zu einer bemerkenswerten personellen Überschneidung mit Luther kam: Dieser erkor den reformatorisch gesinnten Kämmerer bekanntlich zum Paten seines im November des Jahres geborenen gleichnamigen Sohnes Martin. Thema einer Unterhaltung des Zwickauer Stadtoberhaupts mit Albrecht VII. Graf von Mansfeld-Hinterort in der Nachfolge des Bauernkriegs waren die Naumburger Vereinbarungen vom Mai 1525. Mühlpfordt mag über die Familie der Ehefrau leichteren Zugang in adelige Sphären gefunden haben, denen die von Hermannsgrün wie die von Römer angehörten.

Als an der Spitze der Muldestadt stehender Politiker tauschte er sich, wenngleich hierzu gegenwärtig keine erschöpfenden Aussagen getroffen werden können, außer mit Angehörigen des Adels selbstverständlich mit bürgerlichen Vertretern der kursächsischen Verwaltungselite aus. Namentlich und über Roth mit seinem Schwager Benedikt Pauli,[853] dem bedeutenden

---

Ponickau einen Brief zu übermitteln gedachte, der den Empfänger erst vor dem 31. Januar 1534 erreichte.
848 Schirmer: Landadel (wie Anm. 766), S. 200.
849 Vgl. Schirmer: Staatsfinanzen (wie Anm. 628), S. 364.
850 So blieb Mühlpfordt Riedesel bei seinem Ableben „dreitzehendhalbhundert gulden" schuldig, zit. n. Oehmig: Mühlpfordt (wie Anm. 2), S. 181. Zum Kontext vgl. ebd., S. 181 f. Hinsichtlich der politischen Instrumentalisierung Riedesels vgl. auch Anm. 871 in diesem Beitrag.
851 Schirmer: Landadel (wie Anm. 766), S. 200.
852 WA Br. 6, S. 63.
853 Hierzu vgl. Buchwald: Universitätsgeschichte (wie Anm. 149), S. 54 f. (zu Nr. 58: Benedikt Pauli an Stephan Roth, 4. März 1529).

Wittenberger Juristen im Umfeld Luthers und namhaften Professor und Beisitzer am Hofgericht.[854] Fernerhin bestand wohl ein privater Bezug zu Johann Feyel, dem kurfürstlichen Sekretär,[855] und zum Antoniterpräzeptor, Kanzler der Universität Wittenberg und kurfürstlichen Rat Wolfgang Reißenbusch.[856] Privatgeschäftlich war Mühlpfordt – wie hier mehrmals angesprochen – mit dem Altenburger Geleitschreiber Franz Pehem vernetzt. Während innerhalb der Muldestadt einige unserem Protagonisten zugeneigte Zeitgenossen in entscheidende Stellen der städtischen Verwaltung gelangten, so Roth und Cornarius, die beide zahlreiche Berührungspunkte über Zwickau hinaus hatten, knüpfte Mühlpfordt enge Beziehungen zur adeligen und bürgerlichen Funktionselite des Territoriums. Schnittpunkte mit den außerstädtischen Entscheidungsträgern ergaben sich unter anderem über die reformatorische Gesinnung hinaus aufgrund der exponierten Stellung in Zwickau und endlich infolge gemeinsamer Tätigkeit in der Territorialpolitik, die nebenher Bürgerliche und Adelige vereinte. Was im Rahmen der Ausschussarbeit ab 1531 entstand, lässt sich eventuell als ein bimodales Netzwerk definieren, das sich scheinbar bis in die nähere Umgebung Luthers oder des Landesherrn erstreckte.[857] Denn in der Auseinandersetzung mit dem Wittenberger verfügte der Bürgermeister durch eine uns nicht be-

---

854 Zu Pauli vgl. jüngst Heiner Lück: Juristen um Luther in Wittenberg, in: Helga Schnabel-Schüle (Hg.): Reformation. Historisch-kulturwissenschaftliches Handbuch. Stuttgart 2017, S. 71–92, hier S. 79.
855 Mit Feyel, seit 1523 bis 1534 kurfürstlicher Sekretär – vgl. zu ihm WA Br. 4, S. 76, Anm. 1 – stand Mühlpfordt offenbar auch im Juli 1525 brieflich in Verbindung, vgl. Clemen: Handschriftenproben (wie Anm. 284), zu Nr. 43. Im Jahr 1527 nahm Feyel mutmaßlich an der Eheschließung von Mühlpfordts Sohn Hermann in Zwickau teil, vgl. WA Br. 4, S. 184, Anm. 19.
856 Zumindest nahm Anna Reißenbusch – seit dem 26. April 1525 „des präceptors weyb von Lichtenbergk" – an der Eheschließung von Mühlpfordts Sohn Hermann im Jahre 1527 in Zwickau teil, zit. n. WA Br. 4 (wie Anm. 233), S. 183; vgl. dazu auch ebd., S. 184, Anm. 20.
857 Bimodale Netzwerke, die als „Relation zwischen einer definierten Menge von Akteuren und einer definierten Menge von Gelegenheiten" zu verstehen sind – s. Alexander Rausch: Bimodale Netzwerke, in: Christian Stegbauer/Roger Häußling (Hg.): Handbuch Netzwerkforschung, Wiesbaden 2010, S. 421–432, hier S. 421 –, könnten sich namentlich über Wolfgang Reißenbusch, Wolf von Weißenbach, Hans von der Planitz, Benedikt Pauli und Philipp Reichenbach konstituiert haben; zu deren Tätigkeit im „Großen" beziehungsweise „Kleinen Ausschuss" vgl. Schirmer: Staatsfinanzen (wie Anm. 628), S. 400 f. (zu Tabelle 28).

kannte Quelle vor dem 8. März 1531 über die „vertraulich abschrift"[858] eines am 4. März verfassten Schreibens des Reformators an den Kurfürsten.[859] In Torgau, anlässlich der Verhandlungen im August 1531, mangelte es den Kontrahenten, worauf Mühlpfordt einige Zeit zuvor in seinem Schreiben an Roth vom März 1531 einging, an nichts: „Wir [...] haben Kuchen [Küche] und Keller [das heißt Wein und Bier] und Musices vom Hofe teglich", notierte der Prediger Cordatus.[860] Seine 1905 von Ernst Fabian zitierten und nicht weiter datierten Zeilen „an einen unbekannten Freund in Zwickau" entstanden am 4. August 1531; ihre zeitliche Einordnung trägt wesentlich zur detaillierteren Kenntnis über die Abfolge der Ereignisse am 3. und 4. August bei.[861] So geschah es demnach am 4. August, „daß nach Tische die kurfürst-

---

[858] Zit. n. Fabian: Streit (wie Anm. 21), S. 93, Anm. 54. Zu „vertraulich", sicher im Sinne von „insgeheim", s. Deutsches Wörterbuch (wie Anm. 65), Lfg. 11 (1914), Bd. XII/I (1956), Sp. 1960–1966 (1961). Vgl. dazu auch oben in Anm. 317.
[859] Dazu vgl. WA Br. 6, S. 48 f. (zu Nr. 1790).
[860] Zit. n. Fabian: Streit (wie Anm. 21), S. 124 f.
[861] Ebd., S. 121. Brücks Hinweis auf die erfolgte Entscheidung des Landesherrn im Anschluss an eine Predigt Luthers (vgl. hier in Anm. 865) kann erst am 4. August gegeben worden sein. „Ich komme nicht", habe Luther laut Cordatus in seiner Predigt gesagt, „daß ihr mir, noch die ganze welt in dieser Sachen ein Sentenz feilet, sondern den Sentenz, den wir haben wollen, must ihr uns feilen. Das weltliche Regiment sal dem Leibe, das geistliche aber die seel regiren, [...] und andere wort geredet", zit. n. Fabian: Streit (wie Anm. 21), S. 124. Nur in der Predigt vom 4. August 1531 ging Luther auf diesen Sachverhalt ein, dazu vgl. Luthers Predigten vom 3. August 1531 in: WA 34 II, S. 53–74 (zu Nr. 72) und vom 4. August 1531, in ebd., S. 75–79 (zu Nr. 73), hinsichtlich der Unterscheidung von geistlichem und weltlichem Regiment bes. ebd., S. 78, Z. 29–38, sowie der Bezugnahme auf den Konflikt mit den Zwickauern ebd., S. 79, Z. 5–10. Diese Nachschriften gehen auf Georg Rörer zurück, der immerhin als „Luthers aufmerksamster Predigthörer" gilt, s. Hellmut Zschoch: Luthers Rede hören und bewahren. Georg Rörers Nachschriften der Predigten des Reformators, in: Stefan Michel/Christian Speer (Hg.): Georg Rörer (1492–1557). Der Chronist der Wittenberger Reformation, Leipzig 2012 (= Leucorea-Studien zur Geschichte der Reformation und der Lutherischen Orthodoxie 15), S. 125–136, hier S. 125. Der von Cordatus, ebenfalls ein Augenzeuge, überlieferte Begriff „Sentenz" fiel anscheinend in der Predigt im Zusammenhang mit dem von Cordatus paraphrasiert wiedergegebenen reichlich drastischen Verweis auf den Beschluss des Landesherrn allerdings nicht, weshalb sich diese Passage womöglich auf Äußerungen Luthers im Anschluss an die Predigt, auf ein Gespräch mit Brück bezieht. Zugleich scheint dieser Umstand ein erhellendes Licht auf die Glaubwürdigkeit von Cordatus bezüglich durch ihn dokumentierter Geschehnisse beziehungsweise dessen offenbaren Hang zur Übertreibung zu werfen. Entscheidend ist, dass Cordatus, wenn er darüber und über die Vermittlungsversuche der Räte an dem Tag, an dem er

lichen Räte", wie Cordatus mitteilte, „zweimal zu Luther gegangen seien und ihn gebeten hätten, er solle doch ein wenig in der Sache [...] nachgeben". Hierzu habe sich der Angesprochene unter keinen Umständen bereit gezeigt und stattdessen bekräftigt, „er wolle verharren in ewiger Feindschaft mit denen zu Zwickau, auf daß sie wüssten, ob er oder sie verdammt seien".[862] Cordatus erwähnte die hier aktiv gewordenen Räte im Einzelnen nicht. Nur der ehemalige Kanzler Gregor Brück, einer der einflussreichsten Ratgeber der Ernestiner,[863] trat als Akteur hervor. Am 4. August 1531, „nach ausgang der predigt" des Reformators,[864] habe diesem, der die Torgauer Verhandlung in seinem geistlichen Wort thematisierte, „Doctor Brück im herausgehen aus der kirchen gesagt: ‚ich meine, der Sentenz sei gefellet'", die landesherrliche Festlegung bezüglich der Streitpunkte demnach getroffen.[865] Weshalb Brück ihn im Vorfeld informierte, ist sicherlich mit einem den beiden zugeschriebenen „Vertrauensverhältnis" zu erklären.[866] Jenes von Ernst Fabian herangezogene und seiner damaligen Auskunft zufolge 1905 im Zwickauer Stadtarchiv verwahrte, allerdings nicht weiter verifizierbare Dokument aus der Hand des Cordatus scheint zwischenzeitlich verlustig gegangen zu sein. Sofern Fabian sich bei der Angabe des Fundortes nicht irrte,[867] erhielt sich die „Cordati Epistola" obendrein abschriftlich und in wörtlicher Überein-

---

sein Schreiben verfasste – „auf heut Dato", zit. n. Passeck: Chronik (wie Anm. 20), Bl. 19 v –, berichtete, jedoch noch keine Entscheidung hinsichtlich des Konflikts zwischen Luther und den Zwickauern verkündet worden war, die Ereignisse nicht schon am 3., sondern erst am 4. August 1531 zu Papier gebracht haben kann.

862 Fabian: Streit (wie Anm. 21), S. 121.
863 Vgl. Groß: Geschichte (wie Anm. 781), S. 53.
864 Vgl. dazu oben in Anm. 861.
865 Zit. Fabian: Streit (wie Anm. 21), S. 124. Brück antworte mit dem Hinweis auf die „Sentenz", da er – Cordatus zufolge – die Äußerungen Luthers in dessen Predigt aufgriff, vgl. hier in Anm. 861.
866 Hermann Dörries: Luther und das Widerstandsrecht, in: ders.: Wort und Stunde, Bd. 3: Beiträge zum Verständnis Luthers, Göttingen 1970, S. 195–270, hier S. 217.
867 In der entsprechenden Anmerkung verweist Fabian auf die „Pfaffensachen" als Fundort, zit. n. ebd., Anm. 126. Hierbei handelte es sich um das „Aktenbündel des Ratsarchivs (3. Alme, 2. Schubk., Nr. 40)", zit. n. ebd., S. 73. Es wurde zu einem späteren Zeitpunkt in das Konvolut A*A III 1, Nr. 15 inkorporiert und hat seine feste Bindung bereits verloren. Das Schreiben konnte trotz intensiver Recherche bislang nicht wieder aufgefunden werden, vgl. frdl. Mitteilung Benny Dressel (Stadtarchiv Zwickau), 09.07.2019.

stimmung in der heute in Dresden befindlichen Chronik von David Passeck.[868] Unsere hier dem von Cordatus tradierten – und auf den ersten Blick nicht der Rede wert erscheinenden – Vermittlungsversuch gewidmete Aufmerksamkeit ist keinesfalls überzogen. Auch wenn unbekannt bleibt, ob sich die Räte zu diesem Zweck nicht zugleich an beide Parteien, an Luther wie an Mühlpfordt, wandten, so ist dem, was der Zwickauer Geistliche hinsichtlich des Agierens der hochgestellten Persönlichkeiten in Torgau überlieferte, größte Bedeutung beizumessen. Eindrücklich illustriert es nämlich, welches Gewicht den Männern um und neben der Landesherrschaft, wie unser Protagonist schrieb, zukam: Ob bürgerlich oder adelig – sie festigten und flankierten den guten Kontakt, den Mühlpfordt mit den Ernestinern pflegte, beispielsweise durch das zusätzlich einigende Miteinander bei dem von ihm erwähnten „großen trunke" in Torgau im März 1531.[869] Luthers Vorwurf in einer der Verhandlungspausen im August 1531, die Zwickauer hätten „bei allen Saufgelagen unsertwegen nicht schweigen können", untermauert diese Vermutung.[870] Kursächsische Eliten stellten – in einem durch künftige Untersuchungen stärker zu differenzierenden Maße – nicht zuletzt unter dem durch das mehrfache Stadtoberhaupt mutmaßlich forcierten Einsatz von Bestechungsgeldern also einen verlässlichen und in verschiedenen Situationen wirkmächtigen Hebel dar, um landesherrliche Entscheidungen und religionspolitische Entwicklungen in der von den Zwickauern gewünschten Richtung zu beeinflussen. Im Konflikt mit dem Reformator trat das in aller Deutlichkeit zutage,[871] diesem nicht verborgen bleibend. Viel-

---

868 Vgl. Passeck: Chronik (wie Anm. 20), Bl. 19v–20v, bes. Bl. 19v. Ernst Fabian hat erwiesenermaßen auch die Chronik von Passeck für diesen Aufsatz hinzugezogen, in dem er auf den Brief des Cordatus einging, vgl. Fabian: Streit (wie Anm. 21), S. 120f., bes. S. 120, Anm. 121.
869 Zit. n. ebd., S. 152f. (zu Nr. 7: Mühlpfordt an Roth, 16. März 1531), hier S. 152.
870 Zit. n. ebd., S. 122.
871 Der Kanzler Christian Beyer und der Kämmerer Riedesel, ein Vertreter des Adels, wurden im Konflikt um die Besetzung der Predigerstellen von den Zwickauern mit einem Schreiben vom 8. April 1531 für ihre Zwecke eingespannt und um „gunstige Furwendunge" beim Landesherrn gebeten, damit dieser – „ungehört unserer ferner Antwort" – durch den Reformator „diesfalls zu nichts bewegt werden mocht", zit. n. WA Br. 6, S. 63. Konkret ist indes belegbar, dass der bürgerliche Rat Benedikt Pauli sich in diesem Konflikt bei Luther für die Zwickauer engagierte, vgl. Fabian: Streit (wie Anm. 21), S. 174 (zu Nr. 22: Zwickauer Rat an Luther, 19. April 1532). Insofern wird mit den hier dargelegten Zusammenhängen ein Forschungsdesiderat

leicht hob Luther auf seine in Torgau 1531 gemachte Erfahrungen ab, als er vor Ende des Jahres in Gegenwart von Cordatus bei Tisch resümierte, „die von Zwickaw" seien „grosse hern", die „viel guter gunner zu hoff" hätten; eben „darumb lassen sie sich nicht schelten" und „haben auch nicht not zu folgen".[872] Und man geht wohl nicht fehl in der Annahme, dass diese Klage insbesondere auf den widerständigen Bürgermeister der Muldestadt, Hermann Mühlpfordt, gemünzt war.

thematisiert, denn „für die ernestinischen Territorien ist der Einfluss der Räte auf die Politik des Fürsten, v. a. in dieser Zeit des reformatorischen Wandels, noch immer nicht ausreichend erforscht", s. Martin Sladeczek: Die Ernestiner und das entstehende Kirchenregiment, in: Westphal: Ernestiner (wie Anm. 734), S. 39–44, hier S. 43.

872 Zit. n. WA Tr. 2, S. 398f. (zu Nr. 2198), hier S. 359.

12 HERMANN MÜHLPFORDTS WIRKEN ALS ZWICKAUS REFORMATIONSBÜRGERMEISTER – EIN RESÜMEE

„Es gilt, die durch vier Jahrhunderte geübte
Glorifizierung von diesem Mann zu nehmen."

Mit obiger Mahnung richtete sich Karl Steinmüller, Direktor des Zwickauer Stadtarchivs, am 3. Dezember 1969 brieflich an seinen Schweriner Kollegen, Hans Heinrich Leopoldi.[873] Demgegenüber fällte Otto Clemen, Leiter der Ratsschulbibliothek Zwickau, 1922 über dieselbe historische Gestalt das – in vorliegender Arbeit eingangs referierte – enthusiastische Urteil, dass ihr Name auch „in eigenem Glanze" erstrahle.[874]
Hermann Mühlpfordt fand sich insofern im Antagonismus von Verdikt und Lobgesang wieder, da beide, Steinmüller und Clemen, ihn, den „Reformationsbürgermeister" Zwickaus, meinten, der um 1480/86 in der Muldestadt zur Welt kam. Einer Familie entsprossen, deren von der Forschung ausgemachter Stammvater bereits Anfang des 14. Jahrhunderts im Zwickauer Rat saß, folgte unser Protagonist der Tradition. Vor ihm ließen sich seit Mitte des 15. Jahrhunderts – allem Anschein nach – der Urgroßvater, mit Sicherheit der wirtschaftlich erfolgreiche Großvater im Kreis der Stadtoberen feststellen. Würdigungen des 20. und 21. Jahrhunderts schenkten diesem Umstand oftmals Beachtung. Durch die Eheschließung mit Anna Römer gelang ein familiärer Anschluss an die vermögenden und sozial höherstehenden Familien Römer und Hermannsgrün, die wiederum über starken Rückhalt an den Höfen der Ernestiner und Albertiner verfügten. Mit der Aufnahme des jungen Mannes 1510 auf Verlangen Kurfürst Friedrichs II., des Weisen,

---

873 Zit. n. dem Personennachlass Steinmüller (wie Anm. 19), Nr. 212.
874 Clemen: Mühlpfort (wie Anm. 7), S. 20.

in den Zwickauer Rat, begann eine über zwei Dezennien währende, überaus erfolgreiche Karriere auf kommunal- und territorialpolitischer Ebene. Bereits im ersten Jahrzehnt seiner Ratszugehörigkeit verteidigte der rhetorisch begabte und mit diplomatischem Geschick Handelnde zum Teil erfolgreich die Interessen des Zwickauer Rates vor dem Landesherrn da, wo es um Differenzen innerhalb des Gremiums und um die Huldigungsverweigerung der Gemeinde ging. Als Quelle und Beleg für eine frühe Neigung Mühlpfordts zur reformatorischen Bewegung – sprich zur Lehre Luthers – gilt die dem damaligen Zwickauer Stadtvogt zugeeignete „Freiheitsschrift" aus dem Jahre 1520. In ihr zu findende Angaben zum Ratsmitglied der Muldestadt gingen auf kurz zuvor getätigte Äußerungen des Zwickauer Geistlichen Johannes Sylvius Egranus zurück. Zwei auf 1525 datierte Sammelbände, die aus dem Besitz Mühlpfordts überkommen sind und vor allem vor 1520 publizierte Schriften des Wittenberger Reformators enthalten, verraten indes nicht, wann deren Erwerb stattfand. So können sie zur Klärung der historisch bedeutsamen Frage, ob sich der Widmungsempfänger der „Freiheitsschrift" der reformatorischen Bewegung respektive Luthers Lehre vor der Dedikation – oder vielmehr erst danach – zuwandte, nur einen geringen Beitrag leisten.

Genauso wenig zeichnet sich im Fall Thomas Müntzers in Zwickau 1521 eine tragende Rolle des damaligen Stadtvogts ab. Mühlpfordts Involvierung schien aus mehreren Gründen auf der Hand zu liegen: Aufgrund seiner Führungsfunktion in der Muldestadt sowie negativer Einlassungen zu Müntzer nach seiner Zwickauer Zeit und der Nähe zu Egranus, aber auch einer ihm angesichts der „Freiheitsschrift" zugeschriebenen exponierten religionspolitischen Stellung in Zwickau. Quellenbelege dafür, dass der nachmalige Bürgermeister die Verpflichtung beziehungsweise die Entlassung Müntzers in Zwickau oder den Widerstand gegen ihn initiierte, gibt es aber bislang nicht – allen Bemühungen des 20. und 21. Jahrhunderts zum Trotz, diesen Konnex herauszuarbeiten. Ausgehend von vermeintlichen sozialrevolutionären Ansichten Müntzers formulierte erstmalig im Jahre 1922 ein Vertreter der bürgerlichen Geschichtswissenschaft die These, Mühlpfordt habe den Weggang des Predigers vorangetrieben, um diesem Einhalt zu gebieten. Damals eine positive Wertung, verkehrte sie sich unter den ideologischen Prämissen der DDR bis 1989 ins Negative. Eine bis heute vertretene und wahrscheinliche Konstellation, dass nach dem Tod Stellas der Rat

Müntzer kündigte, da dieser sich mit Egranus befehdete – den wiederum der Stadtvogt protegierte –, lässt sich ebenfalls nicht weiter stützen. In Bezug auf Egranus sind Aktivitäten Mühlpfordts einzig in der Vermittlung von materiellen Vergünstigungen gesichert, die der Magistrat dem Prediger gewährte. Hierbei dürfte eine frühere Funktion des Ratsmitglieds als Kirchenvater von St. Marien ausschlaggebend gewesen sein. Vermutungen seiner Beteiligung an der Entlassung Müntzers lag wesentlich zugrunde, dass Luther 1520 durch seine Widmung an den Stadtvogt diesen zentral mit der Zwickauer Reformation verknüpfte, was weitere Publizisten aus dem Umfeld des Wittenbergers aufgriffen. Im frühen 19. Jahrhundert wurde dieser Zusammenhang von kirchlicher Seite wiederbelebt, um am Ende des Säkulums darin zu gipfeln, dass der vom Reformator mit der „Freiheitsschrift" Geehrte zum Urheber der Reformation in der Muldestadt aufstieg. Als ambivalent erweist sich bis in unsere Zeit die Rezeption einer – aufgrund der Widmung als gewiss geltenden – Freundschaft zwischen den beiden Männern. Luthers Motive, dem Zwickauer Ratsherrn seine Schrift zuzueignen, sind denkbar vielfältig: Wahlweise eine Unterstützung des Egranus oder Müntzers, die persönliche Bedrängnis durch den drohenden Bann, sogar der Rekurs auf den Idealtypus eines bürgerlichen, der Reformation zugewandten Laien scheinen plausibel. Raum für eine Freundschaft des Bewidmeten und des Verfassers der „Freiheitsschrift" gewähren die an Mühlpfordt gerichtete Vorrede und ein für beide nicht zu erfassender Umgang bis 1525 nicht. Konstatiert werden muss, dass unter anderem keine Indizien für eine Beherbergung bei Luthers Besuch 1522 oder für eine direkte Kommunikation vorliegen. Zu ihm bestand seitens des Zwickauers keine klientelistische Bindung oder eine persönliche Nahbeziehung. Luthers Formulierungen von 1520 kritiklos aufgreifend, wertet die Rezeptionsgeschichte das Verhältnis bis heute überwiegend als Freundschaft. Abhängig vom jeweiligen politischen – bürgerlichen oder marxistischen – Standpunkt, sprach das dann im 20. Jahrhundert für oder gegen Mühlpfordt.

Zäsuren in ihrem Verhältnis markierten die Jahre 1525 und 1531, der Bauernkrieg und der Streit um die Zwickauer Prediger. Mühlpfordt ist, wie der Historiker Günter Mühlpfordt vor Jahrzehnten treffend formulierte, als „reformatorischer Humanist" zu verorten. Das äußerte sich zum einen in interkonfessionellen Bindungen und Abgrenzungsversuchen zur Alten Kirche, zum anderen in der Überzeugung, dennoch in dieser christlichen

Tradition zu stehen. Ohne dass er, so viel wir wissen, selbst eine akademische Bildung genoss, näherte er sich geistig dem Humanismus an. Zugang hierzu fand er zusätzlich über die Familie seiner Ehefrau. Bildung nicht zu vernachlässigen, galt es für Mühlpfordt aus humanistischer und politischer Perspektive. In seiner Funktion als Aufseher über das Zwickauer Schulwesen und, was man in der Folge irrtümlich hervorhob, der der damit verbundenen Personalpolitik, der Berufung von Rivius und Agricola, spiegelte sich das wider. Über das familiäre Umfeld hinaus, sagte man Mühlpfordt daneben nach, habe er Bildungswillige materiell unterstützt, was aber nur vereinzelt nachzuweisen ist. Humanistischer Prägung entsprechend scheint seinen Zuspruch die Seneca-Rezeption des Erasmus von Rotterdam gefunden zu haben, wobei ihm die Argumentation des „Humanistenfürsten" in der Frage der Willensfreiheit näher lag als die Luthers. Folgerichtig wohnte dem in groben Umrissen rekonstruierbaren Menschenbild unseres Protagonisten unter dem Aspekt der Bildungsfähigkeit des Individuums eine Ambiguität inne. Einerseits diente Bildung Mühlpfordt dazu, die bestehenden gesellschaftlichen Hierarchien sozialdisziplinatorisch zu konservieren. Andererseits hielt er den Menschen für befähigt, sich für das Richtige – das gewünschte Verhalten – zu *entscheiden*. Nur dem gebildeten – sprich dem durch die Kirche unterrichteten – Untertanen fiel die Verantwortung für das eigene Seelenheil zu. Sorge zu tragen für die Unterweisung der Bevölkerung hatten, so ist Mühlpfordt zu interpretieren, die Herrschenden, die das im Vorfeld des Bauernkrieges auf den Weg zu bringen versäumten. Unchristlich, ja unbarmherzig erschien ihm deswegen ein Niederkämpfen der Aufständischen. Bei allem theoretischen Zugang zur Lage der Bauern und deren Ursache erfuhren die sich Empörenden durch ihn keine praktische Unterstützung. Sie wählten, seinem Dafürhalten nach, in ihrem Versuch, die als überbordend empfundenen Forderungen der Grundherren abzubauen, mit ihren vielfachen Übergriffen ein Mittel, das ihnen nicht zustand. Jedoch geriet im Bauernkrieg Mühlpfordts offenbar vertretene Überzeugung, dass die Potentaten legitimiert seien, dem entgegenzutreten und die Verfehler zur Rechenschaft zu ziehen, gleichwohl ins Wanken. Weil sich, so seine Auffassung, der Reformator für das Töten der uninformierten und damit schuldlosen Bauern aussprach, argumentierte jener „nicht theologisch". Zudem lehnte er das durch Luther, wie er es einschätzte, publizistisch angebahnte Umsichgreifen von Racheakten des Adels gegen die Landbevölkerung ab.

Generell betrachtete der Zwickauer Gewaltanwendung als hinderlich für die Durchsetzung der lutherischen Lehre, was er nur durch gesellschaftliche Aussöhnung erreichen zu können glaubte. Mühlpfordt setzte nicht auf den Einsatz von Terror zur Lösung gesellschaftlicher Probleme. So wenig er sich dem schlussendlich verweigerte, sah er darin dennoch eine ungleich nachrangige Option. Primär strebte er einen gesellschaftlichen Konsens auf dem Verhandlungsweg an. In der Gesamtschau bleibt seine Gewichtung von – damals untrennbar miteinander verwobener – Politik und Religion zu klären. Es schienen überdies nicht allein Erwägungen eines engagierten Unternehmers, die ihn aus ökonomischer Perspektive heraus den friedlichen Ansatz wählen ließen. Denn dieses politische Leitmotiv des (fraglos materiellen) Ausgleichs entsprach ebenso einer erasmianisch-humanistischen Tendenz im Denken Mühlpfordts. Zuvorderst betraf das sein Eintreten für die Abdeckung elementarer Grundbedürfnisse, das heißt die „Nahrung". Öfter sind in seinem politischen Wirken Situationen erkennbar, in denen er auf die Versorgung mit Lebensmitteln abhob, besser gesagt, diese politisch gezielt einsetzte. Leitend bei der Einführung der Reformation blieb für ihn wie für seine Mitstreiter das „gütliche" Handeln. Hierzu griff man auf das Wort zurück, mit dem Mühlpfordt hervorragend umzugehen wusste. Religionspolitische Praxis bedeutete für ihn eine maßgeblich auch von der Kanzel aus zu leistende Überzeugungsarbeit. So beteiligte er sich mutmaßlich aktiv daran, reformatorische Prediger zwecks Vermittlung anstehender Umgestaltungen – konkret der geplanten Einziehung geistlicher Güter – zum Tätigwerden in Zwickau zu bewegen. Bei Luther, mehr noch bei Güttel und Linck, dürfte das aufgrund seines Engagements der Fall gewesen sein. Den Franziskanerorden gedachte er offenbar mit einer Doppelstrategie von Verhandlungen und wohldosiert gesteigerten Restriktionen aus der Muldestadt zu verdrängen.

Mit dem geschriebenen Wort würdigten die Reformatoren, allen voran Luther, Mühlpfordt als führenden Gestalter der Reformation in der Muldestadt. Vornehmlich im 19. Jahrhundert verfestigte sich diese Sicht und wirkt bis in unsere Tage fort. Als dazu prädestiniert verstand sich der Geehrte ebenfalls und agierte entsprechend. Grundzüge seiner Religionspolitik schlugen sich in einem Autonomiestreben der Stadt, Hegemonieansprüchen der Ratskollegen und der eigenen Person nieder. Dabei räumte er der Erlangung von Kontrolle und Gehorsam Vorrang ein. In diesem Bestreben richtete er sich, auch wenn er nicht als Stadtoberhaupt amtierte, gegen die als widerständig erachteten Kräfte. Zunächst betraf das die auf dem Stadtgebiet ansässigen Franziskaner, gegen die – wenngleich sich Mühlpfordts Beitrag hierbei nicht klar erfassen lässt – nach 1521 verstärkt vorgegangen wurde, und später die altgläubige Geistlichkeit. Nicht zu Unrecht machte er sie vermutlich als Faktoren aus, die seinem Ansinnen, das Heft des Handelns in Zwickau in der Hand zu behalten, den Weg versperrten. Schon vor seiner erstmaligen Amtsübernahme sei er, so die Spekulation der Forschung, des Pfarrverwesers Löhner halber mit dem damaligen Stadtoberhaupt Stella aneinandergeraten. Bei der Entlassung des Predigers Zeidler habe er sich, wie auch daran, Pfarrer Hausmann und den Prediger Lindenau nach Zwickau zu holen, mit eingebracht, was im Detail jeweils nach wie vor ungeklärt ist. Über das Vokationsrecht, das seit 1521 vollumfänglich der Zwickauer Rat ausübte, Luther 1523 jedoch der Gemeinde zuschlug, gab es ab 1527 Spannungen mit der lutherischen Geistlichkeit Zwickaus und nachfolgend mit dem Reformator selbst. Gerade deshalb bestimmt der personelle Aspekt – die Berufung und Absetzung der Prediger – in der Retrospektive Mühlpfordts religionspolitische Aktivitäten. Auf diesem Terrain – aus eigener Sicht, der seiner Zeitgenossen und der jüngeren Forschung – als wichtigster Akteur in religionspolitischen Belangen nach 1528 in der sich verschärfenden Situation immer klarer hervortretend, verhärtete er dadurch die Fronten weiter. Zeitigte das Vorgehen gegen die Altgläubigen das gewünschte Ergebnis, mehr Autonomie, führte es im Konflikt mit dem Reformator zu Heteronomie. Die Verantwortung dafür trug in letzter Konsequenz nicht Luther, sondern, ironischerweise, unser Protagonist. Seinerzeit nicht regierender Bürgermeister, involvierte Mühlpfordt den Wittenberger und erwirkte in seiner anschließenden Amtsperiode, dass der Rat den Hof einschaltete. Unmittelbar – im Fall der Entlassung der Zwickauer Prediger Soranus und Cordatus – vermochte der von Mühlpfordt (dem eigentlich nicht regierenden Bürgermeister) geführte Rat so die Besetzung der Predigerstellen durch den Rat 1531 erfolgreich zu behaupten. Ohne Frage verstieß man damit gegen die seit 1529 geltenden Bestimmungen der Visitatoren, die das Recht, Prediger zu berufen und zu entpflichten, dem Superintendenten der Muldestadt Pfarrer Hausmann übertragen hatten. Im Rahmen des sich herausbildenden landesherrlichen Kirchenregiments fiel die Berechtigung dann aber mittelbar an die Ernestiner. Letzten Endes konnte sich der Bürgermeister sein zu diesen bestehendes gutes Verhältnis über die Zeiten hinweg bewahren. Mit feinem Gespür für das Machbare lotete er trotzdem die Grenzen seines Handlungsspielraums aus, die Emanzipation Zwickaus vorantreibend. Hermann Mühlpfordt beschränkte sich – um Max Webers Verständnis von Realpolitik zugrunde zu legen – jedoch nicht auf „das Mögliche", sondern griff nach der „jenseits [...] liegenden Unmöglichkeit".[875] Weil er sich in religionspolitischen Belangen als „regent", als Vater seiner „Stadtkinder" verortete, ergab sich ein unauflösbares Spannungsverhältnis zum Kurfürsten und zum Herzog. Zwar sah er sie, in der Übertragung der Macht des Hausvaters im Familiären auf die Stellung des Herrschers im weltlichen Bereich, sowohl als seine wie auch als „Väter" der Bewohner der Muldestadt an. Religionspolitisch wertete er sie dennoch als externe Instanzen. Daher versuchte er einerseits, den lokalen Einfluss der „Väter" zu minimieren; andererseits stützte er sie mit der Vergabe von Krediten in beträchtlicher Höhe und durch sein politisches Wirken, so bei dem Wunsch, Georg (von) Komerstadt als städtischen Syndikus anzustellen. Schließlich erlaubte Mühlpfordt die Nähe zum ernestinischen Hof, diesen für die eigenen Bedürfnisse einzubinden und inner- und außerhalb Zwickaus politisch in die Waagschale zu werfen. Angesichts seiner Inhaftierung durch die Ratskollegen 1527, dem Trachten der Bürgerschaft nach Teilhabe an der Rechnungslegung 1522/24, dem Konflikt mit Luther 1531 und beim Einfordern verliehenen Geldes an Angehörige des landsässigen Adels 1534 galt das. Noch über Mühlpfordts Tod hinaus vermochten seine Erben ihre Anliegen mithilfe des Hofes zum Teil erfolgreich durchzusetzen.

Zum Engagement in der Muldestadt gesellte sich seit Ende der 1520er Jahre das in der kursächsischen Territorialpolitik. Der Antrieb Mühlpfordts lag anscheinend in der im Bauernkrieg gewonnenen Bestätigung eigener Ohnmacht und der Städte, die Politik in diesem Bereich beeinflussen zu können. Seiner Meinung zufolge verursachte die adelige Führungsgruppe – und nicht die Dynastie – den Aufstand durch die auf ihn zurückzuführenden gesellschaftlichen Missverhältnisse. Hier sah der Zwickauer, wie es in seinen

---

875 Zit. n. Max Weber: Der Sinn der „Wertfreiheit" der soziologischen und ökonomischen Wissenschaften, in: Gesammelte Aufsätze zur Wissenschaftslehre, hg. von Johannes Winckelmann, 3. Aufl., Tübingen 1968, S. 489–540, hier S. 514.

Äußerungen verschiedentlich anklang, die Bauern und die Stadtbewohner vereint im Leiden unter der Bedrückung durch die Obrigkeit. Eine sich ihm nach dem Bauernkrieg offenbarende Unbelehrbarkeit einiger Angehöriger dieses Standes, mit denen er kommunizierte – darunter auch Anhänger der Reformation –, verstärkten seine Ablehnung. Vornehmlich aufgrund dieser Zeitgenossen musste die Realisierung einer von ihm angestrebten gesellschaftlichen Pazifizierung in noch weitere Ferne rücken. Jedoch bestand ein zusätzlicher Grund für die negative Wertung des Adels wahrscheinlich in Querelen der Stadt Zwickau mit dem altgläubigen Herrn von Schönburg. Kritik äußerte Mühlpfordt nur in einem privaten Schreiben an den ihm vertrauten Stephan Roth. Persönliche Abneigung hinderte ihn andererseits nicht daran, mit dieser Personengruppe privat und dienstlich zu verkehren und sich durch Kreditaufnahme und Kreditvergabe zu verflechten, so mit Johann Riedesel und (vermutlich) Georg von Uttenhofen. Territorial und innerstädtisch, mit Verwandten, Freunden und von ihm Abhängigen sowie Adeligen als auch Nichtadeligen, schuf Mühlpfordt ego-zentrierte Netzwerke, auf die er bei Bedarf zurückzugreifen vermochte. Bei der reformatorischen Gesinnung scheint es sich vielfach um ein einendes Moment gehandelt zu haben. Weiterhin entstanden aus der gemeinsamen Ausschusstätigkeit heraus womöglich bimodale Netzwerke, denen Adelige und Bürgerliche angehörten. Inwiefern es gelang, die Eliten politisch für die Ziele Zwickaus einzuspannen, zeigte sich im Zerwürfnis mit Luther. Primär im Vorfeld der Torgauer Verhandlung vom August 1531 und bei dieser selbst ist das Herantreten an die ernestinischen Räte und deren Hilfestellung ersichtlich geworden. Sie, mit denen Mühlpfordt engen Kontakt pflegte, wandten sich an Luther zwecks Vermittlung, diesen bittend, von seiner Betrachtungsart ein Stück weit abzurücken. Fürsprecher aus ihrem Kreis mögen im Dissens Zwickaus mit dem Reformator Entscheidungen befördert haben, die wiederholt das Vorgehen der Stadt bestätigten. Dies illustriert, wie sehr die politisch einflussreichen Amtsträger Mühlpfordts Bindung zum Inhaber der Territorialgewalt flankierten und stabilisierten. Ein starkes Motiv für sein Hervortreten aus der kommunalen Politik bestand sicherlich auch in dem Bestreben, die landesweite Ausbreitung der neuen Lehre stärker voranzutreiben. Zeitig versuchte er, die Monarchen durch Beratung in diese Richtung zu beeinflussen, in erster Linie, was die Sequestration der Kirchengüter betraf. Als hierbei Mitwirkender und Steuereinnehmer sicherte er mit seinem engagierten Einsatz die Erfolge der städtischen Reformation. Obendrein konnten dadurch vorerst neue Steuerforderungen von den Ständen abgewendet und der kursächsische Haushalt stabilisiert werden. Ökonomisch half das dem Landesvater – und dadurch nicht zuletzt dem Bürgermeister der Muldestadt, dessen Schuldner jener war. Loyale Mitarbeit im „Kleinen" und „Großen Ausschuss", wo letztendlich die Entscheidung über die Verwendung der Staatsgelder fiel, machte den Bürgermeister seit Beginn der 1530er Jahre zudem finanzpolitisch sukzessive unentbehrlich. Gut vernetzt erwies der sich fernerhin in den Landständen, was eindrücklich seine Wahl als Delegierter zum Zwickauer Landtag 1531, in den „Großen Ausschuss", in die Prüfungskommission und als Steuereinnehmer unterstreichen. Wesentlich mag derlei eine den Zwickauern in ihrem zeitgleichen Händel mit dem Reformator seitens Johanns von Sachsen entgegengebrachte nachsichtige Haltung begründet haben.

Neben einer sich in religionspolitischen Personalfragen in der zweiten Hälfte der 1520er Jahren herauskristallisierenden beherrschenden Stellung deutet sich Gleiches auch im verwaltungspolitischen Bereich, bei der Verpflichtung Georgs (von) Komerstadt 1525, an. Beides ist aufs engste mit dem Mitbürgermeister Laurentius Bärensprung verbunden. Dieser erschien, aus der Perspektive Mühlpfordts und seines Gegners, des Pfarrer Hausmanns, als eine schwache Figur. Ihm gegenüber dürfte unser Protagonist Hegemonie erlangt haben, die ihm im Magistrat verwehrt geblieben zu sein scheint. Obgleich die ältere bürgerliche Forschung – und ebenso die marxistische – Mühlpfordt in einer tonangebenden Position im Rat sah, ist doch Skepsis an diesem Befund angebracht. Zweifellos kann dieser angesichts einer Inhaftierung durch die Ratskollegen 1527 in dieser Absolutheit nicht aufrechterhalten werden. Religionspolitisch widerlegt dies zudem eine Involvierung von Ratsherren am Sturm auf den Grünhainer Hof 1522 und die Durchsetzung des Fastengebots 1524. Hingegen lassen zahlreiche Aspekte der Zwickauer Religionspolitik zwischen 1521 und 1534 eine Nähe zu dem augenscheinlich vom Bürgermeister favorisierten Vorgehen erkennen, das auf Gewaltlosigkeit, Dialog und Überzeugungsarbeit beruhte. Partiell konterkarierten einige Ereignisse in der städtischen Reformation diese politische Linie, worauf der Mann an der Spitze indes flexibel zu reagieren verstand. Angeführt seien hier nochmals die Ereignisse um den Grünhainer Hof 1522 und die Ausweisung der Franziskaner 1525. Scheinbar ermöglicht das einen Rückschluss auf die

Kräfteverhältnisse zwischen Bürgermeister, Rat und Gemeinde. Vermehrt auftretende religiöse Devianz sanktionierte Mühlpfordt 1521 kaum, sofern sie Zwickauer Bürger betraf. Exemplarisch veranschaulichte sich darin, dass politische Macht auf Konsens beruhte. Außerdem berührte das die Frage nach der Bedeutung von Glaubensfragen für den Bürgermeister. Laut Resümee der älteren Forschung hätten sie sein bestimmendes Motiv für reformatorisches Wirken gebildet. Neuere Arbeiten sehen als entscheidend eher machtpolitische Ambitionen der Ratsmitglieder respektive des Stadtoberhauptes an. Hierfür spricht, dass die unter dessen Ägide durch den Rat zügig vorgenommene Einziehung des Kirchenvermögens erst nach langjährigen Auseinandersetzungen im Sinne einer reformatorisch geforderten Teilhabe der Gemeinde an der Verwaltung des Gemeinen Kastens zum Abschluss gebracht werden konnte. Ähnlich verhielt es sich mit einem reformatorischen Kernanliegen, der Berufung von Geistlichen durch die Gemeinde. Die Instrumentalisierung des Gemeindewahlrechts illustriert bespielhaft, wie der Zwickauer Rat Luthers Lehre als Vehikel zur Macht degradierte. Jeweiligen politischen Bestrebungen folgend, hebelte das Gremium das Recht der Gemeinde entweder aus oder berief sich gerade darauf. Mühlpfordt war daran stets, ob er den Vorsitz führte oder nicht, intensiv beteiligt.

Sein wirtschaftlicher Aufstieg erscheint zwingend mit dem sozialen Status als Bürgermeister des damals prosperierenden Zwickau verknüpft. Beurteilte es die marxistische Forschung negativ, merkt es die neuere Forschung zumindest an, dass er sein Insiderwissen und die Verfügungsgewalt über ökonomische Mittel zur Durchsetzung der persönlichen Intentionen und Erlangung finanziellen Vorteils nutzbar machte. Oftmals verkannt wird, dass, wie die Installierung von Familienangehörigen und ihm geneigten Personen an neuralgischen Punkten der städtischen Verwaltung, der reproduktive Einsatz von Ressourcen den politischen Status sicherte. Für den Aufstieg in eine dies ermöglichende Schlüsselposition bildete wiederum das breit gefächerte Unternehmertum die monetäre Basis. Deshalb ist die Bedeutung der lutherischen Bewegung für Hermann Mühlpfordt, pointiert ausgedrückt, letztlich nur im Spannungsfeld von Humanismus und Machtpolitik zu verorten. Hinsichtlich seiner Person ist eine in Bezug auf die Zwickauer Stadtoberen gewonnene Erkenntnis, wonach sich im Handeln die Glaubens- den Machtfragen untergeordnet hätten, weiter zu differenzieren. Übergeordnet stellt sich die oben thematisierte Frage nach Mühlpfordts grundsätzlicher Gewichtung von Politik und Religion. Zwar stand er innerlich für die von ihm als zentral empfundene Lehre des Wittenberger Reformators ein; in der Praxis hingegen galt das nur, sofern sich die Reformation mit humanistischen Aspekten (Friedens- und Konsenssuche, Einstellung zur Arbeit) beziehungsweise machtpolitischen Gesichtspunkten (religionspolitische Autonomie Zwickaus und persönliche Hegemonie, Einziehung von Kirchengütern) vereinbaren ließ. Schließlich führt die in den Grundzügen erkennbare Kongruenz der Linie Mühlpfordts mit einer in der Muldestadt vorherrschenden religionspolitischen in den Jahren von 1521 bis 1534 zurück auf die leitende Frage der Studie nach seinem *individuellen* Anteil an den Umwälzungen in Zwickau in jenem Zeitraum. Vielfach wird sein konkreter Beitrag auf diesem Sektor in den jeweiligen Amtsperioden – geschuldet der dürftigen Quellenlage – weiterhin im Vagen verbleiben. Nichtsdestotrotz ist von einer mutmaßlich durchgängig intensiven Einflussnahme des Bürgermeisters auszugehen. Keineswegs durchweg dominierend, drückte er dem Geschehen jedoch insgesamt gesehen seinen Stempel auf. Als gesicherte Aktivitäten von historischer Tragweite lassen sich hier das im Streit mit Lindenau durch Mühlpfordt veranlasste Einschreiten Luthers 1527 sowie die auf sein Betreiben hin erfolgte Einbeziehung des Landesherrn 1528 anführen. Mehrfach sind, und das verdient noch stärkeres Augenmerk als bisher, Handlungen in Phasen dokumentiert, in denen Mühlpfordt dem Gemeinwesen nicht vorstand. Darin manifestierte sich sein 1523 offenbartes Selbstbild, Zwickaus „regent" in religionspolitischen Belangen zu sein. Er leitete die Ratsgeschäfte weder 1525, als ihm die Franziskaner die Schlüssel ihres Klosters übergaben und er sich zuschrieb, die innere Ruhe in der Muldestadt bewahrt zu haben, noch 1527, als er Luther involvierte. Im weiteren Verlauf des Konflikts trat Mühlpfordt 1531 – wobei diesbezüglich er, seine Gegner und die Forschung zur selben Einschätzung gekommen sind – als treibende Kraft hervor. Zeitgenossen sahen ihn auch außerhalb des von ihm ausgeübten Regiments offenbar nicht minder als einflussreiche Persönlichkeit im Geschehen der Muldestadt an: Für die Ernestiner realisierte er 1525 die Anstellung Georgs (von) Komerstadt. Schmöllns Stadtobere luden Mühlpfordt 1525 mit weiteren seiner Ratskollegen zur Durchsetzung reformatorischer Neuerungen ein, und in ihm meinte der Prediger Lindenau 1527 seinen entscheidenden Widersacher zu erkennen. Überdies nahm unser Protagonist an den kursächsischen Land- und Ausschusstagen zwischen 1528 und 1533 verschiedentlich als Funktionsträger der Landstände und Vertreter seiner Vaterstadt in Zeiträumen teil, in denen er jeweils nicht ihre Geschicke lenkte.

An der Fassade von St. Marien in Zwickau, sandsteinern, barhäuptig, das Barett in der Linken, den Betrachter fest in den Blick nehmend, erinnert Hermann Mühlpfordt, neben Kurfürst Friedrich II., dem Weisen, postiert, seit mehr als einem Säkulum an die Reformation. Das bedeutende Stadtoberhaupt des 16. Jahrhunderts bleibt darüber hinaus im 21. Jahrhundert in der Muldestadt in diversen Ausgestaltungen präsent; das Reformationsjubiläums 2017 machte das nochmals deutlich: Mit dem Thema „Hermann Mühlpfordt und die Reformation in Zwickau" beschäftigten sich Zehntklässler eines örtlichen Gymnasiums, um ihre Ergebnisse in einer viel beachteten Ausstellung in St. Marien der Öffentlichkeit vorzustellen. Touristen führt der unlängst ausgerufene „Lutherweg in Zwickau" am „Mühlpforthaus" vorbei, und kommunaler Politik dient der „Hermann-Mühlpfort-Raum" des städtischen Rathauses. Besucher des Museums Priesterhäuser hörten hier ein nachgestelltes Gespräch Mühlpfordts mit dem katholischen Bildhauer Peter Breuer. Ulf Firke und Holger Wettstein räumten in ihrem Reformationsspiel „Luther in Zwigge" Mühlpfordt eine tragende Rolle ein. Zur „Zwickauer Schlossweihnacht" konnte man gar einen „Mühlpfordt-Trunk" genießen.[876]

Vor allem in der Weimarer Republik und später in der DDR beruhte Mühlpfordts Rezeption auf dem Fundament ideologisch-politischer Prämissen, was zum Teil bis in die Gegenwart nachwirkt. Infolgedessen wähnte Otto Clemen 1922 „Glanz", wohingegen Karl Steinmüller 1969 von „Glorifizierung" nichts mehr wissen wollte. Ein in unseren Tagen spürbares Verlangen, den „Reformationsbürgermeister" mit leichter Hand als positiv besetzte Identifikationsfigur in das Reformationsgedenken zu integrieren, sollte also nicht davon abhalten, vermeintliche historische Gewissheiten und populäre Stereotype weiterhin zu problematisieren: Hierzu gehören unter anderem die des unbedingten Lutheraners, des Lutherfreundes, des Türöffners der städtischen Reformation, des Müntzergegners, des korrupten Kom-

---

876 Für diesen Abschnitt vgl. in Anm. 6.

munalpolitikers, des skrupellosen Kapitalisten, des akademisch gebildeten Humanisten und erklärten Gewaltgegners. So besteht ein im Prolog angesprochener Mehrgewinn von über Mühlpfordt und seinem Wirken hinausweisenden Komplexitäten folglich auch in der Erkenntnis, in welchem Maße gesellschaftspolitische Realitäten und Rezeptionsgeschichte miteinander verzahnt sind. Gleichwohl kann dieser Gedanke – vor allem aus Platzgründen – nicht vertieft werden. Ebenso verhält es sich mit der näheren Untersuchung zutage tretender personeller und struktureller Interdependenzen von landstädtischer und territorialer Religionspolitik im reformationszeitlichen Sachsen. Abschließend bleibt deshalb nur zu wünschen, dass die Studie keinen Endpunkt bilden, sondern vielmehr den Grundstock für zukünftige Forschungen zu Hermann Mühlpfordt darstellen möge.[877]

---

[877] Vertiefende Recherchen müssten sich insbesondere Mühlpfordts sozialen Netzwerken zuwenden. Christoph Fasbender hat aus germanistischer Perspektive zudem darauf hingewiesen, dass „die Arbeiten und Übersetzungen, die Mühlpfordt gewidmet wurden, [...] einer eigenen Untersuchung" bedürfen, s. Fasbender: Bücher (wie Anm. 252), S. 15, Anm. 58.

13 SIGLEN UND ABKÜRZUNGEN

13.1 Siglen

Alt-Zwickau = Alt-Zwickau. Beilage zur Zwickauer Zeitung (= Neue Folge der Mitteilungen des Zwickauer Altertumsvereins), 1921–1937.

ARG = Archiv für Reformationsgeschichte. Internationale Zeitschrift zur Erforschung der Reformation und ihrer Weltwirkungen, Jg. 1 ff., Gütersloh 1903 ff.

Clemen: Kleine Schriften = Otto Clemen. Kleine Schriften zur Reformationsgeschichte (1897–1944), hg. von Ernst Koch, 9 Bde., Leipzig 1982–1988.

GW = Gesamtkatalog der Wiegendrucke, hg. von der Kommission für den Gesamtkatalog der Wiegendrucke, 7 Bde., Leipzig 1925–1938, Bd. 8 ff., Berlin 1978 ff.

NASG = Neues Archiv für Sächsische Geschichte, 63 Bde., Dresden 1880–1942.

NDB = Neue Deutsche Biographie, Bd. 1 ff., Berlin 1953 ff.

MAVZ = Mitteilungen des Altertumsvereins für Zwickau und Umgegend, 15 Bde., 1887–1931.

VD 16 = Verzeichnis der im deutschen Sprachbereich erschienenen Drucke des XVI. Jahrhunderts, hg. von der Bayerischen Staatsbibliothek/Herzog August Bibliothek in Wolfenbüttel, I. Abteilung: Verfasser – Körperschaften – Anonyma, 25 Bde., Stuttgart 1983–2000.

WA = D. Martin Luthers Werke. Kritische Gesamtausgabe (Weimarer Ausgabe), Bd. 1 ff., Weimar 1883 ff. (ND: Weimar 2000–2007).

– WA Br = Abteilung Briefwechsel, 18 Bde., Weimar 1930–1985 (ND: Weimar 2002).

– WA Tr = Abteilung Tischreden, 6 Bde., Weimar 1912–1921 (ND: Weimar 2000).

13.2 Abkürzungen

Abb. .... Abbildung
aktual. .... aktualisiert
Anm. .... Anmerkung
Art. .... Artikel

Aufl.	Auflage
Bd., Bde.	Band, Bände
bearb.	bearbeitet
bes.	besonders
bibl.	biblisch
Bl.	Blatt
bzw.	beziehungsweise
d. Ä.	der Ältere
d. J.	der Jüngere
dems.	demselben
dens.	denselben
ders.	derselbe
dies.	dieselbe
ebd.	ebenda
erw.	erweitert
fl.	Gulden (floren)
geb.	geborene
gen.	genannt
ges.	gesammelt
gr.	Groschen, griechisch
handschr.	handschriftlich
Herv. d. Verf.	Hervorhebung des Verfassers
hg.	herausgegeben
Hg.	Herausgeber
hl.	heilig
Jh.	Jahrhundert
Ms	Manuskript
mschr.	maschinenschriftlich
ND	Nachdruck, Neudruck
N. N.	Nomen Nominandum
Nr.	Nummer
o. J.	ohne Jahr
OT	Ortsteil
röm.	römisch
s.	siehe
S.	Seite
Sp.	Spalte
T.	Teil
Tbd.	Teilband

Siglen und Abkürzungen

u. a. .... und andere, unter anderem
überarb. .... überarbeitet
übers. .... übersetzt
verb. .... verbessert
Z. .... Zeile
zit. n. .... zitiert nach
z. T. .... zum Teil

14 QUELLEN- UND LITERATURVERZEICHNIS

14.1 Ungedruckte Quellen

Aachen, Privatarchiv Gerd Scholz
Gerhard Kessler: Eltern und Ahnen. Ostpreußische und schlesische Familiengeschichten, III. Teil: Die Vorfahren der ostpreußischen Familie Richter (Ahnen des Gutsbesitzers Julius Richter auf Amalienau), Istanbul 1941, S. 306–422, Ms. handschr.

Berlin, Geheimes Staatsarchiv Preußischer Kulturbesitz
GStA PK, XX. HA, Nl Kessler, G.: Nachlass Gerhard Kessler.

Dresden, Sächsisches Staatsarchiv – Hauptstaatsarchiv Dresden
12790, Personennachlass Dr. Karl Steinmüller (1901–1975).

Gotha, Forschungsbibliothek Gotha der Universität Erfurt
Theol 4° 322 c–g.
Theol 4° 322 h–k.

Leipzig, Sächsisches Staatsarchiv – Staatsarchiv Leipzig
22179 Genealogische Mappenstücke, Ma 15537: Gerhard Kessler. Die Familie Mühlpfor(d)t (entnommen aus: Gerhard Kessler: Eltern und Ahnen, III. Teil: Die Vorfahren der ostpreußischen Familie Richter. Untertitel: Ahnen des Gutsbesitzers Julius Richter auf Amalienau), S. 366–411, Originalmanuskript, hg. von Werner Mühlpfordt, Ludwigshafen 1971, Ms. mschr.
22179 Genealogische Mappenstücke, Ma 28304: Rundschreiben des Familienverbandes Mühlpfordt sowie ergänzende Stammfolgen und Geschichtliches zu einzelnen Mühlpfordt-Familien.
22179 Genealogische Mappenstücke, Ma 23641: Die Familien Mühlpfordt in Jena und Insterburg.

Meiningen, Landesarchiv Thüringen – Staatsarchiv Meiningen
4-10-1010 GHA Sektion I Nr. 2942: Briefwechsel des Herzogs Johann von Sachsen mit Graf Wilhelm IV. von Henneberg-Schleusingen.

Weimar, Klassik Stiftung Weimar, Herzogin Anna Amalia Bibliothek
Fol. 156: David Passeck: Chronik von Zwickau bis 1600.

Weimar, Landesarchiv Thüringen – Hauptstaatsarchiv Weimar
Ernestinisches Gesamtarchiv, Reg. Rr (Dienerbestallungen) pag 1–316, Nr. 1236: Briefwechsel des Kurfürsten Johann Friedrich I. von Sachsen mit Paul Mühlpfordt.

Zwickau, Stadtarchiv
A*A I 20, Nr. 25: Briefe und Erklärungen, die 260 fl., die die verstorbene Anna Mühlpfort in Zwickau den Kindern ihres Sohnes Hermann Mühlpfort (jun.) vermacht hat, betreffend, Mai–Juni 1552, Bl. 1 r–2 v.
A*A I 25, Nr. 4: Ratsbestätigungen durch den Landesherrn 1527–1549.
A*A II 17, Nr. 23: Steuerregister der Stadt Zwickau 1496.
A*A II 17, Nr. 19a: Türkensteuerregister 1531.
A*A III 1, Nr. 15: Akte, die Unstimmigkeiten zwischen dem Rat zu Zwickau und den Pfarrern Soranus, Cordatus und Hausmann betreffend, 2 Bde.
III x, Nr. 63: Ratsprotokolle 1528–1529.
III x, Nr. 64: Ratsprotokolle 1534–1536.
III x, Nr. 64a: Ratsprotokolle 1536–1538.
III x^1, Nr. 4: Stadtbuch 1486–1492.
III x^1, Nr. 135: Liber Proscriptorum de anno 1367 ad annum 1536.
I M 74: Gerhard Kessler. Die Familie Mühlpfor(d)t (entnommen aus: Gerhard Kessler: Eltern und Ahnen, III. Teil: Die Vorfahren der ostpreußischen Familie Richter. Untertitel: Ahnen des Gutsbesitzers Julius Richter auf Amalienau), S. 366–411, Originalmanuskript, hg. von Werner Mühlpfordt, Ludwigshafen 1971, Ms. mschr.
Zwickauer Urkundenbuch, Nr. 1–859 (Typoskript in 4 Bde.), bearb. von Kunz von Brunn gen. von Kauffungen, Bd. IV (1476–1574), Zwickau 1958.
Fotosammlung, Foto kl. Nr. 499_16.

Zwickau, Ratsschulbibliothek
20.8.35: Sammelband mit Drucken des frühen 16. Jahrhunderts. Einband datiert und mit Initialen „1525 H M".

16.7.12 (5): Martin Luther: Von der Freyheyt eyniß Christenmenschen, Wittenberg 1520.

Fl.4.2.78: Tobias Schmidt: Chronica Cygnea, Zwickau 1656.

Ms. 147: Hans Tretwein: Annalen [der Stadt Zwickau, 1502–1565/66].

MS. 149: Petrus Albinus: Excerpta ex Annalibus Pauli Grefii Cygnaei [11. Jh.–1535], Sächsische Landesbibliothek – Staats- und Universitätsbibliothek Dresden, Msc. d 3, Bl. 109. Abschrift von Curt Vogel (1926/27).

Briefsammlung Roth, O9: Schreiben Hermann Mühlpfordt an Stephan Roth, 17. Juli 1523.

Briefsammlung Roth, O22: Schreiben Hermann Mühlpfordt an Stephan Roth, 11. März 1524.

14.2 Gedruckte Quellen und Literatur

Apel, Hans: Jenas Einwohner aus der Zeit von 1250 bis 1600. Quellenbuch zur Jenaer Sippengeschichte, Görlitz 1937.

Arffman, Kaarlo: Revolution des Helfens. Der Versuch des Luthertums, die Probleme der Armut zu lösen, Zürich 2019 (= Nordic Studies in Religion and Cultures 5).

Asch, Ronald G.: Freundschaft und Patronage zwischen alteuropäischer Tradition und Moderne: Frühneuzeitliche Fragestellungen und Befunde, in: Bernadette Descharmes u. a. (Hg.): Varieties of friendship. Interdisciplinary perspectives on social relationships, Göttingen 2011, S. 265–285.

Bachmann, Richard: Niclas Storch, der Anfänger der Zwickauer Wiedertäufer. Ein Lebensbild aus dem Reformationszeitalter auf Grund der in der königl. öffentl. Bibliothek zu Dresden wie auf der Rathsbibliothek zu Zwickau vorhandenen Nachrichten, Zwickau 1880.

Bärensprung, Laurentius: Campus sophistarum, Leipzig 1496 (GW M43986).

Baylor, Michael G.: The German Reformation and the Peasant's War. A Brief history with Documents, Boston 2012 (= The Badford series in history and culture, unnumbered vol.).

Beschreibende Darstellung der älteren Bau- und Kunstdenkmäler des Königreichs Sachsen, Heft 12: Amtshauptmannschaft Zwickau, bearb. von Richard Steche, Dresden 1889.

Beschreibung der Feierlichkeiten, welche am 3. Jubelfeste der Augsburger Confession den 25., 26. und 27. Juni 1830 im Königreich Sachsen stattgefunden haben, Leipzig 1830.

Berthold, Hildegard u.a. (Hg.): Die Zwickauer Stadtrechtsreformation 1539/69, Leipzig 1935 (= Quellen zur Geschichte der Rezeption 3).

Bezold, Friedrich von: Geschichte der deutschen Reformation, Berlin 1890 (= Allgemeine Geschichte in Einzeldarstellungen 3,1).

Das Bistum Naumburg, Bd. 1,2: Die Diözese, bearb. von Heinz Wiessner, Berlin u.a. 1997 (= Germania sacra. Neue Folge 35).

Bixler, Matthias/Reupke, Daniel: Von Quellen zu Netzwerken, in: Marten Düring u.a. (Hg.): Handbuch historische Netzwerkforschung. Grundlagen und Anwendungen, Berlin/Münster 2016 (= Schriften des Kulturwissenschaftlichen Instituts Essen (KWI) zur Methodenforschung 1), S. 101–122.

Blaha, Dagmar: Quellen über Strafmaßnahmen nach der Niederschlagung des Bauernkrieges 1525/26, in: Archivmitteilungen. Zeitschrift für Theorie und Praxis des Archivwesens 2 (1993), S. 60–62.

Blanckmeister; Franz: Die Kirchenbücher im Königreich Sachsen, in: Beiträge zur sächsischen Kirchengeschichte 15 (1901), S. 27–210.

Blickle, Peter: Der Bauernkrieg. Die Revolution des Gemeinen Mannes, 4., aktual. und überarb. Aufl., München 2012 (= Beck'sche Reihe 2103).

Ders.: Die Reformation vor dem Hintergrund von Kommunalisierung und Christianisierung. Eine Skizze, in: ders./Johannes Kunisch (Hg.): Kommunalisierung und Christianisierung. Voraussetzungen und Folgen der Reformation 1400–1600, Berlin 1989 (= Zeitschrift für historische Forschung. Beiheft 9), S. 9–28.

Blickle, Renate: Rebellion oder natürliche Defension. Der Aufstand der Bauern in Bayern 1633/34 im Horizont von gemeinem Recht und christlichem Naturrecht, in: Richard Dülmen (Hg.): Verbrechen, Strafen und soziale Kontrollen, Frankfurt am Main 1990 (= Studien zur historischen Kulturforschung 3), S. 6–84.

Bloch, Ernst: Thomas Münzer als Theologe der Revolution, München 1921.

Brackert, Helmut: Bauernkrieg und Literatur, Frankfurt am Main 1975 (= Edition Suhrkamp 782).

Bräuer, Helmut: Zwickau und Martinus Luther. Die gesellschaftlichen Auseinandersetzungen um die städtische Kirchenpolitik in Zwickau (1527–1531), Karl-Marx-Stadt 1983.

Ders.: Thomas Müntzer & die Zwickauer. Zum Wirken Thomas Müntzers in Zwickau 1520–1521, Karl-Marx-Stadt 1989.

Ders.: Wider den Rat. Der Zwickauer Konflikt 1516/17, Leipzig 1999 (= Zwickauer Arbeits- und Forschungsberichte 8).

Ders.: Stadtchronistik und städtische Gesellschaft. Über die Widerspiegelung sozialer Strukturen in der obersächsisch-lausitzischen Stadtchronistik der frühen Neuzeit, Leipzig 2009.

Ders.: Zur frühen bürgerlichen Geschichtsschreibung in Zwickau im 16. Jahrhundert, in: Zeitschrift für Geschichtswissenschaft 20 (1972), S. 565–576.

Ders: Gesellenstreiks in Sachsen im Zeitalter der frühbürgerlichen Revolution, in: Jahrbuch für Regionalgeschichte 14 (1987), S. 183–199.

Ders.: Bürgerliche Oberschicht und Reformation – Betrachtungen am Beispiel sächsischer Städte, in: Rainer Postel/Franklin Kopitzsch (Hg.): Reformation und Revolution: Beiträge zum politischen Wandel und den sozialen Kräften am Beginn der Neuzeit. Festschrift für Rainer Wohlfeil zum 60. Geburtstag, Stuttgart 1989, S. 33–47.

Ders.: Zwischen Stella und Herzog. Zwickauer Geschichtsschreibung vom 16. bis zum 19. Jahrhundert, in: Cygnea. Schriftenreihe des Stadtarchivs Zwickau 7 (2009), S. 11–26.

Ders.: Zwickau vom Ausgang des Spätmittelalters bis zum Beginn des 17. Jahrhunderts, in: Chronik Zwickau, Bd. 1: Von den Anfängen bis zum 18. Jahrhundert, hg. vom Kulturamt der Stadt Zwickau, Dresden 2018, S. 85–117.

Ders.: Hermann Mühlpfordt – Bürgermeister und Förderer der Reformation, in: Chronik Zwickau, Bd. 1: Von den Anfängen bis zum 18. Jahrhundert, hg. vom Kulturamt der Stadt Zwickau, Dresden 2018, S. 118 f.

Ders.: Rat, Verfassung und Bürgerschaft Zwickaus in der 1. Hälfte des 16. Jahrhunderts, in: „Martinus halbenn …". Zwickau und der reformatorische Umbruch, hg. von der Stadtverwaltung Zwickau, Zwickau 2016, S. 81–90.

Ders./Schlenkrich, Elke: Kampf um den Gemeinen Kasten in Zwickau. Städtische Armenversorgung in der Auseinandersetzung zwischen Ratstisch, Gasse und Kanzel, in: Herbergen der Christenheit. Jahrbuch für deutsche Kirchengeschichte 38/29 (2004/05), S. 55–87.

Bräuer, Siegfried: Thomas Müntzer von Stolberg. Neue Forschungen zur Biographie und zum familiären Umfeld, Mühlhausen 2003 (= Veröffentlichungen der Thomas-Müntzer-Gesellschaft 5).

Ders.: „ich begere lauttern vnd reinen wein/ So vormischt er mirn mith wasser". Der Flugschriftenstreit zwischen dem Eilenburger Schuhmacher Georg Schönichen und dem Leipziger Theologen Hieronymus Dungersheim, in: Jörg Haustein/Harry Oelke (Hg.): Reformation und Katholizismus. Beiträge zu Geschichte, Leben und Verhältnis der Konfessionen, Hannover 2003, S. 97–140.

Ders./Vogler, Günter: Thomas Müntzer. Neu Ordnung machen in der Welt. Eine Biographie, Gütersloh 2016.

Braun, Hermann: Art. Welt, in: Otto Brunner u. a. (Hg.): Geschichtliche Grundbegriffe. Historisches Lexikon zur politisch-sozialen Sprache in Deutschland, Bd. 7, Stuttgart 1992, S. 433–510.

Brecht, Martin: Martin Luther, Bd. II: Ordnung und Abgrenzung der Reformation 1521–1532, Calw 1983.

Brendecke, Arndt u. a.: Information als Kategorie historischer Forschung. Heuristik, Etymologie und Abgrenzung vom Wissensbegriff, in: ders. u. a. (Hg.): Information in der Frühen Neuzeit. Status, Bestände, Strategien, Berlin 2008 (= Pluralisierung & Autorität 16), S. 11–44.

Brod, Carl: Rat und Beamte der kurfürstlichen Stadt Zwickau 1485–1547, Zwickau 1927.

Buchwald, Georg: Zur Wittenberger Stadt- und Universitätsgeschichte in der Reformationszeit. Briefe aus Wittenberg an M. Stephan Roth in Zwickau, Leipzig 1893 (= Archiv für Geschichte des Deutschen Buchhandels 16).

Ders.: Auf dem Leipziger Tuchmarkt im Jahre 1436, in: Schriften des Vereins für die Geschichte Leipzigs 13 (1926), S. 115–136.

Ders.: Lutherana. Notizen aus Rechnungsbüchern des Thüringischen Staatsarchivs zu Weimar, in: ARG 25 (1928), S. 1–98.

Ders.: Luther-Kalendarium, in: Schriften des Vereins für Reformationsgeschichte 147 (1929), S. 1–159.

Bullinger, Heinrich: Werke, 2. Abteilung: Briefwechsel, Bd. 7: Die Briefe des Jahres 1537, bearb. von Hans Ulrich Bächtold und Rainer Henrich, Zürich 1998.

Bünz, Enno: Das Ende der Klöster in Sachsen. Vom „Auslaufen" der Mönche bis zur Säkularisation (1521–1543), in: Harald Marx/Cecilie Hollberg (Hg.): Glaube & Macht. Sachsen im Europa der Reformationszeit, Dresden 2004, S. 80–90.

Ders.: Die Universität Leipzig um 1500, in: ders./Franz Fuchs (Hg.): Der Humanismus an der Universität Leipzig, Wiesbaden 2008 (= Pirckheimer Jahrbuch für Renaissance- und Humanismusforschung 23), S. 9–40.

Ders.: Kaspar Güttel. Geistlicher an der Zeitenwende von Spätmittelalter und Reformation, in: Michael Beyer u. a. (Hg.): Christlicher Glaube und weltliche Herrschaft. Zum Gedenken an Günther Wartenberg, Leipzig 2008 (= Arbeiten zur Kirchen- und Theologiegeschichte 24), S. 167–178.

Ders.: Sachsens Ruf als „Mutterland der Reformation" – eine Problemskizze, in: ders. u. a. (Hg.): Reformationen vor Ort. Christlicher Glaube und konfessionelle Kultur in Brandenburg und Sachsen im 16. Jahrhundert, Berlin 2017, S. 78–92.

Ders./Lang, Thomas: Zwickauer Schüler und Studenten im späten Mittelalter. Ein Beitrag zum Verhältnis von Stadt und Bildung, in: Cygnea. Schriftenreihe des Stadtarchivs Zwickau 9 (2011), S. 33–70.

Burkhardt, Carl August Hugo (Hg.): Ernestinische Landtagsakten, Bd. I: Die Landtage von 1487–1532, Jena 1902 (= Thüringische Geschichtsquellen. Neue Folge 5).

Buszello, Horst: Modelle und Programme politischer Gestaltung im Bauernkrieg, in: Martin Sünder (Hg): Mühlhausen, der Bauernkrieg und Thomas Müntzer. Realitäten – Visionen – Illusionen, Mühlhausen 2000 (= Protokollband zum wissenschaftlichen Kolloquium am 27. Mai 2000 im Bauernkriegsmuseum Kornmarktkirche in Mühlhausen; Veröffentlichungen der Thomas-Müntzer-Gesellschaft 1), S. 28–65.

Chmiel, Adam (Hg.): Album studiosorum Universtatis Cracoviensis, Tomus II. (ab anno 1490 ad annum 1551), Krakau 1892.

Christ-von Wedel, Christine: Das Nichtwissen bei Erasmus von Rotterdam. Zum philosophischen und theologischen Erkennen in der geistigen Entwicklung eines christlichen Humanisten, Basel 1981 (= Basler Beiträge zur Geschichtswissenschaft 142).

Clemen, Otto: Andreas Frank von Kamenz, in: NASG 19 (1898), S. 95–115.

Ders.: Caspar Güttel. Ergänzungen zu Kawerau, in: Zeitschrift des Harzvereins für Geschichte und Altertumskunde 32 (1898), S. 316–322.

Ders.: Johannes Sylvius Egranus, Teil 1, in: MAVZ 6 (1899), S. 1–39.

Ders.: Caspar (?) Husel in Nördlingen an Stephan Roth in Wittenberg, 21. 9. 1524, in: Beiträge zur bayerischen Kirchengeschichte 6 (1900), S. 78–92.

Ders.: Ein Brief von Dominikus Sleupner, Pfarrer zu St. Sebald in Nürnberg, 19. September 1529, in: Beiträge zur bayerischen Kirchengeschichte 9 (1903), S. 70–72.

Ders.: Zur Lebensgeschichte Heinrich Stromers von Auerbach, in: NASG 24 (1903), S. 100–110.

Ders.: Paul Bachmann, Abt von Altzelle, in: NASG 26 (1905), S. 10–40.

Ders.: Aktenstücke aus dem Zwickauer Ratsarchiv, in: Beiträge zur sächsischen Kirchengeschichte 20 (1907), S. 253–258.

Ders.: Georg Pylander, in: NASG 30 (1909), S. 335–348.

Ders.: Handschriftenproben aus der Reformationszeit, Bd. 1: 67 Handschriftenproben nach Originalen der Zwickauer Ratsschulbibliothek, Zwickau 1911 (= Zwickauer Facsimiledrucke 27).

Ders.: Janus Cornarius, in: NASG 33 (1912), S. 36–76.

Ders.: Hermann Mühlpfort, Teil 1, in: Alt-Zwickau 5 (1922), S. 20.

Ders.: Hermann Mühlpfort, Teil 2, in: Alt-Zwickau 12 (1922), S. 46–48.

Ders.: Ein Sammelband aus Hermann Mühlpforts Besitz, in: Alt Zwickau 9 (1922), S. 36.

Ders.: Handschriftliche Einträge in Büchern der Zwickauer Ratsschulbibliothek, in: Zentralblatt für Bibliothekswesen 39 (1922), S. 435–444 und S. 499–524.

Ders.: Georg Pylander, in: Alt-Zwickau 5 (1925), S. 17–19.

Ders.: Rez. zu Der Münchener Buchdrucker Hans Schobser 1500–1530, in: Zeitschrift für Kirchengeschichte 1 (1926), S. 144 f.

Ders.: Andreas Frank von Kamenz, Syndikus der Stadt Zwickau, in: Alt-Zwickau 12 (1927), S. 45 f.

Ders.: Reformationsgeschichtliches aus dem Zwickauer Ratsarchiv, in: ARG 26 (1929), S. 188–203.

Ders.: Johann Aurifaber als gewerbsmäßiger Hersteller von Lutherbriefhandschriften, in: ARG 29 (1932), S. 85–96.

Ders.: Die älteste Schulordnung des Zwickauer Gymnasiums von 1523, in: Alt-Zwickau 2 (1935), S. 6.

Ders.: Die Entlassung des Zwickauer Predigers Paul Lindenau, in: Alt-Zwickau 5 (1935), S. 19 f.

Ders.: Die Zwickauer Beginen, in: Alt-Zwickau 2 (1936), S. 5 f.

Ders.: Sigismund Heßler, fürstlicher Kaplan zu Wülzburg, in: Zeitschrift für bayerische Kirchengeschichte 15 (1940), S. 232–236.

Der Traum des Hans von Hermansgrün, 23. März 1495, in: Lorenz Weinrich (Hg.): Quellen zur Reichsreform im Spätmittelalter, Darmstadt 2001, S. 380–411.

Dall'Asta, Matthias/Dörner, Gerald (Hg.): Johannes Reuchlin. Briefwechsel, Bd. 1: 1477–1505, Stuttgart 1999.

Dauber, Noah: Deutsche Reformation. Philipp Melanchthon, in: Christoph Horn/ Ada Babette Neschke-Hentschke (Hg.): Politischer Aristotelismus. Die Rezeption der aristotelischen „Politik" von der Antike bis zum 19. Jahrhundert, Stuttgart 2008, S. 173–191.

Deutsche Reichstagsakten. Jüngere Reihe, Bd. 8,2: Die Schwäbischen Bundestage zwischen den Reichstagen zu Speyer 1529 und Augsburg 1530. Die Bereitstellung der Reichshilfe zum Türkenkrieg und zur Rettung Wiens 1529. Chronologisches Aktenverzeichnis, bearb. von Wolfgang Steglich, Göttingen 1971.

Dingel, Irene: Julius Köstlin, in: Luise Schorn-Schütte (Hg.): 125 Jahre Verein für Reformationsgeschichte, Heidelberg 2008 (= Schriften des Vereins für Reformationsgeschichte 200), S. 27–35.

Doering-Manteuffel, Anselm/Nowak, Kurt (Hg.): Religionspolitik in Deutschland. Von der Frühen Neuzeit bis zur Gegenwart. Martin Greschat zum 65. Geburtstag, Stuttgart 1999.

Doelle, Ferdinand: Reformationsgeschichtliches aus Kursachsen. Vertreibung der Franziskaner aus Altenburg und Zwickau, Münster 1933 (= Franziskanische Studien. Beiheft 15).

Domtera-Schleichardt, Christiane: Die Wittenberger „Scripta publice proposita" (1540–1569). Universitätsbekanntmachungen im Umfeld des späten Melanchthon, Leipzig 2021.

Dörries, Hermann: Luther und das Widerstandsrecht, in: ders.: Wort und Stunde, Bd. 3: Beiträge zum Verständnis Luthers, Göttingen 1970, S. 195–270.

Dresser, Matthaeus: Ein kurtzer aber doch eigentlicher Bericht Matthaei Dresseri, Welcher ist der fünffte theil deß Buchs so genennet wird Isagoge Historica; Und [...] an statt einer Vorrede deß Herrn Autoris Programma, wegen seiner Historischen Profession, Deßgleichen drey Orationes, welche von ihm bey der Universitet Leipzig gehalten worden; Aus dem Lateinischen Exemplar fleissig verdeutschet/ und mit zweyen unterschiedlichen Registern verfertiget, Leipzig 1607.

Ebeling, Gerhard u. a. (Hg.): D. Martin Luther, Operationes in Psalmos 1519–1521, Teil 1: Historisch-theologische Einleitung, hg. von Gerhard Hammer Köln 1991 (= Archiv der Weimarer Ausgabe der Werke Martin Luthers. Texte und Untersuchungen 1).

Elmer, Peter u. a. (Hg.): The Renaissance in Europe. An Anthology, New Haven/London 2000.

Engels, Friedrich: Der Deutsche Bauernkrieg, in: Karl Marx/ders.: Werke, Bd. 7, Berlin 1960, S. 327–413.

Engewald, Gisela-Ruth: Georgius Agricola, Stuttgart 1994.

Epp, Verena: Amicitia. Zur Geschichte personaler, sozialer, politischer und geistlicher Beziehungen im frühen Mittelalter, Stuttgart 1999 (= Monographien zur Geschichte des Mittelalters 44).

Erben, Johannes: Freundschaft – Bekanntschaft – Verwandtschaft. Zur Bezeichnungsgeschichte der Ausdrucksformen menschlicher Verbundenheit im frühen Neuhochdeutschen, in: Klaus Mattheier u. a. (Hg.): Vielfalt des Deutschen. Festschrift für Werner Besch, Frankfurt am Main 1993, S. 111–122.

Erler, Georg (Hg.): Die Matrikel der Universität Leipzig, Bd. 1: Die Immatrikulationen von 1409 bis 1559, Leipzig 1895 (= Codex Diplomaticus Saxoniae Regiae II, XVI).

Ermisch, Hubert (Hg.): Urkundenbuch der Stadt Freiberg in Sachsen, Bd. 2: Bergbau, Bergrecht, Münze, Leipzig 1886 (= Codex Diplomaticus Saxoniae Regiae II, XIII).

Evers, Georg: Martin Luther. Lebens- und Charakterbild von ihm selbst gezeichnet in seinen eigenen Schriften und Correspondenzen, Teil X: Gewaltsamer Durchbruch der Revolution, Erster Abschnitt: Luther's Agitation bis zur socialen Revolution, Mainz 1887.

Faber, Karl Georg: Realpolitik als Ideologie. Die Bedeutung des Jahres 1866 für das politische Denken in Deutschland, in: Historische Zeitschrift 203 (1966), S. 1–45.

Fabian, Ernst: Die Zwickauer Schulbrüderschaft, in: MAVZ 3 (1891), S. 50–81.

Ders.: Die Protokolle der zweiten Kirchenvisitation zu Zwickau, Crimmitschau, Werdau und Schneeberg 1533 und 1534, in: MAVZ 7 (1902), S. 33–147.

Ders.: Der Streit Luthers mit dem Zwickauer Rate im Jahre 1531, in: MAVZ 8 (1905), S. 71–176.

Ders. (Hg.): Die handschriftlichen Chroniken der Stadt Zwickau. 1: Die „Oswald Losanschen" Annalen der Stadt Schwanfeld oder Zwickau von 1231–1534, in: MAVZ 10 (1910), S. 1–68.

Ders.: Zwei gleichzeitige Berichte von Zwickauern über die Wittenberger Unruhen 1521 und 1522, in: MAVZ 11 (1914), S. 25–30.

Falk, Rudolf (Hg.): Zwickauer Chroniken aus dem 16. Jahrhundert, in: Alt-Zwickau, 1 (1923), S. 2 ff.; ebd. 2 (1923), S. 5–8; ebd. 4 (1923), S. 15 f.; ebd. 5 (1923), S. 19 f.; ebd. 6 (1923), S. 22 ff.; ebd. 7 (1923), S. 26 ff.; ebd. 8 (1923), S. 31 f.; ebd. 9 (1923), S. 35 f.; ebd. 10 (1923), S. 39 f.; ebd. 11 (1923), S. 41 ff.; ebd. 1 (1924), S. 2 ff.; ebd. 2 (1924), S. 5–8; ebd. 5 (1924), S. 19 f.; ebd. 6 (1924), S. 23 f.; ebd. 7 (1924), S. 26 ff.; ebd. 2 (1925), S. 7 f.; ebd. 9 (1925), S. 36; ebd. 10 (1925), S. 40; ebd. 12 (1925), S. 47 f.

Farzin, Sina: Inklusion/Exklusion. Entwicklungen und Probleme einer systemtheoretischen Unterscheidung, Bielefeld 2006.

Fasbender, Christoph: Bürgers Bücher. Literatur in mitteldeutschen Städten um 1500, in: ders./Gesine Mierke (Hg.): Bürgers Bücher. Laien als Anreger und Adressaten in Sachsens Literatur um 1500, Würzburg 2017 (= EUROS. Chemnitzer Arbeiten zur Literaturwissenschaft 6), S. 1–25.

Feist, Dagmar: „Ich will Dir selbst ein Bild von mir entwerfen". Praktiken der Selbst-Bildung im Spannungsfeld ständischer Normen und gesellschaftlicher Dynamik, in: dies. u. a. (Hg.): Selbst-Bildungen. Soziale und kulturelle Praktiken der Subjektivierung, Bielefeld 2013, S. 151–174.

Festschrift zur Einweihung der erneuerten Marienkirche zu Zwickau, Zwickau 1891.

Fischer, Hans: Georgius Agricola. Bilder aus dem Leben eines großen deutschen Humanisten, Schwerin 1964.

Fischer, Heiner: Uns verbindet mit Müntzer ein tiefer, mobilisierender Stolz, in: Konstituierung des Thomas-Müntzer-Komitees der Deutschen Demokratischen Republik am 11. März 1988 aus Anlaß des 500. Geburtstages Thomas Müntzers 1989, Berlin 1988, S. 55–59.

Fleischauer, Alexander: „Die Enkel fechten's besser aus". Thomas Müntzer und die Frühbürgerliche Revolution – Geschichtspolitik und Erinnerungskultur in der DDR, Münster 2010.

Förstemann, K[arl] E[duard] (Hg.): Album Akademiae Vitebergensis ab a Ch. MDII usque a MDLX, Bd. 1, Leipzig 1841.

Förstemann, Karl Eduard: Auszüge aus den Hofstaats-Rechnungen des Herzogs Johann zu Sachsen von 1513 bis 1518, in: Neue Mitteilungen aus dem Gebiet historisch-antiquarischer Forschungen 5 (1841), S. 33–76.

Francois, Étienne/Schulze, Hagen: Einleitung, in: dies. (Hg.): Deutsche Erinnerungsorte, Bd. 1, München 2001, S. 9–26.

Friedrich, Herbert: Das Armen- und Fürsorgewesen in Zwickau bis zur Einführung der Reformation, Würzburg 1934.

Fröhlich, Anne-Rose: Die Einführung der Reformation in Zwickau, in: MAVZ 12 (1919), S. 1–74.

Fuchs, Ralf-Peter: Erinnerungsgeschichte. Zur Bedeutung der Vergangenheit für den „gemeinen Mann" in der Frühen Neuzeit, in: ders./Winfried Schulze (Hg.): Wahrheit, Wissen, Erinnerung. Zeugenverhörprotokolle als Quellen für soziale Wissensbestände in der Frühen Neuzeit, Münster u. a. 2002 (= Wirklichkeit und Wahrnehmung in der Frühen Neuzeit 1), S. 89–154.

Fuchs, Walther Peter (Hg.): Akten zur Geschichte des Bauernkrieges in Mitteldeutschland, Bd. 2, Jena 1942.

Ders.: Der Bauernkrieg in Mitteldeutschland, in: ders.: Nachdenken über Geschichte. Vorträge und Aufsätze. Mit einem Geleitwort von Karl Dietrich Erdmann, hg. von Gunter Berg und Volker Dotterweich, Stuttgart 1980, S. 199–220.

Fuchs-Heinritz, Werner u. a. (Hg.): Lexikon zur Soziologie, 5. Aufl., Wiesbaden 2011.

Garber, Klaus: Der Frieden im Diskurs der europäischen Humanisten, in: ders./Jutta Held (Hg.): Der Frieden. Rekonstruktion einer europäischen Vision, Bd. 1: Erfahrung und Deutung von Krieg und Frieden. Religion – Geschlechter – Natur und Kultur, hg. von Klaus Garber u. a., München 2001, S. 113–144.

Geschichte und Geschichten. 900 Jahre Zwickau. Ausstellungsführer zur Sonderausstellung vom 18. Februar bis 21. Oktober 2018, hg. von der Stadtverwaltung Zwickau, Zwickau 2018.

Götze, Ruth: Wie Luther Kirchenzucht übte. Eine kritische Untersuchung von Luthers Bannsprüchen und ihrer exegetischen Grundlegung aus der Sicht unserer Zeit, Berlin 1959 (= Theologische Arbeiten 9).

Graupner, Volker: Die ernestinischen Fürsten im Thüringer Bauernkrieg, in: Günter Vogler (Hg.): Bauernkrieg zwischen Harz und Thüringer Wald, Stuttgart 2008 (= Historische Mitteilungen. Beihefte 69), S. 283–298.

Greyerz, Kaspar von: Konfessionelle Indifferenz in der Frühen Neuzeit, in: Andreas Pietsch/Barbara Stollberg-Rilinger (Hg.): Konfessionelle Ambiguität. Uneindeutigkeit und Verstellung als religiöse Praxis in der Frühen Neuzeit, Gütersloh 2013 (= Schriften des Vereins für Reformationsgeschichte 214), S. 39–61.

Greyerz, Kaspar von/Siebenhüner, Kim: Einleitung, in: dies. (Hg.): Religion und Gewalt. Konflikte, Rituale, Deutungen (1500–1800), Göttingen 2006 (= Veröffentlichungen des Max-Planck-Instituts für Geschichte 215), S. 9–25.

Grimm, Jacob/Grimm, Wilhelm: Deutsches Wörterbuch, Bd. 1 ff., Leipzig 1854 ff.

Groß, Reiner: Geschichte Sachsens, 3., erw. und aktual. Aufl., Leipzig 2007.

Ders.: Zwickaus Platz in der sächsischen Geschichte, in: Sächsische Heimatblätter 46 (2000), S. 192–195.

Günther, Gerhard: Flucht, Vertreibung, Verfolgung und Gegenreaktionen, in: Günter Vogler (Hg): Bauernkrieg zwischen Harz und Thüringer Wald, Stuttgart 2008 (= Historische Mitteilungen. Beiheft 69), S. 397–415.

Güttel, Kaspar: Eyn Christlich=||er/ ym wort Gottes ge=||gründter außzug/ etz=||licher Predig/ war auff sich || der Christenmensch mag || sicher stewren vnd verlas=||sen ym leben/ vnd auch || ym̃ sterben/ Zu Zwi=||ckaw/ durch D. Ca||spar Güettell ge=||predigt||, Zwickau 1523 (VD16 G 3977).

Haebler, Karl: Ein Beitrag zur Geschichte des Bucheinbands im 16. Jahrhundert. Die Buchbinder von Zwickau, in: Martin Breslauer/Kurt Koehler (Hg.): Werden und Wirken. Ein Festgruß Karl W. Hiersemann zugesandt am 3. September 1924 zum siebzigsten Geburtstag und vierzigjährigem Bestehen seiner Firma, Leipzig 1924, S. 99–122.

Hahn, Karl: Luther in Zwickau, in: Alt-Zwickau 5 (1922), S. 17–19.

Ders.: Martin Römer der Reiche, in: Ewald Dost (Hg.): Zwickauer Kulturbilder aus acht Jahrhunderten, Zwickau 1939, S. 48–53.

Hall, Stuart George/Crehan, Joseph H.: Art. Fasten/Fasttage, in: Gerhard Müller/ Gerhard Krause (Hg.): Theologische Realenzyklopädie, Bd. 11, Berlin/New York 1983, S. 42–58.

Hamm, Berndt: Reformation „von unten" und Reformation „von oben". Zur Problematik reformationshistorischer Klassifizierungen, in: Hans R. Guggisberg/ Gottfried G. Krodel (Hg.): Die Reformation in Deutschland und Europa. Interpretationen und Debatten. Beiträge zur gemeinsamen Konferenz der Society for Reformation Research und des Vereins für Reformationsgeschichte, Gütersloh 1993 (= ARG. Sonderband), S. 256–293.

Ders.: Der frühe Luther. Etappen reformatorischer Neuorientierung, Tübingen 2010.

Hausen, Clemens von: Vasallen-Geschlechter der Markgrafen zu Meißen, Landgrafen zu Thüringen und Herzoge zu Sachsen bis zum Beginn des 17. Jahrhunderts, Berlin 1892.

Heinisch, Reinhard: Art. Mansfeld, Albrecht III. Graf von, in: NDB, Bd. 16, Berlin 1990, S. 78 f.

Helbig, Herbert (Hg.): Quellen zur älteren Wirtschaftsgeschichte Mitteldeutschlands, Bd. 3, Weimar 1953.

Held, Wieland: Der Zwickauer Amtmann Wolf von Weißenbach und seine Haltung zu Thomas Müntzer, in: Zeitschrift für Geschichtswissenschaft 39 (1991), S. 577–586.

Helmrath, Johannes: Der europäische Humanismus und die Funktionen der Rhetorik, in: Thomas Maissen/Gerrit Walther (Hg.): Funktionen des Humanismus.

Studien zum Nutzen des Neuen in der humanistischen Kultur, Göttingen 2006, S. 18–48.

Hermann, Gregor: Simon Cellarius, Valentin Hertel, Wolfgang Schleifer – Zwickauer Kantoren als bedeutende Protagonisten der nachreformatorischen Musikpflege in Sachsen (1520–1550), in: „Martinus halbenn ...". Zwickau und der reformatorische Umbruch, hg. von der Stadtverwaltung Zwickau, Zwickau 2016, S. 149–163.

Ders.: Luther als Theaterheld. Zwickauer Reformationsfestspiele in der Zeit des deutschen Kaiserreichs (1871–1918), in: Cygnea. Schriftenreihe des Stadtarchivs Zwickau 15 (2017), S. 62–73.

Ders.: „liberia ecclesiae" – „bibliotheca gymnasii" – „bibliotheca publica" – Genese und Funktion der Ratsschulbibliothek Zwickau im Spiegel bürgerlicher Bildungsvorsorge um 1500, in: Christoph Fasbender/Gesine Mierke (Hg.): Bürgers Bücher. Laien als Anreger und Adressaten in Sachsens Literatur um 1500, Würzburg 2017 (= EUROS. Chemnitzer Arbeiten zur Literaturwissenschaft 6), S. 26–59.

Herzog, Emil: Chronik der Kreisstadt Zwickau, Bd. 2: Jahresgeschichte, Zwickau 1845.

Ders.: Martin Römer. Ein biographischer Beitrag zur sächsischen Culturgeschichte, in: Mitteilungen des Kgl. Sächsischen Vereins für Erforschung und Erhaltung vaterländischer Geschichts- und Kunstdenkmale 14 (1865), S. 49–63.

Ders.: Geschichte des Zwickauer Gymnasiums. Eine Gedenkschrift zur Einweihungsfeier des neuen Gymnasialgebäudes, Zwickau 1869.

Ders.: Miscellen, in: NSAG 2 (1876), S. 86–96.

Hesse, Christian: Amtsträger im spätmittelalterlichen Reich. Die Funktionseliten der lokalen Verwaltung in Bayern-Landshut, Hessen, Sachsen und Württemberg 1350–1515, Göttingen 2005 (= Schriftenreihe der Historischen Kommission bei der Bayerischen Akademie der Wissenschaften 70).

Hiebl, Ewald/Langthaler, Ernst: Einleitung, in: dies.: (Hg.): Im Kleinen das Große suchen. Mikrogeschichte in Theorie und Praxis, Innsbruck 2012 (= Jahrbuch für Geschichte des ländlichen Raumes 9), S. 7–21.

Hildebrand, T[raugott]: Das Verhältniss der Stadt Zwickau zur Kirchen-Reformation. Bey Gelegenheit des 3ten Jubiläums im Jahre 1817 dargestellt, Zwickau 1817.

Historien von Thomas Müntzer, hg., transkribiert und mit einem Nachwort versehen von Siegfried Bräuer, Berlin/Weinheim 1989.

Honemann, Volker: Art. Hermannsgrün, Johannes, in: Wolfgang Stammler u.a. (Hg.): Die deutsche Literatur des Mittelalters. Verfasserlexikon, 2., völlig neu bearb. Aufl., Bd. 3: Gert van der Schüren–Hildegard von Bingen, Berlin/New York 1981, Sp. 1118 f.

Hoppe, Oswald: Der Silberbergbau zu Schneeberg bis zum Jahre 1500, Freiberg 1908.

Hoyer, Siegfried: Zu den gesellschaftlichen Hintergründen der Hinrichtung Hans Hergots (1527), in: Zeitschrift für Geschichtswissenschaft 27 (1979), S. 125–139.

Hubrath, Margarete: ... *iftpey vns der mangel das keine pfalteria vordewtfcht fyndt*. Zur Zwickauer Druckproduktion während der Reformationszeit, in: dies./Rüdiger Krohn (Hg.): Literarisches Leben in Zwickau im Mittelalter und in der Frühen Neuzeit. Vorträge eines Symposiums anläßlich des 500jährigen Jubiläums der Ratsschulbibliothek Zwickau am 17. und 18. Februar 1998, Göppingen 2001 (= Göppinger Arbeiten zu Germanistik 686), S. 125–144.

Jäckel, Günter (Hg.): Kaiser, Gott und Bauer. Reformation und Deutscher Bauernkrieg im Spiegel der Literatur, 2., erw. u. verb. Aufl., Berlin 1983.

Jahn, Cajetan August: Versuch einer Lebensbeschreibung des Rivius von Attendorn, Bayreuth 1792.

Jancke, Gabriele: Gastfreundschaft in der frühneuzeitlichen Gesellschaft. Praktiken, Normen und Perspektiven von Gelehrten, Göttingen 2013 (= Berliner Mittelalter- und Frühneuzeitforschung 15).

Janz, Denis (Hg.): A Reformation Reader. Primary Texts with Introductions, Philadelphia 1999.

Jaumann, Herbert: Art. Mantuanus, Baptista, in: ders.: Handbuch Gelehrtenkultur der Frühen Neuzeit, Bd. 1: Bio-bibliographisches Repertorium, Berlin/New York 2004, S. 63–64.

Joestel, Volkmar: Karlstadt und der Bauernkrieg in Ostthüringen, in: Werner Greiling u. a. (Hg.): Reformation und Bauernkrieg, Köln 2019 (= Quellen und Forschungen zu Thüringen im Zeitalter der Reformation 12), S. 199–224.

Jörgensen, Bent: Konfessionelle Selbst- und Fremdbezeichnungen. Zur Terminologie der Religionsparteien im 16. Jahrhundert, Berlin 2014 (= Colloquia Augustana 32).

Junghans, Helmar: Georgius Agricola zwischen Papsttreuen, Humanisten und Evangelischen, in: Herbergen der Christenheit 19 (1995), S. 117–144.

Ders./Kohnle, Achim (Hg.): Thomas-Müntzer-Ausgabe, im Auftrag der sächsischen Akademie der Wissenschaften, Bd. 2: Briefwechsel, bearb. von Siegfried Bräuer und Manfred Kobuch, Leipzig 2010.

Dies. (Hg.): Thomas-Müntzer-Ausgabe, im Auftrag der sächsischen Akademie der Wissenschaften, Bd. 3: Quellen zu Thomas Müntzer, bearb. von Wieland Held und Siegfried Hoyer, Leipzig 2004.

Just, Martin: Die lateinischen Psalmen der Handschrift „Zwickau, Ratsschulbibliothek, Ms. 73", in: Jürgen Heidrich/Ulrich Konrad (Hg.): Traditionen in der mitteldeutschen Musik des 16. Jahrhunderts. Symposiumsbericht Göttingen 1997, Göttingen 1999, S. 105–118.

Ders.: Art. Schalreuter, Familie, in: Musik in Geschichte und Gegenwart, Personenteil, Bd. 14, Kassel u. a. 2005, Sp. 1183–1185.

Ders./Schwermer, Bettina (Hg.): Die Handschrift des Jodocus Schalreuter (RSB Zwickau Mus. Ms. 73), Bd. 1/2, Wiesbaden u. a. 2004/05 (= Das Erbe Deutscher Musik 115/116).

Jütte, Robert: Krankheit und Gesundheit in der Frühen Neuzeit, Stuttgart 2013.

Kahleyß, Julia: Die Bürger von Zwickau und ihre Kirche. Kirchliche Institutionen und städtische Frömmigkeit im späten Mittelalter, Leipzig 2013 (= Schriften zur sächsischen Geschichte und Volkskunde 45).

Dies.: Der wirtschaftliche Aufstieg des Martin Römer. Soziale Mobilität im westerzgebirgischen Silberbergbau des 15. Jahrhunderts, in: Vierteljahrschrift für Sozial- und Wirtschaftsgeschichte 100 (2013), Heft 2, S. 154–177.

Dies.: Die Kirchenrechnungen der Zwickauer Kirche St. Marien (1441–1534): Edition und Analyse ausgewählter Rechnungen, Dresden 2016 (= Bausteine aus dem Institut für Sächsische Geschichte und Volkskunde 34).

Dies.: Luther und die Zwickauer Prädikaturen und Prediger, in: „Martinus halben …". Zwickau und der reformatorische Umbruch, hg. von der Stadtverwaltung Zwickau, Zwickau 2016, S. 41–52.

Kammer, Otto: Reformationsdenkmäler des 19. und 20. Jahrhunderts. Eine Bestandsaufnahme, Leipzig 2004 (= Schriften der Stiftung Luthergedenkstätten in Sachsen-Anhalt 9).

Karlstadt, Andreas: Gloßa das hochgelartten Irleuchten andechtigtenn vnd barmhertzygenn ablas, Wittenberg 1521 (VD16 S 9797).

Kaufmann, Thomas: Einleitung, in: Kaspar von Greyerz u. a. (Hg.): Interkonfessionalität – Transkonfessionalität – binnenkonfessionelle Pluralität. Neue Forschungen zur Konfessionalisierungsthese, Heidelberg 2003 (= Schriften des Vereins für Reformationsgeschichte 201), S. 9–15.

Ders.: Thomas Müntzer, „Zwickauer Propheten" und sächsische Radikale. Eine quellen- und traditionskritische Untersuchung zu einer komplexen Konstellation, Mühlhausen 2010 (= Schriftenreihe der Thomas-Müntzer-Gesellschaft 12).

Ders.: Der Anfang der Reformation. Studien zur Kontextualität der Theologie, Publizistik und Inszenierung Luthers und der reformatorischen Bewegung, Tübingen 2012 (= Spätmittelalter, Humanismus, Reformation/Studies in the Late Middle Ages, Humanism, and the Reformation 67).

Ders.: An den christlichen Adel deutscher Nation von des christlichen Standes Besserung, Tübingen 2014 (= Kommentare zu Luthers Schriften 3).

Ders.: Die Mitte der Reformation. Eine Studie zu Buchdruck und Publizistik im deutschen Sprachgebiet, zu ihren Akteuren und deren Strategien, Inszenierungs- und Ausdrucksformen, Tübingen 2019 (= Beiträge zur historischen Theologie 187).

Ders.: Nahe Fremde – Aspekte der Wahrnehmung der „Schwärmer" im frühneuzeitlichen Luthertum, in: Kaspar von Greyerz u. a. (Hg.): Interkonfessionalität – Transkonfessionalität – binnenkonfessionelle Pluralität. Neue Forschungen zur Konfessionalisierungsthese, Heidelberg 2003 (= Schriften des Vereins für Reformationsgeschichte 201), S. 179–241.

Ders.: „Ohne Buchdruck keine Reformation"?, in: Stefan Oehmig (Hg.): Buchdruck und Buchkultur im Wittenberg der Reformationszeit, Leipzig 2015 (= Schriften der Stiftung Luthergedenkstätten in Sachsen-Anhalt 21), S, 13–34.

Ders.: Die Zwickauer Propheten, in: „Martinus halbenn …". Zwickau und der reformatorische Umbruch, hg. von der Stadtverwaltung Zwickau, Zwickau 2016, S. 53–62.

Ders.: Luthers Traktat über die christliche Freiheit als publizistisches und theologisches Problem, in: Ruth Slenczka (Hg.): Reformation und Freiheit. Luther und die Folgen für Preußen und Brandenburg, Petersberg 2017, S. 43–60.

Ders./Beutel, Albrecht (Hg.): Martin Luther. Schriften, Bd. I: Aufbruch der Reformation, hg. von Thomas Kaufmann, Berlin 2014.

Karant-Nunn, Susan C.: Zwickau in Transition, 1500–1547. The Reformation as an Agent of Change, Columbus/Ohio 1987.

Kautsky, Karl: Die Vorläufer des neueren Sozialismus, Bd. 1, T. 1, Stuttgart 1895.

Kawerau, Gustav: Caspar Güttel. Ein Lebensbild aus Luthers Freundeskreise, in: Zeitschrift des Harz-Vereins für Geschichte und Altertumskunde 14 (1882), S. 33–132.

Ders.: Martin Luther. Sein Leben und seine Schriften, Bd. 2, Berlin 1903.

Kettenbach, Heinrich von: Vergleychung des allerheyligsten herren vnd vatter des Bapsts gegen dem seltzamen frembden gast ynn der Christenheyt gnant Jesus, Wittenberg 1523 (VD16 K 835).

Kipf, Klaus: Art. Cyclopius, Wolfgang, in: Franz Josef Worstbrock (Hg.): Deutscher Humanismus 1480–1520. Verfasserlexikon, Bd. 1, Berlin u. a. 2008, Sp. 537–546.

Kirchner, Hubert: Johannes Sylvius Egranus. Ein Beitrag zum Verhältnis von Reformation und Humanismus, Berlin 1960.

Kirner, Guido O.: Politik, Patronage und Gabentausch. Zur Archäologie vormoderner Sozialbeziehungen in der Politik der modernen Gesellschaft, in: Berliner Debatte Initial 14 (2003), Heft 4/5, S. 168–183.

Kisch, Guido: Gestalten und Probleme aus Humanismus und Jurisprudenz. Neue Studien und Texte, Berlin 1969.

Klein, Thomas: Humanismus und höfisch-städtische Eliten im sächsisch-thüringischen Raum vor der Reformation, in: Klaus Malettke/Jürgen Voss (Hg.): Humanismus und höfisch-städtische Eliten im 16. Jahrhundert, Bonn 1990 (= Pariser Historische Studien 27), S. 279–304.

Koch, Ernst: Neue Beiträge zur Geschichte des sächsischen Prinzenraubes und seiner Wirkungen, in: NASG 20 (1899), S. 246–285.

Koerner, Bernhard (Hg.): Deutsches Geschlechterhandbuch. Genealogisches Handbuch Bürgerlicher Familien, Bd. 68, Görlitz 1930 (= Ostpreußisches Geschlechterbuch, 2).

Köhler, Anne-Katrin: Geschichte des Klosters Nimbschen von der Gründung 1243 bis zu seinem Ende 1536/1542. Mit einem Exkurs: Zisterzienserinnen zwischen Saale und Neiße im 13. Jahrhundert und ihre Stellung zum Orden, Leipzig 2003 (= Arbeiten zur Kirchen- und Theologiegeschichte 7).

Kohnle, Achim: Zwickau im Kontext. Die Reformation unter Friedrich dem Weisen und Johann dem Beständigen, in: „Martinus halbenn …". Zwickau und der reformatorische Umbruch, hg. von der Stadtverwaltung Zwickau, Zwickau 2016, S. 11–19.

Kolde, Theodor (Hg.): Analecta Lutherana. Briefe und Actenstücke zur Geschichte Luthers. Zugleich ein Supplement zu den bisherigen Sammlungen seines Briefwechsels, Gotha 1883.

Ders.: Martin Luther. Eine Biographie, 2 Bde., Gotha 1884/1889.

Ders.: Ältester Bericht über die Zwickauer Propheten, in: Zeitschrift für Kirchengeschichte 5 (1882), S. 323–325.

Koller, Heinrich: Art. Hermansgrün, Hans, in: NDB, Bd. 8, München 1969, S. 665 f.

Ders. u. a. (Hg.): Regesten Kaiser Friedrichs III. (1440–1493). Nach Archiven und Bibliotheken geordnet, Heft 16: Die Urkunden und Briefe aus den Archiven des Bundeslandes Sachsen-Anhalt, bearb. von Eberhard Holtz, Weimar u. a. 2002.

Kopitzsch, Franklin: Bemerkungen zur Sozialgeschichte der Reformation und des Bauernkrieges, in: Rainer Wohlfeil (Hg.): Der Bauernkrieg 1524–26. Bauernkrieg und Reformation. Neun Beiträge, München 1975, S. 177–218.

Köstlin, Julius: Martin Luther, sein Leben und seine Schriften, Nach des Verf. Tode fortgesetzt von Gustav Kawerau, Bd. 1, 5., neu bearb. Aufl., Berlin 1903.

Krentz, Natalie: Ritualwandel und Deutungshoheit. Die frühe Reformation in der Residenzstadt Wittenberg (1500–1533), Tübingen 2014 (= Spätmittelalter, Humanismus, Reformation 74).

Kreß, Hartmut: Staat und Person. Politische Ethik im Umbruch des modernen Staates, Stuttgart 2018 (= Ethik – Grundlagen und Handlungsfelder 10).

Krumwiede, Hans-Walter: Zur Entstehung des landesherrlichen Kirchenregiments in Kursachsen und Braunschweig-Wolfenbüttel, Göttingen 1967 (= Studien zur Kirchengeschichte Niedersachsens 16).

Kunst, Hermann: Evangelischer Glaube und politische Verantwortung. Martin Luther als politischer Berater seiner Landesherren und seine Teilnahme an den Fragen des öffentlichen Lebens, Stuttgart 1976.

Des kursächsischen Rathes Hans von der Planitz Berichte aus dem Reichsregiment in Nürnberg 1521–1523, ges. von Ernst Wülcker. Nebst ergänzenden Aktenstücken bearb. von Hans Virck, Leipzig 1899.

Langer, Otto: Eine Schuldentilgung in Zwickau im Jahre 1462, in: MAVZ 8 (1905), S. 1–21.

Ders.: Der Kampf des Pfarrers Joh. Petrejus gegen den Wohlgemuthschen Altar in der Marienkirche, in: MAVZ 11 (1914), S. 31–49.

Laurence, Anna: The spread of reform, in: Peter Elmer (Hg.): Challenges to Authority, New Haven 2000 (= The Renaissance in Europe: a cultural enquiry 3), S. 55–102.

Laux, Stephan: Reformationsversuche in Kurköln (1542–1548). Fallstudien zu einer Strukturgeschichte landstädtischer Reformation (Neuss, Kempen, Andernach, Linz), Münster 2001 (= Reformationsgeschichtliche Studien und Texte 143).

Lehmann, Hartmut: Das marxistische Lutherbild von Engels bis Honecker, in: Hans Medick/Peer Schmidt (Hg.): Luther zwischen den Kulturen. Zeitgenossenschaft – Weltwirkung, Göttingen 2004, S. 500–514.

Lehmann, Roland M.: Reformation auf der Kanzel. Luther als Reiseprediger, Tübingen 2021 (= Beiträge zur historischen Theologie 199).

Leistner, Kristina: „Getruckt in der Fürstlichen Stadt Zwickaw" – Das Zwickauer Druckschaffen in den Jahren 1523 bis 1525, in: Erneuerung & Eigensinn. Zwickaus Weg durch die Reformation, hg. von der Stadtverwaltung Zwickau, Zwickau 2017, S. 39–43.

Lepp, Friedrich: Schlagwörter des Reformationszeitalters, Leipzig 1908 (= Quellen und Darstellungen aus der Geschichte des Reformationsjahrhunderts 8).

Linck, Wenzeslaus: Von Arbeyt vn[d] Betteln wie man solle der faulheyt vorkommen, vnd yederman zu Arbeyt ziehen, Zwickau 1523 (VD16 L 1845).

Ders.: Eyn Christlich || bedenckenn/ Wentzeslai || Lincken Ecclesiasten zů Alden=||burgk. Von den Testamenten || der sterbenden Menschen/|| Wie die geschehen vnnd || voltzogen werden sollen || noch goetlichen gesetz […], Zwickau 1524 (VD16 L 1803).

Ders.: Ain schoene Christliche Sermon von dem außgang der Kinder Gottes auß des Entichrists gefengknuß, so durch den außga[n]g der kinder Jsrahel auß Egipten, Babilonien [et]c. figuriert ist, Zwickau 1524 (VD16 L 1823).

Locher-Rott, Johann: Müglichen bericht an die z(u) Zwickaw: von wegen yrer wunderbarlichen vnd vnerhorten handlung: mit dysen angetzeygt werden. Die gůtten vnd p(oe)sen Christen. wie sie sich gegen Gottes wort halten, Zwickau 1524 (VD16 R 3386).

Ders.: Ein Gnadenreichs Priuilegium/ Christlicher freyheyt/ Von Gott verlyhen: Allerley speyß: allwegen/ Vnd mit gůtter gewissen zůgeniessen: wider alten gebrauch der Trutzigen Romanisten, Zwickau 1524 (VD16 R 3382).

Löffler, Michael: Martin Luthers Aufenthalt in Zwickau, in: „Martinus halbenn ...". Zwickau und der reformatorische Umbruch, hg. von der Stadtverwaltung Zwickau, Zwickau 2016, S. 63–70.

Lorz, Jürgen: Das reformatorische Wirken Dr. Wenzeslaus Lincks in Altenburg und Nürnberg (1523–1547), Nürnberg 1978 (= Nürnberger Werkstücke zur Stadt- und Landesgeschichte 25).

Lubich, Gerhard: Das Wortfeld „Verwandtschaft" im Mittelalter. Kontextuell-semantisches Arbeiten im historischen Feld, in: Sozialer Sinn 4 (2003), S. 21–36.

Ludolphy, Ingetraut: Friedrich der Weise, Kurfürst von Sachsen 1463–1525, Göttingen 1984, Reprint Leipzig 2006.

Dies.: VDMIAE. Ein „Reim" der Reformationszeit, in: Jahrbuch der Hessischen Kirchengeschichtlichen Vereinigung 33 (1982), S. 279–282.

Ludwig, Ulrike: Das landesherrliche Stipendienwesen an der Universität Wittenberg unter den ernestinischen Kurfürsten von Sachsen: Norm und Praxis, Leipzig 2019 (= Leucorea-Studien zur Geschichte der Reformation und der Lutherischen Orthodoxie 35).

Lück, Heiner: Juristen um Luther in Wittenberg, in: Helga Schnabel-Schüle (Hg.): Reformation. Historisch-kulturwissenschaftliches Handbuch. Stuttgart 2017, S. 71–92.

Lücke, Monika: Versuch einer Vermögenstopographie für die Stadt Wittenberg in der ersten Hälfte des 16. Jahrhunderts, in: Matthias Meinhardt/Andreas Ranft (Hg.): Die Sozialstruktur und Sozialtopographie vorindustrieller Städte, Berlin 2005 (= Hallische Beiträge zur Geschichte des Mittelalters und der Frühen Neuzeit 1), S. 247–262.

Lünig, Johann Christian (Hg.): Des Teutschen Reichs-Archivs Partis Specialis Continuatio II, Zweyte (und dritte) Fortsetzung, Leipzig 1712 (= Reichs-Archiv 10).

Machilek, Franz: Dominikus Schleupner aus Neisse (um 1483–1547). Vom Kanzler des Bischofs Jakob von Salza und Domkapitular in Breslau zum evangelischen Prediger und Ratstheologen in Nürnberg, in: Joachim Bahlcke u. a. (Hg.): Konfessionelle Pluralität als Herausforderung. Koexistenz und Konflikt in Spätmittelalter und Früher Neuzeit. Winfried Eberhard zum 65. Geburtstag, Leipzig 2006, S. 235–262.

Mahnke, Lutz: Die Zwickauer Schulordnung von 1523, in: Erneuerung & Eigensinn. Zwickaus Weg durch die Reformation, hg. von der Stadtverwaltung Zwickau, Zwickau 2017, S. 45–48.

Mantey, Volker: Zwei Schwerter – zwei Reiche. Martin Luthers Zwei-Reiche-Lehre vor ihrem spätmittelalterlichen Hintergrund, Tübingen 2005 (= Spätmittelalter und Reformation. Neue Reihe 26).

Maron, Gottfried: Art. Bauernkrieg, in: Gerhard Müller/Gerhard Krause (Hg.): Theologische Realenzyklopädie, Bd. 5, Berlin/New York 1980, S. 319–338.

Märtl, Claudia: Zum „Traum" des Hans von Hermansgrün, in: Zeitschrift für historische Forschung 3 (1987), S. 257–264.

Die Matrikel der Universität Wien, Bd. 5: 1659/60–1688/89, bearb. von Franz Gall (Text) und Marta Szaivert (Register), Wien 1975 (= Publikationen des Instituts für Österreichische Geschichtsforschung 6,1).

Menchi, Silvana Seidel: ... und wo steht Erasmus?, in: Heinz Schilling (Hg.): Der Reformator Martin Luther 2017. Eine wissenschaftliche und gedenkpolitische Bestandaufnahme, Berlin u. a. 2014 (= Schriften des Historischen Kollegs 92), S. 159–172.

Merz, Johannes: Landstädte und Reformation, in: Anton Schindling/Walter Ziegler (Hg.): Die Territorien des Reichs im Zeitalter der Reformation und Konfessionalisierung. Land und Konfessionen 1500–1650, Bd. 7: Bilanz – Forschungsperspektiven – Register, Münster 1997 (= Katholisches Leben und Kirchenreform im Zeitalter der Glaubensspaltung 57), S. 107–135.

Merzbacher, Friedrich: Art. Apostelbrief, in: Adalbert Erler/Ekkehard Kaufmann (Hg.): Handwörterbuch zur deutschen Rechtsgeschichte, Bd. 1, Berlin 1971, Sp. 195–196.

Metzler, Regine: Stephan Roth 1492–1546. Stadtschreiber in Zwickau und Bildungsbürger der Reformationszeit. Biographie. Edition der Briefe seiner Freunde Franz Pehem, Altenburg, und Nicolaus Günther, Torgau, Stuttgart 2008 (= Quellen und Forschungen zur sächsischen Geschichte 32).

Meurer, Moritz: Luthers Leben aus den Quellen erzählt, Bd. 2, Dresden 1845.

Meusel, Alfred: Thomas Müntzer und seine Zeit. Mit einer Auswahl von Dokumenten des Großen Deutschen Bauernkrieges, hg. von Heinz Kamnitzer, Berlin 1952.

Michel, Stefan: Die Kanonisierung der Werke Martin Luthers im 16. Jahrhundert, Tübingen 2016 (= Spätmittelalter, Humanismus, Reformation 92).

Ders.: „das grössist und furnempst stuck ist Gottis wort predigen und leren". Liturgische Reformen im Bereich der Wittenberger Reformation bis 1526, in: „Martinus halbenn ...". Zwickau und der reformatorische Umbruch, hg. von der Stadtverwaltung Zwickau, Zwickau 2016, S. 107–116.

Moeller, Bernd: Die frühe Reformation als Kommunikationsprozeß, in: Hartmut Brookmann (Hg.): Kirche und Gesellschaft im Heiligen Römischen Reich des 15. und 16. Jahrhunderts, Göttingen 1994 (= Abhandlungen der Akademie der Wissenschaften in Göttingen. Philologisch-Historische Klasse 3,206), S. 148–164.

Ders.: Das Berühmtwerden Luthers, in: Johannes Schilling (Hg.): Bernd Moeller. Luther-Rezeption. Kirchenhistorische Aufsätze zur Reformationsgeschichte, Göttingen 2001, S. 15–41.

Ders./Stackmann, Karl: Städtische Predigt in der Frühzeit der Reformation. Eine Untersuchung deutscher Flugschriften der Jahre 1522 bis 1529, Göttingen 1996 (= Abhandlungen der Akademie der Wissenschaften in Göttingen, Philologisch-Historische Klasse. Folge 3. Nr. 206).

Mosen, Paul: Zur Erinnerung an Paulus Lindenau aus Chemnitz, den ersten evangelischen Hofprediger in Dresden, in: Mitteilungen des Vereins für Chemnitzer Geschichte 6 (1889), S. 149–157.

Mühlpfordt, Günter: Bürger im Bauernkrieg – Stimmen und Stimmungen 1524/25, in: Gerhard Brendler/Adolf Laube (Hg.): Der deutsche Bauernkrieg. Geschichte – Traditionen – Lehren, Berlin 1978 (= Schriften des Zentralinstituts für Geschichte 57), S. 131–144.

Ders.: Magdeburg, die Rechtswissenschaft und die mitteldeutsche Frühneuzeitkultur von Luther bis Goethe, in: Erich Donnert (Hg.): Europa in der Frühen Neuzeit. Festschrift für Günter Mühlpfordt, Bd. 6: Mittel-, Nord- und Osteuropa, Weimar u. a. 2002, S. 61–64.

Mühlpfordt, Werner: Hermann Mühlpfort (*um 1486, †25. 8. 1534) und die Reformationszeit in Zwickau, in: Informationshefte Dom St. Marien 15 (2011), S. 17–25.

Müller, Georg: Mag. Stephan Roth. Schulrektor, Stadtschreiber und Ratsherr zu Zwickau im Reformationszeitalter, in: Beiträge zur Sächsischen Kirchengeschichte 1 (1882), S. 43–98.

Müller, Johann Sebastian: Des Chur- und Fürstlichen Hauses Sachsen/ Ernestin- und Albertinischer Linien/ Annales. Von Anno 1400 bis 1700, Weimar 1700.

Müller, Johannes: Vor- und frühreformatorische Schulordnungen und Schulverträge in deutscher und niederländischer Sprache, Abt. 2: Schulordnungen etc. aus den Jahren 1505–1523, nebst Nachtr. vom Jahre 1319 an, Zschopau 1886.

Nagel, Dietrich (Hg.): Historisch wertvolle Drucke und Handschriften aus dem Bestand der Ratsschulbibliothek Zwickau, Dortmund 1995.

Nickel, Holger: Stephan Roths Buchhandel, in: Herbert G. Göpfert u. a. (Hg.): Beiträge zur Geschichte des Buchwesens im konfessionellen Zeitalter, Wiesbaden 1985 (= Wolfenbütteler Schriften zur Geschichte des Buchwesens 11), S. 241–250.

North, Michael: Von der Atlantischen Handelsexpansion bis zu den Agrarreformen (1450–1815), in: ders. (Hg.): Deutsche Wirtschaftsgeschichte. Ein Jahrtausend im Überblick, München 2000, S. 112–193.

Oehmig, Stefan: Der Wittenberger Gemeine Kasten in den ersten zweieinhalb Jahrzehnten seines Bestehens (1522/23–1547). Seine Ausgaben und seine sozialen Nutznießer, in: Jahrbuch für Geschichte des Feudalismus 13 (1989), S. 133–180.

Ders.: Die Wittenberger Bewegung 1521/22 und ihre Folgen im Lichte alter und neuer Fragestellungen. Ein Beitrag zum Thema (Territorial-)Stadt und Reformation, in: ders. (Hg.): 700 Jahre Wittenberg. Stadt, Universität, Reformation, Weimar 1995, S. 97–130.

Ders.: Hermann Mühlpfordt der Ältere (1486–1534). Reichtum, Nachlaß und Erbe des Zwickauer Bürgermeisters der Reformationszeit, in: Erich Donnert (Hg.): Europa in der Frühen Neuzeit. Festschrift für Günter Mühlpfordt, Bd. 1: Vormoderne, Weimar u. a. 1997, S. 161–187.

Oertzen Becker, Doreen von: Die Kirchenpolitik Kurfürst Johann des Beständigen, in: Werner Greiling u. a. (Hg.): Die Ernestiner. Politik, Kultur und gesellschaftlicher Wandel, Köln u. a. 2016 (= Veröffentlichungen der Historischen Kommission für Thüringen. Kleine Reihe 50), S. 93–121.

Dies.: Kurfürst Johann der Beständige und die Reformation (1513–1532). Kirchenpolitik zwischen Friedrich dem Weisen und Johann Friedrich dem Großmütigen, Köln u. a. 2017 (= Quellen und Forschungen zu Thüringen im Zeitalter der Reformation 7).

Oncken, Hermann: Ansprache zum Gedächtnis Bismarcks, gehalten am zehnjährigen Todestage Bismarcks vor der Heidelberger Studentenschaft, Heidelberg 1908.

Peters, Christian: Der Armut und dem Bettel wehren. Städtische Beutel- und Kastenordnungen von 1521 bis 1531, in: Irene Dingel/Achim Kohnle (Hg.): Gute Ordnung. Ordnungsmodelle und Ordnungsvorstellungen in der Reformationszeit, Leipzig 2013 (= Leucorea-Studien zur Geschichte der Reformation und der Lutherischen Orthodoxie 25), S. 239–255.

Pfeiffer, Hans: Thomas Müntzer. Ein biographischer Roman, Berlin 1975.

Piltz, Eric/Schwerhoff, Gerd: Religiöse Devianz im konfessionellen Zeitalter – Dimensionen eines Forschungsfeldes, in: dies. (Hg.): Gottlosigkeit und Eigensinn. Religiöse Devianz im konfessionellen Zeitalter, Berlin 2015 (= Zeitschrift für Historische Forschung. Beihefte 51), S. 9–50.

Plumpe, Werner: Korruption. Annäherungen an ein historisches und gesellschaftliches Phänomen, in: Jens Ivo Engels u. a. (Hg.): Geld – Geschenke – Politik. Korruption im neuzeitlichen Europa, München 2009 (= Historische Zeitschrift 48), S. 19–47.

Pohlig, Matthias: Zwischen Gelehrsamkeit und konfessioneller Identitätsstiftung. Lutherische Kirchen- und Universalgeschichtsschreibung 1546–1617, Tübingen 2007 (= Spätmittelalter und Reformation. Neue Reihe 37).

Preller, Ludwig: Nicolaus Hausmann, der Reformator von Zwickau und Anhalt. Zwei Gutachten von ihm über die Reformation von Zwickau, sammt andern Beiträgen zur Geschichte der Reformation daselbst, in: Zeitschrift für die historische Theologie 22 (1852), Heft 3, S. 325–379.

Prescher, Hans (Hg.): Georgius Agricola. Ausgewählte Werke. Gedenkausgabe des Staatlichen Museums für Mineralogie und Geologie zu Dresden, Bd. 2: Georg

Agricola. Bermannus oder über den Bergbau. Ein Dialog, übers. und bearb. von Helmut Wilsdorf, Berlin 1955.

Ders. (Hg.): Georgius Agricola. Ausgewählte Werke. Gedenkausgabe des Staatlichen Museums für Mineralogie und Geologie zu Dresden, Bd. 6: Vermischte Schriften, bearb. u. übers. von Georg Fraustadt, Berlin 1961.

Ders. (Hg.): Georgius Agricola. Ausgewählte Werke. Gedenkausgabe des Staatlichen Museums für Mineralogie und Geologie zu Dresden, Bd. 9: Briefe und Urkunden, bearb. von Ulrich Horst und Hans Prescher. Mit Übers. von Georg Fraustadt, Heidelberg 1992.

Prokisch, Bernhard: Die Raitpfennigprägungen in den österreichischen Erbländern, Wien 2009 (= Veröffentlichungen des Instituts für Numismatik und Geldgeschichte 12).

Pusch, Oskar: Die Breslauer Rats- und Stadtgeschlechter in der Zeit von 1241 bis 1741, Bd. 4, Dortmund 1990 (= Veröffentlichungen der Forschungsstelle Ostmitteleuropa an der Universität Dortmund. Reihe B. 39).

Raab, C[urt] von: Zur Geschichte der Familie Römer in Sachsen, in: Vierteljahrsschrift für Heraldik, Sphragistik und Genealogie 16 (1888), S. 369–390.

Ders.: Regesten zur Orts- und Familiengeschichte des Vogtlandes (1350–1563), Bd. 2 (1485–1563), Plauen 1898.

Rauch, Moritz von: Johann Riesser. Heilbronns Reformationsbürgermeister, in: Christhard Schrenk/Hubert Weckbach (Hg.): Aus der Heilbronner Stadtgeschichtsschreibung. Ausgewählte Aufsätze zur Geschichte der Stadt Heilbronn aus den Bänden 1–16 des Jahrbuches des Historischen Vereins Heilbronn. Festschrift für Helmut Schmolz, Weinsberg 1988, S. 187–197.

Rausch, Alexander: Bimodale Netzwerke, in: Christian Stegbauer/Roger Häußling (Hg.): Handbuch Netzwerkforschung, Wiesbaden 2010, S. 421–432.

Rebeggiano, Matteo: Zur Umsetzung der Reformation in Zwickau in den Jahren 1521–1525, in: Erneuerung & Eigensinn. Zwickaus Weg durch die Reformation, hg. von der Stadtverwaltung Zwickau, Zwickau 2017, S. 33–37.

Reindell, Wilhelm (Hg.): Wenzel Lincks Werke, gesammelt und hg. mit Einleitungen und Anmerkungen, Teil 1: Eigene Schriften bis zur zweiten Nürnberger Wirksamkeit, Marburg 1894.

Reinhard, Wolfgang: Luther und die Städte, in: Erwin Iserloh/Gerhard Müller (Hg.): Luther und die politische Welt, Stuttgart 1984 (= Historische Forschungen 9), S. 87–112.

Ders.: Freunde und Kreaturen. Historische Anthropologie von Patronage-Klientel-Beziehungen, in: Freiburger Universitätsblätter 37 (1998), S. 127–141.

Repertorium Germanicum. Verzeichnis der in den päpstlichen Registern und Kameralakten vorkommenden Personen, Kirchen und Orte des Deutschen Reiches, seiner Diözesen und Territorien vom Beginn des Schismas bis zur Reformation, Bd. IV (Martin V. 1417–1431), 3. Tbd. (L–Z), bearb. von Karl August Fink, Berlin 1958.

Repertorium Poenitentiariae Germanicum, Bd. 6: Verzeichnis der in den Supplikenregistern der Pönitentiarie Sixtus IV. vorkommenden Personen, Kirchen und Orte des Deutschen Reiches 1471–1484, bearb. von Ludwig Schmugge u. a., Tübingen 2005.

Rieth, Ricardo W.: Luthers Antworten auf wirtschaftliche und soziale Herausforderungen seiner Zeit, in: Lutherjahrbuch 76 (2009), Göttingen 2010, S. 137–158.

Röber, Wolf-Dieter: Martin Luthers Aufenthalt in Zwickau im Jahre 1522, in: Zwickauer Heimatjournal 1 (1993), S. 58–60.

Rommel, Ludwig: Reisen zu Müntzer. Erinnerungsstätten in der DDR, Berlin/Leipzig 1989.

Roterdamus, Desiderius Erasmus: Institutio principis Christiani, hg. von Otto Herding, in: Opera Omnia, Bd. 4,1, Amsterdam 1974, S. 97–219.

Roth, Stephan: Eyn gesprech zwayer Ehelicher weyber/ die eyne der andern vber den man klagt/ von Erasmo Roterodamo lateynisch beschrieben/ allen eheleutten/ zu mercklichem nutz vnd frommen/ gedeutschet, Wittenberg 1524 (VD16 E 2450).

Rudersdorf, Manfred: Universitas semper reformanda. Die beharrende Kraft des Humanismus. Zu einem Grundkonflikt neuzeitlicher Universitätsgeschichte im Jahrhundert der Reformation, Leipzig/Stuttgart 2016 (= Sitzungsberichte der Sächsischen Akademie der Wissenschaften zu Leipzig, Philosophisch-historische Klasse, Bd. 141, Heft 5).

Rüstow, Alexander: Ortsbestimmung der Gegenwart. Eine universalgeschichtliche Kulturkritik, Bd. 2: Weg der Freiheit, Erlenbach-Zürich 1952.

Rüth, Bernhard: Reformation und Konfessionsbildung im städtischen Bereich. Perspektiven der Forschung, in: Zeitschrift der Savigny-Stiftung für Rechtsgeschichte. Kanonistische Abteilung 77 (1991), S. 197–282.

Scheible, Heinz (Hg.): Melanchthons Briefwechsel, Bd. 8: Regesten 8072–9301 (1557–1560), bearb. von dems. und Walter Thüringer, Stuttgart/Bad Cannstatt 1995.

Scheussler, Joh.: Wohlauf, Psalter und Harfen! Wachet auf, Psalter und Harfen! Ruf an unser lutherisches Sachsenland zum 10. Nov. 1883, 2 Teile; Teil 1 in: Sächsisches Kirchen- und Schulblatt, Nr. 45, vom 9. November 1883, Sp. 385–389, Teil 2 in: ebd., Nr. 46, vom 16. November 1883, Sp. 393–398.

Schilling, Heinz: Die Stadt in der Frühen Neuzeit, 2. Aufl., München 2004 (= Enzyklopädie Deutscher Geschichte 24).

Ders.: Martin Luther. Rebell in einer Zeit des Umbruchs. Eine Biographie, 4., aktual. Aufl., München 2016.

Schindling, Anton: Konfessionalisierung und Grenzen von Konfessionalisierbarkeit, in: ders./Walter Ziegler (Hg.): Die Territorien des Reichs im Zeitalter der Reformation und Konfessionalisierung. Land und Konfessionen 1500–1650, Bd. 7: Bilanz – Forschungsperspektiven – Register, Münster 1997 (= Katholisches Leben und Kirchenreform im Zeitalter der Glaubensspaltung 57), S. 9–44.

Schirmer, Uwe: Untersuchungen zur Herrschaftspraxis der Kurfürsten und Herzöge von Sachsen. Institutionen und Funktionseliten (1485–1513), in: ders./Jörg Rogge (Hg.): Hochadelige Herrschaft im mitteldeutschen Raum (1200–1600). Formen – Legitimation – Repräsentation, Leipzig 2003 (= Quellen und Forschungen zur sächsischen Geschichte 23), S. 305–378.

Ders.: Kursächsische Staatsfinanzen. (1456–1656). Strukturen, Verfassung, Funktionseliten, Stuttgart 2006 (= Quellen und Forschungen zur sächsischen Geschichte 28).

Ders.: Der ernestinische und albertinische Landadel in der Zentralverwaltung der Kurfürsten und Herzöge von Sachsen (1525–1586), in: Martina Schattkowsky (Hg.): Die Familie von Bünau. Adelsherrschaften in Sachsen und Böhmen vom Mittelalter bis zur Neuzeit, Leipzig 2008 (= Schriften zur sächsischen Geschichte und Volkskunde 27), S. 191–214.

Ders.: Die Ernestiner und das Geld, in: Sigrid Westphal u. a. (Hg.): Die Welt der Ernestiner. Ein Lesebuch, Wien u. a. 2016, S. 137–144.

Ders.: Landstände und Reformation. Das Beispiel Kursachsen (1523–1543), in: Enno Bünz u. a. (Hg.): Reformationen vor Ort. Christlicher Glaube und konfessionelle Kultur in Brandenburg und Sachsen im 16. Jahrhundert, Berlin 2017, S. 55–77.

Schlesinger, L[udwig]: Ein deutsches Formelbuch, in: Mittheilungen des Vereins für Geschichte der Deutschen in Böhmen 21 (1883), S. 300–344.

Schlögl, Rudolf: Vergesellschaftung unter Anwesenden. Zur kommunikativen Form des Politischen in der vormodernen Stadt, in: Rudolf Schlögl (Hg.): Interaktion und Herrschaft. Die Politik der frühneuzeitlichen Stadt, Konstanz 2004 (= Historische Kulturwissenschaft 5), S. 9–60.

Ders.: Interaktion und Herrschaft. Probleme der politischen Kommunikation in der Stadt, in: Barbara Stollberg-Rillinger (Hg.): Was heißt Kulturgeschichte des Politischen?, Berlin 2005 (= Zeitschrift für historische Forschung. Beiheft 35), S. 115–128.

Schmidt, Bernhard: Symbolae ad vitam Gregorii Haloandri, in: Programm der Leipziger Juristenfakultät zum fünfzigsten Doktorjubiläum von Gustav Friedrich Haenel, Leipzig 1866, S. 7–20.

Schmidt, Charles: Histoire littéraire de l'Alsace à la fin du XVe et au commencement du XVIe siècle. Bd. 2, Paris 1879.

Schmidt, Ludwig (Hg.): Urkundenbuch der Stadt Grimma und des Klosters Nimbschen, Leipzig 1895 (= Codex Diplomaticus Saxoniae Regiae II, XV).

Schmidt, Tobias: Chronica Cygnea, Oder Beschreibung Der sehr alten/ Löblichen/ und Churfürstlichen Stadt Zwickaw: Von ders. Lager/ Erbauung/ Gebäuden [...]; Ingleichen was sich Schrifftwürdiges/ zu Kriegs und Frieds-Zeiten/ allda und in derselben Nachtbarschafft begeben/ und zugetragen [...]/ Alles aus glaubwürdigen [...] Schrifften/ und Büchern/ theils auch aus eigener Erfahrung zusammen gebracht/ und zum Druck verfertiget [...], Zwickau 1656.

Schmidt, Ute: Quellen im Stadtarchiv Zwickau zur frühbürgerlichen Revolution, in: Archivmitteilungen. Zeitschrift für Theorie und Praxis des Archivwesens 6 (1983), S. 192 f.

Schmidt-Recla, Adrian: Kalte oder warme Hand? Verfügungen von Todes wegen in mittelalterlichen Rechtsreferenzquellen, Köln u. a. 2011 (= Forschungen zur Deutschen Rechtsgeschichte 29).

Schmitt, Ludwig Erich: Untersuchungen zur Entstehung und Struktur der „neuhochdeutschen Schriftsprache", Bd. 1: Sprachgeschichte des Thüringisch-Obersächsischen im Spätmittelalter. Die Geschäftssprache von 1300 bis 1500, Köln 1966 (= Mitteldeutsche Forschungen 36, 1).

Schottenloher, Karl: Der Münchner Buchdrucker Hans Schobser 1500–1530. Mit einem Anhang: Wer ist Johann Locher von München?, München 1925.

Schottenloher, Otto: Erasmus und die respublica christiana, in: Historische Zeitschrift 210 (1970), S. 295–323.

Schreiner, Klaus: Teilhabe, Konsens und Autonomie. Leitbegriffe kommunaler Ordnung in der politischen Theorie des Mittelalters und der Frühen Neuzeit, in: Peter Blickle (Hg.): Theorien kommunaler Ordnung in Europa, München 1996 (= Schriften des Historischen Kollegs. Kolloquien 36), S. 35–61.

Schultze, Johannes (Hg.): Das Landregister der Herrschaft Sorau von 1381, Berlin 1936 (= Veröffentlichungen der Historischen Kommission für die Provinz Brandenburg und die Hauptstadt Berlin 8,1).

Schulze, Winfried: Vom Gemeinnutz zum Eigennutz. Über den Normenwandel in der ständischen Gesellschaft der frühen Neuzeit, München 1987 (= Schriften des Historischen Kollegs. Vorträge 13).

Schwager, Hans-Joachim: „Epilepsie" bei Luther und in der evangelischen Theologie und Diakonie. Ein Beitrag zur Vorurteilsforschung, in: Zeitschrift für Epileptologie 17 (2004), S. 43–54.

Schwinges, Rainer C.: Der Student in der Universität, in: Walter Rüegg (Hg.): Geschichte der Universität in Europa, Bd. 1: Mittelalter, München 1993, S. 181–223.

Scribner, Robert W.: The Reformation as a Social Movement, in: Wolfgang W. Mommsen (Hg.): Stadtbürgertum und Adel in der Reformation. Studien zur Sozialgeschichte der Reformation in England und Deutschland, Stuttgart 1979, S. 49–79.

Scriptorum Publice Propositorum a Professoribus in Academia Witebergensi, ab anno 1540 usque ad annum 1553, Tomus 1, Wittenberg 1560 (VD 16 W 3752).

Seeberg-Elverfeldt, Annemarie: Unsere Ahnen zur Reformationszeit, in: Archiv für Sippenforschung 91/92 (1983), S. 153–191.

Seegers, Lu: Die Inszenierung Zwickaus als Vorreiterstadt. Stadtjubiläen im Nationalsozialismus und in der DDR (1935 und 1968), in: Adelheid von Saldern (Hg.): Inszenierter Stolz. Stadtrepräsentation in drei deutschen Gesellschaften (1935–1975), Stuttgart 2005 (= Beiträge zur Stadtgeschichte und Urbanisierungsforschung 2), S. 185–240.

Sembdner, Alexander: Zwischen Schule und Universität. Zwickau in der deutschen Bildungslandschaft des 15. und 16. Jahrhunderts, in: „Martinus halbenn …". Zwickau und der reformatorische Umbruch, hg. von der Stadtverwaltung Zwickau, Zwickau 2016, S. 99–106.

Seidemann, J[ohann] K[arl]: Schriftstücke zur Reformationsgeschichte, in: Zeitschrift für die historische Theologie 44 (1874), S. 115–139.

Ders.: Petrus Sylvius, ein Dominicaner der Reformationszeit, in: Archiv für Litteraturgeschichte 4 (1875), S. 117–153.

Simon, Thomas: „Gute Policey". Ordnungsleitbilder und Zielvorstellungen politischen Handelns in der Frühen Neuzeit, Frankfurt am Main 2004 (= Veröffentlichungen des Max-Planck-Instituts für Europäische Rechtsgeschichte 170).

Sladeczek, Martin: Die Ernestiner und das entstehende Kirchenregiment, in: Sigrid Westphal u. a. (Hg.): Die Welt der Ernestiner. Ein Lesebuch, Wien u. a. 2016, S. 39–44.

Slenczka, Ruth: Einleitung, in: Martin Luther: Von der Freiheit eines Christenmenschen, kommentiert und hg. von Jan Kingreen, Tübingen 2017, VII–IX.

Sommerfeldt, Gustav: Ein Schreiben von Wolfgang Roth vom Jahre 1524, in Alt-Zwickau, 1. Oktober 1927, S. 39 (1 Seite).

Steinführer, Henning (Hg.): Die Leipziger Ratsbücher 1466–1500. Forschung und Edition, Bd. 1/2, Leipzig 2003 (= Quellen und Materialien zur Geschichte der Stadt Leipzig 1).

Steinmetz, Max: Deutschland 1476–1648. Von der frühbürgerlichen Revolution bis zum Westfälischen Frieden, Berlin 1965 (= Lehrbuch der Deutschen Geschichte 3).

Ders. (Hg.): Die frühbürgerliche Revolution in Deutschland, Berlin 1985 (= Studienbibliothek DDR-Geschichtswissenschaft 5)

Ders.: Die frühbürgerliche Revolution in Deutschland (1476–1535). Thesen, in: Gerhard Brendler u. a. (Red.): Die frühbürgerliche Revolution in Deutschland, Berlin 1961, S. 7–16.

Steinmüller, Karl: Agricola in Zwickau. Die Zwickauer Lateinschule am Ausgang des Mittelalters, in: Agricola-Studien, Berlin 1957 (= Freiberger Forschungshefte. Kultur und Technik D 18), S. 20–44.

Stephan, Erika: Regenbogenfahne überm Harz. Zur Uraufführung „Thomas Müntzer" im Bergtheater Thale, in: Theater der Zeit 7 (1975), S. 48–65.

Stephan, Bernd: „Ein itzlich Werck lobt seinen Meister". Friedrich der Weise, Bildung und Künste, Leipzig 2014 (= Leucorea-Studien zur Geschichte der Reformation und der Lutherischen Orthodoxie 24).

Steude, Wolfram: Über den Gebrauch der deutschen Sprache als Politikum in der geistlichen Musik der Reformationszeit (1983), in: Matthias Herrmann (Hg.): Annäherung durch Distanz. Texte zur älteren mitteldeutschen Musik und Musikgeschichte, Altenburg 2001, S. 46–53.

Süßmilch, Moritz von gen. Hörnig: Das Erzgebirge in Vorzeit, Vergangenheit und Gegenwart, 2., wohlfeile Volks-Ausg., Annaberg 1894.

Teichert, Silva: 1407 – Quellenlage und Darstellung der Ereignisse in der Zwickauer Geschichtsschreibung, in: 1407 – Rat kontra Landesherr? Tagungsband des wissenschaftlichen Kolloquiums „Rat kontra Landesherr?" am 28. September 2007 in Zwickau, hg. von den Städtischen Museen Zwickau und dem Stadtarchiv Zwickau, Zwickau 2011, S. 270–287.

Dies.: Die Bürgerreformation in Zwickau, in: „Martinus halbenn …". Zwickau und der reformatorische Umbruch, hg. von der Stadtverwaltung Zwickau, Zwickau 2016, S. 21–34.

Dies.: Der Bruch Luthers mit den Zwickauern – Der Kampf um die kirchenpolitische Vorherrschaft, in: Erneuerung & Eigensinn. Zwickaus Weg durch die Reformation, hg. von der Stadtverwaltung Zwickau, Zwickau 2017, S. 67–73.

Dies.: „Woher wissen die denn das?". Schriftliche Quellen zur Reformation im Stadtarchiv Zwickau, in: Cygnea. Schriftenreihe des Stadtarchivs Zwickau 15 (2017), S. 50–61.

Thurm, Helmut: Das Dominikaner-Nonnenkloster Cronschwitz bei Weida, Jena 1942.

Tode, Sven: Stadt im Bauernkrieg 1525. Strukturanalytische Untersuchungen zur Stadt im Raum anhand der Beispiele Erfurt, Mühlhausen/Thür., Langensalza und Thamsbrück, Frankfurt am Main u. a. 1994.

Tracy, James D.: Die „Civitates" in der christlichen Rechtsordnung bei Erasmus von Rotterdam, in: Peter Blickle (Hg.): Theorien kommunaler Ordnung in Europa, München 1996 (= Schriften des Historischen Kollegs. Kolloquien 36), S. 113–126.

Tschopp, Silvia Serena: Flugschriften als Leitmedien reformatorischer Öffentlichkeit, in: Helga Schnabel-Schüle (Hg.): Reformation. Historisch-kulturwissenschaftliches Handbuch, Stuttgart 2017, S. 311–330.

Ullmann, Ernst: Die Darstellung des Bauern im Werk von Albrecht Dürer, in: Gerhard Heitz u. a. (Hg.): Der Bauer im Klassenkampf. Studien zur Geschichte des deutschen Bauernkrieges und der bäuerlichen Klassenkämpfe im Spätfeudalismus, Berlin 1975, S. 377–390.

Urkundenbuch der Stadt Zwickau, Teil 1: Die urkundliche Überlieferung 1118–1485, bearb. durch Jens Kunze und Henning Steinführer, Hannover 2014 (= Codex Diplomaticus Saxoniae Regiae II, XXI).

Urkundenbuch der Stadt Zwickau, Teil 2: Das älteste Stadtbuch 1375–1481, bearb. durch Jens Kunze, Hannover 2012 (= Codex Diplomaticus Saxoniae Regiae II, XX).

Vogel, Curt: Zwickau im Hussitenkriege, in: Alt-Zwickau 3 (1924), S. 9–12.

Vogler, Günter: Ernst Bloch und Thomas Müntzer. Historie und Gegenwart in der Müntzer-Interpretation eines Philosophen, in: Norbert Fischer/Marion Kolbelt-Groch (Hg.): Außenseiter zwischen Mittelalter und Neuzeit. Festschrift für Hans-Jürgen Goertz zum 60. Geburtstag, Leiden 1997 (= Studies in medieval and reformation thought 61), S. 243–267.

Vossberg, Herbert: Luther rät Reissenbusch zur Heirat. Aufstieg und Untergang der Antoniter in Deutschland. Ein reformationsgeschichtlicher Beitrag, Berlin 1968.

Wagner, Ulrich: Die Stadt Würzburg im Bauernkrieg, in: ders. (Hg.): Geschichte der Stadt Würzburg, Bd. 2: Vom Bauernkrieg 1525 bis zum Übergang an das Königreich Bayern 1814, Stuttgart 2004, S. 40–49.

Walter, Peter: „Nihil enim huius praeceptis sanctius". Das Seneca-Bild des Erasmus von Rotterdam, in: Barbara Neymeyr/Jochen Schmidt/Bernhard Zimmermann (Hg.): Stoizismus in der europäischen Philosophie, Literatur, Kunst und Politik. Eine Kulturgeschichte von der Antike bis zur Moderne, Bd. 1, Berlin/New York 2008, S. 501–524.

Wappler, Paul: Thomas Müntzer in Zwickau und die „Zwickauer Propheten", Zwickau 1908, Reprint Gütersloh 1966 (= Schriften des Vereins für Reformationsgeschichte 182).

Ders.: Inquisition und Ketzerprozesse in Zwickau zur Reformationszeit. Dargestellt im Zusammenhang mit der Entwicklung Luthers und Melanchthons über Glaubens- und Gewissensfreiheit, in: MAVZ 9 (1908), S. 30–39.

Wartenberg, Günter: Landesherrschaft und Reformation. Moritz von Sachsen und die albertinische Kirchenpolitik bis 1546, Gütersloh/Weimar 1988 (= Quellen und Forschungen zur Reformationsgeschichte 55).

Weber, Karl: Das älteste Kirchenbuch Deutschlands, in: Archiv für Sippenforschung und alle verwandten Gebiete 25 (1967), S. 64.

Weber, Max: Wirtschaft und Gesellschaft. Grundriß der verstehenden Soziologie, 1. Halbbd., hg. von Johannes Winckelmann, 5. Aufl., Tübingen 1980.

Ders.: Der Sinn der „Wertfreiheit" der soziologischen und ökonomischen Wissenschaften, in: Gesammelte Aufsätze zur Wissenschaftslehre, hg. von Johannes Winckelmann, 3. Aufl., Tübingen 1968, S. 489–540.

Weißmann, Robert: Neue Quellen zum Schmalkaldischen Krieg: Paul Mühlpfordt (1507–1558), Gefolgsmann des Kurfürsten Johann Friedrich von Sachsen, in: Erich Donnert (Hg.): Europa in der Frühen Neuzeit. Festschrift für Günter Mühlpfordt, Bd. 7: Unbekannte Quellen – Aufsätze – Personenregister der Bände 1–7, Weimar u. a. 2008, S. 113–136.

Ders.: Martin Römer († 1483) in Vergangenheit und Gegenwart. Überlegungen zur Rezeptionsgeschichte, in: Cygnea. Schriftenreihe des Stadtarchivs Zwickau 11 (2013), S. 5–33.

Ders.: Religionspolitik als Kunst des Möglichen. Hermann Mühlpfordt und die Einführung der Reformation in Zwickau, T. 1, in: Cygnea. Schriftenreihe des Stadtarchivs Zwickau 15 (2017), S. 81–96; T. 2 in: ebd. 17 (2019), S. 120–123.

Weissman, Ronald: Taking Patronage Seriously. Mediterranean Values and Renaissance Society, in: Francis William Kent/Patricia Simons (Hg.): Patronage, Art, and Society in Renaissance Italy, Oxford 1987, S. 25–45.

Weller, Erich: Der Zwickauer Bürgermeister Hermann Mühlpfort schildert soziale Mißstände um 1525, in: Pulsschlag 7 (1959), S. 7–11.

Weller, Johann Gottfried: Altes aus allen Theilen der Geschichte, oder alte Urkunden, alte Briefe, und Nachrichten von alten Büchern. mit Anmerkungen, Bd. 2, Chemnitz 1766.

Wendebourg, Dorothea: So viele Luthers … Die Reformationsjubiläen des 19. und 20. Jahrhunderts, Leipzig 2017.

Westphal, Sina: Die Korrespondenz zwischen Kurfürst Friedrich dem Weisen von Sachsen und der Reichsstadt Nürnberg. Analyse und Edition, Frankfurt am Main 2011.

Weyrauch, Erdmann: „Offene Briefe" im 16. Jahrhundert. Bemerkungen und Beispiele, in: Heinz-Dieter Heimann/Ivan Hlaváček (Hg.): Kommunikationspraxis und Korrespondenzwesen im Mittelalter und in der Renaissance, Paderborn u. a. 1998, S. 191–204.

Wie Heinrich vom Ende auf Ponitz am 3. Oktober 1533 in Zwickau sein Testament einreichte, in: Alt-Zwickau 1 (1933), S. 2.

Wilhelm, Lorenz: Descriptio Urbis Cycneæ […] Das ist Warhafftige […] Beschreibung/ der vhralten Stadt Zwickaw, Zwickau 1633.

Wutke, Konrad (Hg.): Die Inventare der Nichtstaatlichen Archive Schlesiens, Bd. II: Kreis und Stadt Glogau, Breslau 1915.

Wunder, Gerd: Jos Weiß. Reutlingens Reformations-Bürgermeister, in: Reutlinger Geschichtsblätter. Neue Folge 18 (1979), S. 49–64.

Zedler, Johann Heinrich: Art.: Mülpfort (Herrmann), in: ders.: Grosses vollständiges Universal-Lexicon Aller Wissenschafften und Künste, Bd. 22, Leipzig 1739, Sp. 272.

Zimmermann, Joachim: Thomas Müntzer. Ein deutsches Schicksal, Berlin 1925.

Zorn, Günter (Hg.): Akten der Kirchen- und Schulvisitationen in Zwickau und Umgebung 1529 bis 1556, Langenweißbach 2008.

Zschäbitz, Gerhard: Martin Luther. Größe und Grenze, T. 1: 1483–1526, Berlin 1967.

Ders. (Hg): Die Reformation in Deutschland. Materialien zur Geschichte der frühbürgerlichen Revolution, Wittenberg 1967.

Zschoch, Hellmut: Luthers Rede hören und bewahren. Georg Rörers Nachschriften der Predigten des Reformators, in: Stefan Michel/Christian Speer (Hg.): Georg Rörer (1492–1557). Der Chronist der Wittenberger Reformation, Leipzig 2012 (= Leucorea-Studien zur Geschichte der Reformation und der Lutherischen Orthodoxie 15), S. 125–136.

ANHANG: STAMMTAFEL MÜHLPFORDT

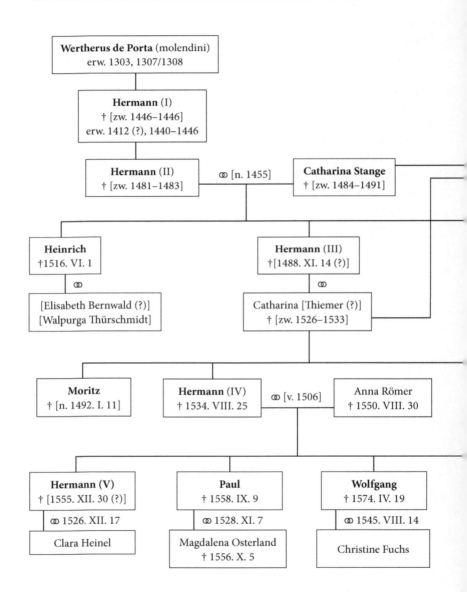

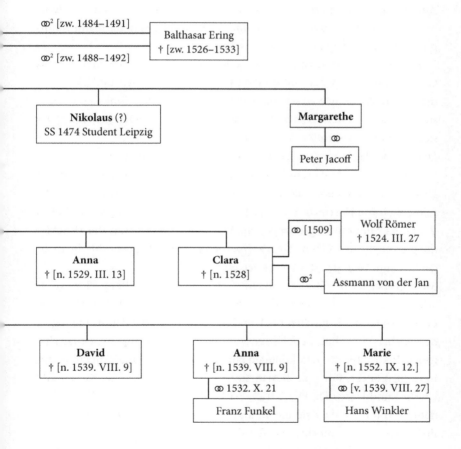

DANKSAGUNG

Zu Michaelis (29. September) 2021 jährte sich zum 500. Male der Amtsantritt Hermann Mühlpfordts als „Reformationsbürgermeister" seiner Vaterstadt Zwickau. Nunmehr liegt zu der auch über ihre Zeit und die Muldestadt hinaus bedeutenden Persönlichkeit im Nachgang des Jubiläums diese Monografie vor. Sie entstand auf Anregung des 2017 verstorbenen Hallenser Aufklärungsforschers und Osteuropa-Historikers Prof. Dr. Günter Mühlpfordt, mit dem mich die gemeinsame Abstammung von Hermann Mühlpfordt und eine langjährige Bekanntschaft verbanden.

Herr Prof. Mühlpfordt hat, solange es ihm gesundheitlich möglich war, das Gedeihen meiner Arbeit mit großem Engagement begleitet und plante für die Veröffentlichung eine – leider nicht mehr realisierte – Einleitung beizusteuern. Er vermittelte ferner den Kontakt zum Mitteldeutschen Verlag, der sich freundlicherweise zur Veröffentlichung bereit erklärte.

Das vom Verlag bereits für das Frühjahr 2017 angekündigte Erscheinen verzögerte sich jedoch, da sämtliche Versuche zur Einwerbung des benötigten Druckkostenzuschusses scheiterten. Aus privater Hand wurden die Mittel schließlich von Herrn Dr. Werner Mühlpfordt (Ellerstadt) und seiner Gattin Walburga Mühlpfordt großzügig zur Verfügung gestellt, was die Drucklegung ermöglichte. Neben ihnen sei an dieser Stelle allen gedacht, die maßgeblich zum Gelingen des Werks beigetragen haben:

Mein großer Dank gilt insbesondere Herrn Dr. Stefan Oehmig (Berlin) für seine jahrelange und unermüdliche Bereitschaft zur inhaltlichen Diskussion, seinen immer kritischen Blick und seine vielen wertvollen Anregungen, desgleichen Frau Dipl.-Phil. Ulrike Hohensee (Monumenta Germaniae Historica, Berlin) für ihren tatkräftigen philologischen Beistand. Amicus certus in re incerta cernitur – in diesem Sinne bin ich Frau Dr. Elfie-Marita Eibl (Berlin) und Herrn Dr. Dr. Patrick Erich Obermeier (Berlin) sehr herzlich dafür verbunden, dass sie das Manuskript so akribisch durchsahen. Ausdrücklich danken möchte ich für die unkomplizierte Unterstützung bei meinen Recherchen Herrn Dr. Lutz Mahnke, Leiter der Ratsschulbibliothek

Zwickau, und Frau Silva Teichert, Leiterin des Stadtarchivs Zwickau, sowie den stets hilfsbereiten Mitarbeiterinnen und Mitarbeitern zuvor genannter Institutionen. Durch sein vorzügliches Lektorat hat am Ende Herr Dr. Kurt Fricke vom Mitteldeutschen Verlag das Buch über den „Reformationsbürgermeister" Hermann Mühlpfordt entscheidend mit auf den Weg gebracht.

Berlin, Juli 2022

Robert Weißmann

ORTS- UND PERSONENREGISTER

Das Personenregister umfasst die im Haupttext sowie im Fließtext der Anmerkungen vorkommenden natürlichen Personen. Unerwähnt bleiben Personen, die nur in den bibliografischen Nachweisen auftauchen. Nicht indiziert sind wegen ihrer häufigen Nennung Martin Luther und Hermann Mühlpfordt (IV). Gleichfalls aus diesem Grund wurde von einer Aufnahme der Kommune Zwickau in das Ortsregister abgesehen; für das Zwickauer Stadtgebiet erfolgt hingegen eine Verschlagwortung.

Ortsregister

A
Aachen 16 f.
Adorf 180
Allstedt 62 f.
Altenburg 119, 172, 202, 204
Auerbach (Oberpfalz) 45
Augsburg 43

B
Basel 87, 97
Bayern (Herzogtum) 192
Berlin 258
Biel (Bienne) 79
Beuditz (heute OT von Weißenfels) 57
Borna 123, 198
Brandenburg 99, 192
Breslau 28
Budapest 180

C
Chemnitz 177

D
Dänemark 13
Deutschland
 – Bundesrepublik Deutschland 182 f.
 – Deutsche Demokratische Republik 53 f., 64, 72, 83, 144, 173, 182 f., 210, 220
 – Heiliges Römische Reich 180, 202
 – Mitteldeutschland 67, 89
 – Süddeutschland 47
 – Weimarer Republik 144, 220
Dresden 17, 49, 207

E
Eger 35

Eilenburg 44, 123, 178
Eisenbach 202
Eisenach 179
Eisleben 197
Ellerstadt 17
England 7
Ennstal 26
Erfurt 40, 42, 117
Ehrenfriedersdorf 146
Erzgebirge 31 f., 38

F
Franken 46, 109
Frankenhausen 63
Frankreich 7, 88
Freiberg 23, 31, 53
Freistadt (Oberösterreich) 139, 156

G
Gotha 40, 42, 87 f., 90
Grimma 14, 77, 148, 185, 187, 202
Groß-Osterhausen 111, 200

H
Halle (Saale) 258
Hartenstein 132, 200

I
Ichtershausen 26
Ilmenau 188
Italien 7, 88
Israel 126, 154
Jena 27, 94, 148, 180, 185 f.
Joachimsthal (Erzgebirge) 170

K
Kamenz 44
Karl-Marx-Stadt (heute Chemnitz) 54

Krakau 91
Kursachsen *siehe* Sachsen (Kurfürstentum)

L
Leipzig 16 f., 19, 24, 28, 30–33, 44–47, 54, 57, 65, 88, 90–93, 95, 102, 171, 177 f., 191, 193, 197
Leisnig 164 f.
Leubnitz (heute OT von Zwickau) 161
Lohma (heute OT von Langenleuba-Niederhain) 119
Lyon 89

M
Magdeburg 23
Mansfeld 112
Marburg 13
Marienthal (heute OT von Zwickau) 127
Meiningen (Thüringen) 188
Meißen 31, 186
Mohács 180
Mühlberg 26
Mühlhausen 99, 110, 182
München 126, 192

N
Naumburg 28, 98 f., 110, 131, 148, 175, 183, 185, 200, 203
Neumarkt (Oberpfalz) 203
Niederlande 7
Niederschlema (heute OT von Aue-Bad Schlema) 177, 188
Nürnberg 23, 45 f., 108, 197, 202

O
Oberlausitz 181

Obersteinpleis (Steinpleis, heute OT von Werdau)   19, 161
Oelsnitz   180
Österreich   25

P
Palästina (Heiliges Land)   23
Paris   91
Plauen   180
Ponitz   202
Prag   53

R
Regensburg   180
Reinsdorf   103
Reutlingen   173
Russland   51

S
Sachsen   48, 87, 99, 131, 181, 220
– Kurfürstentum Sachsen   36, 90, 126, 131, 141, 177, 183 f., 186 f., 201, 203, 207, 215–217, 219
– Westsachsen   38
Schmölln   118 f., 219
Schneeberg   22, 32, 59 f.
Schönau (heute OT von Wildenfels)   101
Schwerin   209
Sorau   31
Spanien   7
Speyer   202
Straßburg   89

T
Torgau   14, 77–81, 86, 116, 131, 147 f., 160, 163, 176, 184–186, 205–208, 216

Thüringen   39, 188
Treuen   23
Tschechien   7

U
Ungarn   7, 180, 198

V
Vogtland   38, 105

W
Weimar   36, 39, 57, 116, 130 f.
Weißenbrunn (heute OT von Zwickau)   19
Werdau   180, 198
Wien   24
Wiesenburg (heute OT Wildenfels)   202
Wittenberg   7, 10, 24 f., 27, 35 f., 41, 45, 47, 51, 61, 63, 69, 87, 92, 94 f., 108, 113, 116, 123, 131–134, 138, 144, 163, 171, 177, 193–195, 203 f., 210
Wolkenstein   188
Worms   23
Wülzburg   102
Würzburg   109

Z
Zeitz   131
Zürich   179
Zwickau
– Alter Steinweg   24, 70 f., 107, 220
– Clara-Wieck-Gymnasium   8, 220
– Dom St. Marien   8, 15, 18, 26 f., 45, 48–50, 52, 69, 89, 115, 118, 161, 170, 193, 211, 220
– Dominikanerkloster   120

- Franz-Mehring-Straße 49
- Franziskanerkloster 121 f., 129 f., 132, 152, 192 f., 219
- Hauptmarkt 69 f., 157
- Hauptstraße 23 f.
- Kaufhaus (Gewandhaus) 107, 159
- Kunstsammlungen / Max-Pechstein-Museum 11, 14
- Leipziger Straße 49
- Mühlpfortstraße 49
- Museum Priesterhäuser 8, 220
- Niedertor 161
- Rathaus 8, 56, 220
- Ratsschulbibliothek 40 f., 209
- Stadtarchiv 12, 16 f., 49, 206, 209
- St. Katharinen 52, 138, 164, 170, 193, 220
- St.-Margareten-Hospital 168
- Zisterzienserkloster 149, 154, 217

Personenregister

A

Agricola (Bauer), Georg 53, 55, 89, 93 f., 102, 178, 212
Agricola (Bauer), Johann 61
Albrecht IV. von Brandenburg, Kardinal, Erzbischof von Mainz und Magdeburg 102
Albrecht VI., Graf von Mansfeld-Hinterort 63, 111, 200, 203
Amsdorf, Nikolaus von 197
Anna von Schönburg, geb. Gräfin von Rieneck 201
Augustinus (Kirchenvater) 47

B

Bachmann, Johann siehe Rivius, Johann
Bachmann, Richard 123
Badstübner, Olaf 53
Bauer, Georg siehe Agricola, Georg

Bauer, Johann siehe Agricola, Johann
Baumgart, Martin 116, 130, 133
Beyer, Christian 207
Bärensprung, Erasmus 93 f.
Bärensprung, Lorenz (Laurentius) 23, 37, 64, 77, 90 f., 102, 104, 116, 119, 130, 143, 147 f., 151, 155–157, 163 f., 180 f., 183, 185, 192 f., 217
Bernwald, Peter 21
Beyer, Leonhard 81
Bismarck, Otto von 11, 154
Blanckmeister, Franz 18
Blickle, Renate 182
Bloch, Ernst 51 f.
Brant, Sebastian 88 f.
Bräuer, Helmut 9, 13, 37, 54–56, 59, 64, 67, 77, 79, 82, 141, 143, 151 f., 170, 196
Bräuer, Siegfried 67

Braun, Hans 177
Breuer, Peter 8, 220
Brück, Gregor 205 f.
Bugenhagen, Johannes 197
Bullinger, Heinrich 79
Bünau, Günther von 62
Büttner, Gotthard 96, 149, 188, 195

C
Cajetan (Vio), Thomas 43
Camitianus (Frank) 44 f., 178, 194
Clemen, Otto 9, 15, 18, 24, 79 f., 107, 198 f., 209, 220
Cordatus (Hertz), Conrad 78–80, 136, 141 f., 151, 172, 205–208, 214
Cornarius (Haynpol/Hainpol), Janus 94, 127, 162, 192, 194 f., 204
Cornarius, Anna, geb. Bärensprung 192
Cyclopius (Kandelgießer) 90

D
Daniel (bibl. Prophet) 62
Dauber, Noah 181
Dietrich IV. von Schönberg, Bischof von Naumburg 28
Dresser/Drescher, Matthäus 90, 187
Dungersheim, Hieronymus 44 f., 178, 194

E
Eck, Johannes 65
Egranus (Wild[e]nauer), Johannes Sylvius 35, 37, 39, 46, 48, 52, 55–59, 61, 64 f., 67, 69, 88, 129, 167, 210 f.
Emser, Hieronymus 44, 88

Ende, Heinrich vom 202
Engels, Friedrich 51
Erasmus von Rotterdam 5, 11, 71, 74–76, 85–88, 92, 96 f., 101, 113, 122, 140, 178 f., 212 f.
Ering, Balthasar 19–21, 28, 157, 193
Ering, Christoph 193
Ering, Katharina, geb. Thiemer (?) 20 f.
Ering, Katharina, geb. Stange 28
Ering, Paul 21, 169, 196
Erlicher, Apetz 30 f.
Erlicher, Elisabeth 30
Erlicher, Johannes 30 f.
Erlicher, Theodor 30 f.
Ernst II., Graf von Mansfeld-Vorderort 63, 111
Ernst II., Erzbischof von Magdeburg 23
Ernst II. von Schönburg 132, 200 f., 216
Evers, Georg 84

F
Fabian, Ernst 77 f., 80, 141, 205–207
Fasbender, Christoph 221
Feller, Hans 134
Feyel, Johann 204
Firke, Ulf 220
Fischer, Hans 55, 94
Fischer, Heiner 55
Frank, Andreas *siehe* Camitianus
Franz, Herzog von Braunschweig-Lüneburg 71
Franziskus (Heiliger) 132
Fröhlich, Anne-Rose 49, 104, 154
Friedrich III. (der Weise), Kurfürst von Sachsen 6, 23, 37 f., 61 f., 87,

101, 116f., 129–133, 139f., 143,
175f., 178, 184, 190, 199, 202, 204,
206, 208f., 215, 220
Funkel, Anna, geb. Mühlpfordt   18,
27, 74, 192, 257
Funkel, Franz   27, 192, 257

G

Georg (der Bärtige), Herzog von
Sachsen   99, 138, 155, 178, 185,
187, 201, 209
Greff, Paul   15, 115, 140, 155, 198
Groß, Donat   52, 119, 164
Groß, Magnus   177
Gülden, Wolfgang   196
Günther, Nikolaus   177, 188
Güttel, Kaspar   25f., 36, 41, 74, 115,
122–126, 165, 196–198, 213

H

Haferitz, Simon   62
Hahn, Karl   49–53, 56, 144, 210
Haloander (Meltzer), Gregor   95
Hammer, Andreas   160
Hassenstein, Bohuslaus Lobkowitz
von   88f.
Hausmann, Nikolaus   10, 37, 45,
59f., 71, 78f., 97, 106, 112, 118,
122f., 129–131, 133, 135, 137–141,
144–148, 154f., 167, 177, 179, 198,
214, 217
Haynpol/Hainpol, Johann *siehe*
Cornarius, Janus
Heinel, Margarethe   134, 192
Heinel, Nikolaus (Nickel)   25, 134,
192
Heinrich (der Fromme), Herzog von
Sachsen   23

Hergot, Hans   115
Hermannsgrün, Fabian von   23
Hermannsgrün, Georg von   23
Hermannsgrün, Johann Wolfgang
von   23, 88f.
Hermannsgrün, Katharina von, geb.
Tretwein   22f.
Hermannsgrün, Kunz von   23
Hermannsgrün, Leupold (Lippold)
von   23
Hermannsgrün, Tyme von   23
Hertz, Conrad *siehe* Cordatus, Conrad
Herzog, Emil   34, 106
Heßler, Sigismund   102
Hildebrand, Traugott   48
Hitler, Adolf   49
Hohensee, Ulrike   258
Hohlfeld, Johannes   17
Hoyer, Siegfried   115
Hultzsch, Hermann   49
Hut, Martin   120

J

Jan, Assmann von der   19
Jan, Clara von der, geb.
Mühlpfordt   18, 257
Jacoff, Margarethe, geb.
Mühlpfordt   19, 31, 257
Jacoff, Peter   19, 257
Joachim I. (Nestor), Kurfürst von
Brandenburg   102
Johann (der Beständige), Herzog/
Kurfürst von Sachsen   6, 23, 37,
61, 70, 77f., 97–99, 101, 103, 105f.,
108, 129–133, 135f., 138–141,
143, 148, 150f., 155–157, 164, 166,
175–177, 179, 181, 184–189, 191,
199f., 202–209, 214f., 217, 219

Johann Friedrich I. (der Großmütige), Kurfürst von Sachsen   6, 26, 36, 143, 171, 176–179, 186–189, 214 f.
Jonas, Justus   62, 197

K
Kandelgießer, Wolfgang *siehe* Cyclopius, Wolfgang
Karant-Nunn, Susan   105
Karl II. Franz von Innerösterreich, Erzherzog von Österreich   25 f.
Karl V., Kaiser des Heiligen Römischen Reiches   108 f.
Katharina zu Mecklenburg, Herzogin von Sachsen   75
Kaufmann, Thomas   35, 44, 68, 156
Kautsky, Karl   51
Kawerau, Gustav   26, 84
Keller, Ludwig   51
Kessler, Gerhard   16 f., 34
Kindel, Philipp   149
Kolde, Theodor   84
Komerstadt, Georg (von)   177 f., 191, 215, 217, 219
Konrad II. von Thüngen, Bischof von Würzburg   109
Köstlin, Julius   84
Kuchler, Barbara   30
Kuchler, Margarethe, geb. Erlicher   30
Kunst, Hermann   112
Kyros II., König von Persien   154 f.

L
Lang, Johannes   62
Lasan, Oswald   117, 171, 189
Leopoldi, Hans Heinrich   12, 209
Linck, Wenzeslaus   41, 47, 119, 124–126, 136, 154 f., 165, 167, 178, 213
Lindenau, Anna, geb. Schmidt   134
Lindenau, Paul   63, 101, 118, 133–136, 140, 144–146, 151, 163, 170–172, 195, 214, 219
Lotter, Melchior d. J.   37
Locher-Rott, Johann   41, 126, 136, 155, 192
Löhner, Wolfgang   52, 59 f., 144, 214
Luther, Martin (Sohn Martin Luthers)   79, 203
Luther, Katharina, geb. von Bora   79, 134

M
Mahnke, Lutz   158
Mantey, Volker   113
Mantuanus (Spagnoli), Baptista   88
Margareta, Herzogin von Braunschweig-Lüneburg, geb. Gräfin von Rietberg   68
Maron, Gottfried   181
Marx, Karl   117, 161, 163, 168, 171–173, 211, 217 f.
Melanchthon, Philipp   25, 95, 135, 171, 197
Meltzer, Gregor *siehe* Haloander, Gregor
Minkwitz, Nikolaus von   198
Mohr, Georg   198
Mosellanus (Schade), Petrus (Peter)   45, 178
Moses (bibl. Prophet)   126
Mühlpfordt, Anna   18, 168, 192
Mühlpfordt, Anna, geb. Römer   21 f., 24 f., 28, 74, 157, 160, 209, 256

Mühlpfordt, Catharina, geb.
  Stange   19, 28, 30–32, 50, 256
Mühlpfordt, Catharina, geb. Thiemer
  (?)   20 f., 256
Mühlpfordt, Christine, geb.
  Fuchs   27, 256
Mühlpfordt, Clara, geb. Heinel   25,
  134, 192, 199, 256
Mühlpfordt, David   27, 74, 257
Mühlpfordt, Elisabeth, geb.
  Bernwald   21, 256
Mühlpfordt, Günter   7, 211
Mühlpfordt, Katharina, Tochter von
  Hermann Mühlpfordt (II)   31
Mühlpfordt, Hans   33
Mühlpfordt, Heinrich d. Ä., Sohn von
  Hermann Mühlpfordt (II)   19,
  21 f., 24 f., 28, 31, 37, 69, 105, 168
Mühlpfordt, Heinrich, Sohn von
  Heinrich Mühlpfordt d. Ä.   28
Mühlpfordt, Heinrich, Sohn von
  Heinrich Mühlpfordt d. Ä.   28
Mühlpfordt, Hermann, Sohn von
  Heinrich Mühlpfordt d. Ä.   24 f.,
  95, 132, 138, 162, 168
Mühlpfordt, Hermann (I)   32–34,
  209
Mühlpfordt, Hermann (II)   19, 21,
  28 f., 31–33, 50, 168, 189, 196, 209
Mühlpfordt, Hermann (III)   19 f., 28,
  34, 91
Mühlpfordt, Hermann (V)   24 f., 74,
  92, 134, 157, 162, 171, 194, 198 f.,
  202, 204
Mühlpfordt, Johann Carl (zum
  Weghoff)   24
Mühlpfordt, Johann Ernst (zum
  Weghoff)   24

Mühlpfordt, Nikolaus, Sohn von
  Hermann Mühlpfordt (II)   31,
  257
Mühlpordt, Nikolaus   33
Mühlpfordt, Magdalena, geb.
  Osterland   171, 191 f., 197, 202
Mühlpfordt, Magdalena, geb.
  Uthmann von Schmolz   28
Mühlpfordt, Margarethe, geb.
  Erlicher   30
Mühlpfordt, Moritz, Sohn von
  Hermann Mühlpfordt (III)   18,
  256
Mühlpfordt, Moritz   33
Mühlpfordt, N. N., Ehefrau von Moritz
  Mühlpfordt   33
Mühlpfordt, N. N., Ehefrau von
  Hermann Mühlpfordt (I)   32
Mühlpfordt, N. N.   31
Mühlpfordt, Paul   15 f., 26 f., 40, 42,
  74, 92 f., 157, 162, 171, 196 f.,
  199
Mühlpfordt, Walburga, geb.
  Nentwich   258
Mühlpfordt, Walpurga, geb.
  Thürschmidt   21, 256
Mühlpfordt, Werner   9, 17, 258
Mühlpfordt, Werther   33 f., 256
Mühlpfordt, Wolfgang   27, 74, 92,
  115, 170, 189
Müller, Eduard   49
Müller, Georg   153
Münsterer, Sebaldus   171
Müntzer, Thomas   11, 50–57, 59,
  60–65, 82 f., 88, 117, 144, 147 f.,
  161, 163, 173, 210 f.
Musler, Wolf   138

N

Nagel, Dietrich 49
Nather, Leonhard 46, 93

O

Obermeier, Patrick Erich 258
Oehmig, Stefan 9, 11, 31, 33, 157, 159
Osterland, Sebastian 192
Otto I., Herzog von Braunschweig-Lüneburg 71

P

Passeck, David 14, 78 f., 198, 207
Pauli, Benedikt 203 f., 207
Pehem, Franz 160, 202, 204
Person, Magnus 69
Person, Walpurg, geb. Lindner 69
Petrus, Sylvius 119
Pfab (Pfau), Johannes 132
Pfeiffer, Hans 55 f., 72, 83, 117, 148 f., 159, 161, 163, 173
Philipp I., Herzog von Braunschweig-Grubenhagen 70 f.
Planitz, Hans von der 201 f., 204
Ponickau, Hans von 202 f.
Pylander (Thormann/Thurm), Georg 13–15; 78 f., 81, 94 f., 189, 198

R

Reichenbach, Conrad 163
Reichenbach, Philipp 162 f., 185, 204
Reinhold, Nikolaus 105
Reinhold, Walpurga, geb. Thürschmidt 105
Reißenbusch, Anna, geb. Herzog 204

Reißenbusch, Wolfgang 204
Reuchlin, Johannes 88 f.
Riedesel, Johann 79, 202 f., 207, 216
Rivius (Bachmann), Johann 93, 212
Roth, Stephan 13 f., 41, 45–47, 63, 72, 74–77, 81, 84 f., 87, 92, 95, 97, 98–105, 108–113, 115, 122–124, 134, 136 f., 139–141, 145, 150, 159–162, 164, 169, 171 f., 177, 179–181, 183–185, 188, 194, 196–199, 201–205, 216
Römer, Barbara, geb. Kratzbeer 22
Römer, Benedict 19, 160
Römer, Clara, geb. Mühlpfordt 18 f.
Römer, Georg 19, 160
Römer, Johann 22, 157
Römer, Katharina, geb. Tretwein 22
Römer, Martin d. Ä. 89, 117
Römer, Martin d. J. 19, 160
Römer, Nikolaus 22
Römer, Wolf 19, 257
Rörer, Georg 42, 205
Rommel, Ludwig 55
Roth, Wolfgang 201
Rühel, Johann 112
Rüstow, Alexander 112

S

Sangner, Michael 192 f.
Sangner, Anna, geb. Bärensprung 192
Sawermann, Fabian 160
Schade, Peter *siehe* Mosellanus, Petrus
Schalreuter, Jobst 21, 193
Schilling, Heinz 67, 112
Schirmer, Uwe 186

Schlaginhaufen, Johannes 69
Schleupner, Dominik 45–47, 108, 180, 197
Schlögl, Rudolf 174
Schmidt, Tobias 143
Schmidt, Ute 123
Schnyder, Peter 79
Scholz, Addi, geb. Kessler 16 f.
Scholz, Gerd 16 f.
Scholz, Siegfried 16 f.
Schönichen, Georg 44 f., 178, 194
Schrott, Blasius 197
Schumann, Peter d. Ä. 71, 106
Schumann, Peter d. J. 70 f., 74, 106 f., 132, 157, 184, 189, 200
Scribner, Robert W. 39, 48
Seneca (röm. Philosoph) 97
Sieber, Adam 192
Sieber, Stephan 101 f.
Sokrates (gr. Philosoph) 86
Sommerschuh, Hans 53, 60
Soranus/Sörer, Lorenz 77, 83, 141 f., 151, 196, 214
Spagnoli, Giovanni Battista *siehe* Mantuanus, Baptista
Spalatin, Georg 36, 47, 100, 178, 189
Speck, Paul 170
Steinmüller, Karl 12, 17 f., 21, 34, 199, 209, 220
Stella (Studler), Erasmus 38, 51, 53, 59, 60, 96, 116, 149, 210, 214
Storch, Nikolaus 63. 128
Strauch, Anna, geb. Reichenbach 163
Strauch, Laurentius 163
Strauß, Jacob 179
Stromer von Auerbach, Heinrich 44 f., 102

Stelle (Studler), Erasmus *siehe* Stella, Erasmus
Sturm, Hans 139, 156, 195
Süßmilch, Bernhard Moritz von 49

T
Teichert, Silva 60, 72, 258
Teucher, Caspar 148, 155
Teucher, Sophie 148, 155
Thiemer, N. N., Tochter von Urban Thiemer 20
Thiemer, Urban 20, 38
Thormann/Thurm, Georg *siehe* Pylander, Georg
Thürschmidt, Nickel 160
Tretwein, Hans 96

U
Uttenhofen, Georg von 177, 188, 216

V
Vergil (röm. Dichter) 88
Vetter, Hans 138
Vintzel, Clemens 127
Vio, Jacopo de *siehe* Cajetan, Thomas

W
Walduff, Burchard 118, 152
Walter, Peter 97
Wappler, Paul 58, 128
Weber, Max 215
Weiß, Jos 173
Weißenbach, Hermann von 100
Weißenbach, Wolf von 55 f., 99 f., 103, 201 f., 204
Weißmann, Robert 17
Weller, Erich 9
Weller, Johann Gottfried 8, 15

Wencker, Jacob 89
Wettstein, Holger 220
Wilhelm IV., Graf von Henneberg-Schleusingen 188
Wilhelm, Lorenz 143, 190
Wildt, Stephan 195
Wild(e)nauer, Johannes *siehe* Egranus, Johannes Sylvius
Wilsdorf, Helmut 53, 94
Winkler, Marie, geb. Mühlpfordt 27, 74, 257
Winkler, Hans 27, 257

Wolfgang (der Bekenner/der Standhafte), Fürst von Anhalt-Köthen 71

Z

Zapolyas, Johann 198
Zeidler, Johannes 145, 151, 170
Zeiner, Lorenz (Laurentius) 116
Zeuner, Wolfgang 58, 106 f., 145, 164, 167
Zimmermann, Joachim 52